भारतीय सिक्कों का इतिहास

भारतीय सिक्कों का इतिहास

गुणाकर मुळे

राजकमल प्रकाशन

ISBN : 978-81-267-1932-7

मूल्य : ₹595

पहला संस्करण : 2010
तीसरा संस्करण : 2019

प्रकाशक : राजकमल प्रकाशन प्रा. लि.
1-बी, नेताजी सुभाष मार्ग, दरियागंज
नई दिल्ली-110 002

शाखाएँ : अशोक राजपथ, साइंस कॉलेज के सामने, पटना-800 006
पहली मंजिल, दरबारी बिल्डिंग, महात्मा गांधी मार्ग, इलाहाबाद-211 001
36 ए, शेक्सपियर सरणी, कोलकाता-700 017

वेबसाइट : www.rajkamalprakashan.com
ई-मेल : info@rajkamalprakashan.com

मुद्रक : बी.के. ऑफसेट
नवीन शाहदरा, दिल्ली-110 032

पेज डिजाइन : मुकेश कुमार

BHARTIYA SIKKON KA ITIHAS
by Gunakar Muley

मधुमेह और Myasthenia Gravis की गंभीर बीमारी से जूझते हुए
16 अक्टूबर 2009 को चिरनिद्रा-विलुप्त
परमप्रिय गुणाकर मुळे की पुण्यस्मृति को समर्पित
उनके परिवार की तरफ से पहली पुस्तक

प्राक्कथन

भारत के प्राचीन इतिहास के रूप में हमारी आज की जो जानकारी है उसमें उन सिक्कों का, जो यदा-कदा भूमि में दबे रह गये थे और आधुनिक काल में प्रकाश में आये हैं, उनका बहुत बड़ा योगदान रहा है। यदि यह प्राप्त न होते तो हमारे इतिहास के कितने पक्ष आधे-अधूरे रह जाते। इन अज्ञात सिक्कों के प्रकाश में आने से हमारी इतिहास और पुरातत्व की जानकारी में वृद्धि होती रही है। मुद्राओं का अध्ययन राज्य की तत्कालीन आर्थिक दशा और विदेश व्यापार की व्यवस्था पर अच्छा प्रकाश डालता है। सिक्कों में अपने समय का आर्थिक, सामाजिक और सांस्कृतिक इतिहास छिपा रहता है। इतिहास की स्रोत सामग्री के मामले में हमारे देश की दशा बड़ी दयनीय है।

भारत में सिक्कों का चलन वस्तुओं के क्रय-विक्रय को सुविधाजनक बनाने के लिए हुआ था। व्यापारिक श्रेणियों में सिक्कों को अपनी पहचान बनाने के लिए टोकन के रूप में इस्तेमाल किया जाने लगा। इसी तरह गणों, जनपदों, नगर और राज्यों ने अपने-अपने पहचान और नाम के सिक्कों को चलाया। किस प्रकार के सिक्के चलन में रहे, उनसे उस राज्य की आर्थिक दशा-दिशा के बारे में पता चलता है।

लगभग सौ वर्षों से ही भारत में प्राचीन सिक्कों की खोज और उनका वैज्ञानिक ढंग से अध्ययन किया जाने लगा है।

अलेक्जेंडर कनिंघम (1814-1893) ने अपना शोध कार्य प्रकाशित किया। इसके बाद लगातार इतिहास के विद्वानों ने मुद्राओं पर पुस्तकें लिखीं और सिक्कों पर शोध निबंध लिखे और विंसेंट स्मिथ (1906 ई.), जे. रेप्सन (1908), आर-बी वाइट्हेट (1879-1967), डॉ. आर. भण्डारकर (1921), एस.के. चक्रवर्ती (1931), जॉन एलन (1936) आदि अनेक विद्वान् भारतीय मुद्राशास्त्र के प्रणेता बने। इस परंपरा को आगे बढ़ाने में अनंत सदाशिव अळतेकर (1898-1960), वी.एन. मुखर्जी, कल्याण दास गुप्ता, भास्कर चट्टोपाध्याय, परमेश्वरीलाल गुप्त, दिनेश चन्द्र सरकार, आदि प्रबुद्ध विद्वानों का अमूल्य योगदान रहा और मुद्राशास्त्र की वास्तविक उपयोगिता को सिद्ध किया। इसके बाद लगातार विद्वानों ने मुद्राओं पर पुस्तकें लिखीं और

सिक्कों पर शोध निबंध लिखे, उनमें-से एक मेरे पति श्री गुणाकर मुळे भी थे।

उनके बचपन में दीवाली के दिन लक्ष्मीपूजन के समय चांदी के सिक्कों और एक सोने की गिन्नी की पूजा की जाती थी जो रानी विक्टोरिया और जार्ज पंचम के सिक्के थे। बचपन के लक्ष्मीपूजन की एक यह विधि उनके लिए बड़ी कुतुहलप्रद थी जिसके कारण ही, शायद बाद में मुद्राशास्त्र के अध्ययन में उनकी दिलचस्पी बढ़ी। मेरी सास ने मुझे भी पूजा के लिए चांदी के सिक्के दिये थे। उनमें से एक-एक मैंने अपनी बेटियों को दिये। और दो सिक्के मेरे पास हैं लेकिन मैं उनकी दीवाली पर पूजा नहीं करती, क्योंकि वह इंग्लैंड के राजा व रानी के हैं। तभी से श्री गुणाकर जी को मुद्राओं को इकट्ठा करने और उनके पढ़ने और समझने का शौक पैदा हो गया। फिर क्या? उन्हें मुद्रा से संबंधित जो भी पुस्तक और शोध निबंध मिलते वह खरीद लेते। इस तरह उन्होंने 60-70 पुस्तकें इकट्ठी कर लीं जो आज भी हमारे पुस्तकालय में मौजूद हैं।

मुद्राओं के चलन से इतिहास, पुरातत्व तथा राज्य की तत्कालीन आर्थिक दशा और विदेश व्यापार की व्यवस्था का पता चलता है। इसलिए उन्होंने भारतीय मुद्राओं की कहानी नाम से जनसत्ता में 1990 में 27 लेख लिखे, जिन्हें श्री मंगलेश डबराल जी ने सम्पादित किया और बहुत सुंदर ढंग से सजाकर छापा।

जनसत्ता में जिस समय मुद्राओं की लेखमाला प्रकाशित हो रही थी तभी वाराणसी विश्वविद्यालय प्रकाशन के मालिक पुरुषोत्तमदास मोदी ने इनको एक पुस्तक समीक्षा के लिए भेजी–'प्राचीन भारतीय मुद्राएं' : लेखक डॉ. परमेश्वरीलाल गुप्त। साथ ही मोदी जी ने इनकी लेखमाला को पूरा होने पर पुस्तकाकार छापने की मंशा भी जाहिर की।

श्री गुणाकर के अनुसार, ''मैं चकित। कहां भारतीय मुद्राशास्त्र के प्रकांड पंडित परमेश्वरीलाल गुप्त और कहां मैं भारतीय पुरातत्व का सामान्य अध्येता। मुझे लगा कि मोदी जी ने मेरी लेखमाला को पुस्तकाकार छापने की मंशा तो व्यक्त की, मगर डॉ. परमेश्वरीलाल गुप्त की पुस्तक के रूप में मेरे सामने एक मानदंड भी रख दिया।''

सबसे सुखद बात यह रही कि पाठकों ने उनके लेखों को बेहद पसंद किया। संपादक व उन्हें भी सैकड़ों पाठकों के पत्र मिले। पुरातत्व और इतिहास से संबंधित मुद्राशास्त्र में पाठकों की इतनी अधिक जिज्ञासा है, यह देखकर उन्हें बहुत आश्चर्य हुआ। पाठकों ने उनसे अनुरोध किया कि वह इस लेखमाला को एक ग्रंथ के रूप में प्रकाशित कर दें। अच्छा ग्रंथ बनाने के ख्याल से यह ग्रंथ कई सालों तक नहीं छपा। फिर उन्होंने 1994 में रविवारीय हिंदुस्तान में भारतीय सिक्कों पर दोबारा लेखमाला लिखी। उस समय राजकमल में भारतीय सिक्के के नाम से पुस्तक का

प्रचार भी हुआ। लेकिन फिर भी यह प्रकाशित नहीं हो सकी।

पिछले साल उन्होंने इस लेखमाला को "भारतीय सिक्कों का इतिहास" पुस्तक के रूप में देने का निर्णय कर लिया। वह इस पुस्तक को लगभग 400-450 पृष्ठों का बनाना चाहते थे। इसी बीच उन्हें विकट बीमारी Myasthenia Gravis का पता चला। उनका इलाज दिल्ली के अखिल भारतीय आयुर्विज्ञान संस्थान (A.I.I.M.S.) में हो रहा था। इस पुस्तक को पूर्ण करने के लिए उन्होंने Laptop भी खरीदा और उस पर लेटे-लेटे इस पुस्तक को तैयार करने लगे। अपनी पूरी कोशिश के बावजूद वह इसे पूरा नहीं कर सके। 16 अक्टूबर 2009 को वह चिरनिद्रा में सो गए।

उन्होंने चार अध्याय अपनी परिकल्पना के अनुसार पूरे कर लिए थे। एक महीने बाद प्रकाशक ने पुस्तकों के बारे में पूछा। इसलिए मैंने और बेटे ने "भारतीय सिक्कों का इतिहास" को पुस्तक रूप देने की सोची। उन्होंने पुस्तक का लेखन कार्य पूर्ण समाप्त कर लिया था, लेकिन चित्र, नक्शे, संदर्भ और टिप्पणियां और परिशिष्ट करने बाकी थे।

पुस्तक में सिक्कों के फोटो लगाने में मेरे बेटे अंशुमान और मैंने पाण्डुलिपि पढ़कर कर यथास्थान लगाये। संदर्भ और टिप्पणियां मैंने लिखीं। नक्शे भी स्वयं ही बनाए। पुस्तक का 24वाँ अध्याय और कुछ परिशिष्ट मेरी बेटी डॉ. देवयानी ने तैयार किये।

सहायक ग्रंथ-सूची के लगभग नब्बे प्रतिशत ग्रंथ हमारे अपने पुस्तकालय में हैं, इनके अलावा कुछ ग्रंथ हमने सी.सी.आर.टी. के पुस्तकालय से उपलब्ध किए।

इस ग्रंथ को तैयार करने में, इसे यह रूप देने में मेरे कंप्यूटर-सहायक श्री मुकेश कुमार का विशेष योगदान रहा है।

मुझे आशा है कि इनकी दूसरी कृतियों की तरह इस कृति को भी पाठक इतिहास और पुरातत्व के क्षेत्र में उपयोगी पाएँगे।

--शांति गुणाकर मुळे

'अमरावती', सी-210, पांडव नगर
दिल्ली-110092
2 अप्रैल 2010

अनुक्रम

1

पुराने सिक्कों का महत्व

राजस्थान के भरतपुर जिले में दिल्ली-कोटा रेलमार्ग पर एक इतिहास-प्रसिद्ध शहर है—बयाना[1]। उससे कोई 25 किलोमीटर दूर हल्लनपुर कस्बे के नजदीक नगला छैला नामक एक छोटा-सा गांव है। वहां से दूर तक गई हुई एक खोह है। वहीं का किस्सा है—17 फरवरी, 1946 का।

एक खेत के ऊंचे बांध पर दो बालक अपने पशु चरा रहे थे। पिछली रात को रिम-झिम बारिश हुई थी। खोह के किनारे के एक पेड़ की जड़ के पास ताजे बने गड्ढे पर सहसा बच्चों की नजर पड़ी। वहां उन्हें तांबे का एक घड़ा मिला, जिसमें थे पीले-पीले ढेर सारे पुराने सिक्के। उनमें से कुछ सिक्के लेकर बच्चे घर पहुंचे। उनकी मां ने उन सिक्कों को देखा, तो वह खेत में पहुंची और पूरा घड़ा उठाकर घर ले आई। रास्ते में जिसने भी घड़े के बारे में पूछा, उसे दो-चार सिक्के थमा दिए।

कुछ महीने बाद 'गड़ा धन' मिलने की खबर भरतपुर के महाराजा के पास पहुंची। रियासत की पुलिस गांव में गई और उसने घड़े सहित सारे सिक्के अपने कब्जे में ले लिये। सिक्कों को गलाकर बनाए गए कुछ किलोग्राम आभूषण भी बरामद किए।

सिक्के महाराजा के सामने पहुंचे। वे गुप्त सम्राटों की स्वर्णमुद्राएं थीं। उनके

चित्र 1.1 : बयाना से प्राप्त गुप्त सम्राटों की स्वर्णमुद्राओं की निधि

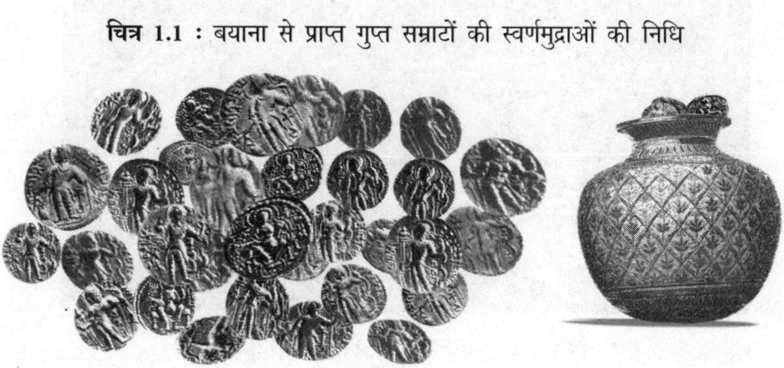

कला-सौंदर्य पर महाराजा मुग्ध हो गए। आदेश दिया : "सभी मुसाहिबों के लिए इन सिक्कों से बटनों का एक-एक सेट तैयार किया जाए।"

मगर रियासत के 'नाममात्र' के पुरातत्व विभाग के 'प्रबंधक' और साथ ही स्थानीय कालेज में इतिहास के अध्यापक श्री कृष्णचंद्र शर्मा के प्रयासों से उस बयाना-निधि के अधिकांश सिक्के बरबाद होने से बच गए। उसी साल दिसंबर में पटना में भारतीय इतिहास परिषद और भारतीय मुद्रा परिषद के सम्मेलन का साथ-साथ आयोजन था। शर्माजी ने महाराजा से अनुरोध करके उस बयाना-निधि से कुछ सिक्के प्राप्त किए और पहुंच गए पटना। विद्वानों को गुप्त सम्राटों के उन सिक्कों की जानकारी मिली, तो सब आश्चर्यचकित रह गए।[2]

अनुमान है कि आरंभ में बयाना-निधि में लगभग 2100 सिक्के थे, मगर परीक्षण के लिए अंततः 1821 स्वर्णमुद्राएं ही उपलब्ध हुईं। प्रसिद्ध इतिहासकार और मुद्राविद डॉ. अनंत सदाशिव अळतेकर[3] (1898-1960 ई.) ने भरतपुर पहुंचकर उन स्वर्णमुद्राओं का परीक्षण किया, उनका एक विस्तृत सूची-पत्र तैयार किया और उनके बारे में हिंदी तथा अंग्रेजी में ग्रंथ लिखे।

चित्र 1.2 : बयाना-निधि की दो स्वर्णमुद्राएं

(अ) **चंद्रगुप्त-प्रथम** (326-330 ई.)

पुरोभाग : आमने-सामने खड़े राजा व रानी; ब्राह्मी लेख, राजा के बाएं हाथ के नीचे : 'चन्द्र गुप्त' और रानी के बगल में 'श्री कुमारदेवी'।

पृष्ठभाग : सिंह पर आसीन देवी और ब्राह्मी लेख : 'लिच्छवयः'।

(आ) **समुद्रगुप्त** (335-380 ई.)

पुरोभाग : राजा वीणा बजाते हुए; ब्राह्मी लेख : 'महाराजाधिराज श्रीसमुद्रगुप्तः'।

पृष्ठभाग : मोढ़े पर वैठी वाममुखी देवी और ब्राह्मी लेख : 'समुद्रगुप्तः'।

वह गुप्तकालीन स्वर्णमुद्राओं की तब तक उपलब्ध सबसे बड़ी निधि थी, और सबसे महत्वपूर्ण भी। उसमें गुप्त सम्राटों के लगभग एक दर्जन प्रकार के नए सिक्के मिले। समुद्रगुप्त (335-380 ई.) के बड़े भाई माने जाने वाले काच[4] के 16 सिक्के मिल जाने से उसके इतिहास पर नया प्रकाश पड़ा। बयाना-निधि के अधिकांश सिक्के चंद्रगुप्त-द्वितीय (375-414 ई.) और कुमारगुप्त-प्रथम (414-455 ई.) के हैं। इसमें 455 ई. में राज्यारूढ़ हुए स्कंदगुप्त (455-467 ई.) का केवल एक ही सिक्का मिला। इससे पता चलता है कि स्कंदगुप्त के शासन के आरंभकाल में हुए हूणों के हमलों के दौरान ये सिक्के खेत में गाड़े गए थे। इस तरह इस बयाना-निधि से गुप्तकालीन इतिहास के बारे में काफी नई जानकारी मिली है।

भरतपुर महाराजा से खरीदी गई बयाना-निधि की 600 स्वर्णमुद्राएं अब नई दिल्ली के राष्ट्रीय संग्रहालय में संरक्षित हैं।

इतिहास की दृष्टि से तांबे के सिक्कों का भी उतना ही महत्व होता है, जितना कि स्वर्णमुद्राओं का; कभी-कभी तो तांबे की मुद्राएं सोने की मुद्राओं से कहीं ज्यादा महत्व की साबित होती हैं। चंद्रगुप्त-द्वितीय (375-414 ई.) के बड़े भाई रामगुप्त का उल्लेख केवल कुछ ग्रंथों में ही मिलता था।[5] उसका न तो कोई सिक्का मिला था, न ही किसी गुप्त-प्रशस्ति में उसका नामोल्लेख है। फिर 1948 ई. में अचानक मध्य प्रदेश के विदिशा-क्षेत्र से रामगुप्त के तांबे के छह सिक्के मिल गए।[6] स्पष्ट हो गया कि चंद्रगुप्त-द्वितीय के पहले उसके बड़े भाई रामगुप्त (370-375 ई.) ने भी कुछ समय तक शासन किया था।

शायद ही ऐसा कोई महीना गुजरता हो, जब भारत के किसी न किसी स्थान से पुराने सिक्के प्राप्त होने का समाचार पढ़ने को न मिले। पुरास्थलों का उत्खनन करने पर प्राचीन मुद्राएं मिलती हैं। नए मकानों के लिए नींव खोदते समय भी प्रायः पुराने सिक्के मिल जाते हैं। मगर ये सारे सिक्के संग्रहालयों में या मुद्राविदों

के पास नहीं पहुंचते। बहुत-से सिक्के सोने-चांदी के भाव बिक जाते हैं और सुनार उन्हें गलाकर उनके जेवर बना डालते हैं। हमारे देश में ऐसा बड़े पैमाने पर हुआ है, और काफी हद तक आज भी हो रहा है। प्राचीन मुद्राओं को गलाने का मतलब है, भारतीय इतिहास और संस्कृति के एक अत्यंत महत्वपूर्ण स्रोत-साधन को सदा-सदा के लिए नष्ट कर देना।

इतिहास की स्रोत-सामग्री के मामले में हमारे देश की स्थिति बड़ी दयनीय है। प्राचीन भारत में इतिहास-पद्धति के बहुत कम ग्रंथों की रचना हुई है। इसलिए प्राचीन भारतीय इतिहास और संस्कृति के पुनर्निर्माण में जुटे हुए विद्वानों को पुरातत्व की सामग्री पर अधिक आश्रित रहना पड़ता है। रामायण-महाभारत और पुराणों-जैसे ग्रंथों की अपेक्षा शिलालेखों, ताम्रपत्रों, मूर्तियों तथा पुराने सिक्कों के अध्ययन-अन्वेषण से इतिहास की अधिक प्रामाणिक जानकारी प्राप्त होती है।

मुद्राएं मूक नहीं होतीं; वे बोलती हैं, अपने समय की सभ्यता, संस्कृति और कला की जानकारी देती हैं। सिक्के हमारे इतिहास-ज्ञान के ठोस साधन हैं। प्राचीन भारत के इतिहास के पुनर्निर्माण में मुद्राओं का महत्वपूर्ण योगदान रहा है। यदि मुद्राएं नहीं मिलतीं, तो प्राचीन भारत के कितने ही राजा और राजवंश गुमनाम ही बने रहते।

साहित्यिक स्रोतों से और अभिलेखों से ईसा-पूर्व पहली व दूसरी सदी के सिर्फ नौ हिंद-यवन (Indo-Greek) शासकों के बारे में ही जानकारी मिल पाई थी, मगर मुद्राओं के मिल जाने से सिद्ध हो गया कि तत्कालीन पश्चिमोत्तर भारत पर कम से कम 37 हिंद-यवन राजाओं ने शासन किया। शक-पार्थव (Scythians and Parthians) शासकों का इतिहास भी प्रमुखतः उनके सिक्कों से ही जाना गया है।

पुरोभाग **पृष्ठभाग**

(अ)

पुरोभाग **(आ)** **पृष्ठभाग**

चित्र 1.3 : हिंद-यवन और हिंद-शक शासकों के सिक्के

(अ) हिंद-यवन शासक हर्मियस (प्रथम सदी ई. पू.) का चांदी का सिक्का

पुरोभाग : राजा की आवक्ष प्रतिमा और यूनानी में लेख ΒΑΣΙΛΕΩΣ ΕΩΤΗΡΟΣ ΕΡΜΑΙΟΥΣ.

पृष्ठभागः बैठा हुआ ज्यूस् देवता और खरोष्ठी लेख : 'महरजस त्रतरस हेरमयस'।

(आ) हिंद-शक शासक अयस (90-40 ई. पू.) की रजत-मुद्रा

पुरोभाग : घोड़े पर सवार शासक व यूनानी लेख

पृष्ठभागः बाएं हाथ में राजदंड के साथ ज्यूस् देवता और खरोष्ठी लेख : 'महरजस रजरजस महतस अयस'।

साहित्यिक स्रोतों से करीब एक दर्जन शक-पार्थव शासकों के ही नाम ज्ञात थे; मुद्राओं से करीब 50 शक-पार्थव शासकों के नामों का पता चला। इन मुद्राओं पर यूनानी, खरोष्ठी और ब्राह्मी में जो लेख हैं उनसे ब्राह्मी तथा खरोष्ठी लिपियों के उद्घाटन में बड़ी मदद मिली थी।

ईसा की दूसरी से चौथी सदी तक शासन करने वाले पश्चिमी क्षत्रपों के सिक्कों की विशेषता यह है कि उन पर शासक के नाम के साथ उसके पिता का नाम और मुद्रा जारी करने का वर्ष भी अंकित रहता है, इसलिए क्षत्रपों के लगभग तीन सौ साल के इतिहास को शासनक्रम और कालक्रम से प्रस्तुत करना संभव हुआ है। पुराणों में सातवाहनों के बारे में परस्पर-विरोधी सूचनाएं हैं, मगर मुद्राएं मिल जाने से उनका इतिहास काफी स्पष्ट हो गया है और क्षत्रपों के साथ उनके संबंधों के बारे में भी जानकारी मिली है।

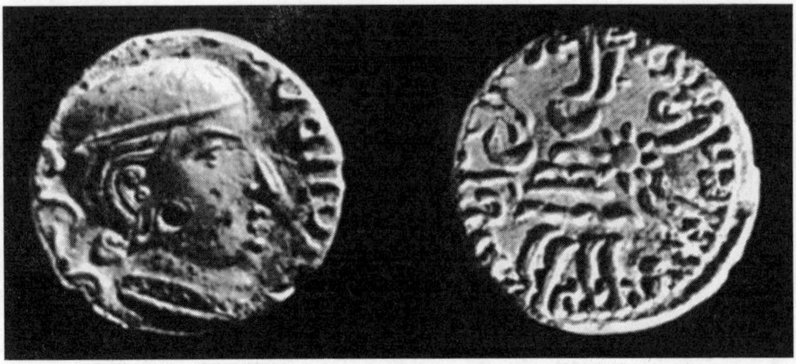

चित्र 1.4 : पश्चिमी क्षत्रप रुद्रसिंह-प्रथम (180-196 ई.) की रजत-मुद्रा

पुरोभाग : राजा का मुंड और पीछे वर्ष 115 (शक)।

पृष्ठभाग: चैत्य व ब्राह्मी लेख : 'राज्ञो महाक्षत्रपस रुद्रदामा पुत्रस राज्ञः क्षत्रपस रुद्रसिंहस'।

सिक्कों से शासन-व्यवस्था के बारे में भी काफी महत्वपूर्ण सूचनाएं मिलती हैं। प्रांचीन भारत में केवल राजतंत्र का ही नहीं, साथ-साथ गणतंत्र का भी अस्तित्व रहा है, यह बात सिक्कों से प्रमाणित हो जाती है। यौधेय, शिवि, राजन्य, औदुंबर, आर्जुनायन, वृष्णि आदि अनेक गणराज्यों के सिक्के मिले हैं। तक्षशिला से 'नेगम' नाम वाले सिक्के मिले हैं, जो संभवतः एक प्रकार की स्वतंत्र नगर-राज्य-व्यवस्था के सूचक हैं। गुप्तों के एक प्रकार के सिक्के पर चंद्रगुप्त-प्रथम के साथ कुमारदेवी की आकृति और 'लिच्छवयः' शब्द अंकित है, जिससे पता चलता है कि गुप्तों को मगध के सिंहासन पर बिठाने में लिच्छवियों का भी हाथ रहा है (चित्र 1.2 अ)।

चित्र 1.5 : यौधेयों की ताम्रमुद्रा (पहली-दूसरी सदी ई.)

पुरोभाग : कार्तिकेय, हाथ में भाला; पीछे मुर्गा। ब्राह्मी लेख : 'यौधेय गण ... देवस्य'।

पृष्ठभाग: देवता।

सिक्कों से भौगोलिक जानकारी भी मिलती है। इस दृष्टि से प्राचीन जनपदों व गणराज्यों के सिक्कों का विशेष महत्व है। समुद्रगुप्त की प्रयाग-प्रशस्ति (330 ई.) और रुद्रदामन् के जूनागढ़ लेख (150 ई.) में यौधेयों के गणराज्य का उल्लेख है, परंतु इनके प्रदेश के बारे में स्पष्ट जानकारी उपलब्ध नहीं थी। हरियाणा और सतलुज व यमुना के बीच के प्रदेश से बड़ी संख्या में इनके सिक्के मिल जाने से प्रमाणित हो गया कि यौधेयों का गणराज्य इसी प्रदेश में था। प्राचीन भारत में जन या जमात का नाम उसके जनपद को देने की प्रथा रही है।[7] इस प्रदेश में आज भी यौधेयों के वंशज 'जोहिया' लोगों का निवास है।

मुद्राओं से धार्मिक इतिहास के बारे में भी बड़े महत्व की जानकारी मिलती है। हिंद-यवनों, शकों, कुषाणों, हूणों और क्षत्रपों के सिक्कों से स्पष्ट पता चलता है कि इन्होंने ब्राह्मण या बौद्ध धर्म-संप्रदायों को बहुत जल्दी अपना लिया था। मानव-रूप देवताओं की आकृतियां सर्वप्रथम इन्हीं शासकों के सिक्कों पर देखने को मिलती हैं। इनमें से कई शासकों के सिक्कों पर शिव (देवता) और नंदी की आकृतियां अंकित हैं। इससे पता चलता है कि उस समय पश्चिमोत्तर भारत में शैव संप्रदाय का काफी अधिक प्रभाव था। कनिष्क के एक सिक्के पर बुद्ध की आकृति है। वायु देवता के लिए आज देश में कोई मंदिर नहीं है, लेकिन कनिष्क के एक सिक्के पर वायु देवता की आकृति अंकित है। सिक्के से ही पता चलता है कि हूण हमलावर मिहिरकुल शिव के नंदी का उपासक था। बाहर से आए इन शासकों ने जल्दी ही भारतीय नाम अपना लिये थे। पश्चिम भारत पर शासन करने वाले 27 क्षत्रप शासकों में से 25 के नाम भारतीय हैं—रुद्रदामन्, रुद्रसेन, रुद्रसिंह, जयदामन आदि।

(अ) (आ) (इ)

चित्र 1.6 : (अ) कनिष्क के सिक्के पर चतुर्भुज शिव (यूनानी में 'ओएशो')
(आ) कनिष्क की मुद्रा पर बुद्ध (यूनानी में 'बोद्दो')
(इ) कनिष्क की मुद्रा पर वायु (वोदो) देवता

बाहर से भारत में आए शासकों ने भारतीय देवी-देवताओं को अपनाया, तो भारतीयों ने भी कुछ विदेशी देवताओं को अपनाया है। कुषाणों के कुछ सिक्कों पर पश्चिम एशियाई मूल की सिंहासीन देवी नना (ईश्तर) का अंकन है। जिन सिक्कों पर नना का अंकन था वे 'नाणक' कहलाए। बाद में यह 'नाणक' शब्द मुद्रा या धन का द्योतक बन गया। **मृच्छकटिक** (1.23) में भी मुद्रा या धन के व्यापक अर्थ में 'णाणक' (नाणक) शब्द आया है। राजस्थान और पश्चिम भारत में 'नाणो' शब्द का आज भी प्रयोग होता है। मराठी में मुद्रा के अर्थ में 'नाणे' शब्द का आज व्यापक उपयोग होता है।[8]

चित्र 1.7 : कनिष्क के सिक्के पर 'नना' (NANA) देवी का अंकन

इतिहास की रचना के लिए प्राचीन काल के सिक्कों का ज्यादा महत्व है। मध्यकालीन इतिहास के लिए पर्याप्त लिपिबद्ध सामग्री उपलब्ध है, फिर भी मध्यकालीन भारत का इतिहास लिखने में सिक्कों से बड़ी मदद मिली है। किसी भी मुस्लिम शासक को शासक होने के प्रमाणस्वरूप मस्जिद में अपने नाम का खुतबा पढ़वाना पड़ता था और अपने नाम का नया सिक्का भी जारी करना पड़ता था। नए प्रदेश पर विजय प्राप्त करने पर भी नया सिक्का चलाया जाता था। मुस्लिम शासकों के सिक्कों पर प्रायः दोनों तरफ विस्तृत लेख देखने को मिलते हैं, इसलिए ये सिक्के अपने समय के इतिवृत्तों को परखने में बड़े सहायक सिद्ध हुए हैं।

सिक्कों से शासकों के धार्मिक-सांप्रदायिक दृष्टिकोण के बारे में भी महत्व की सूचनाएं मिलती हैं। सिक्के से ही पता चलता है कि महमूद गजनी का जिहाद का जोश बाद में ठंडा पड़ गया था; उसने महमूदपुर (लाहौर) से चांदी के जो दिरहम

(अ) (आ) (इ)

चित्र 1.8 : (अ) महमूद ग़ज़नी (1001-1030 ई.) के दिरहम के पृष्ठभाग पर बीच में नागरी लेख : 'अव्यक्तं एकं मुहम्मद अवतार नृपति महमूद' और किनारे पर नागरी लेख : 'अव्यक्ताय नामे अयं टंकं हत महमूदपुरे घटित ताजिकीय संवत् 418' (1028 ई.)।

(आ) अकबर (1556-1605 ई.) की सोने की अर्ध-मुहर पर राम व सीता का रूपांकन और नागरी में 'रामसीय' शब्द (फ्रांस का संग्रहालय)।

(इ) मैसूर के सुलतान हैदर अली (1772-1782 ई.) की स्वर्णमुद्रा पर हर-गौर का रूपांकन।

जारी किए थे उन पर एक ओर अरबी में लेख हैं, तो दूसरी ओर देवनागरी और संस्कृत में उसका रूपांतर। अकबर के एक सिक्के पर राम व सीता की आकृतियां और नागरी में 'रामसीय' शब्द अंकित हैं।[9] हैदर अली की एक स्वर्णमुद्रा पर हर-गौरी की आकृति है।

सिक्कों से तत्कालीन आर्थिक दशा के बारे में भी बड़ी उपयोगी जानकारी मिलती है। सोना, चांदी और तांबे के सिक्के अपनी क्रय-क्षमता के बारे में महत्वपूर्ण सूचनाएं देते हैं। सिक्कों की धातु में की गई मिलावट से भी तत्कालीन आर्थिक दशा पर प्रकाश पड़ता है। बड़े सौदों में सोने और चांदी के सिक्कों का इस्तेमाल होता था। जैसे, गुप्तकाल में दो-तीन स्वर्णमुद्राओं (दीनारों) में ही बहुत-सारी जमीन खरीदी ज़ा सकती थी। छोटे-मोटे सौदों में तांबे और सीसे के सिक्कों का व्यवहार होता था। रोजमर्रा की छोटी-मोटी जरूरतों के लिए देश के कई प्रदेशों में कौड़ियों का चलन था।

सिक्कों से कला-कौशल, वस्त्राभूषण, आमोद-प्रमोद आदि के बारे में भी महत्वपूर्ण जानकारी मिलती है। प्राचीन भारत के आरंभिक पंचमार्क या आहत सिक्के लगभग कलाशून्य हैं। मगर हिंद-यवन, कुषाण, क्षत्रप और गुप्त शासकों के सिक्के कलापूर्ण हैं। कुषाण नरेशों को उनके सिक्कों पर ईरानी वस्त्र (चोगा) पहने हुए दिखलाया गया है। समुद्रगुप्त को उसके एक सिक्के पर वीणा बजाते हुए चित्रित

किया गया है। अश्वमेध यज्ञ के अवसर पर विशेष सिक्के जारी किए जाते थे। सिक्के प्राचीन व्यापार-व्यवस्था तथा व्यापारी मार्गों के बारे में महत्व की सूचनाएं देते हैं। ईसा की आरंभिक दो-तीन सदियों में भारत और रोम के बीच जो व्यापारी संबंध रहे हैं उसके कारण ही बहुत-सारी रोमन स्वर्णमुद्राएं भारत में आई थीं। इनके प्राप्तिस्थानों से तत्कालीन व्यापार-व्यवस्था के बारे में नई बातें जानने को मिली हैं (देखिए अध्याय 9)।

इस प्रकार, सिक्के इतिहास और संस्कृति को ठीक से समझने में महत्वपूर्ण भूमिका अदा करते हैं। मुद्राएं हमारी अमूल्य सांस्कृतिक सम्पदा है। इस सम्पदा की समुचित सुरक्षा के लिए यह आवश्यक है कि हमें पुराने सिक्कों की पहचान और उनके ऐतिहासिक-सांस्कृतिक महत्व की समुचित जानकारी हो।

संदर्भ और टिप्पणियां

1. बयाना : राजस्थान के भरतपुर जिले के इस स्थान का प्राचीन नाम संभवतः बाणापुर था। यहां के ऊखा (ऊषा) मंदिर से प्राप्त 956 ई. के एक अभिलेख में राजा लक्ष्मणसेन का उल्लेख है। सन् 1137 ई. के एक लेख से पता चलता है कि यहां पाल नरेशों का शासन रहा है। पाल नरेश विजयपाल द्वारा निर्मित 'विजय मंदिर गढ़' भग्नावस्था में आज भी यहां मौजूद है। एक अन्य लेख से पता चलता है कि बाबर ने 1527 ई. में खानवा की लड़ाई में राणा संग्रामसिंह को हराकर बयाना पर अधिकार कर लिया था। यहां मुगल काल के कई अवशेष मौजूद हैं। बयाना बहुत समय तक भरतपुर राज्य का जिला रहा है।
2. देखिए परमेश्वरीलाल गुप्त का निबंध *सोने के बटन*, **वे दिन वे लोग**, अनुराग प्रकाशन, वाराणसी, 1993 ई.
3. अनंत सदाशिव अळतेकर (1898-1960 ई.) : एक महाराष्ट्रीय प्राच्यविद्याविद। कोल्हापुर जिले के कागल गांव में जन्म। संस्कृत में एम.ए. करने के बाद राष्ट्रकूटों के इतिहास पर प्रबंध प्रस्तुत करके 1928 ई. में डी.लिट्. की उपाधि हासिल की। आगे वे बनारस हिंदू विश्वविद्यालय में प्राध्यापक नियुक्त हुए। फिर 1949 ई. में पटना विश्वविद्यालय के प्राचीन भारतीय इतिहास एवं संस्कृति विभाग के अध्यक्ष के रूप में अळतेकर की नियुक्ति हुई। आगे वे पटना में ही काशीप्रसाद जायसवाल अनुशीलन संस्था के संचालक बने। उस दौरान उनकी देखरेख में कुछ प्राचीन स्थलों में उत्खनन-कार्य भी हुआ।

   अ. स. अळतेकर भारतीय मुद्राशास्त्र समिति (बनारस हिंदू विश्वविद्यालय) के अध्यक्ष और वहां से प्रकाशित होने वाली शोध-पत्रिका के प्रधान संपादक रहे। वे भारतीय

इतिहास परिषद के गुवाहटी अधिवेशन के अध्यक्ष भी नियुक्त हुए थे, पर निधन के कारण वे उसमें भाग नहीं ले सके। अळतेकर के शोधपरक प्रमुख ग्रंथ हैं :

Position of Women in Hindu Civilisation

Education in Ancient India

Age of the Vakatakas and Guptas

Corpus of Gupta Coinage

Catalogue of the Gupta Gold Coins in the Bayana Hoard

शिलाहारांचा इतिहास (मराठी)
गुप्तकालीन मुद्राएं (हिंदी में), बिहार राष्ट्रभाषा परिषद्, पटना, 1954 ई.

चित्र 1.9 : अनंत सदाशिव अळतेकर (1898-1960 ई.)

4. काच वस्तुतः कौन था, इसके बारे में विद्वानों के अलग-अलग मत हैं, मगर ज्यादा संभव यही जान पड़ता है कि वह समुद्रगुप्त का बड़ा भाई था। गुप्त वंशावली में काच का कोई उल्लेख नहीं है। काच नामवाले अब तक केवल सोने के सिक्के मिले हैं। बयाना-निधि के सारे सिक्के गुप्त शासकों के हैं, इसलिए काच को गुप्तवंशीय मानने में कोई विशेष कठिनाई नहीं है।
5. गुप्तों के अभिलेखों की किसी भी वंशावली में रामगुप्त का नाम नहीं है। उसके अब तक सोने के सिक्के भी नहीं मिले हैं। **मुद्राराक्षस** नामक प्रसिद्ध नाटक के लेखक विशाखदत्त (ईसा की छठी सदी, उत्तरार्ध) के एक अन्य विलुप्त नाटक **देवी-चंद्रगुप्तम्** के कुछ अंश (उद्धरण) अन्यत्र उपलब्ध हुए हैं। उनसे जानकारी मिलती है कि चंद्रगुप्त के सिंहासन पर बैठने के पहले रामगुप्त सम्राट बना था और उसने ध्रुवदेवी या ध्रुवस्वामिनी से विवाह किया था। शकराज ने रामगुप्त से ध्रुवस्वामिनी की मांग की थी, जिसे 'प्रजा के भय-निवारण के लिए' रामगुप्त ने स्वीकार कर लिया था। लेकिन रामगुप्त के छोटे भाई चंद्रगुप्त ने शकराज के पास ध्रुवस्वामिनी के वेष में जाकर उसे मार डाला।

6. देखिए परमेश्वरीलाल गुप्त का निबंध *रामगुप्त के सिक्के*, **वे दिन वे लोग**, अनुराग प्रकाशन, वाराणसी, 1993 ई.

7. पाणिनि का सूत्र है : 'जनपदे लुप्', **अष्टाध्यायी**, 4.2.81.

8. इस नना देवी ने ही आगे जाकर दुर्गा (शक्ति) का रूप धारण कर लिया। हिंगलाज (सिंध, पाकिस्तान) में जो शक्तिपीठ है वह कुषाण काल में नना देवी का मंदिर था। आज वहां की देवी मुसलमानों की 'बीबी नानी' है। हिमाचल प्रदेश के बिलासपुर जिले में भी एक ऊंची पहाड़ी पर नैना (नयना) देवी का मंदिर है। इसे एक सिद्धपीठ माना जाता है, और श्रावण के शुक्लपक्ष में यहां बड़ा मेला लगता है। ऐसे ही एक मेले में 3 अगस्त, 2008 को मची भारी भगदड़ में यहां लगभग 150 यात्रियों की मौत हुई थी। नैनीताल (कुमायूं) की 'नैना (नयना) देवी' भी अपने मूल रूप में संभवतः कुषाणों की 'नना देवी' ही रही है।

   विस्तृत जानकारी के लिए देखिए B. N. Mukherjee, **Nanã On Lion**, The Asiatic Society, Calcutta, 1069.

9. अकबर की 'रामसीय' मुद्रा के बारे में अधिक जानकारी के लिए देखिए अध्याय 26, पृष्ठ 216।

2

इस तरह हुई सिक्कों की शुरुआत

मुद्राओं का आविष्कार होने से पहले मानव के प्रायः सारे काम वस्तु-विनिमय यानी चीजों की अदला-बदली से सम्पन्न होते थे। कठोर चकमक पत्थर दुर्लभ था, इसलिए पाषाण-युग में इसके बदले अन्य उपयोगी चीजें प्राप्त की जाती थीं। अदला-बदली के लिए कठोर पत्थर के औजार-हथियार, मांस, अन्न, पशु, चमड़ा आदि चीजों का उपयोग होता था।

चित्र 2.1 : वस्तु-विनिमय : वस्त्र और औजार की अदला-बदली

प्रायः सभी प्राचीन सभ्यताओं में अदला-बदली के लिए पशुओं का व्यापक इस्तेमाल हुआ है। होमर युगीन (ईसा-पूर्व 8वीं सदी) यूनान में गाय-बैल और चमड़े के बदले मदिरा प्राप्त की जाती थी। हथियार भी प्रायः गाय-बैल के बदले ही खरीदे जाते थे। रोम के आरंभिक कानून में दंड का भुगतान सिक्कों से नहीं, बल्कि बैलों

चित्र 2.2 : सबसे प्राचीन रोमन मुद्रा : तांबे की रोमन सिल्ली पर बैल की छबि

से करने की व्यवस्था थी। आधुनिक केपिटल (capital = पूंजी) शब्द लैटिन के कैपिटा (capita = गाय-बैल) से बना है। मुद्रा या धन के लिए रोमन शब्द था– पेकुनिया (pecunia)। अंग्रेजी का पिक्यूून्यरी (pecuniary = आर्थिक, धन-संबंधी) शब्द लैटिन के पेकुस् (pecus = पशु) से निर्मित है। लैटिन 'पेकुस्' और संस्कृत 'पशु' का मूल एक ही है।

ऋग्वेद के कई उल्लेख साक्ष्य देते हैं कि उस समय गाय ही विनिमय का प्रमुख माध्यम थी। एक स्थान पर इंद्र की प्रतिमा का मूल्य दस गाएं बताया गया है।[1] गो (गाय या बैल) शब्द धन का सूचक था; गोधन शब्द आज भी प्रचलित है। दूर के अपने यूनानी बांधवों की तरह वैदिक आर्यभाषी भी गाय के बदले में ही सोम प्राप्त करते थे।[2]

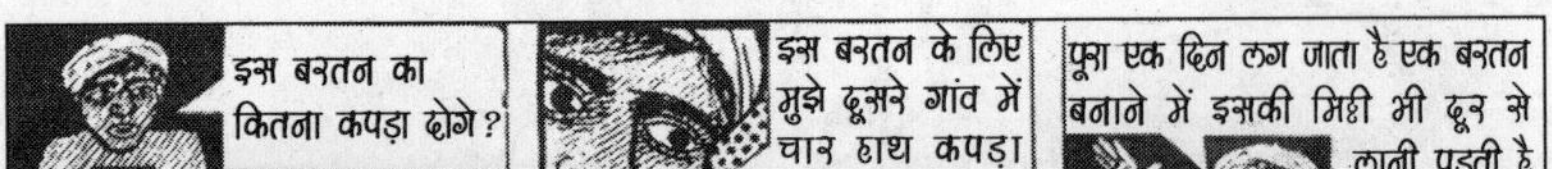

चित्र : कैरन ('चकमक' के सौजन्य से)

चित्र 2.3 : वसन के बदले वासन

पाणिनि की **अष्टाध्यायी** में भी विनिमय-माध्यम के रूप में इस्तेमाल होने वाली चीजों के रूप में वसन (वस्त्र) के बदले वासन (बासन या बर्तन) प्राप्त करने की सूचना मिलती है।[3] हिंदी और मराठी में बर्तनों के लिए आज भी 'बासन' शब्द का प्रयोग होता है। स्पष्ट है कि पाणिनि के समय (ईसा-पूर्व पांचवीं सदी) में जुलाहा अपने कपड़े के बदले में बर्तन या औजार या अन्य कोई चीज प्राप्त करता था। **अष्टाध्यायी** में एक गाय के बदले में क्रय की गई चीज को 'गोपुच्छ' कहा गया है।[4] उस समय गायों का लेन-देन उनकी पूंछ पकड़कर किया जाता था। पूंछ पकड़कर गोदान करने की प्रथा हाल तक मौजूद रही है। विनिमय-माध्यम के रूप में गाय-बैल के अलावा दूसरे पालतू पशुओं का भी उपयोग होता था। **काशिका** में पांच और दस घोड़ों के बदले खरीदी गई दासियों को क्रमशः 'पंचाश्वा' और 'दशाश्वा' कहा गया है।[5] तात्पर्य यह कि, सभी प्राचीन सभ्यताओं में, भारत में भी, विनिमय के माध्यम के रूप में धान्य, वस्त्र, पशु आदि का व्यापक उपयोग हुआ है। धातुओं की मुद्राएं प्रचलन में आने पर भी अदला-बदली की व्यवस्था कायम रही, विशेषकर ग्रामीण क्षेत्रों में।

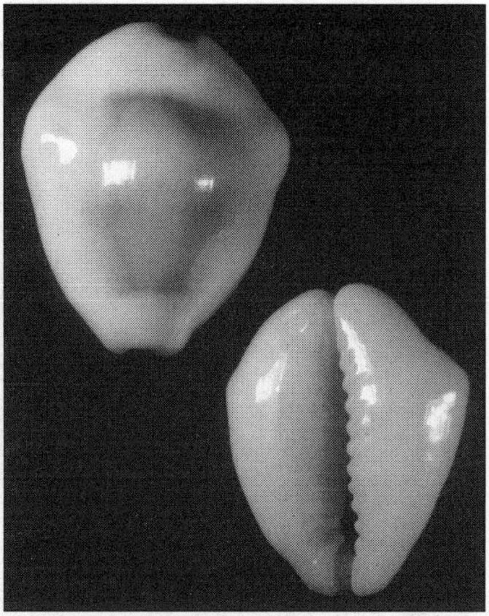

चित्र 2.4 : कौड़ी मुद्रा

मुद्रा का मतलब केवल धातु के सिक्के ही नहीं रहा है। मुद्रा के रूप में कौड़ियों का प्रयोग प्राचीन काल से लेकर उन्नीसवीं सदी के अंत तक होता रहा है—न केवल भारत में, बल्कि अफ्रीका और एशिया के अन्य कुछ देशों में भी।[6] मुगलकालीन गुजरात में छोटी मुद्राओं का काम बादामों से लिया जाता था। अलास्का में मछली पकड़ने के कांटों का मुद्रा के रूप में इस्तेमाल होता था, तो फिजी द्वीप-समूह में व्हेल के दांत का। तिब्बत में चायपत्तियों को दबाकर बनाई गई ईंटों का मुद्रा के रूप में प्रयोग होता था। दक्षिणी प्रशांत महासागर के याप द्वीप में पत्थर के भारी पहियों का मुद्रा के रूप में प्रचलन था, तो न्यू हैब्रिडीज द्वीप-समूह (प्रशांत महासागर) में पक्षियों के हल्के पंखों का।

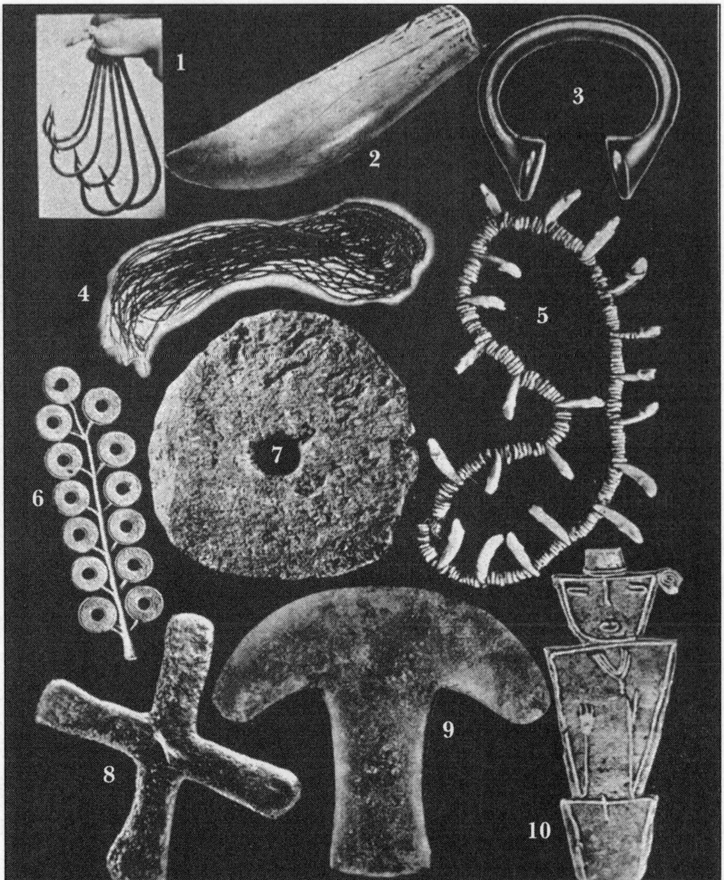

चित्र 2.5 : संसार के विभिन्न प्रदेशों की कुछ अनूठी मुद्राएं :

1. मछली-कांटा मुद्रा (अलास्का)
2. व्हेल-दांत मुद्रा (फिजी द्वीप-समूह)
3. अंगूठी मुद्रा (अफ्रीका का पश्चिमी समुद्रतट)
4. हाथी-पूंछ मुद्रा (पुर्तगीज पश्चिमी अफ्रीका)
5. श्वान-दंत (सोलोमन द्वीप-समूह, प्रशांत महासागर)
6. वृक्ष-शाखा टीन मुद्रा (मलय प्रायद्वीप)
7. प्रस्तर मुद्रा (याप द्वीप, प्रशांत महासागर)
8. ताम्र-क्रॉस (बेल्जियन कांगो)
9. अज़्टेक मुद्रा (मेक्सिको)
10. अज़्टेक स्वर्ण मुद्रा (मेक्सिको)

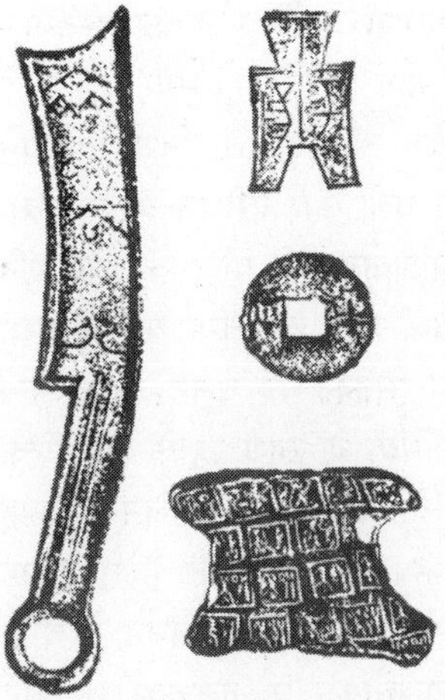

चित्र 2.6 : प्राचीन चीन की छुरा-नुमा, फावड़ा-नुमा व चौकोर छेद वाली गोलाकार मुद्राए

प्राचीन चीन में मजदूरी का भुगतान फावड़े, छुरे तथा अन्य किस्म के औजारों के जरिए होता था। बाद में शाङ काल (ईसा-पूर्व दूसरी सहस्राब्दी के उत्तराध) में इन औजारों के धातु के छोटे प्रतिरूप प्रचलन में आए, परंतु ये वास्तविक सिक्के नहीं थे।

वस्तुतः प्राचीन काल में वस्तु-विनिमय में अनेक प्रकार की कठिनाइयां थीं। सभी गायों या सभी घोड़ों को समान मूल्य का मानना संभव नहीं था। ऐसी चीजों को टुकड़ों में विभाजित करना भी संभव नहीं था। इसके अलावा, बदले में हर समय आवश्यक वस्तु का यथोचित मात्रा में प्राप्त होना आसान नहीं था।

चित्र : कैरन ('चकमक' के सौजन्य से)

चित्र 2.7 : गाय को आधा नहीं कर सकते!

कुछ हद तक इन कठिनाइयों का समाधान सोने, चांदी और तांबे की धातुओं के इस्तेमाल से हुआ। तांबे की खोज के साथ ताम्रयुग आया, तो यह धातु विनिमय का माध्यम बनी। जिसके पास तांबे के हथियार थे वह अधिक मात्रा में शिकार कर सकता था, शत्रु को आसानी से मार सकता था। तांबे के बर्तन और कांसे के औजार ज्यादा टिकाऊ थे, इसलिए तांबे के एक धातु-खंड के बदले एक अच्छी गाय या काफी अनाज प्राप्त करने में कोई कठिनाई नहीं थी। इस तरह तांबे के धातु-खंड विनिमय के साधन बन गए।

सोना और चांदी दुर्लभ धातुएं थीं और आभूषणों के लिए इनका इस्तेमाल होता था, इसलिए इन धातुओं का लेन-देन में भी उपयोग होने लगा। मगर धातु-खंडों के व्यवहार में भी कई कठिनाइयां थीं। इनकी तौल और शुद्धता निर्धारित होने पर ही इनका व्यापक उपयोग संभव था। इसके लिए तुला और परीक्षण की व्यवस्था आवश्यक थी। अन्य शब्दों में, धातु-खंडों की प्रामाणिकता की पुष्टि के लिए उन पर परीक्षक के विशिष्ट चिह्न अंकित होना आवश्यक था। इस तरह की व्यवस्था अस्तित्व में आने के साथ ही पहली बार मुद्राओं या सिक्कों का चलन शुरू हुआ।

सिंधु सभ्यता काफी विस्तृत थी और मेसोपोटामिया के साथ उसके व्यापारिक संबंध भी थे। सिंधुस्थलों से बड़ी संख्या में पत्थर के बाट मिले हैं, जिनमें इकाई का बाट 13 ग्रेन (15.43 ग्रेन = एक ग्राम) का है। जो बाट मिले हैं वे इकाई के इस बाट से 2, 4, 8, 10 आदि गुना भारी हैं। मोहेंजो-दड़ो के उत्खनन में चांदी की एक मंजूषा के भीतर आभूषणों के साथ चांदी के चौकोर व गोलाकार 12 छोटे टुकड़े मिले थे। इनमें से करीब 23.4 ग्राम भार के एक चौकोर टुकड़े पर मेसोपोटामिया की असीरियाई कीलाक्षर लिपि में कुछ संकेत भी उत्कीर्ण हैं, मगर यकीन के साथ नहीं कहा जा सकता कि चांदी के ये टुकड़े सिंधु सभ्यता की मुद्राएं ही हैं।[7] उस समय विदेशी व्यापार में भी वस्तु-विनिमय का ही ज्यादा प्रचलन था। मोहेंजो-दड़ो से मिले चांदी के टुकड़ों के तौल में कोई तारतम्य नहीं है, न ही अन्य सिंधुस्थलों से चांदी के ऐसे टुकड़े उपलब्ध हुए हैं, मगर लगता है कि, अल्प मात्रा में ही सही, व्यापार में धातु-खंडों का भी इस्तेमाल होने लगा था। अतः कहा जा सकता है कि सिंधु सभ्यता में मुद्रा-प्रणाली भी अस्तित्व में आने जा रही थी।

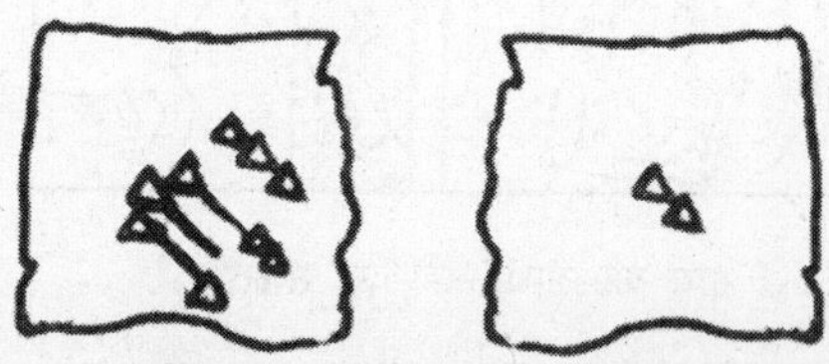

पुरोभाग पश्चभाग

चित्र 2.8 : मोहेंजो-दड़ो से प्राप्त रजत-खंड पर असीरियाई कीलाक्षर संकेत

वैदिक समाज को सोने और तांबे की अच्छी जानकारी थी, मगर चांदी का काफी अभाव था। वैदिक साहित्य में रजत का उल्लेख नहीं के बराबर है। बाद में तांबे की मुद्रा के लिए प्रयुक्त हुए 'कर्ष' और 'पण' शब्दों का भी वैदिक साहित्य में कोई जिक्र नहीं है। अतः स्पष्ट है कि वैदिक काल में चांदी और तांबे की मुद्राओं का प्रचलन नहीं था।

ऋग्वेद में सोने के 'निष्क' का उल्लेख है, मगर यकीन के साथ नहीं कह सकते कि उस समय यह शब्द आभूषण के साथ-साथ मुद्रा का भी द्योतक था। **ऋग्वेद** में सोने के 'खादि' (कंकण, नूपुर) और 'रुक्मा' (हार) जैसे आभूषणों का उल्लेख है। हिरण्य-पिंडों का भी उल्लेख है, मगर उनके तौल के बारे में कहीं कोई जानकारी नहीं है। **ऋग्वेद** में गाय और घोड़े के साथ सोने के 'मना' (एक तौल, संभवतः रत्तिका यानी गुंजा) का भी उल्लेख है।[8] बेबीलोन में निश्चित तौल के स्वर्ण-खंड 'मिना' का प्रचलन था। संभव है कि वैदिक जन बेबीलोनी 'मिना' से परिचित रहे हों और उसी को उन्होंने 'मना' कहा हो।

वैदिक कालीन 'निष्क' को मुद्रा मानने में कठिनाई है, मगर बाद में 'निष्क' निश्चित रूप से एक सिक्का था। पाणिनि की **अष्टाध्यायी** और पालि बौद्ध साहित्य में प्राचीन मुद्रा-व्यवस्था के बारे में काफी जानकारी मिलती है। पाणिनि ने निष्क, शतमान, कार्षापण, शाण, माष तथा विंशतिक नामक मुद्राओं का उल्लेख किया है। निष्क सोने का सिक्का था और एक निष्क मूल्य की वस्तु 'नैष्किक' कहलाती थी। कई बौद्ध जातक कथाओं में भी निष्क का जिक्र है।

शतमान चांदी का सिक्का था और उसका मान 100 रत्ती या 180 ग्रेन के बराबर था। तक्षशिला से मुड़ी शलाका के आकार के चांदी के जो आहत सिक्के मिले हैं वे शतमान ही प्रतीत होते हैं। कार्षापण एक मानक सिक्का था। इसे पण भी कहा गया है। जातकों में इसे 'कहापण' भी कहा गया है। पाणिनि और कौटिल्य ने अर्ध-कार्षापण और पाद-कार्षापण के बारे में जानकारी दी है। भारत के अनेकानेक स्थानों से 32 रत्ती या 56 ग्रेन तौल के जो ढेर सारे चांदी के आहत (पंचमार्क) सिक्के मिले हैं, वे कार्षापण ही हैं। बौद्ध साहित्य में कहापण के प्रचुर उल्लेख हैं, मगर संहिताओं और ब्राह्मण-ग्रंथों में कार्षापण शब्द देखने को नहीं मिलता।

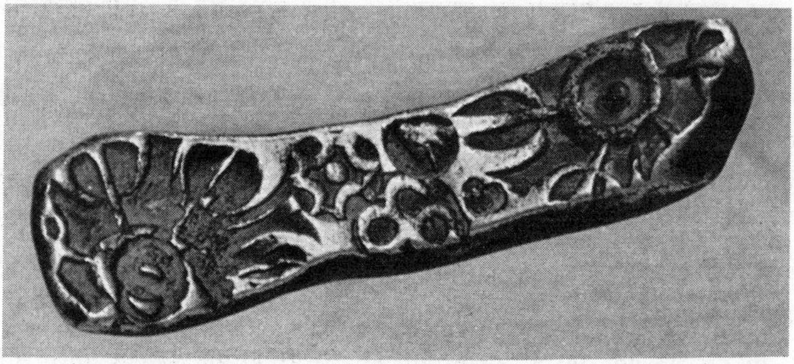

चित्र 2.9 : तक्षशिला से मुड़ी शलाका वाली पंचमार्क रजत-मुद्रा (ईसा-पूर्व छठी सदी)

तात्पर्य यह कि बुद्ध के समय (लगभग 550 ई.पू.) तक भारत में मुद्रा-प्रणाली भलीभांति अस्तित्व में आ गई थी। कार्षापण पर जो चिह्न आहत किया जाता था, उसे पाणिनि ने 'रूप' कहा है। कभी-कभी उस मुद्रा के लिए ही रूप शब्द का प्रयोग होता था।

सभी तरह के सबूतों पर विचार करने से स्पष्ट होता है कि 700 ई.पू. के आस-पास भारत में मुद्रा-प्रणाली अस्तित्व में आ गई थी।

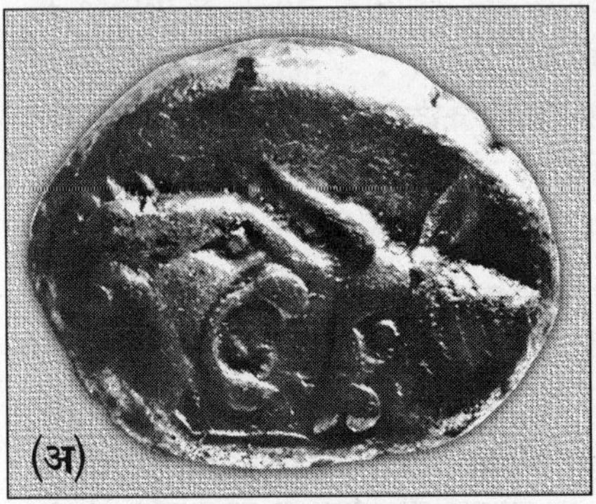

चित्र 2.10 : आरंभिक मुद्राएं : लीडिया व यूनानी नगर-राज्य
(अ) लीडिया (लघु-एशिया) की रजत मुद्रा (ईसा-पूर्व छठी सदी) पर
सिंह व बैल के सिरों की आकृतियां
(आ) कोरिंथ (यूनान) के चांदी के सिक्के पर देवी अथेना की छवि (480 ई.पू.)

ईसा-पूर्व आठवीं सदी में सीरिया और असीरिया के शासकों ने रजत-खंडों पर लांछन लगाने शुरू कर दिए थे, मगर लांछन-युक्त वास्तविक सिक्कों के आविष्कार का श्रेय पश्चिमी लघु-एशिया के लीडिया (Lydia) राज्य को है। इस राज्य की सम्पन्नता व्यापार की दृष्टि से इसकी भौगोलिक स्थिति पर आधारित थी। लघु-एशिया में जन्मे यूनानी इतिहासकार हिरोदोतस (लगभग 460 ई.पू.) और यूनानी दार्शनिक ज़ेनोफेनीज (लगभग 520 ई.पू.) भी मुद्रा के आविष्कार का श्रेय लीडियावासियों को ही देते हैं। पता चलता है कि लीडिया में ईसा-पूर्व सातवीं सदी के पूर्वार्ध में पहली बार इलेक्ट्रम (electrum, सोने और चांदी की प्राकृतिक मिश्रधातु) के सिक्के प्रचलित हुए। कुछ अरसे बाद एइजिना, अथेंस, कोरिंथ आदि यूनानी नगर-राज्यों ने भी सिक्के जारी किए।

निष्कर्ष यह कि 700 ई. पू. के आस-पास संसार के कई देशों में पहली बार मुद्रा-प्रणाली अस्तित्व में आई।

संदर्भ और टिप्पणियां

1. क इमं दशभिर्मम इन्द्रं क्रीणाति धेनुभिः। — **ऋग्वेद**, 4. 24. 1.
2. **ऋग्वेद**, 8. 32. 20.
3. **अष्टाध्यायी**, 5. 1. 27.
4. गोपुच्छेन क्रीतं गोपुच्छकम्। — **अष्टाध्यायी**, 5. 1. 19.
5. पञ्चभिरश्वैः क्रीता पञ्चाश्वा। दशाश्वा। तेन क्रीतम्। — **काशिका**, 4. 1. 22.
6. कौड़ी (Cypraea), मोलास्का (Mollusca) वर्ग का अपृष्ठवंशी समुद्री प्राणी है; शंख व सीपी का समावेश भी इसी वर्ग के अंतर्गत होता है। इस जीव को मारने के लिए कौड़ी को धीमी आंच पर उबालकर गर्म किया जाता है। कौड़ियां गर्म जल में, विशेषकर दक्षिणी प्रशांत महासागर व हिंद महासागर में पाई जाती हैं। विशेषज्ञों के अनुसार 150 से भी अधिक किस्म की, छोटे-बड़े आकार की कौड़ियां उपलब्ध हैं। मगर मुद्रा के रूप में जिस कौड़ी का इस्तेमाल होता रहा है, वह पीली कौड़ी है। यह वजन में भारी और आकार में डेढ़ से ढाई सेंमी. तक होती है। इसे "मुद्रा कौड़ी" (Cypraea moneta) भी कहते हैं।

   भारत में कौड़ियां लक्षद्वीप, मालद्वीप, रामेश्वरम् व कन्याकुमारी जैसी जगहों पर अधिक मिलती हैं। हिंद महासागर के उथले जल में कौड़ियां बहुतायत में प्राप्त होती हैं। दक्षिण भारत में इनके मिलने के कारण वहां कौड़ियां कुछ सस्ती होती थीं और उत्तर भारत में कुछ ज्यादा कीमती। चीनी पर्यटक फाहियान (भारत-यात्रा : 401-410 ई.) ने पाटलिपुत्र के बाजार में कौड़ियों का व्यवहार होते देखा था। युवान्-च्वाङ (भारत-यात्रा : 630-643 ई.) ने भी अपने यात्रा-विवरण में लिखा है : "(भारत) में लेन-देन के समय स्वर्णमुद्राओं, रजतमुद्राओं, कौड़ियों और मोतियों का प्रयोग किया जाता था। अभी एक-डेढ़ सदी पहले तक भारत के विभिन्न प्रदेशों में मुद्रा के रूप में कौड़ियों का प्रचलन रहा है।

   गणितज्ञ-ज्योतिषी भास्कराचार्य (जन्म 1114 ई.) के समय में देश के कई भागों में सबसे छोटी मुद्रा के रूप में कौड़ियों का काफी इस्तेमाल होता था। भास्कराचार्य ने **लीलावती** में एक पण को 80 कौड़ियों (वराटका) के बराबर बताया गया है। आज लेन-देन में भले ही कौड़ियों का इस्तेमाल न होता हो, किंतु हमारे समाज में कौड़ियों से संबंधित वाक्-प्रचारों का आज भी प्रयोग होता है; जैसे, 'कौड़ी के मोल', 'दो कौड़ी का होना', 'कौड़ी-कौड़ी को तरसना', आदि। संतवाणी भी है :

   रात गँवाई सोय के, दिवस गँवायो खाय।
   हीरा जनम अमोल था, कौड़ी बदले जाय॥

यादव शासनकाल (बारहवीं-तेरहवीं सदी) में 'पण' और 'द्रम्म' का खूब चलन था। भास्कराचार्य ने 16 पण को एक द्रम्म के बराबर और 16 द्रम्म को एक निष्क के बराबर बताया है। 'द्रम्म' शब्द यूनानी के 'द्रख़्म' (drachma) से बना है। भारत में जिन मुद्राओं के लिए द्रख़्म के मानक भार को अपनाया गया उन्हें 'द्रम्म' नाम दिया गया था। यादव काल में 'द्रग्ग' चांदी का सिक्का था, और भास्कराचार्य बताते हैं कि 16 द्रम्म एक निष्क (स्वर्णमुद्रा) के बराबर होता है। यदि द्रम्म और निष्क का तौल समान था, तो निष्कर्ष निकलता है कि भास्कर के समय में सोना, चांदी से 16 गुना कीमती था।

7. विस्तृत जानकारी के लिए देखिए D.D. Kosambi, *On the Origin and Development of Silver Coinage in India*, **Indian Numismatics**. Orient Longman, New Delhi, 1981.
8. आ नो भर व्यञ्जनं गामश्वमभ्यञ्जनम्। सचा मना हिरण्यया।—**ऋग्वेद**, 8. 78. 2.

3

भारत में सबसे पुराने पंचमार्क सिक्के

ईसा-पूर्व 525 के आसपास की घटना है। कोशल देश की राजधानी श्रावस्ती (गोंडा जिला, उत्तर प्रदेश) का गृहपति अनाथपिंडक भगवान बुद्ध के भिक्षु-संघ के लिए एक विहार बनवाना चाहता था। इसके लिए उसे राजकुमार जेत के उद्यान की भूमि अनुकूल लगी। जाकर जेत से कहा–"आर्यपुत्र! मुझे संघाराम बनाने के लिए अपना उद्यान दीजिए।"

जेत कुमार ने कहा – "कार्षापणों को कोर से कोर लगाकर (कोटिसंथारेन) बिछाने से भी वह उद्यान अदेय है।"

अनाथपिंडक ने कहा – "मैंने उद्यान ले लिया।"

जेत कुमार ने कहा – "तुमने उद्यान नहीं लिया।"

बिका या नहीं बिका, इसके बारे में न्यायपतियों से पूछा गया, तो उन्होंने निर्णय दिया – "अनाथपिंडक ने उद्यान को खरीद लिया है।"

कार्षापणों को बैलगाड़ियों पर लदवाकर अनाथपिंडक जेतवन पहुंचा। वहां भूमि पर कार्षापणों को कोर से कोर मिलाकर बिछा दिया गया। जेतवन अनाथपिंडक का हो गया, जहां उसने भिक्षु-संघ के लिए एक भव्य विहार का निर्माण करवाया।

उपर्युक्त घटना पालि त्रिपिटक की एक सबसे पुरानी

चित्र 3.1 : जेतवन में पंचमार्क सिक्के बिछाते हुए अनाथपिंडक के आदमी, भरहुत, शुंगकाल, लगभग 125 ई.पू.

पुस्तक 'चुल्लवग्ग' की एक कथा पर आधारित है। यह कथा जातक (निदान) में भी आई है। वस्तुतः यह घटना इतनी महत्वपूर्ण मानी गई कि इसे ईसा-पूर्व दूसरी सदी में बने भरहुत के स्तूप की वेष्टनी पर उत्कीर्ण कर दिया गया। इस शिल्पांकन के चौकोर सिक्कों पर जो लांछन या चिह्न दिखाई देते हैं वे उपलब्ध हुए पंचमार्क यानी आहत सिक्कों के अनुरूप ही हैं। बुद्ध के समय में शहरीकरण का नया दौर चला, दूर-दूर के देशों के साथ व्यापार शुरू हुआ, इसलिए मुद्रा-प्रणाली का अस्तित्व में आना स्वाभाविक ही था।

चित्र 3.2 : जेतवन में सिक्के ले जा रहे हैं बैलगाड़ी में

पाणिनि की **अष्टाध्यायी**[1] में भी प्राचीन भारतीय मुद्राओं के बारे में महत्वपूर्ण जानकारी मिलती है। वैदिक साहित्य में 'निष्क' भले ही सुवर्ण-खंड या आभूषण रहा हो, परंतु पाणिनि के समय (ईसा-पूर्व पांचवीं सदी) में वह बाकायदा एक सिक्का था। अष्टाध्यायी में दो या तीन निष्कों से खरीददारी का उल्लेख है। पाणिनि जिन अन्य मुद्राओं का उल्लेख करते हैं वे हैं–शतमान, शाण, कार्षापण, माष, विंशतिक और त्रिंशत्क। चांदी के शतमान संभवतः 100 रत्ती-भार के थे। तक्षशिला से मुड़े हुए दंड (शलाका) के आकार के जो सिक्के मिले हैं उन्हें शतमान माना गया है।

सबसे अधिक प्रचलित सिक्के चांदी के लांछन-युक्त कार्षापण थे, जिनकी देश के विभिन्न भागों में अनेक निधियां मिली हैं। कार्षापण को संक्षेप में 'पण' भी कहा जाता था। बौद्ध जातकों में इसे 'कहापण' कहा गया है। चांदी का मानक कार्षापण 32 रत्ती (रत्तिका या गुंजा) यानी लगभग 58 ग्रेन या 3.8 ग्राम के बराबर माना गया था। आधे, चौथाई आदि कार्षापणों का भी प्रचलन था। दिनोदिन उपयोग की सस्ती चीजें खरीदने के लिए काकणी (कौड़ी) का इस्तेमाल होता था। कार्षापण और माष चांदी के अलावा तांबे के भी बनते थे। भारत के इन प्राचीनतम सिक्कों पर एक-एक करके जो लक्षण या चिह्न पंच (आहत) किए जाते थे उन्हें पाणिनि ने 'रूप' कहा है।

कौटिल्य के **अर्थशास्त्र**[2] में पण, माषक तथा काकणी नामक मुद्राओं के बारे में जानकारी है। मुद्रा-अधिकारी को 'लक्षणाध्यक्ष' और लांछनों की जांच करने वाले अधिकारी को 'रूपदर्शक' कहा गया है। पंतजलि ने कार्षापणों की जांच करने वाले

को 'रूपतर्क' कहा है। लांछन-युक्त रजत-मुद्रा को कौटिल्य ने 'रूप्यरूप' कहा है।

कौटिल्य ने जाली सिक्के चलाने वाले को 'कूटरूपकारक' कहा है और उसी संदर्भ में जानकारी दी है कि उस जमाने के सिक्के किस तरह बनते थे। धातु को मूषा में गलाकर क्षार से साफ किया जाता था। उसके बाद उसे अधिकरणी (निहाई) पर रखकर मुष्टिका (हथौड़ी) से पीटा जाता था। फिर संदंश यानी कतरनी से उसके टुकड़े बनाए जाते थे। अंत में बिंबटंक (ठप्पे) से उन पर चिह्न अंकित किए जाते थे। धातुखंड पर अधिकृत चिह्नों की छाप पड़ जाने पर ही वह मुद्रा का रूप धारण करता था। प्राचीन भारत में सांचों में भी सिक्के ढाले गए थे, मगर आगे सिक्कों का निर्माण अधिकतर ठप्पों से ही होता रहा।

उपर्युक्त साहित्यिक प्रमाणों से निष्कर्ष पर पहुंचा जा सकता है कि ईसा-पूर्व पांचवीं-चौथी सदियों में भारत में मुद्रा-व्यवस्था अच्छी तरह अस्तित्व में आ गई थी। अतः हम कह सकते हैं कि प्राचीन भारत में सिक्कों का चलन 600 ई.पू. के आसपास से आरंभ हुआ।

उपलब्ध सिक्कों के अध्ययन से भी इसी तरह के निष्कर्ष निकलते हैं। तक्षशिला[3] के भिड़ टीले से 1924 ई. में जो 1170 सिक्के मिले उनके आधार पर काफी महत्वपूर्ण सूचनाएं प्राप्त हुई हैं। इस निधि (दफीना या मुद्रा-संचय) में थे– 1055 पंचमार्क सिक्के, 33 मुड़े हुए दंड के आकार के सिक्के, 79 लघु-मुद्राएं, 2 सिक्के (टेट्राद्रख्म) सिकंदर-महान के, एक सिक्का फिलिप एरिदेयूस का और एक हख़ामनी (ईरानी) 'सिग्लोस' मुद्रा। इनमें से चांदी के तीन यूनानी सिक्के इस निधि का समय निर्धारित करने में बड़े सहायक सिद्ध हुए हैं। सिकंदर ने 326 ई.पू. में तत्कालीन पश्चिमोत्तर भारत पर हमला किया था। सिकंदर के सौतेले भाई फिलिप एरिदेयूस को 317 ई.पू. में बंदी बनाकर उसकी हत्या कर दी गई थी। तक्षशिला की निधि में मिला उसका सिक्का इतना नया है कि जैसे टकसाल से निकलकर सीधे ही संचय में पहुंच गया हो। अतः मुद्राविद इस निष्कर्ष पर पहुंचे हैं कि यह मुद्रा-निधि 317 ई. पू.

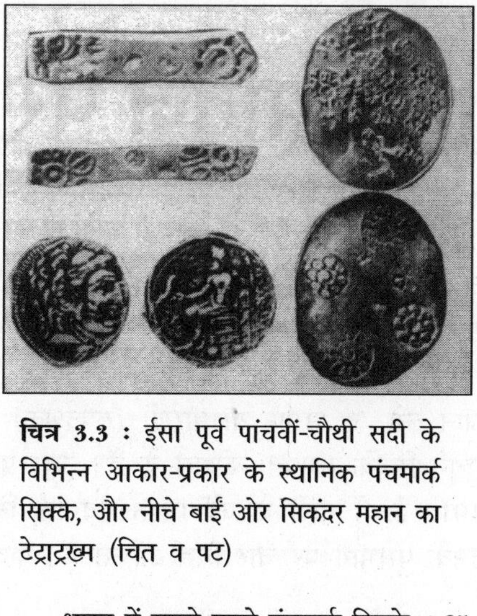

चित्र 3.3 : ईसा पूर्व पांचवीं-चौथी सदी के विभिन्न आकार-प्रकार के स्थानिक पंचमार्क सिक्के, और नीचे बाईं ओर सिकंदर महान का टेट्राद्रख़्म (चित व पट)

से ज्यादा बाद की नहीं होनी चाहिए। इस निधि में चांदी के जो पंचमार्क और मुड़े दंडाकार सिक्के मिले हैं वे काफी घिसे हुए हैं। इसलिए कहा जा सकता है कि वे ईसा-पूर्व चौथी सदी के पूर्वार्ध के हैं।

काबुल-क्षेत्र के चमन-ई-हजूरी स्थान से मिली निधि में यूनानी नगर-राज्यों और हख़ामनी साम्राज्य के सिक्कों के साथ जो मुड़े दंडाकार सिक्के मिले हैं वे, पता चलता है कि, ईसा-पूर्व चौथी सदी के प्रथम चरण में चलन में थे।

मुड़े दंड के आकार के चांदी के सिक्के तत्कालीन पश्चिमोत्तर भारत से ही मिले हैं। कुछ पुराविद इन्हें 'अष्टाध्यायी' में वर्णित शतमान मुद्राएं मानते हैं। शतमान सिक्के संभवतः 100 रत्ती यानी करीब 180 ग्रेन भार के थे। मगर तक्षशिला से मुड़े दंडाकार जो सिक्के मिले हैं वे औसतन 168 ग्रेन भार के हैं। ईरानी 'सिग्लोई' करीब 85 ग्रेन भार के थे, इसलिए कुछ पुराविदों का मत है कि मुड़े दंडाकार सिक्के दो 'सिग्लोई' के बराबर के हैं। इस संदर्भ में यह ध्यान में रखना जरूरी है कि गंधार प्रदेश पर हख़ामनी सम्राट दारा (दारयवहु : 521-486 ई.पू.) का शासन रहा है।

मुड़े दंड के आकार वाले सिक्कों के सिरों पर चक्र-जैसे चिह्न आहत हैं। वस्तुतः चांदी के ये दंड लंबे हैं और इनके दोनों सिरों पर लांछन आहत किए गए हैं, इसीलिए ये मुड़ गए हैं। इस तरह के जो छोटे सिक्के मिले हैं वे मुड़े हुए नहीं हैं। इनकी मुख्य विशेषता है, इन पर चक्र-नुमा चिह्न अंकित होना। इसलिए इन्हें 'चक्रांकित मुद्रा' भी कहा जाता है। इन्हें ही भारत के सबसे पुराने सिक्के माना जाता है, और पश्चिमोत्तर भारत में इनका प्रचलन ईसा-पूर्व पांचवीं सदी के आरंभ से सिकंदर के हमले तक रहा है।

मुड़े दंड की चक्रांकित मुद्राओं के अलावा भारत के विभिन्न भागों से सामान्य पंचमार्क (आहत) मुद्राओं की ऐसी अनेक निधियां मिली हैं जो मौर्य काल के पहले की हैं। इन पंचमार्क सिक्कों का संबंध बुद्धकालीन महाजनपदों से जोड़ा जाता है। कोशल, काशी, पंचाल, वत्स, शूरसेन आदि जनपदों के इन सिक्कों की अपनी अलग-अलग विशेषताएं हैं, इसलिए इन्हें 'स्थानिक सिक्के' भी कहा जाता है। इन सभी सिक्कों के पुरोभाग (चित भाग) पर विभिन्न प्रकार के जो चिह्न पंच किए गए हैं वे टकसालों के हैं। बाद में पृष्ठभाग (पट भाग) पर भी चिह्न अंकित किए जाने लगे, जो सर्राफ या पारखी (रूपदर्शक) के होंगे। स्थानिक सिक्कों में सबसे पुराने सिक्के संभवतः कोशल के हैं। उत्तर प्रदेश के खीरी जिले के पैला गांव से 1912 ई. में चांदी के जो 1245 पंचमार्क सिक्के मिले थे वे कोशल के ही हैं। इनके पुरोभाग पर चार चिह्न अंकित हैं। पहला चिह्न तीन दौड़ते कदमों से बना

चित्र 3.4 : आरंभिक स्थानिक पंचमार्क सिक्कों पर बने विभिन्न चिह्न

एक त्रिभुज है और उसके बीच में एक बिंदी है। दूसरा चिह्न बैल के चेहरे की तरह का है और ब्राह्मी के 'म' अक्षर की तरह दिखाई देता है। तीसरा चिह्न तीन रूपों में दिखाई देता है—षड्कोण, चंद्र-सूर्य और हाथी। चौथे चिह्न के कई प्रकार हैं। दामोदर धर्मानंद कोसंबी ने पैला-निधि[5] के इन पंचमार्क सिक्कों का अन्वेषण किया है। उनका मत है कि इन पर तीसरा चिह्न कोशल के तीन राजकुलों का और चौथा चिह्न शासन करने वाले राजा का सूचक है। पैला-निधि के ये पंचमार्क सिक्के 24 रत्ती भार के हैं, जबकि बाद के पांच चिह्नों वाले मानक कार्षापण पंचमार्क सिक्के औसतन 32 रत्ती भार के हैं।

प्रत्येक जनपद के ये स्थानिक सिक्के बनावट, वजन, चिह्न, धातु आदि के मामले में एक-दूसरे से काफी भिन्न हैं, इसलिए इनका अभी तक सम्यक अध्ययन नहीं हो पाया है। कुछ स्थानिक सिक्कों पर केवल एक ही लांछन देखने को मिलता है, जिससे वह सिक्का एक छोटी कटोरी के आकार का बन गया है। अलग-अलग जनपदों के सिक्कों पर अलग-अलग आकृतियां अंकित हैं।

मगध में भी आरंभ में स्थानिक सिक्कों का ही प्रचलन रहा। परंतु जब से साम्राज्य-विस्तार का युग शुरू हुआ, तब से एक नई मुद्रा-व्यवस्था अस्तित्व में आई। नए पंचमार्क सिक्के 32 रत्ती भार के हैं और इन पर पांच चिह्न अंकित हैं। अजातशत्रु के समय से लेकर मौर्य साम्राज्य के अंत समय तक इस तरह के सिक्के जारी किए जाते रहे। इनकी जानकारी हम आगे दे रहे हैं।

संदर्भ और टिप्पणियां

1. पाणिनि की अष्टाध्यायी : व्याकरण वेदांग का विषय नाम से ही स्पष्ट व्याकरण

के महान् आचार्य पाणिनि ईसा पूर्व चौथी सदी में हुए। उनकी **अष्टाध्यायी** भारतीय साहित्य की अमर कृति है। संस्कृत व्याकरण के सारे नियमों को पाणिनि ने अपने ग्रंथ के 3863 सूत्रों में बांध दिया कि पिछले लगभग ढाई हज़ार सालों में संस्कृत भाषा बंधी की बंधी रह गयी। पाणिनि पश्चिमोत्तर सीमाप्रांत के निवासी थे। पिछले लगभग ढाई हजार साल से **अष्टाध्यायी** का अध्ययन होता चला आ रहा है।

संस्कृत भाषा पर अधिकार प्राप्त करने के लिए अष्टाध्यायी के सूत्रों को रटना आज भी जरूरी समझा जाता है। पाश्चात्य पंडितों ने अष्टाध्यायी का अध्ययन करने के बाद ही आधुनिक युग में तुलनात्मक भाषा-विज्ञान जैसे नये विषय को जन्म दिया। इतनी महत्व की यह कृति है।

पाणिनि के कोई सौ साल बाद उनके ग्रंथ पर कात्यायन ने वार्तिक लिखा। मूल ग्रंथ में क्या कहा गया, क्या नहीं कहा गया, कौन-सी बात सही रीति से नहीं कही गयी—इत्यादि विचार-विमर्श जिस ग्रंथ में हो उसे वार्तिक कहते हैं। ईसा पूर्व दूसरी सदी में, शुंग काल में आचार्य पतंजलि पाणिनि अष्टाध्यायी पर भाष्य लिखा। उनका ग्रंथ महाभाष्य के नाम से प्रसिद्ध हुआ।

पाणिनि के अष्टाध्यायी मै "तेनक्रीतम" (5, 1, 37) और "तदर्हति" (5, 1, 63) लिखा हुआ मिलता है। तेनक्रीतम का अर्थ है कि इस दाम में क्रय की गई। तेन यहां सिक्के के लिए प्रयुक्त हुआ है। तदर्हति का अर्थ कि इस वस्तु का इतना मूल्य है। उदाहरण के लिए काशी का बना हुआ रेश्म का वस्त्र पाणिनि के समय दो निष्क का मिलता था। उस समय सोने के निष्क, चांदी और तांबे के सिक्कों की जानकारी थी। निष्क का प्रयोग विनिमय में होता था।

अष्टाध्यायी में तांबे का कार्षापण और चांदी का पण दोनों के नाम मिलते हैं। पाणिनि ने विंशातिक और त्रिंशत्क सिक्कों का संकेत किया है।

2. कौटिल्य का अर्थशास्त्र : राजतंत्र और इसके संचालन के बारे में मुख्य स्रोत-सामग्री मिलती है, उसे अर्थशास्त्र कहते हैं। अर्थशास्त्र प्रायः लुप्त हो गया था। 1905 में इसे पुनः खोजा गया। यह एक संस्कृत ग्रंथ है, इसके लेखक चाणक्य या कौटिल्य हैं, जो जाति से ब्राह्मण थे। चाणक्य ईसा-पूर्व चौथी सदी के अंतिम समय में चंद्रगुप्त मौर्य का मंत्री था। चाणक्य की शिक्षा भी तक्षशिला में हुई थी। चाणक्य को क्रुच क्रकारी उग्र-स्वभाव वाला आचार्य कहा जाता था जिसने चंद्रगुप्त को दृढ़ता-पूर्वक मगध के सिंहासन पर बिठाया था। इस ग्रंथ में मौर्य-साम्राज्य का संचालन प्रणाली की जानकारी न देकर राजतंत्र के सिद्धांतों का विवरण है जिसे समस्त पृथ्वी पर प्रभुत्व स्थापित करने और शासन करने के उद्देश्य से लिखा गया है।

अर्थशास्त्र राज्य के आर्थिक लाभ का शास्त्र है। चाणक्य के समय में राज-महलों

में क्रांतियां हुई, राजवंशों में रद्दोबदल हुआ, जिसकी पुष्टि आहत सिक्कों में एकाएक परिवर्तनों से होती है। अज्ञात शत्रु के वंश को जन-विद्रोह ने समाप्त कर दिया। नए राजा शिशुनाग ने मौजूद सिक्कों पर अपने चिह्न आहत किए और नये सिक्के भी चलाए। उनके उत्तराधिकारियों ने आहत सिक्कों के युग को जन्म दिया।

तक्षशिला की विधियों से पता चलता है कि फिर मगधीय व्यापार और मुद्रा का प्रभुत्व स्थापित हो गया।

3. तक्षशिला (जिला रावलपिंडी, पाकिस्तान) : तक्षशिला गंधार देश की राजधानी थी। बाल्मीकि रामायण के अनुसार गंधर्व देश पर भरत ने अपने मामा युधाजित के कहने पर आक्रमण किया और हराया और इस देश के पूर्वी और पश्चिमी भागों में तक्षशिला और पुष्कलावत नगरों को अपने पुत्र तक्ष और पुष्कल के नाम पर बसाया था।

छठी शती ई. पू. के पूर्व पाणिनि ने अपनी अष्टाध्यायी में भी तक्षशिला का उल्लेख किया है। जातकों में तक्षशिला के महाविद्यालय की चर्चा अनेक बार हुई है। यहां अध्ययन के लिए दूर-दूर से विद्यार्थी आते थे। बुद्धकाल में कोशल नरेश प्रसेनजित, कुशीनगर का बंधुलमल्ल, वैशाली का महाली, मगध नरेश बिंबिसार का राजबैद जीवक, चिकित्सक कौमारभृत्य तथा परवर्ती काल में चाणक्य तथा बसुबंधु इसी तक्षशिला के विद्यालय के छात्र रहे थे। इस विद्यालय में राजा-रंक दोनों के साथ समान व्यवहार किया जाता था। यहां पर धनुर्वेद तथा वैद्यक और अन्य विद्याओं की ऊंची शिक्षा दी जाती थी। प्रसिद्ध अर्थशास्त्री चाणक्य ने तक्षशिला विद्यालय में शिक्षा प्राप्त की और आचार्य भी रहे।

तक्षशिला विद्यालय धनुर्विद्या तथा वैद्यक की शिक्षा के लिए संसार में प्रसिद्ध रहा। गौतम बुद्ध के समकालीन मगध सम्राट बिंविसार का राजवैद्य जीवक इसी महाविद्यालय का रत्न था। लगभग 320 ई. पू. उत्तरी भारत के अन्य सभी राजाओं के साथ तक्षशिला भी चंद्रगुप्त मौर्य द्वारा स्थापित साम्राज्य में विलीन हो गया। अशोक के राज्य-काल में तक्षशिला उत्तरापथ की राजधानी थी। कुषाणों ने भी तक्षशिला के प्रदेश पर राज्य किया। अगले 1200 वर्षों का तक्षशिला का इतिहास विस्मृति के अंधकार में विलीन हो गया। फिर 1912 से 1929 तक जॉन मार्शल ने इस स्थान पर खुदाई की। खुदाई में तक्षशिला में तीन प्राचीन नगरों के ध्वंसावशेष प्राप्त हुए। नगरों के वर्तमान भीर का टीला में बुद्ध-कालीन नगर था जहां तक्षशिला का विश्वविद्यालय था। सिरकप के चारों ओर परकोटे थे। खंडहरों से अनेक बहुमूल्य रत्न व आभूषण मिले जिनसे पता चलता है कि यह नगरी कुशान राज्यकाल से पूर्व की है। सिरसुख जो कुशान राजाओं के समय की तक्षशिला है। बौद्ध-विहारों की नष्ट-भ्रष्ट इमारतें और कई स्तूप यहां भी हैं।

तक्षशिला प्राचीन काल में जैनों की भी तीर्थस्थली थी।

4. विस्तृत जानकारी के लिए देखिए, B.N. Mukherjee & P.K.D. Lee, *Technology of Indian Coinage,* **Indian Museum, Calcutta, 1988.**

5. पैला निधि : उत्तर प्रदेश के खीरी जिले के पैला गांव से प्राप्त सिक्कों का अध्ययन डॉ. डी.डी. कौसंबी ने वैज्ञानिक दृष्टिकोण से किया है। उनके अनुसार ये सिक्के भार व चिह्नों (चार चिह्न) में अन्य सिक्कों से अलग थे। संभवतः ये सिक्के कौशल के ज्ञात होते हैं। इससे ये पता चलता है कि खीरी जिला कौशल जनपद में रहा होगा। बौद्धकाल में कौशल उत्तरी भारत का प्रसिद्ध जनपद था जिसकी नगरी अयोध्या थी। छठी और पांचवीं शताब्दी ई.पू. कौशल मगध के समान शक्तिशाली राज्य था किन्तु धीरे-धीरे मगध का महत्व बढ़ता गया और मौर्य साम्राज्य की स्थापना के साथ कौशल मगध साम्राज्य का ही एक भाग बन गया। बौद्ध के समय कौशल की राजधानी 'श्रावस्ती' थी। इसके अनुसार पैला गांव के पास 'श्रावस्ती' ही व्यापार का प्रमुख केन्द्र रहा होगा।

4

मगध-मौर्य साम्राज्य के सिक्के

भारत के जिन सबसे पुराने सिक्कों को आहत या पंचमार्क कहा जाता है, उन्हें मुख्यतः दो श्रेणियों में बांटा गया है। जिन्हें जनपद या क्षेत्रीय श्रेणी के आहत सिक्के कहा जाता है, वे अधिक पुराने हैं और शैली, तौल तथा बनावट की दृष्टि से भिन्न-भिन्न प्रकार के हैं। इन क्षेत्रीय आहत सिक्कों की चर्चा हम पिछले अध्याय में कर चुके हैं।

दूसरी श्रेणी के आहत सिक्कों का संबंध मगध के साम्राज्य के साथ जोड़ा गया है। आरंभ में मगध भी एक महाजनपद था और तब उसकी राजधानी राजगृह (राजगिर) में थी; मगर अजातशत्रु के समय में, 460 ई.पू. के आसपास, राजधानी पाटलिपुत्र में स्थानांतरित होने पर मगध के साम्राज्य का तेजी से विकास होने लगा। तब से मगध के नए किस्म के सिक्के चले, जो तौल में राजगिर के सिक्कों से भिन्न हैं। ये सिक्के एक प्रकार से मगध साम्राज्य के मानक सिक्के बन गए और नंद तथा मौर्य शासकों के समय में भी इन्हीं का प्रचलन रहा। इसीलिए इन्हें मगध-मौर्य श्रेणी के आहत सिक्के कहा जाता है।

चांदी के इन आहत या पंचमार्क सिक्कों के लिए संस्कृत साहित्य में पण या कार्षापण शब्द देखने को मिलते हैं। पालि बौद्ध साहित्य में इन्हें कहापण कहा गया है। मगध-मौर्य श्रेणी के इन कार्षापणों की प्रमुख विशेषता यह है कि इनके पुरोभाग पर प्रायः पांच आहत चिह्न देखने को मिलते हैं। चूंकि ये सिक्के काफी सावधानी से तैयार किए गए

चित्र 4.1 : मौर्यों के पहले के मगध के शासकों की आहत मुद्राओं के पुरोभाग पर अंकित विभिन्न प्रकार के पांच-पांच लांछन।

हैं, इसलिए इनके तौल में भी काफी एकरूपता है। ये सिक्के 32 रत्ती भार के यानी 3.5 ग्राम या 54 ग्रेन भार के हैं। अधिकतर कार्षापण आयताकार या चौकोर हैं, किंतु कई गोलाकार भी हैं। ईसा-पूर्व पांचवीं सदी के लगभग मध्यकाल में मानक तौल के चांदी के इन आहत कार्षापणों का चलन शुरू हुआ था। आगे करीब तीन सौ साल तक देश में प्रमुखतः इसी तरह के सिक्के बनते रहे। फिर ईसा-पूर्व दूसरी सदी के लगभग मध्यकाल में इनका बनना बंद हो गया। फिर भी आगे चार-पांच सौ साल तक, गुप्तकाल तक, देश में इनका चलन जारी रहा।

चूंकि चांदी की इन आहत मुद्राओं का संबंध मुख्यतः मगध के साम्राज्य से जोड़ा जाता है, इसलिए मगध के राजवंशों पर भी एक नजर डाल लेना उपयोगी होगा। बिंबिसार (544-493 ई.पू.) ने वैवाहिक और मैत्री-संबंधों से मगध के साम्राज्य का विस्तार किया था। उसके पुत्र अजातशत्रु (493-462 ई. पू.) ने राज्य-विस्तार के लिए कूटनीति और सैन्य-शक्ति का सहारा लिया। अजातशत्रु के उत्तराधिकारी उदयी ने पाटलिपुत्र को सुदृढ़ बनाकर उसे मगध की राजधानी बनाया। उसके उत्तराधिकारी कमजोर निकले, तो मगध पर शिशुनागों का अधिकार हो गया, जिन्होंने मध्य प्रदेश, अवंती और उत्तरापथ के कई प्रदेशों को मगध साम्राज्य में शामिल कर लिया।

चित्र 4.2 : मगध साम्राज्य की चांदी की आहत मुद्रा। इस पुरोभाग पर सूर्य, षडरचक्र, वृषभ आदि के लांछनों को पहचाना जा सकता है।

फिर लगभग 364 ई.पू. से 324 ई.पू. तक मगध पर नंद वंश का शासन चला। उस दौरान मगध साम्राज्य का दूर-दूर तक विस्तार हुआ। उन्हीं के शासन के अंतिम दिनों में, 326 ई.पू. में, सिकंदर ने पश्चिमोत्तर भारत पर हमला किया था। सिकंदर के भारत से लौट जाने पर चंद्रगुप्त मौर्य ने नंदों से मगध का राज्य छीन लिया और 324 ई.पू. में एक नए राजवंश की नींव डाली। चंद्रगुप्त के समय में मगध साम्राज्य की सीमा हिंदूकुश तक पहुंच गई थी और उसके उत्तराधिकारी बिंदुसार ने दक्षिणापथ का काफी बड़ा हिस्सा जीत लिया था। बिंदुसार के पुत्र अशोक (373-236 ई.पू.) ने कलिंग पर विजय प्राप्त करके पश्चिम में हिंदूकुश (काबुल-कंदहार) से लेकर पूर्व में बंगाल की खाड़ी तक और उत्तर में हिमालय-कश्मीर-नेपाल से लेकर दक्षिण में मैसूर तक अपने साम्राज्य का विस्तार किया। मगर अशोक के

उत्तराधिकारी कमजोर निकले। शुंग वंश के पुष्यमित्र ने 178 ई.पू. में मगध की गद्दी पर अधिकार कर लिया। ईसा-पूर्व दूसरी सदी के लगभग मध्यकाल से मगध साम्राज्य का विघटन शुरू हो गया।

इस तरह अजातशत्रु के समय से शुंग वंश के अंत तक लगभग सारे देश में चांदी के जो पंचमार्क सिक्के चलते रहे उन्हें मुद्राविदों ने 'मगध-मौर्य श्रेणी' के सिक्कों का नाम दिया है। इन सिक्कों के पुरोभाग पर पांच चिह्न या लांछन देखने को मिलते हैं, जो विभिन्न ज्यामितीय आकृतियों—वृत्त, चक्र, सूर्य, वृषभ, मृग, मानव, गैंडा, मछली आदि—के रूपों में हैं। लांछनों के इन विविध रूपों के आधार पर इन आहत सिक्कों को करीब 550 प्रकारों में पहचाना गया है, मगर इनके पुरोभाग पर जो पांच लांछन पाए जाते हैं, उनका अपना एक क्रम है और उसमें प्रत्येक लांछन का अपना एक निश्चित स्थान है। इनमें पहला लांछन या चिह्न 'सूर्य' है और यह इस श्रेणी के सभी सिक्कों पर मौजूद है। दूसरा चिह्न छह अरों वाला 'षडरचक्र' है, जिसके विविध रूप हैं। शेष तीन चिह्न विभिन्न प्रकार के हैं। इन सिक्कों के पृष्ठभाग पर कई प्रकार के नन्हे-नन्हे चिह्न पाए जाते हैं।

इन आहत सिक्कों के पुरोभाग पर जो पांच चिह्न हैं उनके आधार पर इन्हें कालक्रम में रखने और मगध के विभिन्न राजवंशों से जोड़ने के प्रयास किए गए हैं। सूर्य और षडरचक्र के लांछन इस श्रेणी के सभी सिक्कों पर मौजूद हैं। तीसरा चिह्न, दामोदर धर्मानंद कोसंबी[1] के मतानुसार, राजवंश का सूचक है, और चौथा चिह्न शासक की राजमुद्रा है। अक्सर देखने को मिलता है कि पांचवां चिह्न (युवराज का) अन्य सिक्कों पर चौथा चिह्न (राजा का) बन गया है। यह परिवर्तन इस बात का सूचक है कि युवराज अब राजा बन गया है। इस तरह, इन आहत सिक्कों के अजातशत्रु, शिशुनाग, नंद वंश तथा मौर्य वंश के साथ समीकरण स्थापित करने के प्रयास किए गए हैं।'

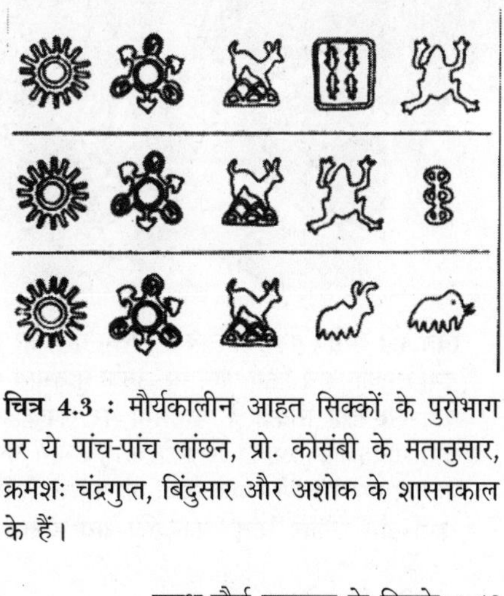

चित्र 4.3 : मौर्यकालीन आहत सिक्कों के पुरोभाग पर ये पांच-पांच लांछन, प्रो. कोसंबी के मतानुसार, क्रमशः चंद्रगुप्त, बिंदुसार और अशोक के शासनकाल के हैं।

मौर्यकालीन पंचमार्क सिक्कों के पुरोभाग पर भी पांच ही चिह्न अंकित हैं। इनमें भी पहले दो चिह्न सूर्य और षडरचक्र हैं। तीसरा चिह्न मेरू पर्वत या 'मेरू पर चंद्र' है। मौर्यकालीन सिक्कों पर 'मेरू

पर मोर' का चिह्न भी देखने को मिलता है, मगर अधिकांश विद्वान मेरू को ही मौर्य शासकों का राजचिह्न मानते हैं। मौर्य सिक्कों पर चौथा चिह्न शासन करने वाले राजा का चिह्न (नरेंद्रांक) है। पांचवां चिह्न युवराज या प्रांतीय शासक का सूचक है। इस प्रकार इन चिह्नों के आधार पर मौर्य शासक चंद्रगुप्त, बिंदुसार और अशोक के चांदी के आहत सिक्कों को पहचानने के प्रयास हुए हैं।

इन आहत सिक्कों के पृष्ठभाग पर विविध प्रकार के छोटे-छोटे चिह्न देखने को मिलते हैं। ये नन्हे चिह्न या लक्षण समय-समय पर इन सिक्कों की जांच किए जाने के सूचक हैं। कौटिल्य[2] ने टकसाल के अधिकारी को 'लक्षणाध्यक्ष' और सिक्कों की समय-समय पर जांच-पड़ताल करने वाले अधिकारी को 'रूपदर्शक' कहा है। मौर्यकाल में सिक्के शासन की ओर से ही जारी किए जाते थे। रूपदर्शक द्वारा उनकी जांच किए जाने पर उनके पृष्ठभाग पर एक नन्हा चिह्न दाग दिया जाता था। इस तरह सिक्के के पृष्ठभाग पर रूपदर्शक के चिह्नों की संख्या बढ़ती जाती

चित्र 4.4 : मौर्य काल में सिक्के शासन की ओर से ही जारी किए जाते थे। रूपदर्शक द्वारा उनकी जांच किए जाने पर उनके पृष्ठभाग पर एक नन्हा चिह्न दाग दिया जाता था। इस तरह सिक्के के पृष्ठभाग पर रूपदर्शक के चिह्नों की संख्या बढ़ती जाती थी। मौर्यकालीन आहत सिक्कों के पृष्ठभाग पर अधिक से अधिक 14 नन्हे चिह्न पहचाने गए हैं। ऐसे ज्यादा चिह्नों का मतलब है सिक्के का ज्यादा समय तक प्रचलित रहना और उसकी धातु का ज्यादा क्षय होना।

थी। मौर्यकालीन आहत सिक्कों के पृष्ठभाग पर अधिक से अधिक 14 नन्हे चिह्न पहचाने गए हैं। ऐसे ज्यादा चिह्नों का मतलब है–सिक्के का ज्यादा समय तक प्रचलित रहना और उसकी धातु का ज्यादा क्षय होना। अतः पृष्ठभाग के इन नन्हे चिह्नों से भी सिक्कों के कालक्रम को निर्धारित करने में मदद मिलती है।

इन पंचमार्क सिक्कों के पुरोभाग पर जो पांच चिह्न देखने को मिलते हैं उन्हें तो राजवंश, राजा और युवराज आदि से जोड़ने के प्रयास हुए हैं, परंतु पृष्ठभाग पर जो कई प्रकार के नन्हे चिह्न हैं उनका अर्थ लगाना आज बहुत कठिन काम है। मगर उनका अर्थ रहा है, यह बात बुद्धघोष (ईसा की पांचवीं सदी) की **विसुद्धिमग्ग** की टीका से स्पष्ट होती है। वे मुद्राशास्त्र की 'रूपसुत्त' नामक एक पुस्तक होने का उल्लेख करते हैं और बताते हैं कि एक कुशल हिरण्यक (सराफ) सिक्कों पर अंकित चिह्नों को, जिन्हें बुद्धघोष ने चित्त-विचित्त (चित्र-विचित्र) कहा है, देखकर बता सकता है कि सिक्का किस गांव, किस निगम या नगर या टकसाल में बना है। बौद्ध ग्रंथ **महावग्ग** में उपालि नामक एक बालक की मां कहती है कि उसका बेटा यदि सराफ का पेशा अपनाता है, तो उसकी आंखें चौपट हो जाएंगी!

मौर्यकाल में बड़े पैमाने पर सिक्के बनाए गए थे। मौर्यों के चांदी के सिक्कों में मिलावट भी ज्यादा है। मानक कार्षापण के अलावा मापक और काकिनी नामक छोटे सिक्के भी चलते थे। मौर्यकाल में तांबे के सिक्कों का भी चलन था, मगर ऐसी आहत मुद्राएं बहुत कम मिली हैं। उस समय के एक अभिलेख से पता चलता है कि गंडक नामक एक सिक्के का मूल्य चार कौड़ियों के बराबर था। विदर्भ (महाराष्ट्र) में चार कौड़ियों के लिए 'गंडा' शब्द मेरे बचपन तक प्रचलित रहा है।

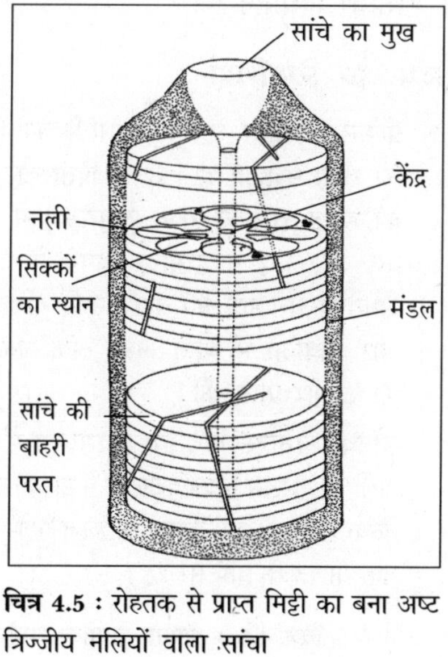

चित्र 4.5 : रोहतक से प्राप्त मिट्टी का बना अष्ट त्रिज्जीय नलियों वाला सांचा

इन सिक्कों पर एक-एक करके चिह्न या लांछन दागे गए हैं, मगर सांचे में ढाले गए मौर्यकाल और बाद के चिह्नांकित सिक्के भी बड़ी संख्या में मिले हैं। सिक्के ढालने के मिट्टी के ऐसे सांचे रोहतक, मथुरा, शिशुपालगढ़ (उड़ीसा), कोंडपुर (आंध्र-प्रदेश) आदि स्थानों से मिले हैं।

डॉ. बीरबल साहनी[3] (1891-1949 ई.) ने रोहतक में खोजे गए सांचों की बढ़िया जानकारी दी है। एरण[4] (मध्य प्रदेश) से लांछन आहत करने का कांसे का एक ठप्पा भी मिला है। देश के विविध भागों से पंचमार्क सिक्कों की जो अनेक निधियां मिली हैं उनसे इनके कालक्रम को निर्धारित करने में बड़ी मदद मिली है। तक्षशिला से मिले मुद्रा-संचय में जो 1059 सिक्के मिले हैं वे 317 ई.पू. के आसपास के हैं। वहीं से प्राप्त दूसरा मुद्रा-संचय अशोक के शासनकाल (373-236 ई.पू.) का है। पंचमार्क सिक्कों की निधियां तमिलनाडु, केरल और कर्नाटक से भी मिली हैं। वे निधियां ईसा की आरंभिक सदियों की हैं।

मौर्यों के शासन का अंत होने पर भी उनके द्वारा बड़े पैमाने पर जारी किए गए पंचमार्क सिक्के आगे के चार-पांच सौ साल तक प्रचलित रहे। यहां तक कि कुषाणों को भी चांदी और तांबे के नए सिक्के जारी करने की जरूरत नहीं पड़ी। यही कारण है कि पंचमार्क सिक्के बड़ी संख्या में मिले हैं और आज इन्हें देश-विदेश के अनेक संग्रहालयों में देखा जा सकता है। देश के इन सबसे प्राचीन सिक्कों के बारे में प्रमुख बातें हैं—इनका मानक तौल, इनके पुरोभाग पर अंकित पांच लांछन और चलन के दौरान इनकी धातुमात्रा में शनैः-शनैः होने वाला क्षय। इन सिक्कों की इन्हीं विशेषताओं से इतिहास रचने में मदद मिलती है। दामोदर धर्मानंद (डी.डी.) कोसंबी ने ठीक ही कहा है कि प्रत्येक मुद्रा-निधि पर समकालीन समाज के हस्ताक्षर विद्यमान हैं।

संदर्भ और टिप्पणियां

1. प्रोफेसर दामोदर धर्मानंद कोसंबी का (1907-1966 ई.) जन्म 31 जुलाई 1907 को गोवा में हुआ था। उनके पिता बौद्ध-दर्शन के विश्रुत विद्वान थे। उनके पिता को हार्वर्ड (संयुक्त राज्य अमरीका) में प्राध्यापन के लिए बुलाया गया था। 11 वर्ष की आयु में दामोदर अपने पिता के साथ अमरीका चले गये थे। वहां उन्होंने गणित, इतिहास और भाषाओं में बहुत अच्छे अंक लेकर स्नातक की उपाधि प्राप्त की।

   लौटकर बनारस हिंदू विश्वविद्यालय में और फिर अलीगढ़ मुस्लिम विश्वविद्यालय में प्राध्यापक का कार्य किया। 1912 में फर्ग्युसन कालिज पुणे में 14 साल तक गणित के प्रोफेसर रहे।

चित्र 4.6 : प्रोफेसर दामोदर धर्मानंद कोसंबी

प्रोफेसर कोसंबी 16 वर्ष तक टाटा इंस्टीट्यूट ऑफ फंडामेंटल रिसर्च में गणित के अध्यक्ष रहे। यहां इन्होंने जीव-विज्ञान, नृजाति-विज्ञान, पुरातत्व और प्राक् इतिहास के क्षेत्रों में अनुसंधान के द्वार खोले।

डॉ. कोसंबी ने भारतीय सिक्कों का अध्ययन किया। उन्होंने तक्षशिला, अमरावती, पैला, बोदेन्याकुन्र और पूर्वी प्रदेश के सिक्कों का विस्तृत विश्लेषण किया। उन्होंने वैज्ञानिक और गणितीय दृष्टिकोण से सिक्कों के प्रचलन और भार के सह-संबंध को दर्शाया जो कि मुद्राविदों के लिए सिक्कों की खोज में काफी हद तक सहायक होंगी। उनके अनुसार पंचमार्क सिक्कों का प्रचलन जितना लम्बा होगा उतना ही भार में कमी आयेगी। शायद इसी वजह से उन सिक्कों को अलग कर दिया जाता होगा। उन्होंने पैला निधि के सिक्कों का सांख्यिकीय विश्लेषण भी किया।

चित्र 4.7 : चाणक्य

2. कौटिल्य को चाणक्य या विष्णुगुप्त भी कहते हैं। कौटिल्य एक ब्राह्मण, जो तक्षशिला का निवासी था। तक्षशिला में उसने विद्याध्ययन किया और वहां आचार्य भी रहा। कौटिल्य के ग्रंथ का नाम अर्थशास्त्र यानी आर्थिक लाभ का शास्त्र। यह शास्त्र किसी व्यक्ति के आर्थिक लाभ के लिए नहीं, बल्कि एक राज्य के आर्थिक लाभ के लिए लिखा गया था। सन् 1905 में इस महान ग्रंथ को पुनः खोज निकाला गया। कहते हैं कौटिल्य की सलाह पर चलकर चंद्रगुप्त ने एक बड़ा साम्राज्य खड़ा किया था। अर्थशास्त्र में राज्य के जिस आर्थिक ढांचे का वर्णन किया है उसकी शुरुआत चंद्रगुप्त के समय हो जाती है। कौटिल्य का अर्थशास्त्र साम्राज्यों के उदय के काल का अर्थशास्त्र है। इस ग्रंथ की खोज होने पर चंद्रगुप्त के और बाद के भारतीय साम्राज्यों का इतिहास नये सिरे से लिखा गया। इतने महत्व का है यह ग्रंथ।

चित्र 4.8 : डॉ. बीरबल साहनी

3. डॉ. बीरबल साहनी (1891-1941 ई.) : एक महान जीवाश्म वनस्पति वैज्ञानिक (पेलियोबॉटनिस्ट) पंजाब के भेरा नामक नगर में जन्म (अब पाकिस्तान में है)। 1911 में पंजाब विश्वविद्यालय लाहौर से बी.ए. पास करने के बाद सन् 1919 में लंदन विश्वविद्यालय से डी.एस.सी. की डिग्री प्राप्त की। वे प्रथम भारतीय थे जिन्हें सन् 1929 में क्रैम्ब्रिज से डी.एस.सी. की डिग्री प्राप्त हुई और 1936 में रॉयल सोसाइटी के सदस्य चुने गए। वे लखनऊ विश्वविद्यालय में वनस्पति

विज्ञान विभाग में प्रोफेसर के पद पर रहे और बाद में वह विज्ञान संकाय (Faculty of Science) के Dean भी रहे। लखनऊ में उनके नाम पर बीरबल साहनी इंस्टीट्यूट ऑफ पेलियोबॉटनी की भी स्थापना हुई।

डॉ. साहनी ने फर्न्स, कोनिफर्स व जीवाष्म पौधों पर कार्य किया। उन्होंने इंडियन गोंडवाना के पेड़-पौधों का विस्तार से अध्ययन किया और साथ ही बिहार की राजमहल पहाड़ियों की भी खोज की।

इसके अतिरिक्त डॉ. साहनी की भू-विज्ञान पुरातत्व विज्ञान में भी रुचि थी। अपनी एक खोज यात्रा में उन्हें रोहतक में ईसा पूर्वा शताब्दी की टकसाल की जानकारी मिली। उन्हें वहां मिट्टी के मुद्रा सांचे मिले, उनमें से कई सांचों के अन्दर मुद्राएं भी थीं। उनकी खोजों से मुद्रा निर्माण तकनीक पर प्रकाश पड़ता है। उन्होंने तक्षशिला, मथुरा, नालंदा व अन्य प्राचीन जगहों के मुद्रा सांचों का अध्ययन किया और इस खोज व अध्ययन को उन्होंने मई 1936 में Current Science में प्रकाशित हुआ।

उन्होंने मुद्रा निर्माण विधि पर एक पुस्तक लिखी। Birbal Sahni, *The Technique of Casting Coins in Ancient India*, **Bhartiya Publishing House, 1973**

4. एरण : मध्यप्रदेश के सागर जिले में स्थित है। यह मंडी बामोरा से छः मील दूर है। एरण का प्राचीन नाम एरकिण था। मौर्य काल के पश्चात् एरकिण में एक गणराज्य स्थापित हो गया, जैसा कि इस स्थान पर मिले कई सिक्कों से प्रमाणित होता है। इन सिक्कों पर बोधिवृक्ष व धर्मचक्र आदि के चिह्न हैं किन्तु राजा का नाम अंकित नहीं है। गुप्त सम्राट समुद्रगुप्त का एक प्रस्तर लेख (गुप्त संवत् 402 ई.) इस स्थान से प्राप्त हुआ। इसमें इसे एरकिण कहा गया है। इसमें समुद्रगुप्त की वीरता, उसकी रानी के पातिव्रत्य, संपत्ति-भंडार, पुत्र-पौत्रों सहित यात्राओं तथा शत्रुओं पर उसकी वीरोचित धाक का विशद वर्णन है।

   एरण के एक और स्तंभ पर खुदा है इसकी तिथि 510 ई. है यह महारा भानुगुप्त के अमात्य गोप राज्य के विषय में है जो भानुगुप्त के साथ युद्ध में आया और वीरगति को प्राप्त हुआ। उसकी पत्नी यहीं सती हो गई। एरण से हूण महाराजाधिराज तोरमाण्व के समय का अभिलेख है जिसके ऊपर वराह की मूर्ति उ़त्कीर्ण है। आज भी यहां प्राचीन खंडहर बिखरे पड़े हैं। सागर विश्व-विद्यालय ने यहां उत्खनन द्वारा अनेक महत्वपूर्ण ऐतिहासिक तथ्यों का उद्घाटन हुआ।

5

हिंद-यवन शासकों के सिक्के

ईरान के हख़ामनी सम्राट दारा (दारयवहु[1]) ने 516 ई.पू. में सिंधु नदी के पश्चिम की ओर का प्रदेश अपने राज्य में शामिल कर लिया था। आगे करीब दो सदियों तक पश्चिमोत्तर भारत के उस प्रदेश पर ईरान का कब्जा कायम रहा। उस प्रदेश में ईरानी सिक्के चले और भारतीय भाषाओं के लिए खरोष्ठी नामक एक नई लिपि अस्तित्व में आई। ईरानियों के माध्यम से भारतीय और यूनानी एक-दूसरे के संपर्क में आए। उसी दौरान यूनानियों को भारत की धन-दौलत का पता चला, जिसकी परिणति पश्चिमोत्तर भारत पर सिकंदर के हमले (326 ई.पू.) में हुई। उसके बाद यूनानियों के साथ भारत के अधिक गहरे संबंध स्थापित हुए।

चित्र 5.1 : भारत और यूनानियों का व्यापारिक संबंध

पश्चिमोत्तर भारत से वापस लौटने पर बेबीलोन में 323 ई.पू. में सिकंदर (अलेक्सांद्र) की मृत्यु हुई। उसके साम्राज्य के बंटवारे के लिए जो लंबा संघर्ष चला, उसमें सीरिया के राज्य पर सेनापति सेल्यूकस की सत्ता कायम हुई। इस सेल्यूकी राज्य का विस्तार पूर्व में भारत तक था और इसमें पार्थव (पार्थिया) और बाख्त्रिया

चित्र 5.2 : सिकंदर का चांदी का तेत्राद्रख्म : पुरोभाग पर सिकंदर का मुंड और पृष्ठभाग पर यूनानी में अलेक्सांद्र का नाम

(बाख़्त्री, वाह्लीक या बल्ख) प्रदेश शामिल थे। केस्पियन सागर के दक्षिण-पूर्व में पार्थव प्रदेश था और वक्षु नदी (आमू-दरिया) तथा हिंदूकुश के बीच में यूनानियों

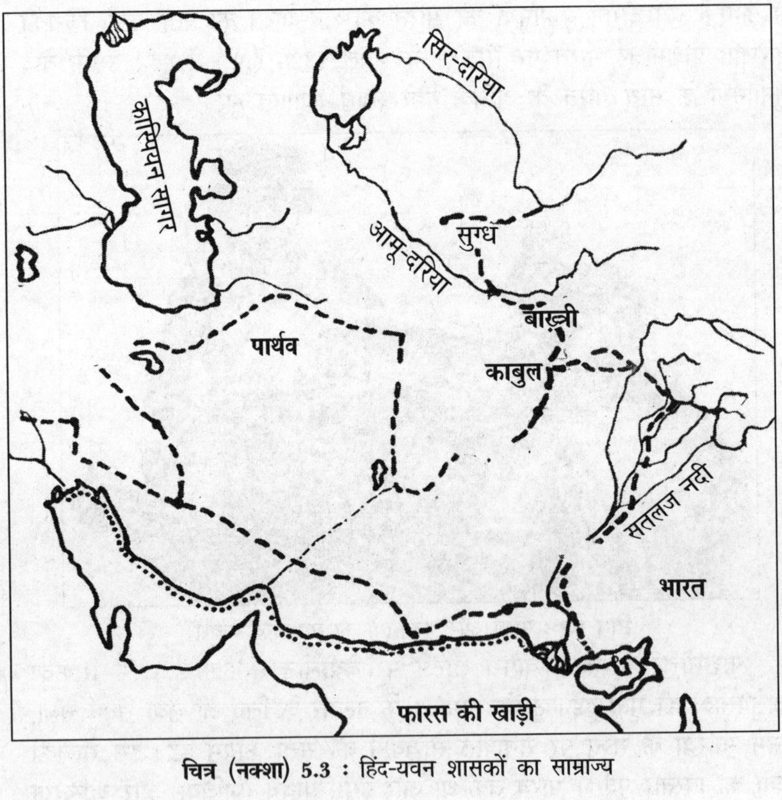

चित्र (नक्शा) 5.3 : हिंद-यवन शासकों का साम्राज्य

द्वारा शासित हरा-भरा और उपजाऊ बाख्त्रिया (बाख्त्री) का प्रदेश था।

चन्द्रगुप्त मौर्य के साथ हुई लड़ाई (305 ई.पू.) में सेल्यूकस की करारी हार हुई, तो हिंदुकुश तक का सारा प्रदेश मौर्य साम्राज्य का हिस्सा बन गया। फिर पार्थिया और बाख्त्रिया में भी विद्रोह होने लगे। अंततः 250 ई. पू. के आसपास ये दोनों प्रदेश सेल्यूकी राज्य से अलग हो गए। बाख्त्री पर यूनानियों का ही शासन कायम रहा, इसलिए उन्हें 'बाख़्त्री-यवन' कहते हैं। कुछ समय बाद बाख़्त्री के यही यूनानी हिंदूकुश पार करते हैं, भारत में दूर-दूर तक हमले करते हैं और तत्कालीन पश्चिमोत्तर भारत के एक बड़े भूभाग पर करीब डेढ़ सौ साल तक शासन करते हैं। भारत पर शासन करने वाले इन यूनानियों को हम 'हिंद-यवन' कहते हैं। यूनानियों के लिए 'यवन'[2] शब्द का उल्लेख सबसे पहले पाणिनि की **अष्टाध्यायी** में देखने को मिलता है।

यूनानी स्रोतों में बाख्त्री-यवनों और हिंद-यवनों के बारे में बहुत कम जानकारी मिलती है। पता चलता है कि दिवोदोत (245-230 ई.पू.) ने विद्रोह करके बाख़्त्री को एक स्वतंत्र यूनानी राज्य बनाया था। उसके बेटे का नाम भी दिवोदोत ही था। फिर यूथिदेम नामक एक योद्धा ने बाख़्त्री के तख्त पर कब्जा कर लिया और उसके बेटे दिमित्रि (189-167 ई.पू.) ने भारत पर दूर तक हमले किए। उसके बाद बाख़्त्री पर अधिकार करने वाले एक अन्य योद्धा यूक्रेतिद ने भी भारत पर हमले किए।

बस, यूनानी लेखक हिंद-यवनों के बारे में इतनी ही जानकारी देते हैं।

हिंद-यवन शासकों का उल्लेख करने वाले भारतीय लिपियों में केवल तीन ही अभिलेख मिले हैं। पश्चिमोत्तर सीमाप्रांत के बाजौर स्थान से प्राप्त एक पेटिका पर उत्कीर्ण खरोष्ठी लेख में महाराज मिनेंद्र (मिनांदर) का नाम है। उसी प्रदेश में प्राप्त दूसरे खरोष्ठी लेख में यूनानी गवर्नर थियोदोर का नाम है। प्राकृत भाषा के इन दोनों लेखों में बुद्ध के अवशेषों को प्रतिष्ठापित करने का उल्लेख है। तीसरा लेख विदिशा के गरुड़-स्तंभ पर अंकित है। इसे तक्षशिला के यवन शासक अंतलिकित के राजदूत हेलिओदोर ने विदिशा के शासक भागभद्र के समय (लगभग 100 ई. पू.) में अंकित कराया था। इसकी भाषा प्राकृत और लिपि ब्राह्मी है।

प्राचीन भारतीय साहित्य में हिंद-यवनों के बारे में जो थोड़ी सूचनाएं मिलती हैं, वे अस्पष्ट हैं। पतंजलि के **महाभाष्य** में यवनों द्वारा साकेत और मध्यमिका नगरी (चित्तौड़ के पास) को घेरने का उल्लेख है। **गार्गी-संहिता** के 'युग-पुराण' खंड में यवनों का साकेत, पंचाल, मथुरा और पाटलिपुत्र पर हमला करने का जिक्र है।[2] बस, भारतीय साहित्य में हिंद-यवनों के बारे में इससे अधिक उपयोगी जानकारी

नहीं मिलती।

मगर वास्तविकता यह है कि ईसा-पूर्व दूसरी सदी में यूनानियों ने पूर्व में पटना और दक्षिण में नर्मदा तक हमले किए और उत्तरापथ के एक बड़े भूभाग पर शासन किया। साहित्य और अभिलेखों से केवल चंद हिंद-यवन शासकों के बारे में ही जानकारी मिलती है, मगर सिक्कों से कुल 42 यूनानी शासकों के नामों का पता चला है, जिनमें से कई एक-दूसरे के समकालीन रहे होंगे। सैकड़ों की संख्या में इन शासकों के सिक्के मिले हैं। इन सिक्कों से न केवल यूनानी शासकों के नामों के बारे में, बल्कि ईसा-पूर्व दूसरी-पहली सदी के भारत की राजनीतिक, आर्थिक, सांस्कृतिक तथा धार्मिक परिस्थितियों के बारे में भी बड़ी महत्व की जानकारी मिलती है। ईसा-पूर्व दूसरी सदी के प्रथम चरण से पश्चिमोत्तर भारत में यूनानियों का शासन शुरू होने के साथ भारतीय मुद्राओं के इतिहास में एक नए अध्याय का आरंभ होता है।

बाख्त्री के यूनानी शासकों के दो कुलों ने तत्कालीन पश्चिमोत्तर भारत में अपने राज्य स्थापित किए थे। यूथिदेम के पुत्र दिमित्र ने पूर्वी गंधार और पंजाब पर शासन आरंभ कर दिया। उसके प्रतिद्वंद्वी यूक्रेतिद (175-155 ई.पू.) का बाख्त्री के अलावा काबुल, गंधार तथा पश्चिम गंधार पर भी अधिकार स्थापित हो गया। बाद में शकों ने बाख्त्री में यूनानियों का शासन समाप्त कर दिया। यूक्रेतिद के उत्तराधिकारियों का शासन काबुल प्रदेश तक सीमित रह गया। यूक्रेतिद और दिमित्रि के उत्तराधिकारियों का इतिहास मुख्यतः उनके सिक्कों से ही जाना गया है। हिंद-यवन सिक्कों के साथ भारत में पहली बार सिक्कों पर शासक तथा देवी-देवता की आकृति और लेख अंकित करने की प्रथा शुरू हुई।

सिकंदर के बाद मिस्त्र से लेकर ईरान तथा बाख्त्री तक शासन करने वाले किसी भी यूनानी शासक ने अपने सिक्कों पर स्थानीय लिपि और भाषा का प्रयोग

चित्र 5.4 : यूक्रेतिद की रजत-मुद्रा

चित्र 5.5 : हर्मेयूस (40-20 ई. पू.) की रजत-मुद्रा

नहीं किया, किंतु भारत के संपर्क में आते ही उनकी मुद्रा-नीति में परिवर्तन हुआ। हिंद-यवन शासकों ने अपने सिक्कों पर यूनानी के अलावा खरोष्ठी तथा ब्राह्मी लिपियों में और प्राकृत भाषा में भी लेख अंकित कराए। जैसे, दिमित्रि के एक प्रकार के सिक्के के पुरोभाग पर उसकी आवक्ष प्रतिमा के अंकन के साथ यूनानी में **'बासिलेउस् अनिकितोस्' दिमित्रिओस्** (राजा अजेय दिमित्रि) लिखा है, तो पृष्ठभाग पर खरोष्ठी में **'महरजस अपरजितस दिमेत्रियस'** लिखा हुआ है।

इस तरह के द्विभाषिक और द्विलिपिक सिक्के चलाने वाला संसार का संभवतः पहला शासक यूक्रेतिद (प्रथम) था। इतना ही नहीं, वह संभवतः पहला हिंद-यवन शासक है, जिसके सिक्कों पर उसके लिए 'महाराज' और 'राजाधिराज' जैसी उपाधियों का प्रयोग हुआ है। प्राचीन भारतीय साहित्य में 'महाराज' उपाधि वाले शासकों के प्रचुर उल्लेख मिलते हैं, मगर यूक्रेतिद के पहले का ऐसा कोई अभिलेख या मुद्रालेख नहीं मिलता, जिसमें किसी भारतीय शासक ने अपने को 'महाराजा' कहा हो। महान अशोक ने भी अपने को सिर्फ 'राजा' ही कहा है।

इन यूनानी शासकों ने स्वर्ण, रजत, ताम्र तथा निकल के सिक्के जारी किए। उनकी स्वर्णमुद्राओं का प्रचलन प्रमुखतः बाख्त्री प्रदेश तक ही सीमित रहा। भारतीय क्षेत्र में उन्होंने अधिकतर चांदी और तांबे के सिक्के चलाए। अगथोक्लेस् के निकल के एक चौकोर सिक्के के पृष्ठभाग पर किसी भारतीय देवी के अंकन के साथ ब्राह्मी में राजा का नाम अगथुक्लेय दिया गया है। स्त्रात-द्वितीय ने सीसे के भी सिक्के जारी किए। हिंद-यवनों के सिक्कों पर मुद्रालेख व आकृतियां उकेरे ठप्पों के प्रहार से अंकित की गई हैं। बाद में भारत में इस पद्धति से सिक्के बनते रहे। हिंद-यवनों के अधिकांश सिक्के गोलाकार हैं, मगर कुछ सिक्के चौकोर भी हैं।

बाख्त्री यवनों के सिक्के उस एटिक (अथेंस) मान के हैं जो यूनानी जगत में प्रचलित था। इस मान के अनुसार चांदी का 'द्रख्म' नामक सिक्का 66 ग्रेन का

था, मगर हिंद-यवन शासकों ने आर्थिक और व्यापारी कारणों से अधिकतर 37 ग्रेन भार के चांदी के द्रख्म और 148 ग्रेन भार के तेत्राद्रख्म जारी किए। 'दाम' शब्द 'द्रख्म' से ही बना है।

हिंद-यवनों के सिक्कों पर एक तरफ आमतौर पर शासक का मुंड या आवक्ष प्रतिमा अंकित है, तो दूसरी तरफ कोई यूनानी देवी या देवता। सिक्कों पर पोर्त्रेत अंकित कराने की यह यूनानी प्रथा भारत में आगे भी जारी रही। हिंद-यवनों के सिक्कों पर शासक को प्रायः फीतेनुमा मुकुट धारण किए हुए दिखाया गया है। कुछ शासक टोप पहने हुए हैं। दिमित्रि और मिनांदर के कुछ सिक्कों पर उन्हें गजमुखी मुकुट धारण किए हुए दिखाया गया है। कुछ सिक्कों पर राजा-रानी या पिता-पुत्र की संयुक्त प्रतिमाएं भी देखने को मिलती हैं। हिंद-यवनों के सिक्कों पर विविध प्रकार के जो मोनोग्राम या गुम्फाक्षर अंकित हैं, उनका अर्थ अभी स्पष्ट नहीं हुआ है।

इन सिक्कों के पृष्ठभाग पर यूनानी देवी-देवता और हाथी, वृषभ, ऊंट आदि पशुओं का अंकन हुआ है। कुछ सिक्कों पर नगर-देवता की भी प्रतिमा अंकित है। उदाहरण के लिए, यूक्रेतिद (प्रथम) के तांबे के चौकोर सिक्के के पृष्ठभाग पर एक देवी की आकृति है और खरोष्ठी में लेख है : कपिशिये नगर देवता (कपिशा का नगर-देवता)।

पता चलता है कि हिंद-यवन शासकों को भारतीय धर्म-संप्रदायों और देवी-देवताओं को अपनाने में कोई कठिनाई नहीं हुई। दिमित्रि का सेनापति मिनांदर, जिसने ईसा-पूर्व दूसरी सदी के उत्तरार्ध में सागल (स्यालकोट) से शासन किया, अंततः बौद्ध्र बन गया था। पालि बौद्ध ग्रंथ **मिलिंद-प्रश्न**[3] में उसके और भिक्षु नागसेन के बीच हुई दार्शनिक चर्चा का वर्णन है। मिनांदर या मिलिंद के सिक्कों के पृष्ठभाग पर खरोष्ठी में **'महरजस त्रतरस मेनंद्रस'** और **'महरजस ध्रमिकस मेनंद्रस'** लेख देखने को मिलते हैं। 'ध्रमिक' का अर्थ है–धार्मिक।

चित्र 5.6 : मिनांदर की रजत मुद्रा

मिनांदर के सिक्के काबुल से लेकर गाजीपुर तक और मथुरा से लेकर बुंदेलखंड तक बड़ी संख्या में मिले हैं। उसके सिक्के भरुकच्छ (भड़ौच) के बाजार में ईसा की पहली सदी के अंत तक चलते रहे। विशेष दिलचस्प बात यह है कि प्रो. दामोदार धर्मानंद कोसंबी ने 1942 ई. में मिनांदर का एक सिक्का पुणे के एक बाजार में प्राप्त किया था।

ईसा-पूर्व प्रथम सदी के लगभग मध्यकाल में शकों ने हिंद-यवनों के शासन को नष्ट कर दिया। ये यवन भारतीय समाज में घुल-मिल गए और इन्होंने भारतीय संस्कृति के कई पहलुओं पर अपना स्थायी प्रभाव छोड़ा है। बाद की भारतीय मुद्राएं काफी हद तक हिंद-यवनों की मुद्राओं के अनुकरण पर ही बनी हैं। हिंद-यवनों के द्विभाषिक और द्विलिपिक मुद्रालेखों की सहायता से ही 1837 ई. में खरोष्ठी लिपि का उद्‍घाटन संभव हुआ।

संदर्भ और टिप्पणियां

1. दारयबहु : लगभग (ई.पू. 522-486) फारस के अखामनी वंश का तीसरा सम्राट था। उसके बहिस्तान अभिलेख में गंधार के लोगों को भी उसकी प्रजा बताया गया है। हमदान, परसीपोलिस तथा नक्शेरुस्तम से प्राप्त उसके अन्य अभिलेख में भारत का भी उल्लेख उसकी प्रजा के रूप में किया गया है। हेरोरोरस के अनुसार गंधार उसके साम्राज्य का सातवां प्रांत भारत अथवा सिंधुघाटी का बीसवां प्रांत था।

   दारयबहु भारतीय साम्राज्य से काफी राजस्व मिलता था और सेना के लिए सैनिक भी भेजे जाते थे। इस प्रकार भारत और फारस के बीच अत्यंत प्राचीन काल से संपर्क था। इसलिए बहुत से फारसी शब्द भारत में प्रचलित हो गए। फारस के विचारों ने भारतीय कलाओं को भी प्रभावित किया।

2. यवन : यवन शब्द का प्रयोग मूलतः यूनानियों के और बाद में पश्चिमी एशिया से आने वालों के लिए किया जाता था। संस्कृत शब्द 'यवन' पश्चिम एशिया के यौन से व्युत्पन्न प्राकृत योन का एक रूप है और आयोनी यूनानियों के लिए प्रयुक्त होता था। इसका उपयोग एक नस्ली और भौगोलिक अर्थ में होता था। बौद्ध ग्रंथ सकारात्मक ढंग से यवनों की बातें करते हैं। इनमें से कुछ तो बौद्ध हो गए या बौद्ध धर्म के संरक्षण में थे। यवन-समाज को लेकर एक जिज्ञासा भी रही है और उसके बारे में कहा जाता था कि उसमें जातियां नहीं है, पर मालिक और गुलाम का विभाजन अवश्य है।

   हिंद-ईरान सीमा पर बसी यूनानी भाषी जनता का ज्ञान हमें मौर्यकाल से ही है। अधिकांश जनता के लिए यवन एक और जनगण थे, पर ब्राह्मणों का व्यवहार

आरंभ में दुश्मनाना था। ईसा की आरंभिक सदी का एक ग्रंथ गार्गी संहिता का युग पुराण है। यह ब्राह्मणों को अमित्रवत् दर्शाता है। कुछ यवनों ने अपने को वैष्णव घोषित कर रखा था। संभवतः यह दुश्मनी मल्लोई जाति पर सिकंदर के निर्मम आक्रमण की यादों से पैदा हुई थी।

अनेक अभिलेखों में तुर्की और अफ़गानों को यवन कहा गया है। यह इस बात का संकेत था कि वे पश्चिम से आए और इसलिए विजातीय हैं, लेकिन बहुत विजातीय भी नहीं हैं, क्योंकि विद्यमान व्यवस्था में उनकी एक स्थिति और एक पहचान पहले से थी।

3. मिलिंद-प्रश्न : मिलिंद के प्रश्न को मिलिंद-पन्हों भी कहा जाता है। यह एक प्रसिद्ध बौद्ध-ग्रंथ, जिसमें यवन राजा मिलिंद और बौद्ध-भिक्षु नागसेन के बीच प्रश्न और उत्तर के रूप में बौद्ध-दर्शन और धर्म की विवेचना की गई है।

   बौद्ध के मिलिंद-प्रश्न ग्रंथ में मिलिंद के धार्मिक विचारों के बारे में जानकारी मिलती है। भिक्षु नागसेन के साथ राजा मिलिंद (मिनांदर) का जो दार्शनिक संबाद हुआ उसका इस ग्रंथ में वर्णन है। मिनांदर संभवतः बौद्ध बन गया था। मिलिंद के सिक्के पर धर्म चक्र का चिह्न अंकित मिलता है और उस पर 'दिकइओम' (धार्मिक) शब्द भी खुदा हुआ है। मथुरा और भड़ौच में मिलिंद के राज्यपाल रहते थे। इस ग्रंथ का रचनाकाल तीसरी शताब्दी ई. से पूर्व माना जाता है।

6

शक-पह्लव शासकों के सिक्के

प्राचीन भारतीय ग्रंथों और अभिलेखों में यवनों, शकों और पह्लवों का उल्लेख प्रायः साथ-साथ हुआ है। पह्लव, पल्लव, पार्थिव व पार्थियन शब्द एक ही जनजाति के सूचक हैं। सेल्यूकी राज्य के बाद ईरान पर पह्लव वंश ने 249 ई. पू. से 226 ई.पू. तक शासन किया। ईरानी और यूनानी संस्कृति से प्रभावित ये पह्लव लोग भारत

चित्र 6.1 : धन-संपदा की देव श्री (सिरि) या गजलक्ष्मी, जिसका प्रतिमांकन भारहुत, सांची आदि के बौद्ध स्मारकों (ईसा पूर्व दूसरी सदी) पर देखने को मिलता है। श्री का अंकन, न केवल शक अयिलिश के सिक्के पर, अपितु मथुरा के शक-क्षहरात वंशज हंगाम, हगान, रजुबुल तथा शोडास के सिक्कों पर भी हुआ है। इसे उस समय के उज्जैन, मथुरा और अयोध्या के स्थानीय शासकों के सिक्कों पर भी देखा जा सकता है।

में भी पहुंचे, यहां उन्होंने शासन किया, शकों व सातवाहनों से वैवाहिक संबंध स्थापित किए, कांची से करीब चार सदियों तक दक्षिण भारत पर शासन किया और इस प्रकार भारत पर अपनी पल्लव संस्कृति की अमिट छाप छोड़ी। वस्तुतः भारतीय साहित्य और कला के विस्तार में जो भूमिका उत्तर भारत में गुप्तों ने अदा की, वही दक्षिण में पल्लवों ने की। इतना ही नहीं, भारतीय संस्कृति और कला को दक्षिण-पूर्व एशिया के देशों में फैलाने में सबसे बड़ा हाथ पल्लवों का है।

ईरान के हख़ामनी शासनकाल में शकों के कबीले एशिया के कम-से-कम तीन क्षेत्रों में आबाद थे।[1] इनमें एक क्षेत्र बाख़्त्री के उत्तर में सीर-दरिया के कांठे में था।[2] चीन की तरफ से खानाबदोश जातियों का दबाव पड़ने पर ईसा-पूर्व दूसरी सदी के उत्तरार्ध में यू-ची कबीले ने शकों को दक्षिण की ओर खदेड़कर बाख़्त्री पर अधिकार कर लिया। शक पूर्वी ईरान में पहुंचे तो पह्लवों से उनका संघर्ष हुआ, मगर बाद में दोनों में मेल-मिलाप भी खूब हुआ। शक कुछ समय के लिए पूर्वी ईरान में बस गए। उनकी वह भूमि शकस्तान (सीस्तान) कहलाई। कुछ समय बाद वे बलूचिस्तान के रास्ते सिंधु के निचले कांठे में आकर बसे। शकों के उस आरंभिक निवासस्थान को भारतीय साहित्य में शकद्वीप का नाम दिया गया।

आरंभ में पह्लव और शक जातियां भले ही अलग-अलग रही हों, मगर भारत में प्रवेश करते समय उनमें काफी मिश्रण हो चुका था। दोनों ने ईसा-पूर्व पहली सदी के उत्तरार्ध में और ईसा की प्रथम सदी के पूर्वार्ध में पश्चिमोत्तर भारत (उत्तरापथ) के एक बड़े भूभाग पर साथ-साथ शासन किया। बाद में शकों (पश्चिमी क्षत्रपों) ने पश्चिमी भारत पर लंबे समय तक शासन किया। यहां हम पह्लवों और आरंभिक शक शासकों के सिक्कों का ही परिचय देंगे। इन आरंभिक शक और पह्लव शासकों का अधूरा इतिहास प्रमुख रूप से उनके सिक्कों से ही जाना गया है। भारत के स्वतंत्र शक शासकों में सबसे पहला संभवतः मोअ (मोग, मोउस) था। काबुल की घाटी से लेकर पूर्वी पंजाब तक का प्रदेश उसके राज्य में शामिल था। पूर्वी पंजाब में अभी हिंद-यवनों का राज्य कायम था। मोअ ने ईसा-पूर्व पहली सदी के लगभग मध्यकाल में अपना यह विस्तृत राज्य कायम किया था। लगभग उसी समय पह्लव शासक वोनोन ने कंदहार और शकस्तान में अपना राज्य स्थापित किया।[3]

मोअ एक शक्तिशाली राजा था। बुद्धावशेष-प्रतिष्ठा से संबंधित तक्षशिला के एक ताम्रपत्र-अभिलेख में, जो प्राकृत भाषा और खरोष्ठी लिपि में है, उसे महरय महंत मोग (महाराज महान मोअ) कहा गया है। मोअ ने अपने चांदी और तांबे के सिक्के हिंद-यवनों के सिक्कों के अनुकरण पर बनाए। मगर उसने यूनानी सिक्कों की तरह अपने सिक्कों पर अपनी आवक्ष प्रतिमा अंकित नहीं करवाई।

उसके कुछ सिक्कों पर भाला फेंक रहे घुड़सवार को दर्शाया गया है। मोअ के एक प्रकार के सिक्के पर एक व्यक्ति को पद्मासन में बैठा हुआ दिखाया गया है, जिसे कुछ विद्वान बुद्ध की प्रतिमा मानते हैं। एक अन्य प्रकार के सिक्के पर गदा और त्रिशूलधारी पुरुष का अंकन है, जिसे शिव माना गया है।

मोअ के आरंभिक सिक्कों के पृष्ठभाग पर यूनानी लेख **बासिलिओस माओउ** और कभी-कभी खरोष्ठी-प्राकृत में **रजतिरजस महतस मोअस** (राजाधिराज महान मोअ का) मुद्रालेख देखने को मिलते हैं। हिंद-यवनों से छीनकर राज्यवृद्धि करने पर ही मोअ ने उनके **मेगालोउ-महत** (महान) अलंकरण को अपनाया होगा।

मोअ शक वंश का था, मगर उसके कुछ ही समय बाद शासन करने वाला वोनोन (वोनान) निश्चय ही पह्लव (पार्थियन) था। वोनोन के चांदी और तांबे के सिक्कों पर भाला फेंक रहे अश्वारोही और यूनानी देवता ज्येउस्, हेराकल आदि का अंकन है। उसके सभी सिक्कों के पुरोभाग पर यूनानी में मुद्रालेख है : **बासिलिओस बासिलिओन मेगालोउ आनोनोउ**। हिंद-यवनों का अनुकरण करते हुए

चित्र 6.2 :

1. मोअ का चांदी का सिक्का। पुरोभाग : अश्वारोही और यूनानी लेख। पृष्ठभाग : दंडधारी देवता और खरोष्ठी-प्राकृत लेख।
2. अय का चांदी का सिक्का। पुरोभाग : अश्वारोही राजा और यूनानी लेख। पृष्ठभाग : यूनानी देवता और खरोष्ठी-प्रकृत लेख।
3. अयिलिश का चांदी का सिक्का। पुरोभाग : अश्वारोही और यूनानी लेख। पृष्ठभाग : श्री (गजलक्ष्मी) और खरोष्ठी-प्राकृत लेख।
4. गुदुफर का सिक्का। पुरोभाग : अश्वारोही राजा और यूनानी लेख। पृष्ठभाग : यूनानी देवता और खरोष्ठी-प्राकृत लेख।

वोनोन के सिक्कों के पृष्ठभाग पर उसके यूनानी मुद्रालेख का प्राकृत-खरोष्ठी अनुवाद अंकित होना चाहिए, परंतु ऐसा नहीं हुआ। वोनोन के सिक्कों के पृष्ठभाग पर खरोष्ठी-प्राकृत में उसके रिश्तेदार-शासकों के नाम देखने को मिलते हैं : **महरजभ्रत ध्रमिकस स्पलहोरस और स्पलहोर पुत्रस ध्रमिकस स्पलगदमस।**[4]

उपर्युक्त मुद्रालेखों से स्पष्ट होता है कि स्पलहोरस, वोनोन का भाई था और स्पलगदम उसका भतीजा। जान पड़ता है कि स्पलहोरस और स्पलगदम पह्लव सम्राट वोनोन के उपराज थे। ध्रमिक (धार्मिक) का अर्थ है, बौद्ध धर्म का अनुयायी।

वोनोन का एक और भाई था स्पलिरिश, जो शायद स्पलहोर के बाद शासक बना। आरंभ में वह स्वतंत्र शासक था, मगर बाद में उसके सिक्कों पर अय नामक व्यक्ति का नाम देखने को मिलता है। आरंभ में यह अय स्पिलिरिश का उपराज या क्षत्रप रहा होगा, लेकिन बाद में इस अय (ऐजस्) के जो सिक्के मिलते हैं उनमें एक ओर यूनानी में लेख है और दूसरी ओर खरोष्ठी-प्राकृत में उसका रूपांतर है : **महरजस रजरजस महतस अयस।**

ऐसा भी सिक्का मिला है, जिसमें एक ओर मोअ का नाम है, तो दूसरी ओर अय का नाम अंकित है। यह संभवतः इस बात का सूचक है कि मोअ के राज्य पर अधिकार करके अय ने उसके सिक्कों पर अपने नाम का ठप्पा लगा दिया। अयः संभवतः पह्लव ही था, मगर स्पलिरिश या स्पलगदम के साथ उसके क्या संबंध थे, यह स्पष्ट नहीं है।

अय (प्रथम) ने जल्दी ही एक स्वतंत्र शासक के तौर पर चांदी और तांबे के अपने सिक्के जारी किए। उसके सिक्कों के पुरोभाग पर राजा को भाला फेंक रहे अश्वारोही के रूप में दर्शाया गया है और यूनानी में लेख है। पृष्ठभाग पर यूनानी देवता का अंकन है और खरोष्ठी-प्राकृत में लेख है : **महरजस रजरजस महतस अयस।** उसके एक प्रकार के सिक्के पर राजा ऊंट पर सवारी करते हुए और हाथ में अंकुश धारण किए हुए दिखाया गया है। हिंद-यवन सिक्कों की तरह अय के सिक्कों पर भी गुम्फाक्षर (मोनोग्राम) देखने को मिलते हैं।[5]

अय प्रथम का उत्तराधिकारी अयिलिश (एजिलिसेस) था। केवल सिक्कों से ही अयिलिश के बारे में जानकारी मिलती है। उसके चांदी के एक सिक्के पर एक तरफ अश्वारोही की आकृति और यूनानी में लेख है, तो दूसरी ओर बौद्धों की श्री या गजलक्ष्मी (अभिषेक लक्ष्मी) का अंकन और खरोष्ठी-प्राकृत में लेख है : **महरजस रजतिरजस महतस अयिलिशस।** खड़ी लक्ष्मी (श्री) के दोनों ओर जो कमलदल हैं उन पर दो छोटे हाथियों को पानी छिड़कते हुए दर्शाया गया है। स्पष्ट है कि शक-पह्लव अब भारतीय संस्कृति में अच्छी तरह घुल-मिल गए थे।

अयिलिश का उत्तराधिकारी हुआ अय-द्वितीय, जिसके बारे में भी केवल उसके सिक्कों से ही जानकारी मिलती है। अय-द्वितीय को उसके सिक्कों पर हाथ में चाबुक लिए अश्वारोही के रूप में दर्शाया गया है। उसके सिक्के भद्दे और घटिया धातु के हैं। अय-द्वितीय के कुछ सिक्कों के पृष्ठभाग पर यूनानी देवी पल्लस की प्रतिमा और खरोष्ठी-प्राकृत लेख देखने को मिलता है : **इंद्रवर्मपुत्रस अस्पवर्मस स्त्रतगस जयतस।** इस मुद्रालेख से स्पष्ट होता है कि इंद्रवर्मा का पुत्र अस्पवर्मा अय-द्वितीय का स्त्रतेग (क्षत्रप, उपराज, राज्यपाल) था। अस्पवर्मा नाम में अस्प (अश्व) शब्द ईरानी मूल का है, मगर उसके पिता इंद्रवर्मा का नाम शुद्ध भारतीय है। आगे चलकर 'वर्मा' दक्षिण के सभी पल्लव शासकों की साधारण उपाधि हो गई, जो कालांतर में त्रिवांकुर और कोच्चि (कोचीन) के राजाओं के नाम के साथ भी देखी जाती है।

शकवंश के अय-द्वितीय के बाद गुदुफर (गोंदोफरनीज ?) पह्लव या पार्थिव वंश का शक्तिशाली राजा हुआ। तख़्त-इ-बाही (मरदान, पेशावर जिला) के एक खरोष्ठी-प्राकृत लेख में, जो 46 ई. का है, उसे 'महरय गुदव्हर' कहा गया है। अय-द्वितीय से हस्तगत किया गया उसका राज्य अफगानिस्तान से पूर्वी पंजाब तक फैला हुआ था। उसने ज्यादातर तांबे के सिक्के जारी किए। सिक्कों के पुरोभाग पर उसे अश्वारूढ़, सिंहासनारूढ़ या उसके मुंड के रूप में दर्शाया गया है। पृष्ठभाग पर ज्येउस् या पल्लस की प्रतिमा है और प्राकृत-खरोष्ठी लेख है : **महरजस रजतिरजस त्रतरस देवव्रतस गुदुफरस** (महाराज राजाधिराज त्राता देवव्रत गुदुफर का)। उसके अन्य सिक्कों के पृष्ठभाग पर खरोष्ठी-प्राकृत में जो लेख हैं, उनमें उसके तीन क्षत्रपों के नामों का पता चलता है : अस्पवर्मा, सस और गुड़। यह अस्पवर्मा वही इंद्रवर्मा-पुत्र है, जिसका उल्लेख अय-द्वितीय के सिक्के पर भी हुआ है। सिरकप (तक्षशिला) से सस के स्वतंत्र सिक्के भी मिले हैं, जिन पर अंकित खरोष्ठी लेख में उसे अस्प (वर्मा) के भाई का पुत्र कहा गया है।

ईसाई धर्म के स्त्रोतों से जानकारी मिलती है कि गूद्नफर या गौंदफोर (गुदुफर) भारत का राजा था और ईसा की प्रथम सदी के लगभग मध्यकाल में संत टॉमस उसके दरबार में पहुंचा था।

गुदुफर के बाद अवगद (गुदुफर के भाई का पुत्र) सपेदन, सतवस्त्र आदि कई पह्लव शासकों के सिक्के मिलते हैं। ईसा की प्रथम लगभग मध्यकाल में कुषाणों (यू-ची की एक शाखा) के आगमन के साथ पश्चिमोत्तर भारत में हिंद-पह्लवों का शासन लगभग समाप्त हो जाता है।

उत्तरापथ में शकों और पह्लवों का शासन भले ही समाप्त हो गया हो, मगर

उन्होंने भारतीय संस्कृति पर अपनी अमिट छाप छोड़ी है और अंततः वे भारतीय जन-समुदाय में पूरी तरह घुल-मिल गए। आरंभ में पतंजलि के **महाभाष्य** में शकों और यवनों को अनिरवसित (शुद्ध) शुद्र कहा गया। बाद में **मनुस्मृति** ने शकों, पह्लवों और यवनों को निम्नकोटि के क्षत्रिय घोषित किया। अंततः ये राजपूत बनकर पुरानी क्षत्रिय जाति में मिल गए। कई विद्वानों का मत है कि पह्लव शासक वोनोन ने 58 ई. पू. में जिस नए संवत् की स्थापना की थी, वही बाद में जाकर कृत, मालव और विक्रम संवत् के नाम से विख्यात हुआ।

संदर्भ और टिप्पणियां

1. ईरान के हख़ामनी शासन काल में आरमी लिपि का व्यवहार संपूर्ण पश्चिमी एशिया में होता था। मिस्र में भी आरमी लिपि के लेख मिले हैं। पश्चिमी एशिया में आरमी भाषा व लिपि का अधिक प्रचलन था। इसलिए राज-काज में इसी भाषा व लिपि का प्रयोग किया जाता था।

   ईरान के हख़ामनी सम्राटों के ईसा पूर्व चौथी सदी के कुछ भद्दे से सिक्के मिले हैं। इन पर खरोष्ठी के अक्षर देखने को मिलते हैं।
2. सीर-दरिया के कांठे में शक लोगों का निवास था। यूची लोगों ने शकों को वहां से खदेड़ दिया था। कुछ समय बाद वे बलूचिस्तान के रास्ते सिंधु के निचले काठे में आकर बस गये थे।
3. वोनोन (vonones) : शकों के सिक्कों से उनकी दो धाराओं के बारे में परिचय मिलता है। इनमें एक मोउ (maues) की शाखा और दूसरी शाखा वोनोन और उसके सहयोगियों की थी। पह्लव शासक वोनोन ने कंदहार और शकस्तान में अपना राज्य स्थापित किया।
4. प्राकृत और खरोष्ठी लिपि : हिंद यवन शासकों ने अपने सिक्कों पर राजा व देवी-देवता की आकृति तथा यूनानी लिपि में लेख अंकित किये। परन्तु पश्चिमोत्तर भारत में इनका शासन शुरू हुआ तो उन्होंने अपने सिक्कों पर खरोष्ठी लेख भी खुदवाए। एक तरफ यूनानी और खरोष्ठी में लेख और दूसरी तरफ इसी का प्राकृत-खरोष्ठी में रूपांतरण होता था। जैसे, हिंदू-यवन शासक मिलंदर के सिक्कों पर अंकित प्राकृत-खरोष्ठी लेख।
5. गुम्फाक्षर : हिंद-यूनानी सिक्कों पर जो मोनोग्राम बने हैं उन्हें गुंफाक्षर कहते हैं। साकल, कपिशा, पुष्फलावती आदि स्थानों में गुंफाक्षर सिक्के बनाने वाली टकसाल भी थी।

7

गणराज्यों और जनपदों के सिक्के

प्राचीन भारत में प्रजातंत्र और राजतंत्र, दोनों ही प्रकार की शासन-पद्धतियां प्रचलित रही हैं। प्रजातंत्र-राज्यों को गण या संघ कहा जाता था। ईसा-पूर्व पांचवीं सदी से पाणिनि की **अष्टाध्यायी**, बौद्ध साहित्य, कौटिल्य के **अर्थशास्त्र** और यूनानी विवरणों में इन गणराज्यों के बारे में जानकारी मिलने लग जाती है। मौर्य साम्राज्य के दिनों में गणराज्यों की सत्ता प्रायः समाप्त हो गई थी या पर्वतीय तथा मरुक्षेत्रों में स्थानांतरित हो गई थी। मौर्यों के अवसान और कुषाणों के विघटन के बाद गणों ने फिर सिर उठाए और अपने स्वतंत्र राज्य स्थापित किए। अंत में समुद्रगुप्त ने गणराज्यों को लगभग समाप्त कर दिया।

बुद्ध के समय में जिन सोलह जनपदों का अस्तित्व था, उनमें कुछ राजतंत्र थे और कुछ गणराज्य। अशोक के बाद कई प्रांतों (जनपदों) के शासक स्वतंत्र हो गए थे। कुषाण-राज्य के विघटन के बाद भी कई जनपद स्वतंत्र हो गए थे। इन जनपदों के शासकों ने अपनी राजधानियों से अपने स्वतंत्र सिक्के जारी किए। ऐसे भी सिक्के मिले हैं जिन पर पुष्कलावती, उज्जयिनी, महिष्मती, त्रिपुरी आदि नगरियों के नाम अंकित हैं। इन्हें हम नगर-राज्यों के सिक्के कह सकते हैं।

यहां हम ईसा-पूर्व तीसरी सदी के उत्तरार्ध से लेकर ईसा की चौथी सदी के मध्यकाल तक के प्राचीन भारत के गणराज्यों, जनपदों और नगर-राज्यों द्वारा जारी किए गए सिक्कों का परिचय प्रस्तुत कर रहे हैं। इन्होंने स्थानीय या क्षेत्रीय व्यवहार के लिए प्रमुखतः तांबे के ही सिक्के जारी किए। चांदी के सिक्के बहुत कम चलाए।

सिक्कों से कुल 14 गण-जनपद राज्यों के बारे में जानकारी मिलती है। ये हैं : अग्र, औदुंबर, कुलूट, कुणिंद, राजन्य, त्रिगर्त, वेमकि, वृष्णि, यौधेय, आर्जुनायन, मालव, शिवि, उद्देहिक और नाग। इनमें औदुंबर, कुलूट, कुणिंद, वेमकि, वृष्णि तथा यौधेय गणों ने चांदी के भी सिक्के जारी किए। भारत के सबसे पुराने पंचमार्क या आहत सिक्कों पर लांछन या चिह्न एक-एक करके दागे गए हैं। मगर इस काल के अधिकांश सिक्कों पर लांछन तथा मुद्रालेख ठप्पों को ठोककर एक साथ

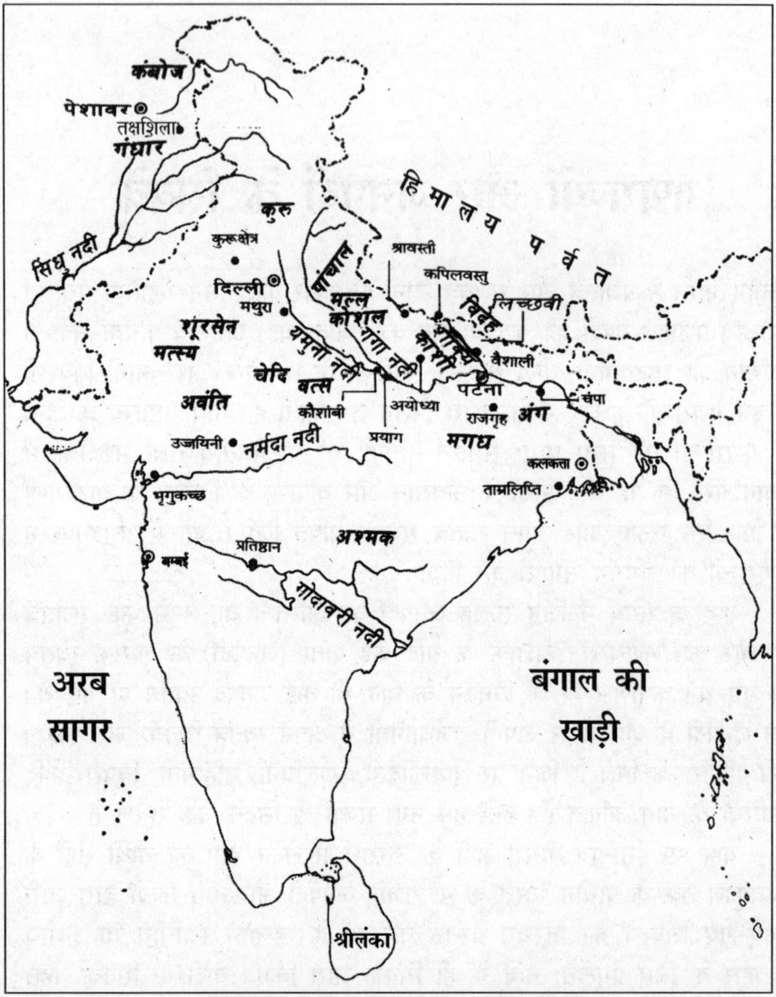

चित्र (नक्शा) 7.1 : गणराज्य और जनपद

अंकित किए गए हैं या इन्हें सांचों में ढालकर बनाया गया है। मौर्यों के समय तक के आहत सिक्कों पर मुद्रालेख नहीं हैं, मगर अधिकतर हिंद-यवन सिक्कों के अनुकरण पर बनाए गए इन गण-जनपद राज्यों के सिक्कों पर मुद्रालेख मौजूद हैं। इनके आरंभिक सिक्कों पर लेख प्राकृत भाषा और खरोष्ठी तथा ब्राह्मी लिपियों में हैं, मगर ईसा की तीसरी सदी से केवल ब्राह्मी और संस्कृत का प्रयोग देखने

चित्र 7.2 : वृष्णि गण की मुद्रा। पुरोभाग : स्तंभ पर अर्धगज व अर्धसिंह और ब्राह्मी लेख। पृष्ठभाग : चक्र और खरोष्ठी लेख।

को मिलता है। इन सिक्कों पर गण, जनपद, शासक और इष्टदेव के नामों के अलावा विभिन्न प्रकार के चिह्न या प्रतीक देखने को मिलते हैं।

पाणिनि ने जिन आयुधजीवी संघों का उल्लेख किया है, उनमें सबसे प्रसिद्ध संघ यौधेयों का था। हिंद-यवनों के बाद ईसा-पूर्व पहली सदी में यह गण शक्तिशाली बन गया था। फिर कुषाणों के बाद ईसा की दूसरी सदी में यौधेय बलशाली बने। यौधेयों ने पश्चिम में बहावलपुर (अब पाकिस्तान में ?) से लेकर उत्तर-पूर्व में कांगडा तक और दक्षिण में भरतपुर तक शासन किया। यौधेयों के बहुधान्यक प्रदेश की राजधानी रोहीतक (रोहतक) में थी, जहां से सिक्के ढालने के मिट्टी के उनके कई सांचे मिले हैं।'

यौधेयों के आरंभिक सिक्कों पर ब्राह्मी में **यौधेयानां बहुधाञ्यके** लेख देखने को मिलता है।[1] बाद में, ईसा की दूसरी-तीसरी सदी में, यौधेयों ने चांदी-तांबे के जो सिक्के जारी किए उन पर, कुछ हेर-फेर के साथ, मुद्रालेख देखने को मिलता है : **भगवतः स्वामिनो ब्रह्मण्यदेवस्य कुमारस्य यौधेयानाम्।** इनमें से कई सिक्कों के पुरोभाग पर युद्ध के देवता कार्तिकेय (कुमार) का प्रतिमांकन है। पृष्ठभाग

चित्र 7.3 : यौधेय ताम्रमुद्रा के पृष्ठभाग पर हिरण और कलश।

चित्र 7.4 : यौधेय ताम्रमुद्रा। पुरोभाग : भालाधारी कार्तिकेय और ब्राह्मी लेख। पृष्ठभाग : देवी।

पर वृक्ष, मेरु, आदि के अलावा कार्तिकेयानी (षष्ठी) का भी अंकन हुआ है। एक ऐसा भी सिक्का मिला है जिस पर **ब्रह्मण्यदेवस्य द्रम** लिखा हुआ है। यौधेयों के अंतिम दौर के सिक्कों पर **यौधेय गणस्य जयः** लेख देखने को मिलता है। इनके सिक्कों पर वृषभ, हाथी, हिरण, मोर, लक्ष्मी, चक्र, यूप, त्रिशूल, स्वस्तिक आदि का अंकन है। सतलज तटक्षेत्र के आज के जोहिया राजपूत यौधेयों की ही संतान हैं।

कुणिंदों के राज्य का विस्तार सतलज से काली नदी तक के पर्वतीय अंचल मे रहा है। इनके अधिकांश सिक्के अंबाला-सहारनपुर क्षेत्र से मिले हैं। इन्होंने लगभग 150 ई.पू. से 200 ई. तक चांदी और तांबे के सिक्के जारी किए, जिन पर ब्राह्मी और खरोष्ठी, दोनों लिपियों में लेख देखने को मिलते हैं। कुणिंदों के सिक्के प्रमुखतः दो प्रकार के हैं। इनके अमोघभूति-प्रकार के सिक्के ईसा-पूर्व पहली सदी के हैं, और उन पर ब्राह्मी-खरोष्ठी में लेख हैं : राज्ञः (रात्र) कुणिंदस्य (स) अमोघभूतिस्य (स) महाराजस्य (स)। इनके दूसरे प्रकार के सिक्के, जो ईसा की दूसरी सदी के हैं, 'छत्रेश्वर मुद्रा' कहलाते हैं, क्योंकि इन पर लेख है : भगवत छत्रेश्वर महात्मनः। यहां छत्रेश्वर शब्द संभवतः शिव का द्योतक है। कुणिंदों के सिक्कों पर हिरण, लक्ष्मी, नाग, मेरु, स्वस्तिक आदि की आकृतियां देखने को मिलती हैं।

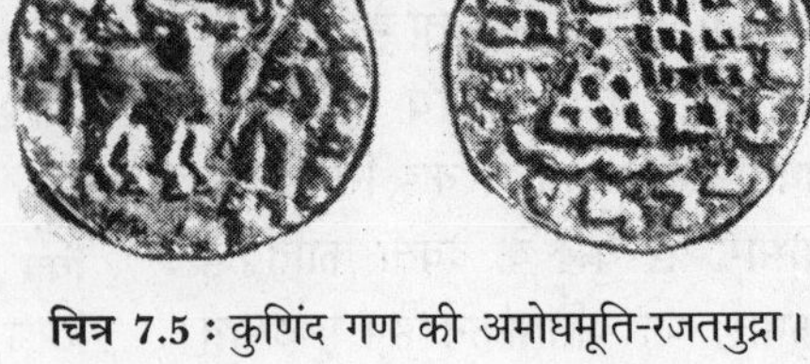

चित्र 7.5 : कुणिंद गण की अमोघभूति-रजतमुद्रा।

औदुंबर गण का निवास पूर्वी पंजाब और पश्चिम कांगड़ा में था। इन्होंने चांदी तथा तांबे के जो सिक्के जारी किए उन

पर अंकित ब्राह्मी-खरोष्ठी लेखों में शिवदास, रुद्रदास, धरघोष आदि शासकों के नाम देखने को मिलते हैं। जान पड़ता है कि ये शिव (महादेव) के उपासक थे। इनके सिक्कों पर वृषभ, भवन (शिव-मंदिर), पुरुष (विश्वमित्र), त्रिशूल, वृक्ष आदि की आकृतियां देखने को मिलती हैं।

प्राचीन काल में मालव गण का निवास पुराने पंजाब में था। सिकंदर के इतिहासकारों ने भी मालव गण का उल्लेख किया है। बाद में ये राजपूताने में आकर बस गए, तो अवंति प्रदेश मालवा के नाम से प्रसिद्ध हो गया। मालवा और जयपुर राज्य से मालव गण के ढेर सारे सिक्के मिले हैं। ये सिक्के बहुत छोटे हैं और इन पर मालवानां जयः अथवा जय मालवानां जैसे लेख देखने को मिलते हैं।

चित्र 7.6 : मालव ताम्रमुद्रा के पृष्ठभाग पर 'उज्जयिनी चिह्न'।

अग्रत्य जनपद हिसार जिले में था। वहां अग्रोह (अग्रोदक) स्थान से इस प्राचीन जनपद के कई सिक्के मिले हैं।[2] एक प्रकार के सिक्कों पर लेख हैं : अगोदका-अगाच जनपदस (अग्रोदकात् अग्रत्य जनपदस्य)। इनके सिक्कों पर वृक्ष, वृषभ, सिंह, लक्ष्मी आदि की आकृतियां देखने को मिलती हैं।

कुलूटों का वास्तव्य कुल्लू की घाटी में था। तक्षशिला से कुलूटों के तांबे के जो चौकोर सिक्के मिले हैं उन पर ब्राह्मी और खरोष्ठी में समानार्थी लेख हैं, जिनमें आर्यमित्र, सत्यमित्र, विजयमित्र और वीरयश नामक शासकों का उल्लेख है। इनका चांदी का जो एक गोल सिक्का मिला है उसके पुरोभाग पर ब्राह्मी लेख है : राज्ञ कोलूटस्य वीरयशस्य।

आर्जुनायन दिल्ली-आगरा-जयपुर क्षेत्र के निवासी और यौधेयों के पड़ोसी थे।[3] इनके तांबे के कुछ ही गोल सिक्के मिले हैं, जिन पर ब्राह्मी लेख हैं : अर्जुनायन जय (आर्जुनायनानां जयः) और वृषभ, वृक्ष, यूप, स्त्री, हाथी आदि की आकृतियां हैं।

शिवि मूलतः पंजाब के निवासी थे। बाद में वे राजस्थान में पहुंचे। चित्तौड़ के समीप (मध्यमिका) से प्राप्त उनके सिक्कों पर स्वस्तिक, वृक्ष आदि की आकृतियों के अलावा ब्राह्मी लेख हैं : महामिकाय शिबि जनपदस। उद्देहिकों का निवास बयाना (भरतपुर) के पास था। इनके सिक्कों पर अंकित ब्राह्मी लेखों से इनके सूर्यमित्र और ध्रुवमित्र नामक शासकों का पता चलता है। वेमकि जनपद पूर्वोत्तर पंजाब में

था। इनके तांबे और चांदी के सिक्के मिले हैं। चांदी के सिक्के पर ब्राह्मी और खरोष्ठी में लेख हैं : राज्ञो वेमकिस रुद्रवर्मस। त्रिगर्त जनपद तीन नदियों (रावी, व्यास और सतलज) की घाटियों का प्रदेश (जलंधर) था। इनका केवल एक ही तांबे का सिक्का मिला है। वृष्णि गण का भी चांदी का केवल एक ही सिक्का मिला है (देखिये चित्र)। ये संभवतः रावी व व्यास के उत्तरी क्षेत्र के निवासी थे। राजन्य जनपद पंजाब के होशियारपुर जिले में था। इनके तांबे के जो सिक्के मिले हैं उन पर ब्राह्मी व खरोष्ठी में संक्षिप्त लेख हैं। विदिशा और पवाया (पद्मावती) से नागों के बहुत से छोटे-छोटे सिक्के मिले हैं, जिन पर भीमनाग, वसुनाग, देवनाग, भवनाग, गणपतिनाग आदि शासकों के नाम हैं।

गणराज्यों के अलावा उस दौरान के शूरसेन, पंचाल, वत्स, कोसल आदि कुछ जनपदों (राजतंत्रों) के भी सिक्के मिले हैं। मथुरा के आसपास के शूरसेन प्रदेश से आरंभ में मित्र नाम वाले और बाद में दत्त नाम वाले शासकों के सिक्के मिलते हैं। बरेली क्षेत्र से प्राप्त उत्तर पंचाल के सिक्कों से करीब बीस शासकों के नामों का पता चला है। इनमें कई शासक मित्र नाम वाले हैं। अग्निमित्र के सिक्के पर जो मानवाकृति है उसके केश अग्नि की लपटों की तरह हैं।

वत्स (राजधानी : कौशांबी) जनपद के केवल तांबे के जो सिक्के मिले हैं उनसे अठारह राजाओं का पता चलता है, जिनमें कई मित्र नाम वाले हैं। इनमें वहसतिमित्र (बृहस्पतिमित्र) के सिक्के ज्यादा मिलते हैं। अयोध्या से कोसल जनपद के जो सिक्के मिले हैं उन पर धनदेव, विशाखदेव, वायुदेव आदि नाम हैं। दत्त और मित्र नामधारी शासकों के भी सिक्के मिले हैं। अवंति जनपद (उज्जयिनी) से प्राप्त इस काल के सिक्कों पर जो एक विशेष चिह्न (देखिये चित्र) देखने को मिलता है

चित्र 7.7 : वत्स (कौशांबी) ताम्रमुद्रा। पुरोभाग पर दुबला बैल और उसके सामने ध्वज। पृष्ठभाग पर चक्र, स्वस्तिक, मेरु, उज्जयिनी आदि के चिह्न।

उसे मुद्राविद उज्जयिनी चिह्न कहते हैं।[4] कुछ सिक्कों पर 'उजेनिय' शब्द भी देखने को मिलता है। विदिशा से प्राप्त सिक्कों पर भी उज्जयिनी चिह्न है। इनके अलावा इस कालावधि के मध्यमिका, त्रिपुरी, ज्येष्ठपुर आदि कुछ नगर-राज्यों के भी सिक्के मिले हैं।[5]

चित्र 7.8 : अयोध्या (कोसल) की ताम्रमुद्रा के पुरोभाग पर वृषभ और ब्राह्मी में 'सतमित्रस' शब्द।

नगर-राज्यों के सिक्कों से पुष्कलावती (आधुनिक पेशावर) के एक सिक्के का विशेष महत्व है। इस मुद्रा के पुरोभाग पर एक मुकुटधारिणी नारी की आकृति है और खरोष्ठी में लेख है : पुखलावदी देवदा आम्पई (पुष्कलावती नगर-देवता अम्बा)। पृष्ठभाग पर वृषभ की आकृति के साथ यूनानी में टारस और खरोष्ठी में उषभ (वृषभ) शब्द हैं। गंधार प्रदेश (तक्षशिला) के कुछ ऐसे भी तांबे के सिक्के मिले हैं जिनकी एक ओर ब्राह्मी में नेगमा (नैगम यानी व्यापारियों की श्रेणि) शब्द है और दूसरी ओर दोजक, अटका आदि नाम हैं। कुछ सिक्कों पर खरोष्ठी में पंचनेकमे शब्द है। ये सिक्के व्यापारियों के संघों ने चलाए होंगे।

चित्र 7.9 : उज्जयिनी की ताम्रमुद्रा के पुरोभाग पर सूर्य, उज्जयिनी-चिह्न, चक्र और मेरु के चिह्नों के बीच अंकुशधारी पुरुष।

संदर्भ और टिप्पणियां

1. यौधेय एक बहुत बलशाली गणराज्य जो यमुना, सतलज, चम्बल तथा हिमालय के बीच स्थित था। इतिहास और हमारे पुराने लेखकों ने इसके बारे में मौन धारण किया हुआ था। लेकिन उन सिक्कों को क्या कहें जो धरती के नीचे दब गये थे और निकलने पर उन्होंने चिल्ला-चिल्ला कर साक्ष्य देना शुरू किया। यौधेय फिर हमारे सामने प्रकट हो गये। आज सभी मानते हैं कि विदेशी कुषाणों को खत्म करने का श्रेय यौधेय को ही है।

   इन्हीं यौधेय के उत्थान और पतन का चित्रण महापंडित राहुल सांकृत्यायन ने जय-यौधेय के वैभव, गौरव और विध्वंस की कथाओं, उपन्यास में किया। चौथी

सदी में अपने अभिलेखों में अशोक के पाषाण स्तंभ पर समुद्रगुप्त ने यौधेय का नाम स्मरण करते हुए कहा कि उन्होंने कर दान आज्ञा स्वीकार और प्रणाम द्वारा मुझे परितुष्ट किया। समुद्रगुप्त के लेखों से मालूम होता है कि उन्होंने यौधेय गण का उक्षेद नहीं किया। पांचवीं सदी के आरंभ से फिर हम यौधेय गण का नाम सुनते हैं इसलिए साफ है कि यौधेय का ध्वंस चंद्रगुप्त विक्रमादित्य ने किया। यौधेय के सिक्के ईसा पूर्व दूसरी सदी से ई. चौथी सदी तक मिलते हैं। कुषाणों से पहले सिक्कों पर लिखा है **''यौधेयानां बहुधान्यकानां''** या **''भगवस्वामी ब्रह्मणयदेवाय।''** बाद के सिक्कों में **''यौधेय गणस्य जयः''** या **''यौधेयानां जयमन्त्रशालिनां''** रहता है।

भरतपुर राज्य के बयाना से दो मील पर यौधेय-गण के महासेनापति का लेख खुदा है– ''सिद्धं (।) यौधेय-गणपुरस्कृतस्य महाराज महासेनापतेः पु⋯ब्राह्मणपुरोगं चाधिष्ठानं शरीरादिकुशलं पृष्ट्वा लिखत्यस्तिरस्मा''।

अब प्रश्न उठता है कि वीर जय-यौधेय उस युद्ध में बिल्कुल खत्म हो गए थे; नहीं, यौधेय कुछ बच भी गये। भावलपुर रियासत से मुल्तान तक फैला एक इलाका जोहियावार कहा जाता है। अलवर और गुड़गाँव के मेव अब भी यौधेय भूमि में बसते हैं और उनकी वीरगाथाएं सुनाते हैं। ये मुसलमान हैं मगर यौधेय की वीरता को भूले नही हैं।

इनके अतिरिक्त अग्रवाल, अग्रहरी, रोहतगी, रस्तोगी, श्रीमाल, ओसवाल, वर्णवाल और गहोई जैसी वैश्य कही जाने वाली जातियां भी यौधेय की संतान हैं।

2. अग्रोह (अग्रोदक) : अग्र और अग्रोदक दो गणतंत्र थे। उन्होंने सम्मिलित रूप से अपने सिक्के चलाए। उनका राज्य स्वतंत्र गणतंत्र था। हिसार जिले में अग्रोह नामक स्थान से इस प्राचीन जनपद के कई सिक्के मिले हैं।

   सबसे पहले पाणिनि ने अग्र व अग्रोदक का उल्लेख किया। बोधायन, पतंजलि, महाभारत में भी इन गणों का उल्लेख मिलता है। इनके सिक्कों पर ब्राह्मी लिपि में लेख अंकित हैं।

3. आर्जुनायन : आर्जुनायनों का सबसे पहले पाणिनि के अष्टाध्यायी में उल्लेख मिलता है। इनका महाभारत और बृहतसंहिता में भी उल्लेख है। ये दिल्ली, जयपुर, आगरा के मध्यवर्ती क्षेत्र के निवासी थे।

4. उज्जयिनी चिह्न : उज्जयिनी में तांबे के सिक्के बहुत बड़ी संख्या में मिले हैं। यहां पर इन सिक्कों को बनाने की टकसाल भी थी। उज्जयिनी के ये सिक्के ईसा पूर्व तीसरी सदी से प्रचलित थे। ये सिक्के ठप्पा और सांचा दोनों तरीकों से बनाए जाते थे। उज्जैन चिह्न को अनेक प्रकार से दिखाया गया है। प्रत्येक वृत्त के भीतर

लघु वृत्त अथवा वृत्त के भीतर नंदीपथ अथवा वृत्त के भीतर स्वस्तिक है। यह चिह्न एरण-विदिशा के सिक्कों और सातवाहनों के सिक्कों पर भी अंकित है। अतः इन्हें हम उज्जयिनी चिह्न कहते हैं।

5. त्रिपुरी नगर मध्यप्रदेश के जबलपुर जिले में स्थित है। जबलपुर से भेड़ाघाट जाने वाले मार्ग से लगभग 12 किलोमीटर दूर नर्मदा नदी के समीप तेवर गांव में स्थित है। त्रिपुरी के प्राचीन उल्लेख रामायण और महाभारत साहित्य में मिलते हैं। श्री एम. जी. दीक्षित और प्रो. एच. डी. सांकलिया के निर्देशन में आरंभिक उत्खनन कार्य वर्ष 1952-53 में हुए। उसके बाद वर्ष 1965 से 69 के मध्य पुनः सागर विश्वविद्यालय के पुरातत्व विभाग द्वारा उत्खनन कार्य सम्पादित किया गया। उन उत्खननों से त्रिपुरी नगर के प्राचीन इतिहास पर महत्वपूर्ण प्रकाश पड़ा है।

त्रिपुरी से मिले सिक्कों से गुप्तकाल से पूर्व के इतिहास की प्रामाणिक जानकारी मिलती है। यहां से आहत सिक्के भी मिले हैं जो ज्यादातर तांबे के हैं। कुछ चांदी के भी मिले हैं। उन्हें ठप्पांकित और सांचा पद्धतियों के द्वारा बनाया गया है। ये आयताकार हैं। उनके आगे के भाग पर सूर्य, षडरचक्र, अर्धचंद्रयुक्त तीन वृत्त वाला पर्वत, सर्पदण्ड, वृषभ, मत्स्य आदि चिह्न मिलते हैं। कार्षापण और पण सिक्के विभिन्न तौल वाले मिले हैं।

त्रिपुरी में नगर नाम वाले सिक्के बनने आरंभ हुए। व्यापारिक श्रेणियां भी इस प्रकार के सिक्के चलाती थीं। ये सिक्के तांबे और कांसे के बने होते हैं, इनका आकार गोल है। अग्र भाग पर ब्राह्मी लिपि में 'तिपुरि' लिखा है, मेरू और क्रुश का चिह्न है। त्रिपुरी में सातवाहन राजाओं का अधिकार भी रहा था। वहां से सातकर्णि, श्रीसात, यज्ञश्रीसातकर्णि आदि शासकों के सिक्के मिले हैं। ये सिक्के गोल अथवा चौकोर आकार के हैं। सातवाहनों के बाद त्रिपुरी पर बोधि शासकों का अधिकार हुआ। उन्होंने त्रिपुरी को अपनी राजधानी बनाया और अपने सिक्के चलाए। उन राजाओं के नाम श्रीबोधि, वीरबोधि, शिवबोधि और चंद्रबोधि हैं। ये सिक्के सीसे के बने हैं। छोटे गोल आकार के हैं। सिक्कों पर ब्राह्मी लिपि से राजा का नाम लिखा है।

सिक्कों के अतिरिक्त बोधि शासकों की पक्की मिट्टी की बनी मुद्राएं भी त्रिपुरी से प्राप्त हुई हैं। बोधि शासकों के गोत्र का नाम वासिष्ठी था। सातवाहन शासक अपने सिक्कों पर गोत्र नाम भी लिखते थे। त्रिपुरी से प्राप्त मौर्यकालीन एवं गुप्तकालीन दोनों मुद्राएं महत्वपूर्ण हैं। मौर्यकालीन मुद्रा सफेद पत्थर की है। उस पर स्वस्तिक, नंदीपद और शंख के चिह्न बने हैं और ब्राह्मी लिपि में लेख अंकित हैं। गुप्तकालीन मुद्रा में चौथी शदी ईसवी की ब्राह्मी लिपि में लेख अंकित है और उस पर अर्धचन्द्रयुक्त मेरू व वृषभ की आकृति बनी है।

8

कुषाण शासकों के सिक्के

प्राचीन भारत में यदि सचमुच कोई 'स्वर्णयुग' रहा है, तो उसकी तलाश हमें सर्वप्रथम कुषाणों के शासनकाल (ईसा की आरंभिक सदियों) में करनी चाहिए। भारत में बड़े पैमाने पर सोने के सिक्के पहली बार कुषाण शासकों ने ही चलाए। कुषाणों के पहले भारत में सोने के सिक्के बनाए जाने के बारे में कोई पुरातात्विक प्रमाण नहीं मिलता। उनके समय में रोमन साम्राज्य के साथ व्यापार में जो वृद्धि हुई उसके कारण बेशुमार सोना भारत में आया (देखिए आगे अध्याय "भारत में रोमन सिक्के")। उनके समय में पूर्वी मध्य-एशिया के प्राकृतिक स्रोतों (अल्ताई पर्वत) से भी प्रचुर मात्रा में सोना भारत में पहुंचा। एक समय कुषाणों का शासन पश्चिम में खुरासान, उत्तर में अरल सागर तथा खोतन, पूर्व में बिहार (संभवतः बंगाल-उड़ीसा भी) और दक्षिण में कोंकण-विदर्भ (महाराष्ट्र) तक फैल गया था। मौर्यों के अवसान के बाद भारत में (वस्तुतः मध्य-एशिया व उत्तर भारत में) पुनः एक विशाल साम्राज्य स्थापित हुआ। कुषाणों के समय में बाहरी दुनिया के साथ भारत के बहुत गहरे और व्यापक सामाजिक, आर्थिक व सांस्कृतिक संबंध स्थापित हुए।

हख़ामनी शासन-काल[1] में ही अफ़ग़ानिस्तान, ईरान व मध्य-एशिया के साथ भारत के कई इलाकों के बहुविध सांस्कृतिक व व्यापारिक संबंध स्थापित हो चुके थे। मगर मध्य-एशिया के साथ भारत के संबंधों का सबसे अधिक विस्तार कुषाण साम्राज्य के समय में हुआ। इतिहास में पहली बार मध्य-एशिया, उत्तरी भारत, पाकिस्तान, अफ़ग़ानिस्तान और पूर्वी ईरान एक साम्राज्य में शामिल हुए; विभिन्न जातियों, भाषाओं, संस्कृतियों और धर्मों के जनगण व कबीलों के बीच घनिष्ठ संबंध स्थापित हुए।

कुषाण, जिन्हें चीनी इतिहासकारों ने कुएई-शुआङ (Kuei-shuang) कहा है, चीनी-तुर्किस्तान में आबाद खानाबदोश जाति यू-ची (Yueh-chih) की एक शाखा थे। चीन के पश्चिमोत्तर सीमा-प्रदेश के हूणों द्वारा खदेड़ दिए जाने पर यू-ची कबीले बाख़्त्री (Bactria) के सीमा-क्षेत्र में आकर बस गए (ईसा-पूर्व दूसरी सदी में)।[2] इन यूचियों के पांच प्रमुख कबीले थे, जिनमें एक था, कुएई-शुआङ (कुषाण)।

ईसा-पूर्व प्रथम सदी के उत्तरार्ध में कुएई-शुआङ के एक सरदार **कुजुल कदफिस** ने यू-ची के अन्य कबीलों का दमन करके बाख़्त्री पर अधिकार कर लिया। उसने, संभवतः अंतिम यवन शासक हरमय (हर्मियस, Hermeus) की मदद से, पह्लवों (पल्लवों, पार्थवों) और शकों को हराकर काबुल की घाटी पर भी कब्जा कर लिया। उसके पुत्र **विम कदफिस** ने अपने राज्य को भारत में मथुरा और सिंध तक फैलाया।

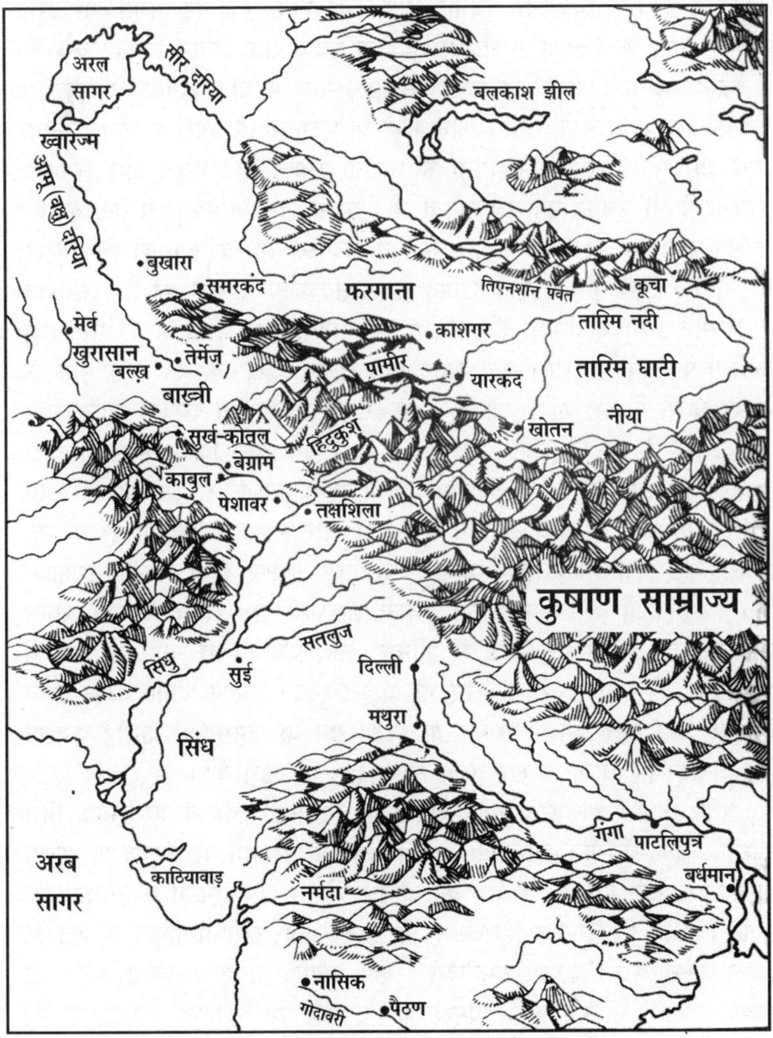

चित्र (नक्शा) 8.1 : कुषाण साम्राज्य

चीनी इतिहास में कुजुल कदफिस को 'भारत का विजेता' बताया गया है।

उपर्युक्त दो कदफिसों के बाद कुषाणों के एक अन्य परिवार के प्रतापी राजा **कनिष्क** का शासन शुरू हुआ, संभवतः ईसा की प्रथम सदी के अंतिम चरण में। कनिष्क के बाद उसके वासिष्क, हुविष्क और वासुदेव नामक उत्तराधिकारियों ने शासन किया। पता चलता है कि कनिष्क नाम के एक से अधिक शासक हुए। कुषाणों ने मध्य-एशिया और कश्मीर सहित भारत के एक बड़े भूभाग पर ईसा की प्रथम सदी के उत्तरार्ध से तीसरी सदी के पूर्वार्ध तक शासन किया। कुषाणों की केंद्रीय राजधानी बाख़्त्री के बल्ख़ (Balkh) नगर में थी। कनिष्क के भारतीय राज्य की राजधानी उसके बसाए कनिष्कपुर या पुरुषपुर (पेशावर) में थी। कनिष्क क्षत्रपों और महाक्षत्रपों की सहायता से शासन चलाता था। मथुरा और संभवतः वाराणसी में भी उसकी उप-राजधानियां थीं। मथुरा और आसपास से कई कुषाण पुरावशेष प्राप्त हुए हैं। मथुरा के पास से विम कदफिस और कनिष्क की शिर-विहीन प्रस्तर-मूर्तियां मिली हैं। ये मूर्तियां अब मथुरा-संग्रहालय में रखी हुई हैं। सिंहासन पर आसीन विम कदफिस की प्रतिमा के पादपीठ पर लेख है : 'महाराजा राजातिराजो देवपुत्रो कुषाण पुत्रो शाहि विम तक्षम'। कनिष्क की खड़ी मूर्ति के पैरों पर ब्राह्मी में लेख खुदा हुआ है : 'महाराजा राजातिराजा देवपुत्रो कानिष्को'।

कुषाणों ने प्रमुखतः सोने और तांबे के ही सिक्के जारी किए। भारत में चांदी के आहत या पंचमार्क सिक्के (कार्षापण) पहले से ही प्रचलित थे। कुषाणों के समय में रोमन साम्राज्य के साथ व्यापार खूब बढ़ा और रोमन स्वर्णमुद्राएं (देनेरियस्, औरेयस्) बड़ी तादाद में भारत में पहुंचने लगीं। तब कुषाणों ने भी अपनी स्वर्णमुद्राएं रोमन स्वर्णमुद्राओं के अनुकरण पर बनानी शुरू कर दीं। इतना ही नहीं, रोमन 'देनेरियस्' के आधार पर भारत में 'दीनार' शब्द प्रचलित हो गया, जो बाद में गुप्त-सम्राटों की स्वर्णमुद्राओं के लिए भी प्रयुक्त हुआ। कुषाण 'दीनार' और रोमन 'देनेरियस्' का तौल लगभग समान था (124 ग्रेन या लगभग 8 ग्राम)। कुषाणों ने दो-दीनार और चौथाई-दीनार वाली स्वर्णमुद्राएं भी जारी कीं।

प्रथम कुषाण शासक **कुजुल कदफिस** के अधिकतर तांबे के ही सिक्के मिले हैं; कुछेक चांदी के भी। उसके आरंभिक सिक्कों के पुरोभाग पर काबुल के अंतिम हिंद-यवन शासक हरमय (हर्मेयूस) की आवक्ष प्रतिमा और यूनानी में उसका नाम है, तो पृष्ठभाग पर हेराकल (हेराक्लस) की प्रतिमा और खरोष्ठी-प्राकृत में लेख हैः 'कुजुल कसस कुशन यवुगस ध्रमठिदस'। यहां 'यवुग' (यवगू या जोब्गू) शब्द, जो संभवतः तोखारी भाषा[3] का है, 'प्रमुख' या 'उपराज' या 'युवराज' का द्योतक है। कुजुल कदफिस और हर्मेयूस ने आरंभ में किसी कारण से साथ-साथ शासन किया

होगा। ध्रमठिद (धर्मस्थित) शब्द का प्रयोग प्रायः बौद्धमतावलंबी शासक ही करते थे। कुजुल कदफिस के एक अन्य सिक्के के पृष्ठभाग पर 'सचध्रमठित' (सच्चा धर्मस्थित) शब्द भी देखने को मिलता है। इस शासक के सिरकप (तक्षशिला) से 78 ऐसे सिक्के मिले हैं जिनके पृष्ठभाग पर पद्मासन-युक्त पुरुष का प्रतिमांकन है, जिसे कुछ विद्वान बुद्ध मानते हैं।

चित्र 8.2 : कुजुल कदफिस–हरमय ताम्रमुद्रा

पुरोभाग : यूनानी शासक हरमय (हर्मेयूस) का शीर्ष; उसके मस्तक पर रत्नजडित शिरोपट्ट। यूनानी लेख : 'बेसिलियस सोतेरस एरमायु'।

पृष्ठभाग : दाईं ओर मुंह किए देवता हेराक्लस; दाएं हाथ में गदा; बाएं हाथ में चर्म। प्राकृत में खरोष्ठी लेख : 'कुजुल कसस कुशन यवुगस ध्रमठिदस'।

कुजुल कदफिस के कुछ ऐसे भी सिक्के मिले हैं जिनके पुरोभाग पर रोमन सिक्कों-जैसा सिर है और यूनानी लिपि में जोब्गू (यवगू) कदफिस का नाम है। इन्हीं सिक्कों पर कुजुल कदफिस को 'सचध्रमठित' कहा गया है। कुजुल कदफिस के बाद के सिक्कों पर उसकी आवक्ष प्रतिमा और 'रयरयस' (राजराजस्य), 'महरजस' (महाराजस्य) व 'रजतिरजस'(राजातिराजस्य) जैसे विरुद भी देखने को मिलते हैं। उसने अपने सिक्कों पर यूनानी देवी-देवता के अलावा वृषभ, ऊंट और सैनिकों की आकृतियां भी अंकित कराईं।

कुजुल कदफिस का पुत्र **विम कदफिस** सोने के सिक्के जारी करने वाला पहला भारतीय शासक था। उसने सोने और तांबे के (कुछ चांदी के भी) कई प्रकार के सिक्के जारी किए। उसके ये सिक्के द्विभाषिक (यूनानी व प्राकृत) और द्विलिपिक (यूनानी व खरोष्ठी) हैं। विम कदफिस के सिक्कों पर उसकी प्रतिमा काफी भारी-भरकम है और उसे हाथी पर सवार, रथ पर सवार, पीठासीन, पलथी मारे हुए, खड़े, आवक्ष, 'चौखट में पोर्त्रेत' आदि रूपों में दिखाया गया है। उसके बहुत-से सिक्कों के पृष्ठभाग पर त्रिशूल, परशु या वृषभ के साथ शिव को दर्शाया गया है और खरोष्ठी में लेख है : 'महरजस रजतिरजस सर्वलोग ईश्वरस महीश्वरस विम

कदफिसस त्रतरस'। यहां 'ईश्वर' और 'महीश्वर' शब्द क्रमशः 'राजा' और 'महाराजा' के पर्याय हैं। 'महीश्वर' को जबरदस्ती 'माहेश्वर' बनाने का प्रयास निरर्थक है। 'ईश्वर महीश्वर' यूनानियों के 'बासिलेओस् बासिलेओन' (Basileos Basileon, यानी 'राजाओं का राजा') का अनुवाद प्रतीत होता है।

चित्र 8.3 : विम कदफिस की दो-दीनार स्वर्णमुद्रा

पुरोभाग : बादलों में राजा पलथी मारकर बैठा है। उसकी दाढ़ी है, वह मोटे कपड़े पहने हुए है, उसके पैर में बूट और सिर पर टोप (शिरस्त्राण) है। राजा के दोनों कंधों से अग्नि की ज्वालाएं निकल रही हैं; उसके दाएं हाथ में गदा है, जो दाएं कंधे पर टिकी हुई है। बायां हाथ जंघा पर। यूनानी लेख : 'बेसिलिओस उईमो कदफाइसिस'।

पृष्ठभाग : खड़ा शिव, पीछे नंदि, शिव ने अधोवस्त्र पहना है, गले में माला है, सिर पर जटाजूट, दायां हाथ ऊपर उठा हुआ है, जिसमें त्रिशूल है। बाईं ओर नंदिपाद चिह्न। खरोष्ठी लेख : 'महरजस रजदिरजस सर्वलोग ईश्वरस महीश्वरस विम कदफिसस त्रतरस'।

चित्र 8.4 : विम कदफिस की स्वर्णमुद्रा

पुरोभाग : मंचासीन वज्रधारी राजा। यूनानी लेख : 'बेसिलिओस ओमो कदफिसस'।

पृष्ठभाग : नंदि के साथ खड़े शिव। खरोष्ठी लेख : 'महरजस रजदिरजस सर्वलोग ईश्वरस महीश्वरस विम कदफिसस'।

पुराने पंजाब, कंदहार और काबुल की घाटी से तांबे के ऐसे ढेर सारे सिक्के मिले हैं जिन पर यूनानी लेख हैं : 'बासिलेओस् बासिलेओन सोतेर मेगस', और कभी-कभी खरोष्ठी में भी लेख हैं : 'महरजस रजतिरजस महतस त्रतरस'। इन मुद्रालेखों में किसी शासक का नाम नहीं है, इसलिए इन्हें 'अज्ञातनामा कुषाण राजा' के सिक्के कहा जाता है।

कुषाणों में सबसे प्रतापी शासक **कनिष्क** (प्रथम) था। भारत में उसका साम्राज्य दक्षिण में कोंकण व गोदावरी तट तक और पूर्व में बंगाल-उड़ीसा तक फैला हुआ था; बर्धमान जिले (प. बंगाल) के प्रागैतिहासिक स्थल पांडु राजार ढीबी के एक टीले से कनिष्क की स्वर्णमुद्रा मिली है। मध्य-एशिया का एक विशाल भूभाग उसके साम्राज्य में शामिल था ही। कनिष्क ने दो प्रकार की स्वर्णमुद्राएं जारी कीं—दीनार और चौथाई-दीनार। उसने अपने मुद्रालेखों में ईरानी-वाख्त्री, शक या खोतनी भाषा का और यूनानी लिपि का प्रयोग किया। कनिष्क की प्रमुख ईरानी उपाधि है—'शाओ नानो शाओ", जो ईरान के हख़ामनी शासकों की उपाधि "क्षायतियानाम् क्षायतिया" (शाहानुशाही)' पर आधारित थी; यही उपाधि मुगलकाल में 'शाहंशाह' या 'बादशाहों का बादशाह' हो गई। कनिष्क ने अपने सिक्कों पर खरोष्ठी का उपयोग नहीं किया।[4] उसके सिक्कों के पुरोभाग पर यूनानी लिपि में प्रायः लेख देखने को मिलता है : 'शाओ नानो शाओ कनिष्की कोशानी'।

चित्र 8.5 : कनिष्क की स्वर्णमुद्रा (प्राप्तिस्थान : पांडु राजार ढीबी, वर्धमान जिला, पं. बंगाल)। तौल : 7.99 ग्राम।

पुरोभाग : राजा वेदि के सामने खड़ा। यूनानी लेख : 'शाओ नानो शाओ कनिष्की कोशानो'।

पृष्ठभाग : चतुर्भुज शिव; पीछे हरिण। यूनानी लेख : 'ओएशो' (Oesho)।

कनिष्क को बौद्धमतावलंबी माना जाता है, मगर उसके सिक्कों के पृष्ठभाग पर बुद्ध की ही नहीं, ब्राह्मणधर्मी, यूनानी, सुमेरी-एलामी और ईरानी देवी-देवताओं की प्रतिमाएं भी अंकित हैं। परंतु इनके नाम यूनानी लिपि और उत्तरी ईरानी (बाख़्त्री) भाषा में दिए गए हैं। जैसे, ओएशो (उमेश, शिव), वोदो (वादो, वात), माओ (चंद्र), मिओरो (मिथ्र, मित्र), बोद्दो (बुद्ध), शकमनो बोद्दो (शाक्यमुनि बुद्ध), नना (मातृदेवी)। प्राचीन भारत में 'वात' यानी वायु के देवता की कोई मूर्ति या मंदिर होने के बारे में कहीं जानकारी नहीं मिलती, मगर कनिष्क के तांबे के सिक्के पर उसका प्रतिमांकन मौजूद है। नना मूलतः सुमेरी या एलामी मातृदेवी थी, परंतु कनिष्क के बाद भारत में उसका काफी प्रचार हुआ और मुद्रा के अर्थ में 'नाणक' शब्द प्रचलन में आया। मुद्रा के अर्थ में मराठी में प्रचलित 'नाणे' शब्द 'नना' से ही बना है।[5]

चित्र 8.6 : कनिष्क के सिक्कों पर उसकी आकृति

चित्र 8.7 : (बाएं) कनिष्क के सिक्के पर बुद्ध (बोद्दो, Boddo)
चित्र 8.8 : (बीच में) कनिष्क के सिक्के पर वायु (वोदो, Oado) देवता
चित्र 8.9 : (दाएं) कनिष्क के सिक्के पर नना (Nana) देवी

कुषाणों के शासनक्रम और शासनकाल के बारे में विद्वानों में काफी मतभेद है। कनिष्क के शासनकाल को अधिकांश विद्वान ईसा की प्रथम सदी के अंतिम चरण में रखते हैं। आमतौर पर यह माना जाता है कि कनिष्क 78 ई. में सिंहासनारूढ़ हुआ था और तब से एक नए संवत् की शुरुआत हुई थी। बाद में दक्षिण भारत में इस संवत् का खूब प्रचार हुआ और यह 'शक-शालिवाहन' संवत् कहलाया। इसी को भारत सरकार ने अब अपने राष्ट्रीय पंचांग के लिए शक संवत्

के रूप में स्वीकार किया है।

कनिष्क के उत्तराधिकारी **वासिष्क** का अब तक कोई सिक्का नहीं मिला है। मगर वासिष्क के उत्तराधिकारी **हुविष्क** ने बड़ी तादाद में विभिन्न प्रकार के सिक्के जारी किए। उसके सिक्कों के पुरोभाग पर या तो उसकी आवक्ष प्रतिमा है या उसे हाथी पर सवारी करते हुए दिखाया गया है और यूनानी में लेख है : 'शाओ नानो शाओ ओएष्को कोशानो'।

चित्र 8.10 : हुविष्क की स्वर्णमुद्रा : तौल : 7.99 ग्राम।
पुरोभाग : राजा की आवक्ष प्रतिमा। यूनानी लेख : 'ओएष्की कोशानो'।
पृष्ठभाग : ईरानी चंद्र देवता। यूनानी लेख : 'माओ' (Mao)

हुविष्क के सिक्कों के पृष्ठभाग पर यूनानी और ईरानी देवताओं के अलावा स्कंद, कुमार, विशाख, महासेन, उमा, हरिहर आदि भारतीय देवताओं का प्रतिमांकन भी देखने को मिलता है।[6]

चित्र 8.11 : हुविष्क की चार स्वर्णमुद्राएं (नीचे)

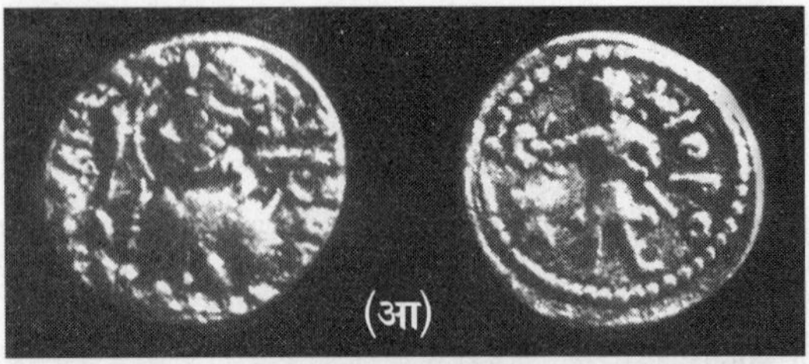

(आ)

(इ)

(ई)

(अ) हुविष्क की स्वर्णमुद्रा। तौल : 8.09 ग्राम।
पुरोभाग : राजा की आवक्ष प्रतिमा। यूनानी लेख : 'शाओ नानो शाओ ओएष्की कोशानो'।
पृष्ठभाग : समृद्धि की ईरानी देवता अर्दोक्षो (खड़ी), जिसके दोनों हाथों में कार्नुकोपिया (वृषभशृंग) हैं। यूनानी लेख :'अर्दोक्षो'(Ardoksho)।

(आ) हुविष्क की स्वर्णमुद्रा। तौल : 2.06 ग्राम।
पुरोभाग : राजा की आवक्ष प्रतिमा। खंडित यूनानी लेख।
पृष्ठभाग : ईरानी सूर्य देवता मिहिर। यूनानी लेख : 'मिओरो'(Mioro)।

(इ) हुविष्क की स्वर्णमुद्रा। तौल : 8.09 ग्राम।
पुरोभाग : राजा की आवक्ष प्रतिमा। यूनानी लेख : 'शाओ नानो शाओ ओएष्की'।
पृष्ठभाग : खड़ी नना देवता। यूनानी लेख : 'नना' (Nana)।

(ई) हुविष्क की स्वर्णमुद्रा । तौल : 1.99 ग्राम।
पुरोभाग : राजा की आवक्ष प्रतिमा; हाथ में राजदंड। यूनानी लेख : 'शाओ नानो शाओ ओएष्की कोशानो'।
पृष्ठभाग : स्कंद कुमार। यूनानी लेख : 'स्कंद कुमार विजाग' (विशाख)।

पता चलता है कि हुविष्क ने वासिष्क और उसके पुत्र कनिष्क-द्वितीय के साथ मिलकर शासन किया। उनके उत्तराधिकारी **वासुदेव** का नाम शुद्ध भारतीय है। उसके सोने और तांबे के सिक्कों के पुरोभाग पर उसे प्रायः सैनिक वेश में दिखाया गया है और यूनानी लिपि में मुद्रालेख है : 'शाओ नानो शाओ बाझोदेवो कोशानो'। वासुदेव के सिक्कों पर कुछ ब्राह्मी अक्षर भी देखने को मिलते हैं; उसके कुछ सिक्कों पर 'वसु' शब्द ब्राह्मी लिपि में है। वासुदेव के सारे लेख, जो प्राकृत भाषा और ब्राह्मी लिपि में हैं, मथुरा व आसपास से मिले हैं; खरोष्ठी में उसका एक भी लेख नहीं मिला है। वासुदेव के सिक्कों के पृष्ठभाग पर अधिकतर 'नंदि के साथ त्रिमुखी शिव' की आकृति देखने को मिलती है, जिससे पता चलता है कि वह शैवमतावलंबी था। वासुदेव ने ईसा की दूसरी सदी के तीसरे चरण में शासन किया; उसका शासन अब मध्य-एशिया में नहीं रह गया था।

चित्र 8.12 : वासुदेव की स्वर्णमुद्रा। तौल : 1.94 ग्राम।
पुरोभाग : वेदि के सामने खड़ा राजा। खंडित यूनानी लेख।
पृष्ठभाग : त्रिशूल के साथ शिव। यूनानी लेख : 'ओएशो' (Oesho)।

वासुदेव के बाद कुषाण साम्राज्य का विघटन शुरू हुआ और इस वंश के अपने अलग-अलग राज्य स्थापित हुए। लगता है कि ईसा की तीसरी सदी के प्रथम चरण में कनिष्क और वासुदेव नाम के और भी एक-दो शासक हुए। फिर पश्चिम भारत में शक-क्षत्रपों ने अपना स्वतंत्र शासन शुरू कर दिया। उत्तर और मध्य भारत में कई कबीलों ने पुनः अपना स्वतंत्र राज्य स्थापित किया। कुषाणों की एक शाखा, जो **किदार-कुषाण** के नाम से जानी जाती है, काबुल और आसपास के क्षेत्र में आगे कुछ सदियों तक शासन करती रही। ईरान के शासकों के अनुकरण पर बने उनके सोने और चांदी के सिक्के मिले हैं। इन सिक्कों के पुरोभाग पर राजा को वेदि में आहुति देते हुए दिखाया गया है और पृष्ठभाग पर ब्राह्मी में 'किदार कुशान शाह' लेख है।

कुषाणों के कुछ सिक्के पुरी (उड़ीसा) और आसपास से भी मिले हैं, जिन्हें "पुरी-कुषाणों की मुद्राएं" कहा जाता है।

कुषाणों के सिक्कों पर कुछ लाक्षणिक चिह्न देखने को मिलते हैं; साथ ही, खरोष्ठी अथवा ब्राह्मी में कुछ फुटकर अक्षर भी। ये अक्षर टकसाल के स्थल-नाम के आद्याक्षर हो सकते हैं। कुषाण सिक्कों पर बनाए गए लाक्षणिक चिह्नों का अर्थ अभी स्पष्ट नहीं हुआ है। ये राजा के विशिष्ट चिह्न या मंगल चिह्न या टकसाल के निदर्शक चिह्न हो सकते हैं। इसी प्रकार के चिह्न बाद के गुप्त शासकों के सिक्कों पर भी देखने को मिलते हैं।

यूनानियों, शकों और पह्लवों की तरह कुषाण भी अंततः भारतीय समाज में घुल-मिल गए। वर्ण-व्यवस्था में उन्हें द्वितीय स्तर के क्षत्रिय स्वीकार कर लिया गया। कुषाणों ने भारतीय धर्म-सम्प्रदायों और देवी-देवताओं को अपनाया। उन्हीं के समय में यूनानी-रोमन व ईरानी-बाख़्त्री कला से प्रभावित गांधार शैली अस्तित्व में आई और भारत में पहली बार बुद्ध की मूर्ति बनी। कुषाणों के समय में मिश्रित संस्कृत (गाथा संस्कृत) में काफी बौद्ध साहित्य लिखा गया। कनिष्क की प्रेरणा से बौद्ध त्रिपिटक के संशोधन व संग्रह के लिए कश्मीर की घाटी (कुंडलवन विहार) में चौथी संगीति (महासभा) का आयोजन हुआ। इसमें पार्श्व, वसुमित्र व अश्वघोष[7] जैसे महान आचार्यों ने भाग लिया। पता चलता है कि आयुर्वेदाचार्य चरक[8] और साहित्यकार मातृचेट[9] कनिष्क के आश्रय में थे।

चीन को रोमन साम्राज्य से जोड़ने वाले मध्य-एशिया के व्यापारी रेशम-महापथ पर कुषाणों का कब्जा था, इसलिए उस समय भारत को बहुत आर्थिक लाभ हुआ। ईसा की आरंभिक दो-तीन सदियों में समुद्री मार्ग से भी रोम का बहुत-सा सोना भारत में आया। इसलिए कुषाण-काल में भारत खूब धन-सम्पन्न हुआ, जिसके सबूत हैं उनके द्वारा बड़ी संख्या में जारी किए गए सोने के सिक्के। देश का यही विशाल स्वर्ण-भंडार बाद में गुप्त शासकों को उत्तराधिकार में उपलब्ध हुआ।

संदर्भ और टिप्पणियां

1. ईरान के कुरश-द्वितीय 'महान' (Curus : 559-530 ई.पू.), दारा (दारयवुश, Darius : 521-486 ई.पू.) आदि हख़ामनी (Achaemenid) शासकों ने पूर्व में सिंधु नदी से लेकर पश्चिम में भूमध्य-सागर तक अपना एक विशाल साम्राज्य खड़ा किया था, जिसे 334 ई.पू. में मकदूनिया (यूनान) के सिकंदर (अलेक्जेंडर) ने अंततः तहस-नहस कर दिया। दारा के साम्राज्य के 24 प्रांतों में गंधार एक था।
2. कई इतिहासकारों का यह भी मत है कि कुषाण वस्तुतः शकों की संतान थे और

बाख़्त्री प्रदेश के आसपास ही रहते थे। चीन के सीमा-प्रदेश से खदेड़े गए मंगोलाई वंश के यूचियों के साथ बाद में इनका गठबंधन हुआ था।

3. किसी समय पूर्वी मध्य-एशिया के एक क्षेत्र-विशेष में प्रचलित भारोपीय परिवार के केंतुम् वर्ग की एक विलुप्त भाषा। 'कुश' (कुषाण) शब्द भी संभवतः तोख़ारी भाषा का ही है।
4. मथुरा के पास के सोंख स्थान से ब्राह्मी लेख वाला तांबे का एक ऐसा सिक्का मिला है जिसे कनिष्क का माना जाता है।
5. देखिए अध्याय 1, टिप्पणी 8.
6. हुविष्क के समय (ईसा की दूसरी सदी) में महासेन, स्कंद, कुमार व विशाख अलग-अलग देवता के रूप में पूजे जाते थे; प्राचीन वाङ्मय के अनुशीलन से इस बात की पुष्टि होती है। मगर बाद में कार्तिकेय के नाम से इनकी पूजा-अर्चना शुरू हुई।
7. कालिदास के पहले के महान कवि अश्वघोष के दो संस्कृत महाकाव्य मिलते हैं– "बुद्धचरित" और "सौंदरनंद"। संस्कृत में "बुद्धचरित" खंडित मिलता है, मगर चीनी व तिब्बती अनुवाद में यह पूर्ण उपलब्ध है। अश्वघोष के संस्कृत नाटक "सारिपुत्र प्रकरण" की खंडित प्रति तारिम उपत्यका से मिली है।
8. आयुर्वेद पर लिखा गया हमारे देश का सबसे प्राचीन ग्रंथ "चरक-संहिता" है। इस ग्रंथ के प्रत्येक अध्याय के अंत में आता है : "इत्यग्निवेशकृते तन्त्रे चरकप्रतिसंस्कृते", अर्थात् अग्निवेश द्वारा बनाए गए तंत्र का चरक ने संशोधन किया।
9. मातृचेट द्वारा रचित "अध्यर्ध-शतक" में बुद्ध का सुंदर स्तुतिगान है। 'मातृचेट' का अर्थ है–'माता का सेवक'; उनका असली नाम ज्ञात नहीं है।

9

भारत में रोमन सिक्के

प्राचीन भारत में सबसे अधिक 'विदेशी मुद्रा' ईसा की प्रथम सदी में अर्जित की गई थी। वे रोमन साम्राज्य के वैभव के दिन थे। ईसा-पूर्व प्रथम सदी में रोम के साथ पश्चिम व दक्षिण भारत के जो व्यापारी संबंध स्थापित हुए थे वे ईसा की चौथी सदी के अंत तक जारी रहे। मसाले की चीजें (काली मिर्च, लवंग, इलायची आदि), मलमल, मोती, चंदन और वैडूर्य (लहसुनिया) जैसे मूल्यवान प्रस्तर बड़े पैमाने पर रोम पहुंचते थे। भारत में इनका मूल्य स्वर्ण और रजत मुद्राओं में चुकाया जा रहा था।

ईसा की आरंभिक सदियों में दक्षिण भारत और रोमन साम्राज्य के बीच जो व्यापार चला उसके लिए पर्याप्त साहित्यिक सबूत उपलब्ध हैं। रोमन लेखक प्लिनी[1] ने भारत को रत्नगर्भा कहा है। वह 77 ई. के आसपास लिखे गए अपने ग्रंथ 'प्राकृतिक इतिहास' में मिस्र से भारत तक की यात्रा का विवरण देता है, भारतीय पशुओं, पौधों तथा भेषजों की सूची प्रस्तुत करता है और कटुता से लिखता है : "ऐसा कोई साल नहीं गुजरता जब कम से कम दस करोड़ सेस्तर्सेस् (Sesterces. पीतल के रोमन सिक्के) के तुल्य सोना भारत, चीन तथा अरबिया न पहुंच जाता हो।" अन्य शब्दों में, उन दिनों रोमन साम्राज्य से प्रतिवर्ष 4000 किलोग्राम स्वर्ण या 50,000 किलोग्राम चांदी के तुल्य मुद्राएं भारत पहुंच रही थीं। रोमन सम्राट

चित्र 9.1 : रोमन बंदरगाह में पूर्वी देश का एक जहाज

तिबेरियस (शासन : 14-37 ई.) ने भी सीनेट के सामने शिकायत की थी कि शौक की भड़कीली चीजों के बदले में रोम की मुद्राएं बड़ी तादाद में विदेश पहुंच रही हैं। रोमन सुंदरियां भारतीय मलमल और मोतियों को बहुत पसंद करती थीं।

दक्षिण व पश्चिम भारत तथा पश्चिमी देशों के व्यापारी संबंध काफी पुराने हैं। सिंधु सभ्यता और मेसोपोटामिया के बीच के व्यापारी संबंधों के बारे में स्पष्ट सबूत मिले हैं। प्राचीन मिस्र की ममियों (mammies) को सुरक्षित रखने के लिए उन पर जो लेप लगाया जाता था उसमें भारत के मसालों का अवश्य इस्तेमाल होता होगा। मिस्र पर टॉलेमियों के शासन के दौरान, ईसा से पहले की तीन सदियों में, यूनानियों के भारत के साथ व्यापारी संबंध रहे हैं। जब मिस्र पर रोमनों का अधिकार हो गया, तो इस व्यापार में काफी वृद्धि हो गई। यह व्यापार मध्यस्थों के हाथों में था। स्थल-व्यापार सीरियाई, यहूदी, आर्मेनियाई व पार्थव लोगों के जिम्मे था। समुद्री व्यापार पर सिकंदरिया व रोम के यूनानियों और अरबों का कब्जा था।

ईसा की प्रथम सदी में दक्षिण भारत पर चार राजनीतिक शक्तियों का शासन था, और तटवर्ती व्यापार पर उनका कब्जा था। कालिकट से कन्याकुमारी तक के समुद्रतट पर चेरों (केरलों) का कब्जा था। इस समुद्रतट के मुसिरी (क्रंगनोर) व कोट्टायम के बंदरगाहों से काली मिर्च का बड़े पैमाने पर निर्यात होता था। वईगई से नेल्लूर (आंध्र) तक के पूर्वी समुद्रतट पर चोळों का अधिकार था और यहां से प्रमुखतः मलमल का निर्यात होता था। मदुरा (मदुरै) व तिन्नेवेलि के क्षेत्र पर पांड्यों का कब्जा था, और मोतियों के निर्यात पर उनका एकाधिकार था। पश्चिमी समुद्रतट के कल्याण व कारवार बंदरगाह सातवाहनों के अधिकार में थे।

चित्र 9.2 : सातवाहन शासक यज्ञ सातकर्णी (ईसा की दूसरी सदी) के सिक्के के पुरोभाग पर दो मस्तूल वाले जहाज और उसके नीचे समुद्रसूचक मत्स्य व शंख का अंकन।

दक्षिण भारत के मसालों की रोमन जगत में बड़ी मांग थी। इनमें सबसे महत्वपूर्ण चीज थी–काली मिर्च (pepper)। प्रसिद्ध यूनानी वैद्य हिप्पोक्रेतस (लगभग 410 ई.पू.) के समय से यवनों को यह मालूम रहा है कि काली मिर्च एक बढ़िया मलेरिया-प्रतिकारक चीज है। इसीलिए रोमन जगत में काली मिर्च को एक मूल्यवान वस्तु माना जाता था। रोम में समुद्री हरे रंग के वैडूर्य (beryl) की भी बड़ी मांग थी। यह कीमती पत्थर कोयंबतूर जिले के पेडियूर क्षेत्र से प्राप्त किया जाता था। उस समय भारत से कपास व रेशमी वस्त्रों का भी रोम को निर्यात होता था।

पता चलता है कि सुदूर दक्षिण के पांड्य नरेश ने रोमन सम्राट ऑगस्टस[2] (शासन : 31 ई.पू.-14 ई.) के पास दो दूत-मंडलियां भेजी थीं। उसके बाद रोम-भारत व्यापार में बड़ी तेजी से वृद्धि हुई। भारतीय व्यापारियों के लिए समुद्री-यात्रा कोई नई चीज नहीं थी। भरुकच्छ (भड़ौच) और मलाबार तट के बंदरगाहों से फारस की खाड़ी और लाल सागर तक पहुंचने के लिए वे संभवतः हिंद महासागर

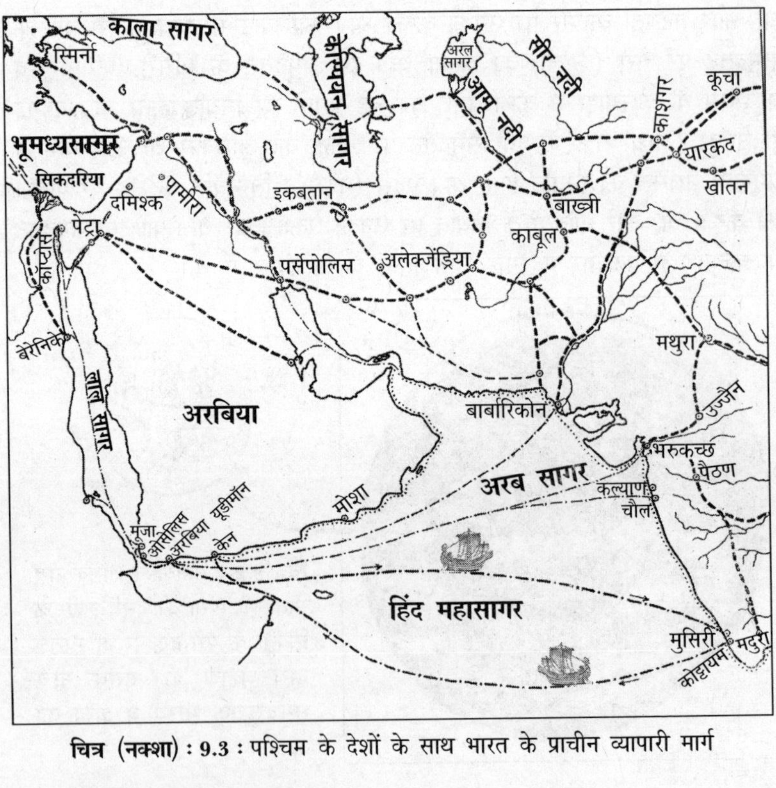

चित्र (नक्शा) : 9.3 : पश्चिम के देशों के साथ भारत के प्राचीन व्यापारी मार्ग

के ऊपर बहने वाली मानसूनी हवाओं का उपयोग करना भी जानते थे।

फिर किसी तरह हिप्पालुस[3] नामक एक मिस्री-यूनानी व्यापारी-नाविक को भी

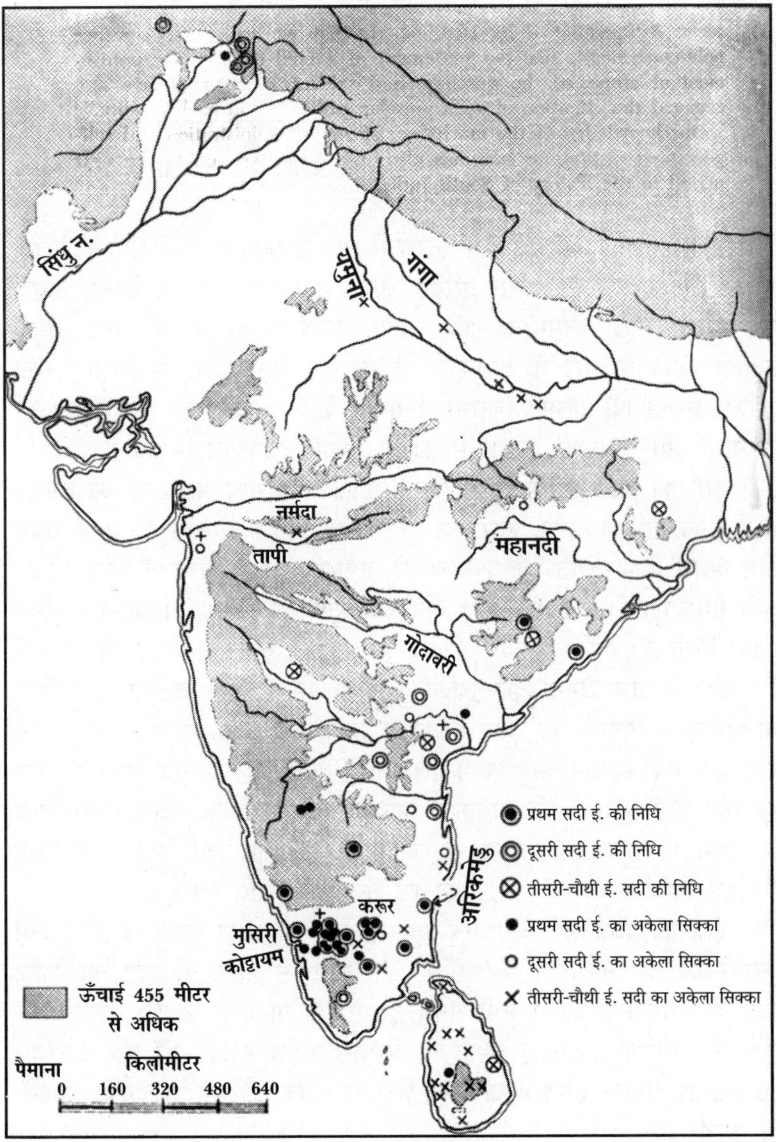

चित्र (नक्शा) 9.4 : भारत में रोमन सिक्कों के प्राप्ति-स्थान

45 ई. के आसपास इन मानसूनी हवाओं की जानकारी मिली। तब से यवन व्यापारियों के जहाज महासागर को पार करके सीधे दक्षिण भारत के बंदरगाहों में पहुंचने लगे। इन दक्षिणी-पश्चिमी मानसूनी हवाओं की मदद से ओकलिस् (लाल सागर के मुहाने का बंदरगाह) या अरबिया यूडीमॉन (वर्तमान अदन) से चला जहाज करीब 40 दिनों में मुजिरिस (मुसिरी या मुचिरी,[4] मलाबार तट का वर्तमान क्रंगनूर) पहुंच जाता था। जानकारी मिलती है कि मानसूनी हवाओं की खोज होने पर मिस्र के बंदरगाहों से प्रतिदिन औसतन एक जहाज पूर्व के देशों के लिए रवाना होता था।

ईसा की प्रथम सदी के तीसरे चरण में एक अज्ञातनामा मिस्री-यूनानी नाविक या व्यापारी ने **पेरिप्लस मारिस एरिथ्रेई**[5] (हिंद महासागर की मार्गदर्शिका) नामक एक पुस्तिका लिखी, जिसमें बंदरगाहों, आयात-निर्यात की वस्तुओं, ज्वार-भाटों, समुद्री हवाओं आदि के बारे में जानकारी दी गई है। सिकंदरिया के मिस्री-यूनानी भूगोलवेत्ता-ज्योतिषी टॉलेमी[5] (लगभग 150 ई.) के एक ग्रंथ में भी तत्कालीन भारत के नगरों और बंदरगाहों के बारे में काफी उपयोगी जानकारी मिलती है।

ईसा की आरंभिक सदियों में रोमन साम्राज्य के साथ भारत का जो व्यापार चला उसके बारे में अनेक प्रकार के पुरातात्विक प्रमाण उपलब्ध हैं। इनमें सबसे ठोस प्रमाण हैं भारत के विविध स्थलों से, प्रमुखतः दक्षिण भारत से प्राप्त हुई ढेर सारी रोमन मुद्राएं। अब तक भारत और पाकिस्तान के लगभग 80 स्थानों से रोमन मुद्राएं मिली हैं। इनके अलावा, श्रीलंका के भी कई स्थलों से रोमन सिक्के मिले हैं। भारत में प्राप्त रोमन स्वर्ण-मुद्राओं की जिस पहली निधि (दफ़ीना या जख़ीरा, या संचय) ने विद्वानों का ध्यान आकर्षित किया वह 1786 ई. में नेल्लूर (आंध्र प्रदेश) के एक किसान को खेत में हल जोतते वक्त मिट्टी के एक बर्तन में प्राप्त हुई थी। रोमन मुद्राओं की अधिकांश निधियां विंध्य पर्वत के दक्षिण से ही मिली हैं। इनमें भी करीब 55 निधियां तमिलनाडु, केरल, आंध्र और कर्नाटक से मिली हैं। एक निधि में चार-पांच से लेकर कई सौ रोमन मुद्राएं रही हैं।

ईसा की प्रथम सदी के करीब 30 स्थानों से जो रोमन मुद्राएं मिली हैं उनमें कम-से-कम 20 निधियों के रूप में हैं। इस संबंध में महत्व की बात यह है कि ईसा की प्रथम सदी की ये सभी रोमन मुद्राएं सोने या चांदी की हैं। रोमन स्वर्ण-मुद्रा को औरेयूस् (aureus) कहते थे। औरेयूस् करीब 8 ग्राम का और देनेरियूस् (denerius, दीनार) करीब 4 ग्राम का होता था। एक औरेयूस् 25 देनेरी (दीनारों) के बराबर था।

ईसा की प्रथम सदी की रोमन मुद्राओं में ऑगस्टस (Augustus, सम्राट :

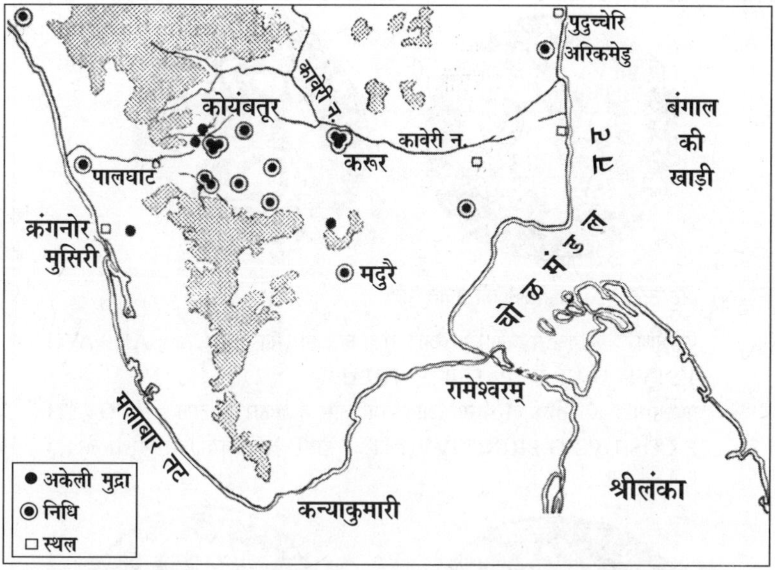

चित्र 9.5 : दक्षिण भारत में ईसा की प्रथम सदी की रोमन मुद्राओं के प्राप्ति-स्थान

31 ई.पू.-14 ई.) और तिबेरियस (Tiberius, सम्राट : 14-37 ई.) की मुद्राएं ज्यादा संख्या में मिलती हैं। सम्राट नीरो (Nero, मृत्यु : 68 ई.) के बाद सोने-चांदी की मुद्राओं की संख्या कम-कम होती जाती है। इसका एक कारण भी है। नीरो के सोने-चांदी के सिक्कों में 63 ई. से मिलावट बढ़ती गई, जो भारतीय व्यापारियों को स्वीकार नहीं थीं। मगर रोम के साथ भारत का व्यापार जारी रहा।

भारत में प्राप्त रोमन स्वर्ण-मुद्राओं के बारे में महत्व की एक और बात यह है कि, एकाध अपवाद को छोड़कर, सभी रोमन स्वर्णमुद्राओं में या तो छेद किए गए हैं या उनके पुरोभाग पर, रोमन सम्राट की छबि के ऊपर, छेनी से गहरे निशान बना दिए गए हैं। ये निशान संभवतः भारत में इन रोमन सिक्कों की सत्ता को समाप्त कर देने के सूचक हैं। ऐसे निशान वाले चांदी के केवल कुछेक सिक्के ही मिले हैं। भारत में रोमन सम्राट क्लौदियस् (Claudius, मृत्यु : 54 ई.), नीरो और हेड्रियन (Hadriun, मृत्यु : 138 ई.) आदि की भी निशान-युक्त स्वर्ण-मुद्राएं मिली हैं। मगर दिलचस्प बात यह है कि कुषाण साम्राज्य के सीमा-क्षेत्र से रोमन स्वर्ण या रजत मुद्राएं नहीं के बराबर प्राप्त हुई हैं।[7] रोमन साम्राज्य के साथ कुषाणों के भी व्यापारी संबंध रहे हैं। चीन की बहुत-सी चीजें कुषाणों के साम्राज्य (रेशम-पथ) से होकर ही रोमन साम्राज्य की सीमा में पहुंचती थीं। उस समय रोमन मुद्रा एक

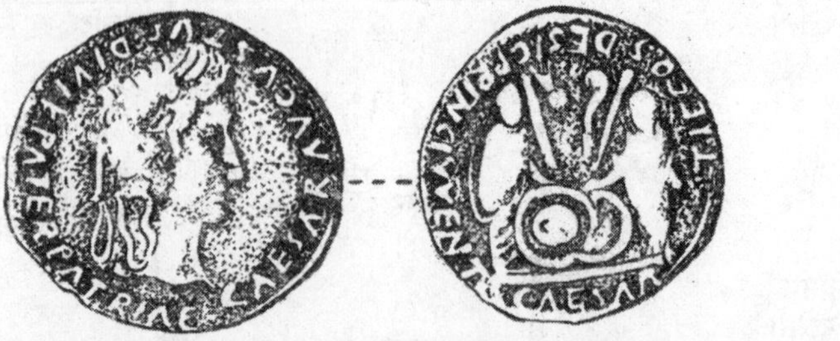

(अ) ऑगस्टस (Augustus) की रजत मुद्रा :

पुरोभाग : ऑगस्टस का सिर और वृत्ताकार में लेख : CAESAR AVG VSTVS DIVI F PATER PATRIAE.

पृष्ठभाग : .... बीच दो मानव आकृतियां और वृत्ताकार में लेख : AVGVSTI F COS DESIG PRINC IVVENT; खड़ी आकृतियों के नीचे लेख : CAESAR.

(आ) तिबेरियस (Tiberius) की रजत मुद्रा :

पुरोभाग : तिबेरियस का सिर और वृत्ताकार में लेख : TI CAESAR DIVI AVGVSTVS.

पृष्ठभाग : कुर्सी पर बैठी देवी, जिसके पैर एक चौकी पर टिके हुए हैं। उसके दाएं हाथ में एक लंबा राजदंड है। लेख है : MAXIM PONTIF.

चित्र 9.6 : बेंगलूरु से मिली रोमन मुद्राओं की निधि में सम्राट ऑगस्टस (अ) व सम्राट तिबेरियस (आ) की रजत मुद्राएं

प्रकार से अंतर्राष्ट्रीय मुद्रा बन गई थी। अतः व्यापार को बढ़ावा देने के लिए कनिष्क ने रोमन सिक्कों की तौल अपने भारतीय सिक्कों के लिए भी अपना ली थी।

भारत में सोने के सिक्के पहली बार कुषाण शासकों ने ही जारी किए। उस समय मध्य-एशियाई स्रोतों से काफी सोना भारत में आया। संभव है कि कुषाण स्वर्ण-मुद्राएं अंशतः रोमन स्वर्ण-मुद्राओं को पुर्नटंकित करके बनाई गई थीं।

रोमन मुद्राओं के बारे में एक और दिलचस्प बात यह है कि प्रथम सदी के रोमन सिक्कों की सबसे अधिक निधियां दक्षिण भारत के कोयंबतूर जिले में और उसके आसपास मिली हैं। बात यह थी कि मुजिरिस (मुचिरी) बंदरगाह (केरल तट) पहुंचने वाले यवन व्यापारी आरंभिक दौर में पालघाट को पार करके स्थलमार्ग से ही पूर्वी तट के बंदरगाहों तक पहुंचते थे। कन्याकुमारी से होकर जहाज द्वारा पूर्वी तट के बंदरगाहों तक पहुंचना बाद में शुरू हुआ। कोयंबतूर का इलाका काली मिर्च की उपज के लिए प्रसिद्ध रहा है। रोमन साम्राज्य में काली मिर्च की बड़ी मांग थी। यवनों को काली मिर्च इतनी अधिक प्रिय थी कि इसे संस्कृत में 'यवनप्रिया' कहा जाने लगा। वैडूर्य की खानें भी उसी इलाके में थीं। एक और बात शायद यह थी कि तत्कालीन दक्षिण भारत के चोळ, चेर और पांड्य राज्यों की सीमाएं कोयंबतूर जिले में ही मिलती थीं। कोयंबतूर से आगे पूर्व की ओर रोमन सिक्के अपेक्षाकृत कम संख्या में मिले हैं।

चित्र 9.7 : 1. चंद्रवल्ली (कर्नाटक) से प्राप्त सम्राट तिबेरियस (शासन : 14-37 ई.) का चांदी का देनेरियस्।
2. सम्राट हेड्रियन (117-38 ई.) की स्वर्ण मुद्रा।
3. फौस्टिना-प्रथम (ईसा की दूसरी सदी, पूर्वार्ध) की रजत मुद्रा।

दक्षिण के मदुरै (मदुरा) क्षेत्र से बड़ी संख्या में तांबे के रोमन सिक्के मिले हैं। पता चलता है कि मदुरै में यवन (ग्रीक व रोमन) व्यापारियों की एक बस्ती थी। मदुरै में उनकी अपनी एक टकसाल भी थी, जिसमें वे स्थानीय उपयोग के लिए तांबे के सिक्के तैयार करते थे। तालकड़ (कर्नाटक) में 1993 ई. में हुए उत्खनन में रोमन सिक्के बनाने का मिट्टी का एक सांचा भी मिला है। यह सांचा सम्राट तिबेरियस के सिक्के बनाने के लिए था।

चित्र 9.8 : करूर से प्राप्त रोमन सम्राट आंतोलियस पियूस (Antonius Pius : 138–161 ई.) की दो स्वर्ण मुद्राएं (दोनों पुरोभाग)

रोमन पुरावशेषों की प्राप्ति की दृष्टि से करूर[8] (त्रिचनापल्लि, तमिलनाडु) का विशेष महत्व है। संघम् काल (ईसा की आरंभिक तीन सदियों) में करूर संभवतः चेर राज्य की राजधानी रहा है। यहां से कई सारी रोमन मुद्राएं मिली हैं। साथ ही, सोने की ऐसी अंगूठी-मुद्रिकाएं भी मिली हैं जिन पर यूनानी या रोमन आकृतियां अंकित हैं। लगता है कि रोमन साम्राज्य से पश्चिमी तट पर पहुंचने वाला सोना अंततः करूर में पहुंचता था।

दक्षिण भारत के पत्तनों (बंदरगाहों) में यवनों की बस्तियां थीं। अरिकमेडु (वीरपटनम्, पुदुच्चेरि) के उत्खनन में भी यवन बस्ती के ठोस प्रमाण मिले हैं। वहां से और दक्षिण भारत के अन्य कई स्थानों से रोमन मृत्भांड और दोहत्थे कलश मिले हैं। इन कलशों में बढ़िया रोमन सुरा भारत पहुंचती थी। भारत में बसे हुए यवन स्त्री-पुरुष भारतीय राजाओं के अंगरक्षक भी बनते थे। पता चला है कि रामेश्वरम् के पास के समुद्रतट पर भी यवन व्यापारियों की एक बस्ती रही है।

यवन व्यापारी, न केवल भारत की चीजों को, बल्कि चीन से भारत पहुंची हुई चीजों (रेशम, दालचीनी) आदि को भी खरीदते थे। चीनी व्यापारी भी दक्षिण भारत के बंदरगाहों में पहुंचते थे। दक्षिण भारत से और भारत के कुछ अन्य स्थानों से प्राचीन चीनी मुद्राएं भी मिली हैं। मगर भारत के पूर्व में कहीं से भी कोई रोमन मुद्रा अब तक प्राप्त नहीं हुई है।

रोम के साथ भारत का व्यापार ईसा-पूर्व प्रथम सदी के पूर्वार्ध में ही अच्छी तरह स्थापित हो गया था। सम्राट ऑगस्टस (31 ई.पू.-14 ई.) और उसके बाद के रोमन सम्राटों के सिक्के भारत में बड़ी संख्या में प्राप्त हुए हैं। कुछ सिक्के

ऑगस्टस के पहले के रोमन गणतंत्र काल के भी मिले हैं। उदाहरण के लिए, 1992 ई. में तमिलनाडु से गणतंत्र काल के रोमन मुद्रा-निर्माता अधिकारी बलबुस (Balbus) का एक रजत देनेदियूस् मिला है, जो 79 ई.पू. का है। लगभग 8 ग्राम भार की इस 'वीनस विक्ट्रिक्स' (Venus Victrix) रजत मुद्रा के पुरोभाग पर देवी वीनस की आवक्ष प्रतिमा है और पश्चभाग पर देवी विक्टोरिया द्वारा हांके जा रहे तीन अश्वों वाला रथ है।

रोमन स्वर्ण और रजत मुद्राएं 220 ई. तक भारत में पहुंचती रहीं। उसके बाद आगे के करीब डेढ़ सौ साल तक भारत में सोने-चांदी की बहुत कम रोमन मुद्राएं आईं। मगर कांसे की रोमन मुद्राएं भारत में पहुंचती रहीं। फिर ईसा की पांचवीं सदी के आरंभ से 'सौलिडुस्' नामक रोमन स्वर्ण-मुद्राएं भारत में आने लगीं, मगर इनका अभी ठोस अध्ययन नहीं हुआ है। ईसा की छठी सदी के मध्यकाल में रोम के साथ भारत का व्यापार लगभग समाप्त हो गया।

भारतीय इतिहास के लिए इन रोमन मुद्राओं के अध्ययन और विश्लेषण का बड़ा महत्व है। ये सिक्के और अन्य रोमन पुरावशेष चेर-पांड्य-चोळ शासनकाल पर ही नहीं, कुषाणों, शक-क्षत्रपों और सातवाहनों के शासनकाल के दौरान की भारत की संस्कृति और आर्थिक अवस्था पर प्रचुर प्रकाश डालते हैं।

संदर्भ और टिप्पणियां

1. प्लिनी (ज्येष्ठ, Pliny, the elder : 23-79 ई.) : कोमो (इटली) में जन्मा रोमन विद्वान, जिसने 77 ई. के आसपास 37 खंडों में 'प्राकृतिक इतिहास' (Historia Naturalis) नामक बृहदाकार विश्वकोश की रचना करके उसमें सृष्टि-वर्णन, वनस्पति-विज्ञान, जीव-विज्ञान, खनिज-विज्ञान, आदि के बारे में विस्तृत जानकारी प्रस्तुत की।
2. ऑगस्टस सीजर (Augustus Caesar : 31 ई.पू.-14 ई.) : धर्मपिता ज्यूलियस सीजर की हत्या (44 ई.पू.) के बाद ऑगस्टस ने सेना खड़ी करके विरोधियों को हराया और रोम की सीमाओं को पूर्व व पश्चिम की ओर दूर-दूर तक फैलाया। 31 ई.पू. में वह रोमन जगत का सर्वोच्च शासक बन गया, 'महामहिम' हो गया। उसने 45 साल तक शासन किया। रोमनों ने ऑगस्टस को 'देश-पिता' की उपाधि दी और उसकी मृत्यु होने पर उसे 'देवता' का दर्जा प्रदान किया। ऑगस्टस ने सम्राट के पद को वंशानुगत बना दिया, और जब 14 ई. में उसकी मृत्यु हुई, तो उसके बाद उसका सौतेला बेटा तिबेरियस गद्दी पर बैठा।

3. हिप्पालुस (Hippalus : ईसा की प्रथम सदी, पूर्वार्ध) : एक यूनानी व्यापारी, जिसने तिबेरियस के शासनकाल (14-37 ई.) में जाना कि भारत एरिथ्रियन सागर (अरब सागर) में एक प्रायद्वीप के रूप में सुदूर दक्षिण तक चला गया है। इस तरह उसे भारतीय बंदरगाहों की सही स्थितियों का ज्ञान हो गया। साथ ही, उसने जाना कि मई से नवंबर तक समुद्र के ऊपर दक्षिण-पश्चिम से सुस्थिर (मानसूनी) हवाएं बहती हैं और नवंबर से मार्च तक उतनी ही सुस्थिरता से पूर्वोत्तर की ओर से हवाएं बहती हैं। इस जानकारी के आधार पर हिप्पालुस ने अदन से पूर्व की ओर खुले समुद्र में यात्रा आरंभ की और अरबी बंदरगाहों को स्पर्श किए बिना वह सीधे सिंधु नदी के मुहाने के मध्यस्थान के बार्बारिकोन बंदरगाह पहुंच गया। दूसरे नाविकों ने हिप्पालुस का अनुकरण किया, तो वे सिंधु मुहाने से खंभात की खाड़ी तक भारतीय समुद्रतट के स्थानों पर पहुंचते गए। ये व्यापारी जाड़े के दिनों में दक्षिण-पश्चिम से बहने वाली हवाओं का उपयोग करके वापस लौटे। आगे जाकर मानसूनी हवाओं का उपयोग करके मिस्र के बंदरगाहों से सीधे कल्याण, चौल और केरल तट के मुसिरी बंदरगाहों तक पहुंचना और वहीं से सीधे वापस लौटना संभव हुआ। मानसूनी हवाओं की खोज से हिप्पालुस इतिहास-प्रसिद्ध व्यक्ति हो गया, दक्षिण-पश्चिमी मानसूनी हवाओं को 'हिप्पालुस' का नाम मिला।

4. यूनानी व रोमन स्रोतों में मलाबार तट के जिस मुजिरिस (Muziris) यानी मुसिरी या मुचिरी बंदरगाह का व्यापक उल्लेख हुआ है और जहां से काली मिर्च का प्रचुर मात्रा में निर्यात होता था, उसकी पहचान पेरियार नदीतट के आधुनिक क्रंगनोर (Cranganor) से की गई है। इसका एक नाम 'मरिचीपत्तन' भी था, जिसका अर्थ है 'मिर्च का बंदरगाह'। 'मुजिरिस' इसी शब्द का रोमन रूपांतर जान पड़ता है। पता चलता है कि मुजिरिस में ऑगस्टस का एक मंदिर बनवाया गया था। मुसिरी के बारे में एक प्राचीन तमिल कवि लिखता है : "मुसिरी के बंदरगाह में यवनों के सुंदर, बड़े जहाज स्वर्ण लेकर आते हैं, और मिर्च के गट्ठर लादकर वापस लौटते हैं।"

   यवनों द्वारा उल्लिखित मलाबार तट का दूसरा प्रसिद्ध बंदरगाह था नेलेयंडा (Neleynda), जिसकी पहचान मुजिरिस से करीब 80 किलोमीटर दक्षिण के आधुनिक कोट्टायम से की गई है। इस बंदरगाह पर पांड्यों का अधिकार था।

5. **पेरिप्लस मारिस एरिथ्रेई** (Periplus of the Erythraean Sea : 'हिंद महासागर की मार्गदर्शिका', लगभग 60-100 ई.) : इस पुस्तक का लेखक एक कुशल यूनानी नाविक था, मगर उसका नाम अज्ञात है। पुस्तक में वह ईसा की प्रथम सदी के उत्तरार्ध की अपनी भारत-यात्रा का विस्तृत विवरण प्रस्तुत करता है। सर्वप्रथम वह सिंधु नदी के मुहाने के मध्यवर्ती स्थान पर स्थित बार्बारिकोन बंदरगाह का वर्णन करता है और तदनंतर सौराष्ट्र व खंभात की खाड़ी के बंदरगाहों का और प्रसिद्ध

बंदरगाह भरुकच्छ का। फिर वह पश्चिमी समुद्रतट के कई बंदरगाहों की जानकारी देता है। 'पेरिप्लस' में व्यापारी-मार्गों और व्यापार की वस्तुओं के बारे में भी काफी जानकारी है।

6. क्लाउदियस् टॉलेमी (Claudius Ptolemy : लगभग 150 ई.) : सिकंदरिया का मिस्री-यूनानी खगोलशास्त्री, जो वहां के प्रसिद्ध संग्रहालय से संबंधित था। टॉलेमी के दो ग्रंथ ज्यादा प्रसिद्ध हैं—खगोलशास्त्र का ग्रंथ 'सिन्टैक्सिस' (Syntaxis), जिसका बाद में 'अलमजिस्ती' (Almagest) के नाम से अरबी में अनुवाद हुआ था। इस ग्रंथ में टॉलेमी ने अपने समय तक के यूनानी खगोलज्ञान को समेटकर सौर मंडल का एक पृथ्वीकेंद्री सिद्धांत प्रस्तुत किया; अर्थात्, प्रतिपादित किया कि पृथ्वी विश्व के केंद्र में स्थित है और सूर्य, चंद्र व सभी ग्रह इसकी परिक्रमा करते हैं। उसने पृथ्वी के गिर्द ग्रहों की गतियों के लिए कामलाऊ गणितीय समाधान खोजे। टॉलेमी का यह ग्रंथ मध्ययुग तक यूरोप में मान्य रहा। आमेर-जयपुर के राजा सवाई जयसिंह (1686-1743 ई.) के राजज्योतिषी पं. जगन्नाथ ने टॉलेमी के अरबी 'अलमजिस्ती' का 'सम्राट-सिद्धांत' के नाम से संस्कृत में अनुवाद किया था।

   टॉलेमी का दूसरा ग्रंथ है—भूगोल (Geography), जिसमें स्पष्ट किया गया है कि गणित की सहायता से पृथ्वी पर देशांतर व अक्षांश रेखाओं को किस प्रकार निर्धारित किया जा सकता है। उसने संसार का नक्शा तैयार करके उसमें अफ्रीका व एशिया के विभिन्न स्थलों की जानकारी दी है। लेकिन टॉलेमी ने सभी देशांतरों व अक्षांशों को ठीक-ठीक निर्धारित नहीं किया था। कोलंबस ने टॉलेमी के 'भूगोल' आधार पर ही यह मान लिया था कि पूर्व की बजाए पश्चिम की ओर से समुद्र-यात्रा करने पर भारत नजदीक पड़ेगा। इसी 'गलती' का परिणाम है—अमरीका की खोज!

7. कुषाण साम्राज्य के तत्कालीन सीमा-क्षेत्र के जलालाबाद (अफ़ग़ानिस्तान), मणिक्याला

चित्र 9.9 : अफ़ग़ानिस्तान से प्राप्त सम्राट ऑगस्टस (31 ई.पू.-14 ई.) की एक स्वर्ण-मुद्रा (aureus), जो काफी घिसी हुई है और कुषाण टकसाल द्वारा गलाए जाने से बची है।

(रावलपिंडी जिला), पकली (हजारा जिला), तक्षशिला (रावलपिंडी जिला) व मथुरा जैसे कुछ स्थलों से रोमन मुद्राएं मिली हैं।

8. करूर : तमिलनाडु के तिरूचि जिले में अमरावती नदी के नजदीक के इस कस्बे में संघम् काल में चेर (केरल) राज्य की राजधानी थी। इसे 'वंजि' भी कहा जाता है। अमरावती और कावेरी नदियों का संगम यहां से लगभग दस किलोमीटर दूर है। यहां से बड़ी संख्या में रोमन सिक्के व अन्य पुरावशेष मिले हैं। इधर के वर्षों में करूर से चेर शासकों के अभिलेख व सिक्के भी मिले हैं। चेरों के बाद यहां चोळों ने भी राज्य किया।

10

पश्चिमी क्षत्रपों के सिक्के

शक लोग मध्य-एशिया में सीर-दरिया के कांठे में रहते थे। ईसा-पूर्व दूसरी सदी में पूर्व की ओर के यू-ची कबीलों ने उन्हें वहां से खदेड़ दिया।[1] तब बाख्त्रियों और पार्थवों के साथ उनका संघर्ष हुआ। फिर पार्थवों के साथ कुछ मेल-मिलाप हुआ, तो वे कुछ समय के लिए उत्तर-पश्चिमी ईरान में बस गए। उनका वह प्रदेश

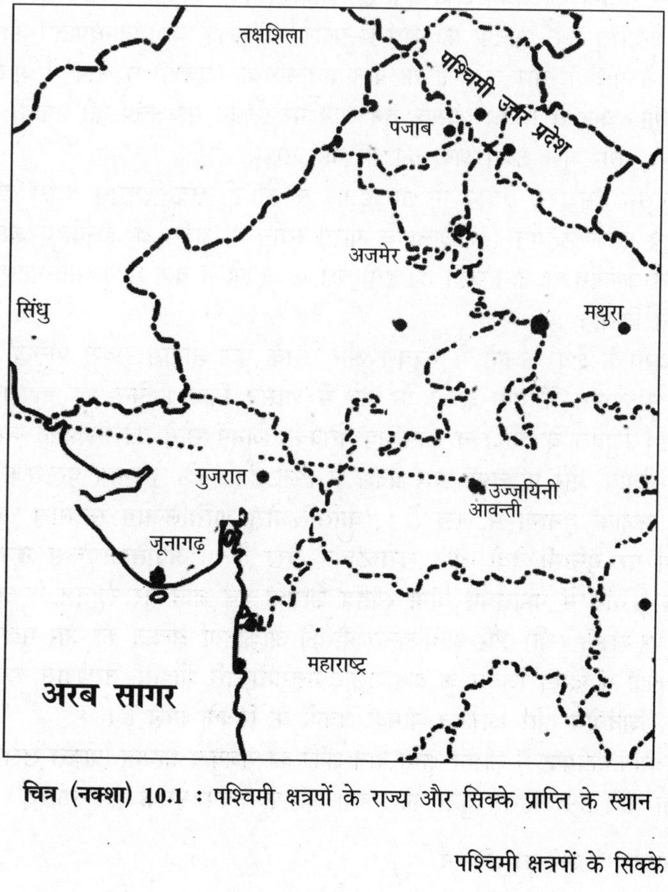

चित्र (नक्शा) 10.1 : पश्चिमी क्षत्रपों के राज्य और सिक्के प्राप्ति के स्थान

'सीस्तान' या 'शकस्तान' कहलाया। ईसा-पूर्व पहली सदी के उत्तरार्ध में शक लोग बलूचिस्तान के रास्ते सिंधु नदी के निचले कांठे में पहुंचे। शकों के उस स्थान को भारतीय साहित्य में 'शकद्वीप' नाम दिया गया।

भारत में पहुंचने पर शकों ने सिंधु-पंजाब (आधुनिक पाकिस्तान), मथुरा, उज्जैन और महाराष्ट्र में अपने राजवंशों की नींव डाली। इनमें से सिंध-पंजाब में पह्लवों के साथ-साथ शासन करने वाले मोअ, अय आदि शक शासकों के सिक्कों की चर्चा हम पहले कर चुके हैं (अध्याय 6)। यहां हम उज्जैन और महाराष्ट्र में शासन करने वाले शासकों के सिक्कों का परिचय दे रहे हैं। पश्चिम भारत के ये शक शासक अपना उल्लेख क्षत्रप या महाक्षत्रप के रूप में करते हैं। इसलिए इतिहास में ये पश्चिमी क्षत्रप के नाम से जाने जाते हैं।

प्राचीन पारसी भाषा के 'क्षत्रपावन्' शब्द से संस्कृत का क्षत्रप, प्राकृत का छत्रप और यूनानी का सत्रप शब्द बना है। शिवाजी की 'छत्रपति' उपाधि भी क्षत्रप पर ही आधारित है।[2] 'क्षत्रप' का अर्थ है–प्रदेश का पालक या प्रांताधिपति। आरंभ में शकों ने पार्थवों और कुषाणों के प्रांत-प्रतिनिधियों (क्षत्रपों) के रूप में शासन किया होगा। बाद में स्वतंत्र शासक बन जाने पर इन्होंने महाक्षत्रप की उपाधि भी धारण की, मगर मूल क्षत्रप शब्द को भी नहीं छोड़ा।

शूरसेन (मथुरा) प्रदेश पर 50 ई.पू. से 50 ई. तक शासन करने वाले शक-क्षत्रप पहले छहरात (तक्षशिला के पास) स्थान के क्षत्रप थे, इसीलिए शायद वे क्षहरात वंशनाम से जाने जाते हैं। इसी वंश के क्षत्रपों ने बाद में गुजरात-महाराष्ट्र में शासन किया।

मथुरा के शक क्षत्रपों में रंजुवुल और उसके पुत्र शोडास सबसे प्रसिद्ध हैं। रंजुवुल ने आरंभ में एक क्षत्रप के रूप में शासन किया। फिर वह महाक्षत्रप कहलाया। रंजुवुल के चांदी के आरंभिक सिक्के, जिनमें सीसे की मिलावट ज्यादा है, पूर्वी पंजाब और पश्चिमी उत्तर प्रदेश से मिले हैं। इनके पुरोभाग पर राजा के मुंड के अलावा यूनानी में लेख हैं : **'बासिलिओस् बासिलिओन सोतेरोस् रजु'**। पृष्ठभाग पर यूनानी देवी और खरोष्ठी में लेख हैं : **'अप्रतिहतचक्रस छत्रपस रजुवुलस'**। बाद में महाक्षत्रप यानी स्वतंत्र शासक बन जाने पर रंजुवुल ने अपने सिक्कों पर लक्ष्मी (श्री) और अभिषेक-लक्ष्मी की आकृतियां अंकित कीं और मुद्रालेख केवल ब्राह्मी में दिए। रंजुवुल के बाद उसके उत्तराधिकारी शोडास, तरणदास, हगान, हगामश, शिवघोष और शिवदत्त नामक क्षत्रपों के सिक्के मिले हैं।

गुजरात-महाराष्ट्र में शासन करने वाले शकों का राजकुल क्षहरात (प्राकृत खखरात) कहलाता था। इस क्षहरात कुल का पहला शासक क्षत्रप **भूमक** (90-150 ई.) था,

जिसके तांबे के सिक्के गुजरात, सौराष्ट्र, मालवा और अजमेर से मिले हैं। केवल उसके सिक्कों से ही पहली बार 1904 ई. में भूमक के बारे में जानकारी मिली थी। उसके तांबे के सिक्कों की एक ओर सिंह तथा चक्र (धर्मचक्र) की आकृति है और दूसरी ओर बाण तथा वज्र की। एक ओर खरोष्ठी में लेख है : छहरदस छत्रपस भुमकस; और दूसरी ओर ब्राह्मी में लेख है : **क्षहरातस क्षत्रपस भमकस** (चित्र 3)।

भूमक का उत्तराधिकारी नहपान (105-124 ई.) एक प्रतापी क्षत्रप था। नहपान ने अपनी पुत्री दक्षमित्रा का ब्याह शक-सामंत उषवदात (ऋषभदत्त) से किया था। नासिक और कार्ले की गुफाओं से उषवदात के लेख मिले हैं। जुन्नर की एक गुफा से नहपान के अमात्य अयम का लेख मिला है। इन लेखों से पता चलता है कि नहपान ने महाराष्ट्र के एक बड़े भूभाग पर आधिपत्य जमा लिया था। उसके जामाता उषवदात ने उसका राज्य पुष्कर तक फैला दिया था। नहपान के सिक्के उत्तर में अजमेर से लेकर दक्षिण में नासिक तक मिले हैं।

चित्र 10.2 : भूमक की ताम्रमुद्रा (लगभग 119 ई.)

आकार, तौल और बनावट के मामले में नहपान ने अपने सिक्के हिंद-यवनों के हेमिदख्मों (अर्ध-द्रम्मों) के अनुकरण पर बनाए। उस समय रोमन सिक्के भी बड़ी तादाद में भारत में पहुंच रहे थे। इसलिए नहपान के सिक्कों पर उनका प्रभाव भी दिखाई देता है। उसके इन सिक्कों का आगे की करीब ढाई सदियों तक पश्चिमी क्षत्रपों ने और उनके बाद गुप्त सम्राटों तथा त्रैकूटकों ने अनुकरण किया।

नहपान के चांदी के सिक्कों के पुरोभाग पर, रोमन सिक्कों की तरह, राजा का मुंड है और यूनानी लिपि में शासक का नाम है। पृष्ठभाग पर बाण तथा वज्र की आकृति है और साथ में खरोष्ठी लेख : रञो छहरतस नहपानस (चित्र 6)। नहपान के ऐसे भी सिक्के हैं जिनके पुरोभाग पर अशुद्ध यूनानी में लेख है और पृष्ठभाग पर 'राज्ञो क्षहरातस नहपानस' लेख ब्राह्मी तथा खरोष्ठी, दोनों में अंकित है। इस तरह

चित्र 10.3 : नहपान (119-124 ई.) की रजत-मुद्रा।

चित्र 10.4 : गौतमीपुत्र सातकर्णि द्वारा पुनर्टंकित नहपान की रजत-मुद्रा

अपने सिक्कों पर तीन लिपियों और भाषाओं में लेख अंकित कराने वाला नहपान पहला भारतीय शासक है। महत्व की बात यह है कि जहां अभिलेखों में नहपान को क्षत्रप और महाक्षत्रप कहा गया है, वहां सिक्कों पर उसे राजा (राजन्) कहा गया है। अतः स्पष्ट है कि वह स्वतंत्र शासक था। नहपान के तांबे के केवल एक ही प्रकार के सिक्के मिले हैं।

पता चलता है कि 124 ई. में सातवाहन नरेश गौतमीपुत्र सातकर्णि ने नहपान को हराकर उसकी हत्या कर दी थी। तब नहपान का खजाना और उसके राज्य का दक्षिणी भाग सातकर्णि के हाथ में आ गया। नासिक जिले के जोगळटेंभी स्थान से 13,250 से अधिक चांदी के सिक्कों की निधि मिली थी। उनमें से नहपान के 9270 सिक्कों को सातवाहन नरेश ने अपने चिह्नों से पुनः टंकित किया। गौतमीपुत्र सातकर्णि द्वारा पुनर्टंकित ऐसे सिक्कों के पुरोभाग पर छह अर्धवृत्तों वाला बिंदुयुक्त चैत्य या मेरु का चिह्न नहपान के मुंड पर अंकित किया गया है और ब्राह्मी में लेख है : राज्ञो गौतमीपुतस सिरि सतनिकस। पृष्ठभाग पर तीर के ऊपर उज्जयिनी चिह्न (एक-दूसरे को काटते दो डंबेल) को अंकित किया है और ब्राह्मी लेख है : राज्ञो क्षहरातस नहपानस (चित्र 1)। नहपान के बाद उसके उत्तराधिकारी के बारे में हमें कोई स्पष्ट जानकारी नहीं मिलती।

नहपान के कुछ साल बाद हम देखते हैं कि अवंती प्रदेश (राजधानी उज्जयिनी) में शासन की बागडोर कार्दमक कुल के शक क्षत्रप **चष्टन** (लगभग 130 ई.) ने संभाली। चष्टन ने, शक-परंपरा के अनुसार, पहले क्षत्रप के रूप में और बाद में महाक्षत्रप के रूप में काठियावाड़ और मालवा पर शासन किया। मगर उसका बेटा जयदामन् क्षत्रप ही रह गया। परंतु जयदामन् का बेटा और चष्टन का पौत्र **रुद्रदामन्**

चित्र 10.5 : महाक्षत्रप रुद्रदामन् के पुत्र रुद्रसिंह-प्रथम (178-97 ई.) की पोटीन (तांबा, सीसा, जस्ता और टीन की मिश्रधातु) की मुद्रा। पुरोभाग : वृषभ और यूनानी लेख। पृष्ठभाग : चैत्य, तारा और ब्राह्मी लेख़– राज्ञो महाक्षत्रपस रुद्रसिंहस।

क्षत्रप (रुद्रदामा) महाक्षत्रप हुआ। उसने क्षत्रपों की कीर्ति को चरमोन्नति पर पहुंचा दिया। उस समय तक कुषाणों की शक्ति काफी क्षीण हो गई थी। रुद्रदामन् ने यौधेयों का दमन किया और सातकर्णि नरेश (पुळुमावि) को दो बार हराया। उसका राज्य उत्तर में पंजाब से लेकर दक्षिण में नर्मदा नदी तक फैला हुआ था। उज्जयिनी में उसकी राजधानी थी।

जूनागढ़ के पास गिरिनार पर्वत की एक शिला पर सम्राट अशोक और गुप्त सम्राट स्कंदगुप्त के लेखों के अलावा रुद्रदामन् का भी एक लेख (150 ई.) खुदा हुआ है।[3] संस्कृत भाषा में उपलब्ध यह सबसे पुराना, लंबा लेख है। इस प्रशस्ति में रुद्रदामन् की विजयों का वर्णन है। यहां गिरिनार पर्वत पर चंद्रगुप्त मौर्य ने सुदर्शन नामक सरोवर का निर्माण करवाया था और सम्राट अशोक के शासनकाल में उसकी मरम्मत की गई थी। रुद्रादामन् ने उसी सरोवर का पुनर्निर्माण करवाया।

रुद्रदामन् ने दीर्घकाल तक शासन किया। उसके बाद कार्दमक वंश के करीब दो दर्जन क्षत्रपों ने उज्जयिनी से शासन किया। अंत में, ईसा की चौथी सदी के उत्तरार्ध में चंद्रगुप्त-द्वितीय ने इन शक-क्षत्रपों को हराकर 'शकारि' विरुद्ध धारण किया।

चष्टन के उत्तराधिकारी ने सातवहनों से अपने प्रदेश वापस लेकर पश्चिमी समुद्रतट के व्यापार पर अधिकार जमा लिया था। इसलिए पश्चिमी तट-प्रदेश से इन क्षत्रपों के सिक्कों की निधियां बड़ी तादाद में मिली हैं। इन क्षत्रपों ने भी अपने चांदी के सिक्के हिंद-यवनों के द्रख्मों और हेमिद्रख्मों के अनुकरण पर बनाए। इन्होंने तांबे के बहुत कम सिक्के जारी किए। इनके तांबे के सिक्कों में सीसा मिला हुआ

चित्र 10.6 : रुद्रसेन-तृतीय (348-78 ई.) की रजत-मुद्रा।

है। रुद्रसेन-तृतीय (348-78 ई.) ने तो सीसे के भी कुछ सिक्के जारी किए।

नहपान के सिक्कों की तरह चष्टन के सिक्के भी त्रैलिपिक हैं। बाद में इन क्षत्रपों ने खरोष्ठी को त्याग दिया और इनके सिक्कों के पृष्ठभाग पर केवल ब्राह्मी लेख देखने को मिलते हैं। इस वंश के आरंभिक शासकों के कुछ सिक्कों पर उनकी छवि नहीं, बल्कि घोड़े या बैल की आकृति है (चित्र 2)। मगर बाद में सभी क्षत्रपों ने पुरोभाग पर अपनी छवि और पृष्ठभाग पर चैत्य या मेरु की आकृति तथा ब्राह्मी में लेख अंकित कराए।

इन क्षत्रप शासकों के सिक्कों की एक और विशेषता है। इनके सिक्कों पर शासक का नाम और उसका विरुद तो है ही, उसके पिता या पूर्ववर्ती शासक का नाम और विरुद भी अंकित है; जैसे, **'राज्ञो महाक्षत्रपस रुद्रदाम पुत्रस राज्ञः क्षत्रपस रुद्रसिंहस'।** इतना ही नहीं, रुद्रदामन् के पौत्र जीवदामन् के समय (178 ई.) से सिक्कों के पुरोभाग पर इन शासकों के मुंडों के पीछे शक-संवत् अंकित देखने को मिलते हैं, ब्राह्मी अंकों में। इसलिए इन पश्चिमी क्षत्रपों के शासन को कालक्रमानुसार निर्धारित करना संभव हुआ है।

अब यह स्पष्ट हो गया है कि एक समय कुषाणों की सत्ता, न केवल कोंकण और पश्चिम महाराष्ट्र में बल्कि विदर्भ में भी फैली हुई थी। विदर्भ में क्षत्रपों के काफी सिक्के मिले हैं, कुछ निधियां भी। पौनी (भंडारा जिला) से महाक्षत्रप कुमार रुपिजम्म का एक ब्राह्मी स्तंभलेख भी मिला है, जो विदर्भ पर क्षत्रपों के शासन को प्रमाणित करता है।

पश्चिमी क्षत्रपों के सिक्कों की बनावट ने गुप्तों के सिक्कों को भी प्रभावित किया। पश्चिमी क्षत्रपों के चांदी के सिक्के बड़ी तादाद में प्रचलन में होने के कारण ही गुप्त सम्राटों को चांदी के बहुत कम सिक्के जारी करने पड़े। वाकाटकों ने अपने कोई सिक्के जारी नहीं किए; उन्होंने गुप्तों की स्वर्ण-मुद्राओं और पश्चिमी क्षत्रपों को अपनाया।

संदर्भ और टिप्पणियां

1. यू-ची : दक्षिण के कांसू प्रांत में यूची लोगों का निवास था। मध्य एशिया निवासी हिंग-नू कबीले के लोगों के साथ कांसू निवासी यूची कबीले के लोगों का संघर्ष हुआ तो यूची लोग अपनी मातृभूमि छोड़, पश्चिम की ओर चले गए। यूची भी घुमन्तू लोग थे। कृषि और व्यापार को वह घृणा की दृष्टि से देखते थे। बाद में उनकी परिस्थिति में परिवर्तन हुआ। और बाद में यूची कबीले ने एक विशाल साम्राज्य खड़ा कर लिया था। फिर हूणों ने यूचियों को पश्चिम की ओर ढकेल दिया। घुमन्तू कबीलों को एक स्थान से दूसरे स्थान जाने में अधिक कष्ट नहीं हुआ। क्योंकि पश्चिम की ओर उपजाऊ भूमि और उत्तम चरागाह थी। उस समय सीर-दरिया में शक लोगों का निवास था। यूची लोगों ने शकों को वहां से खदेड़ दिया और यूची समूह का एक शासक बन गया। इस प्रकार उसने कुषाण राज्य की स्थापना की।
2. छत्रपति : एक राजकीय उपाधि भी क्षत्रप शब्द पर आधारित है। क्षत्रप का अर्थ है–प्रदेश का पालक। जून 1674 में स्वतंत्र शासक के रूप में अपने राज्याभिषेक के समय शिवाजी ने छत्रपति नाम की उपाधि धारण की थी।
3. जूनागढ़ का प्राचीन नाम 'यवन' नगर कहा जाता है। 'जूनागढ़' का किला अति प्राचीन व हिन्दूकालीन है। इसे उपरकोट का दुर्ग भी कहते हैं। यह सौराष्ट्र की सर्वोच्च पर्वत श्रेणी की तलहटी में स्थित है। जूनागढ़ का नाम शायद इसी किले की प्राचीनता के कारण हुआ है। गिरिनार पहाड़ के नीचे हिंदुओं का प्राचीन मंदिर है और पर्वत की चोटी पर जैनों के कई प्रसिद्ध मंदिर हैं। गिरिनार महाभारत का रैवतक है।

11

सातवाहनों के सिक्के

प्राचीन काल में नए-नए सिक्के जारी किए जाने के कई प्रयोजन थे। उसी राजवंश का कोई नया शासक सिंहासन पर बैठता था, तो वह अपने नाम के नए सिक्के जारी करता था और पूर्व-शासक के सिक्के भी चलते रहते थे। जब कोई नया राजवंश शासन संभालता था, तो पहले के बहुत से सिक्के प्रायः गला दिए जाते थे और उनसे नए सिक्के बनवाए जाते थे। प्राचीन भारत में कुछ ऐसे भी राजवंश हुए जिन्होंने अपने कोई सिक्के जारी नहीं किए; जैसे, आभीर और वाकाटक राजवंश। ऐसा भी हुआ है कि विजेता शासक ने पराजित शासक के सिक्कों को एकत्र करवाकर उन पर अपने नाम और राजचिह्न के ठप्पे लगवाकर उन्हें पुनः जारी कर दिया। सातवाहन नरेश गौतमीपुत्र सातकर्णि (106-130 ई.) ने क्षहरात-क्षत्रप नहपान (119-124 ई.) के चांदी के सिक्कों के बारे में ठीक ऐसा ही किया था।

घटना 124 ई. की है। पश्चिमी भारत के एक बड़े भूभाग पर शासन करने वाले क्षत्रप नहपान का सातवाहन नरेश गौतमीपुत्र सातकर्गि से जुन्नर (महाराष्ट्र) के नजदीक जबरदस्त युद्ध हुआ, जिसमें नहपान क़ी करारी हार हुई, और संभवतः मृत्यु भी। विजेता गौतमीपुत्र सातकर्णि ने नहपान के चांदी के सिक्के जमा करवाए। नहपान के उन सिक्कों के पुरोभाग पर उसकी छवि और यूनानी में लेख था। पृष्ठभाग पर वज्र तथा बाण के चिह्नों के अलावा ब्राह्मी में 'राज्ञो क्षहरातस नहपानस' और खरोष्ठी में 'रञो छहरतस नहपनस' लेख थे। गौतमीपुत्र ने उन सिक्कों पर चैत्य (मेरु) और उज्जयिनी चिह्न[1] को अंकित कराके उन्हें पुनः जारी कर दिया। नासिक जिले के जोगळटेंभी स्थान

चित्र 11.1 : गौतमीपुत्र सातकर्णि की रजत-मुद्रा। पुरोभाग : लेख व चैत्य। पृष्ठभाग : नहपान की छबि पर उज्जयिनी चिह्न।

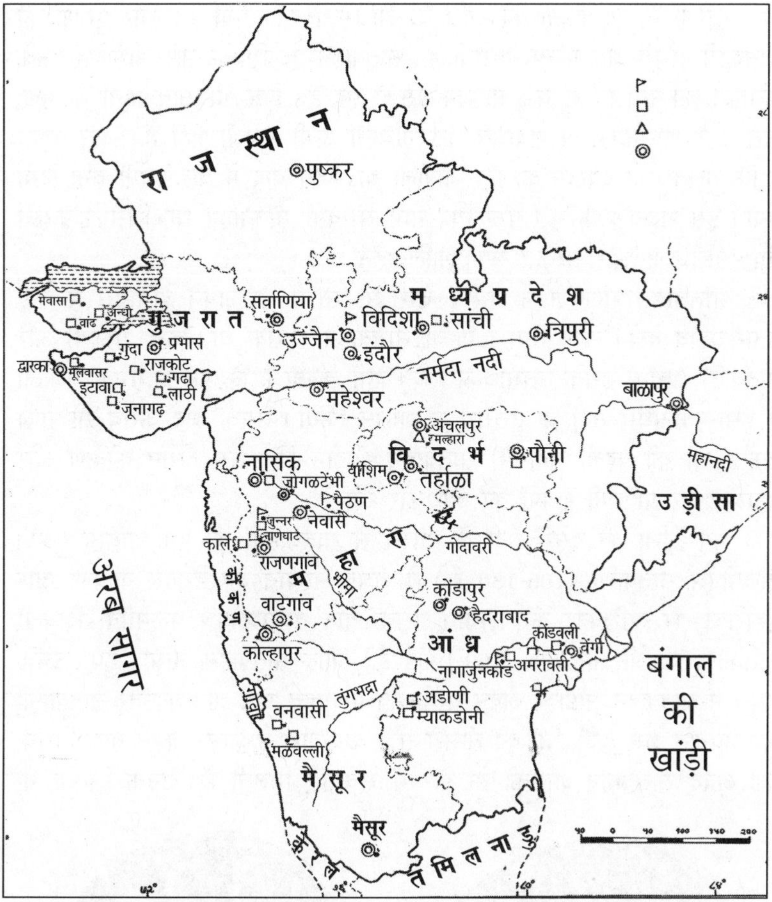

नक्शा 11.2 : सातवाहन और पश्चिमी क्षत्रपों के लेखों व सिक्कों के प्राप्तिस्थान
(वा.वि. मिराशि के आधार पर)

से नहपान की 13,250 रजत-मुद्राओं की जो निधि मिली है उसमें 9270 मुद्राएं गौतमीपुत्र सातकर्णि द्वारा पुनर्टंकित की हुई हैं।

मौर्य साम्राज्य के विघटन के बाद विंध्य के दक्षिण में सातवाहन शक्ति का उदय हुआ था। सातवाहन नरेशों ने अपने को 'दक्षिणापथपति' कहा है।[2] इन्होंने ईसा-पूर्व प्रथम (तीसरी) सदी के लगभग मध्यकाल से ईसा की तीसरी सदी के मध्यकाल तक महाराष्ट्र-विदर्भ और दक्खन के एक बड़े भूभाग पर शासन किया। सातवाहन साम्राज्य की राजधानी प्रतिष्ठान (पैठण[3], गोदावरी तट, महाराष्ट्र) में थी।

पुराणों में सातवाहनों को आंध्र या आंध्रभृत्य कहा गया है। मगर पुराणों की जानकारी अधूरी और परस्पर-विरोधी है। सातवाहनों के सिक्के और अभिलेख उनके इतिहास को समझने में बड़े सहायक सिद्ध हुए हैं। फिर भी सातवाहनों के मूल, कुल और शासनक्रम से संबंधित कई गुत्थियां अभी सुलझी नहीं हैं। जान पड़ता है कि मूलतः यह दक्खन का एक कबीला था, जिसे बाद में ब्राह्मणधर्मी बना दिया गया। इस राजवंश के मूल पुरुष का नाम संभवतः सातवाहन था, जिसका प्राकृत रूप 'सालाहण' और संस्कृत रूप 'शालिवाहन' है।

सातवाहन राजवंश ने करीब चार सौ सालों के अपने इतिहास में कई उतार-चढ़ाव देखे। राजा सिमुक पहला सातवाहन शासक था। कन्ह (कृष्ण) और सातकर्णि (प्रथम) उसके उत्तराधिकारी थे। पता चलता है कि इन आरंभिक राजाओं ने ईसा-पूर्व प्रथम सदी के उत्तरार्ध में शासन किया। उसके बाद करीब सौ साल तक (ईसा की पहली सदी में) सातवाहन श्रीहीन रहे। उस दौरान कोंकण और महाराष्ट्र पर पश्चिमी क्षत्रपों का अधिकार रहा।

मगर ईसा की दूसरी सदी के आरंभ से सातवाहनों का पुनः उत्थान हुआ। गौतमीपुत्र सातकर्णि (106-130 ई.) ने क्षत्रप नहपान को हराकर कोंकण और महाराष्ट्र पर अधिकार कर लिया। उसके बाद वासिष्ठीपुत्र पुळुमावि, शिवश्री सातकर्णि, यज्ञश्री सातकर्णि (169-1963 ई.) आदि सातवाहन शासक हुए। इनके समय में सातवाहन साम्राज्य अपने चरमोत्कर्ष पर पहुंच गया था। तदनंतर सातवाहनों की अवनति शुरू हुई। ईसा की तीसरी सदी के पूर्वार्ध में शासन करने वाले विजय, चंड आदि सातवाहन शासकों के बारे में सूचनाएं मिलती हैं। उनके सिक्के भी

चित्र 11.3 : वासिष्ठीपुत्र पुळुमावि की पोटीन-मुद्रा के पुरोभाग पर ब्राह्मी लेख और राजा की छबि। पृष्ठभाग पर लेख के अलावा चैत्य और उज्जयिनी-चिह्न।

मिले हैं। दक्खन से कुछ ऐसे राजकुलों के भी सिक्के मिले हैं जो सातवाहनों के समकालीन थे और संभवतः उनके मांडलिक या प्रांताधिपति रहे हैं।

सातवाहनों के उदय के पहले उत्तर भारत की तरह दक्षिण भारत में भी आहत चिह्नों वाले (पंचमार्क) सिक्के प्रचलित थे। दक्षिण में सातवाहनों ने सबसे पहले राजनामांकित सिक्के चलाए। उनके सिक्के प्रमुखतः सीसे, तांबे और पोटीन के हैं। उनके समय में पूर्व और पश्चिम के देशों के साथ जो जोरदार व्यापार चला उसके लिए पुराने आहत सिक्कों का, पश्चिमी क्षत्रपों के चांदी के सिक्कों का और सोने-चांदी की रोमन मुद्राओं का इस्तेमाल हुआ। बाद में कुछ सातवाहन शासकों ने भी सीमित संख्या में रजत-मुद्राएं जारी कीं। इन रजत-मुद्राओं पर कुछ सातवाहन शासकों की छवियां और द्वैभाषिक लेख अंकित हैं।

महाराष्ट्र, मध्यप्रदेश, दक्खन और आंध्र प्रदेश से सातवाहनों के ढेर सारे सिक्के मिले हैं, कई निधियां भी। विदर्भ के तर्हाळा स्थान से 1939 ई. में सातवाहन शासकों के 1525 सिक्कों की निधि मिली थी। महाराष्ट्र के चांदा जिले से भी एक महत्वपूर्ण निधि मिली है। नासिक जिले के जोंगळटेंभी स्थान से प्राप्त 3250 सिक्कों की निधि का उल्लेख पहले किया जा चुका है।

सातवाहन कुल का पहला शासक सिमुक था। कुछ साल पहले आंध्र प्रदेश के करीमनगर जिले के एक स्थान से कुछ सिक्के मिले, जिन पर मुद्रालेख है : 'रञो सिरि छिमुक सात'। संभवतः ये सिमुक के ही सिक्के हैं। सिमुक के बाद सिरि सातकर्णि (प्रथम) और सिरि सातवाहन नामधारी शासकों के सिक्के मिलते हैं। सीसे या तांबे के सिक्कों पर ब्राह्मी लिपि और प्राकृत भाषा में लेख हैं। इन मुद्राओं पर हाथी, नदी, उज्जयिनी-चिह्न आदि के लांछन अंकित हैं।

सातवाहनों के वैभव-काल (ईसा की दूसरी सदी) के गौतमीपुत्र सातकर्णि, वासिष्ठीपुत्र पुळुमावि, यज्ञश्री सातकर्णि आदि के तांबे, सीसे और पोटीन के जो

चित्र 11.4 : सिरि सातकर्णि की ताम्रमुद्रा। पुरोभाग : लेख व हाथी। पृष्ठभाग 'उज्जयिनी चिह्न।

बहुत सारे सिक्के उनके राज्य के विभिन्न भागों से मिले हैं उन पर हाथी, वृषभ, सिंह, अश्व, चैत्य, चक्र, उज्जयिनी चिह्न, स्वस्तिक, नदी, वेदिकायुक्त वृक्ष आदि का अंकन देखने को मिलता है। ये लांछन ठप्पों से बनाए गए हैं। इन सिक्कों पर ब्राह्मी लिपि और प्राकृत भाषा में लेख हैं : 'रञो वासिठीपुतस', 'रञ सिरि सातकणिस', 'रञ सिव सिरि सातकणिस' आदि। यहां नाम के पहले के गौतमीपुत्र, वासिष्ठीपुत्र जैसे शब्द मातृनाम के सूचक हैं।

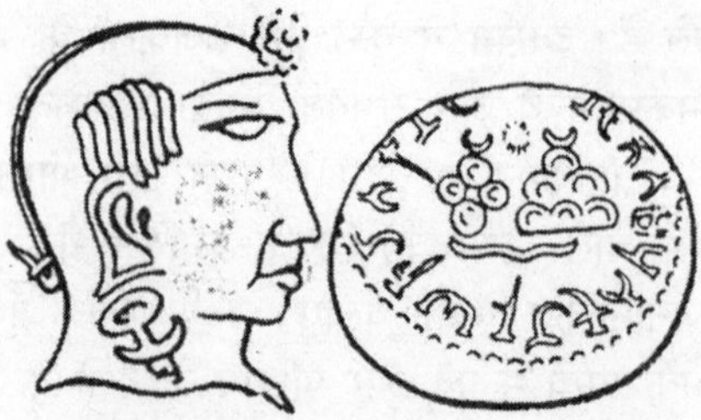

चित्र 11.5 : यज्ञश्री सातकर्णि की रजत-मुद्रा के पुरोभाग पर उसकी छवि और पृष्ठभाग पर ब्राह्मी-द्रविड़ लेख।

चोळमंडल (कोरोमंडल) तट-प्रदेश से सीसे के कुछ ऐसे भी सिक्के मिले हैं जिनके पुरोभाग पर दो मस्तूल वाली नौका और शंख की आकृति अंकित है। पृष्ठभाग पर उज्जयिनी-चिह्न है। इनमें से कुछ सिक्कों पर पुळुमावि और यज्ञश्री सातकर्णि

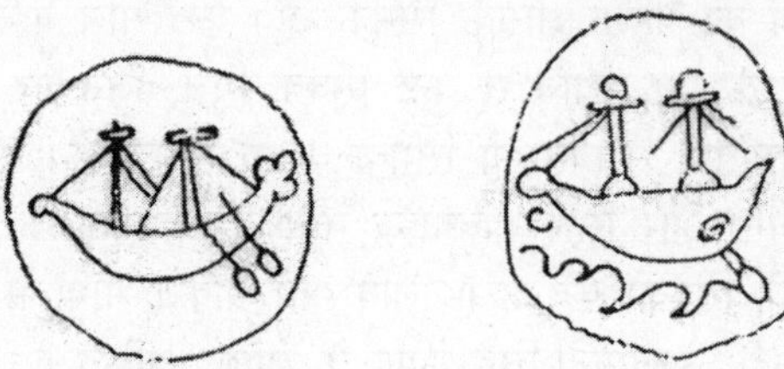

चित्र 11.6 व 7 : सातवाहन सिक्कों पर नावों की आकृति

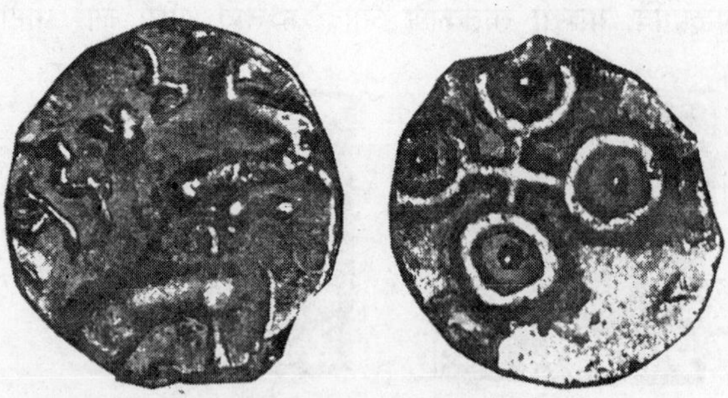

चित्र 11.8 : पुळुमावि की ताम्र-मुद्रा। पुरोभाग पर हाथी और लेख। पृष्ठभाग पर उज्जयिनी-चिह्न

के नामों को पढ़ा गया है। नावों वाले सिक्के सातवाहनों की समुद्री-नाविक गतिविधियों के सूचक हैं।

सातवाहनों ने सीसे और पोटीन के सिक्के क्यों जारी किये, इसका कोई स्पष्ट कारण नजर नहीं आता। संभवतः उन दिनों सीसा स्थानीय रूप से पर्याप्त मात्रा में उपलब्ध था, आयात भी किया जाता था और उसका मूल्य भी अधिक था। सीसे और पोटीन के सिक्के कुछ पश्चिमी क्षत्रपों, कोल्हापुर क्षेत्र के कुर वंशी शासकों, मथुरा के क्षत्रप रंजुवुल, आंध्र के इक्ष्वाकु शासकों आदि ने भी जारी किए थे।

सातवाहनों ने सोने के सिक्के नहीं चलाए, मगर उनकी करीब एक दर्जन रजत-मुद्राएं मिली हैं। क्षत्रपों की रजत-मुद्राओं और रोमन देनेरिसय् के अनुकरण पर बनी इन मुद्राओं के पुरोभाग पर वासिष्ठीपुत्र सातकर्णि, वासिष्ठीपुत्र पुळुमावि तथा यज्ञत्री सातकर्णि की छबियां (पोर्त्रेत) अंकित हैं।

चित्र 11.9 : वासिष्ठीपुत्र सातकर्णि की रजत-मुद्रा के पुरोभाग पर उसकी छबि और पृष्ठभाग पर ब्राह्मी-द्रविड़ लेख।

इन रजत-मुद्राओं की दूसरी विशेषता है इन पर अंकित द्वैभाषिक मुद्रा-लेख। इनके पुरोभाग पर राजा के मुंड के अलावा ब्राह्मी-प्राकृत में लेख हैं। मगर पृष्ठभाग पर वही लेख दक्षिणी शैली. (भट्टिप्रोलु) की ब्राह्मी लिपि और देशी (द्रविड़) भाषा में है। वह भाषा तमिल है या तेलुगु, इसके बारे में विद्वानों में मतभेद है। इन सिक्कों पर सातवाहन शासकों की छबियां बड़ी प्रभावशाली हैं। खुले सिर पर लहरदार बाल हैं। यज्ञ सातकर्णि को तो केश-रहित ही दिखाया गया है। इसकी मुड़ी हुई शिखा सातवाहनों के संभवतः 'विशिष्ट ब्राह्मण' होने की सूचक है। कानों में लंबे व भारी कुंडल हैं और मस्तक के ऊपर मौलिमणि है। गौतमीपुत्र सातकर्णि संभवतः सबसे शक्तिशाली सातवाहन शासक था, मगर उसकी छबि वाली अब तक कोई रजत-मुद्रा नहीं मिली है।

मौर्य साम्राज्य के विघटन के बाद जिस प्रकार दक्षिणापथ में शासन करने वाले

सातवाहनों के लेखयुक्त सिक्के मिलने लग जाते हैं, उसी प्रकार दक्षिणी महाराष्ट्र और कर्नाटक से सदकन महारठि, आनंद और महारठिकुर वंशों के भी लेखयुक्त सिक्के मिलने लग जाते हैं।

चंद्रवल्ली (कर्नाटक) से सदकन महारठि वंश के सीसे के सिक्के मिले हैं। इन पर जो ब्राह्मी-प्राकृत लेख हैं उनमें इस वंश के तीन शासकों का पता चलता है—सदकण कळलाय महारठि, सदकन चुटुकन्ह महारठि और सदकण कन महारठिपुत।

सदकन वंश के बाद तथाकथित आनंद वंश के लेखयुक्त सिक्के मिलते हैं। कारवार क्षेत्र से मिले इन सिक्कों मे चुटुकुलानंद और मूड़ानंद नामधारी शासकों का पता चला है।

सातवाहनों के समय में ही महाराष्ट्र के कोल्हापुर क्षेत्र में महारठि कुर वंश का उदय हुआ। इस वंश के सिक्कों के पुरोभाग पर धनुष-बाण के चहुंओर ब्राह्मी में 'महारठिस कुरस', 'महारठिस विळिवाय कुरस', 'वासिठिपुतस विळिवाय कुरस', 'स्त्रो मादरिपुतस सिवल कुरस' जैसे मुद्रालेख देखने को मिलते हैं। सातवाहनों की तरह इनके नामों के साथ भी मातृगोत्र जुड़ा हुआ है। मगर इन महारठि वंशी शासकों का सातवाहनों से ठीक क्या संबंध था और सातवाहन-युग में इन्हें ठीक किस कालावधि में रखा जाए, यह स्पष्ट नहीं हुआ है।

जो भी हो, प्राचीन भारत के इतिहास के लिए सातवाहनों के सिक्कों का बड़ा महत्व है। भारत में आकर यहां स्थायी रूप से बस गए शक-पह्लव क्षत्रपों को आज 'विदेशी' और क्षत्रपों के प्रतिद्वंद्वी तथा ब्राह्मणधर्मी होने के कारण सातवाहनों को 'स्वदेशी' कहने की कोई आवश्यकता नहीं है। शक-क्षत्रपों और सातवाहनों के बीच वैवाधिक संबंध भी स्थापित हुए थे। नहपान के उच्छेद के बाद उसका मान महिष नामक एक सेनापति दक्षिण की ओर भाग गया था और वहां हैदराबाद के दक्षिण में उसने अपना स्वतंत्र राज्य स्थापित किया था। उसने 'महासेनापति' और 'राजन' की पदवियां धारण कीं और सातवाहनों की तरह के सिक्के जारी किए, जिन पर लेख है : 'रञो सिरि सग मान महसस' (राजा श्री शक मान महिष का)। पुराणों में भी इस शकवंशी मान राजा का उल्लेख है।

संदर्भ और टिप्पणियां

1. उज्जयिनी चिह्न : उज्जयिनी से बिना लेख वाले आहत सिक्के तथा लेख वाले सिक्के मिले हैं। तांबे के आहत सिक्कों को बड़ी मात्रा में चलाया गया। ये सिक्के ठप्पा और सांचा दोनों प्रकार से बनाए गए हैं। वृत्त के भीतर लघु वृत्त, वृत्त के

भीतर नंदीपद, वृत्त के भीतर स्वास्तिक है। उज्जयिनी शिव-पूजा का एक प्रमुख केंद्र है। वहां के देवता महाकाल हैं। कमण्डलुधारी शिव के अनेक रूप सिक्कों पर बनाये गए हैं। तालाब में मछलियां, वेदिका वृक्ष, अर्धचंद्रयुक्त पर्वत, नदी, क्रश, स्वस्तिक, नंदीपद, चक्र, सूर्य, षडरचक्र, इंद्रध्वज, वज्र, अश्व, गज आदि चिह्नों को अंकित किया गया है। इन्हीं को उज्जयिनी चिह्न कहा गया है।

2. दक्षिणापथपति : नर्मदा नदी की इस उत्तरी सीमा के साथ तीन ओर समुद्र से घिरा समूचा प्रायद्वीप दक्षिणापथ कहा जाता है। विंध्याचल के दक्षिणापथ में स्थित भू-भाग कर्णाटक, आंध्र और महाराष्ट्र है। सातवाहन नरेशों ईसा की तीसरी सदी के मध्यकाल तक महाराष्ट्र ने अपने आप को दक्षिणापथपति कहा है। 'विदर्भ' और दक्खन के बड़े भू-भाग पर शासन किया। सातवाहन साम्राज्य की राजधानी प्रतिष्ठान (पैठण, गोदावरी तट, महाराष्ट्र) में थी। सातकर्णि नरेश को दक्षिणापति कहा गया है। कोसलपुर के 'विजय' नरेशों को दक्षिणापति कहा गया है।

3. पैठण (महाराष्ट्र) : गोदावरी तट पर स्थित अति प्राचीन व्यापारिक तथा धार्मिक स्थान है। पैठण महाराष्ट्र के वारकरी संप्रदाय का तीर्थ स्थल और प्रसिद्ध संत एकनाथ की जन्मभूमि है। पैठण को पोतन भी कहते थे। यह अश्मक जनपद की राजधानी थी। पैठण की पैठणी प्रसिद्ध हैं।

12

गुप्त सम्राटों के सिक्के

एशिया के इतिहास, पुरातत्व, विज्ञान, साहित्य आदि के अनुशीलन के लिए 1784 ई. में कलकत्ता में एशियाटिक सोसायटी की स्थापना हुई। उसके एक साल पहले की घटना है। कलकत्ता के हुगली नदी के समीप के कालीघाट स्थान से गुप्त स्वर्ण-मुद्राओं की एक बड़ी निधि मिली। वह गुप्त-मुद्राओं की पहली निधि थी। उसमें से दो सौ मुद्राएं गवर्नर वारेन हेस्टिंग्स को भेंट की गईं। उसने वे मुद्राएं लंदन में ईस्ट इंडिया कंपनी के संचालकों के पास भेज दीं। अंततः उनमें से कुछ मुद्राएं लंदन के ब्रिटिश संग्रहालय और अन्य कुछ संग्रहालयों में पहुंचीं; बाकी मुद्राओं को कंपनी के संचालकों ने गलवा दिया।

उस समय कोई भी यह जानने में समर्थ नहीं था कि वे स्वर्ण-मुद्राएं गुप्त सम्राटों की हैं, क्योंकि तब तक ब्राह्मी लिपि का उद्‌घाटन नहीं हुआ था। सन् 1837 में ब्राह्मी लिपि का उद्‌घाटन होने के बाद ही गुप्तों के सिक्कों पर अंकित चंद्रगुप्तः, श्रीकुमारदेवी, समुद्रगुप्तः, लिच्छवयः, विक्रमादित्यः, कुमारगुप्तः आदि नामों को पढ़ पाना संभव हुआ।

पिछले लगभग सवा दो सौ वर्षों में उत्तर भारत के अनेक स्थानों से गुप्त स्वर्ण-मुद्राओं की निधियां मिली हैं। उत्तर प्रदेश के टांडा (फैजाबाद), कोटवा (गोरखपुर), बस्ती, टेक्री-डेब्रा (मिर्जापुर), भरसार (वाराणसी), गोपालपुल (गोरखपुर), जौनपुर, भभुआ (शाहबाद), कुसुम्भी (उन्नाव), झूंसी (इलाहाबाद) आदि स्थानों से गुप्त मुद्राओं की निधियां मिली हैं। हाजीपुर (बिहार), मितथल (हिसार), कुमरखान (अहमदाबाद) और बमनाना (नीमाड, मध्य प्रदेश) से भी गुप्त-मुद्राओं की निधियां मिली हैं। फरवरी 1946 में प्राप्त करीब 2100 गुप्त स्वर्ण-मुद्राओं की सबसे बड़ी बयाना-निधि (भरतपुर) की विस्तृत चर्चा हम पहले अध्याय में कर चुके हैं। विभिन्न स्थानों के उत्खननों में भी फुटकर स्वर्ण-मुद्राएं मिली हैं। चंद्रगुप्त-द्वितीय की एक स्वर्ण-मुद्रा मध्य जावा से प्राप्त हुई है।

मौर्य साम्राज्य के विघटन के बाद दो बड़ी राजनीतिक शक्तियों का उदय हुआ : उत्तरापथ[1] में कुषाणों का और दक्षिणापथ में सातवाहनों का। ईसा की तीसरी

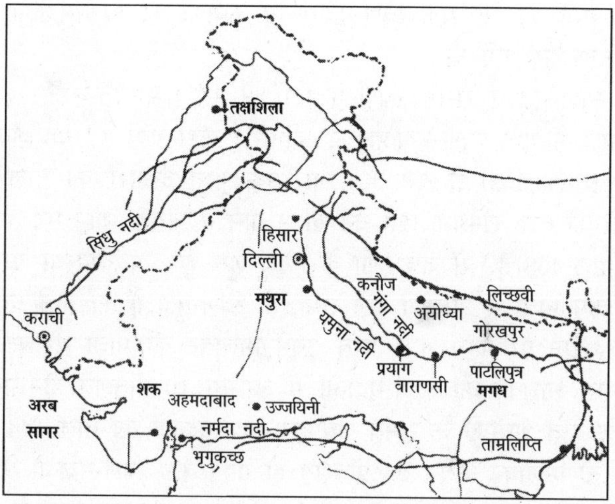

चित्र (नक्शा) 12.1 : गुप्तकालीन भारत की स्वर्ण-मुद्राओं की निधियां

सदी के लगभग मध्यकाल में इन दोनों शक्तियों का अवसान हुआ। तब कुषाण साम्राज्य के अवशेषों पर एक नई राजनीतिक शक्ति का उदय हुआ। यह थी गुप्तों की शक्ति, जिसने एक सदी से भी अधिक समय (335-455 ई.) तक उत्तर भारत को एकजुट रखा।

आरंभिक गुप्त शासकों के सिक्के और अभिलेख अधिकतर पूर्वी उत्तर प्रदेश से मिले हैं। ईसा की चौथी सदी के आरंभ में एक छोटे राज्य के रूप में गुप्तों का उत्थान भी उसी प्रदेश में हुआ। गुप्त शासक संभवतः वैश्य थे और पूर्वी उत्तर प्रदेश या बिहार में कुषाणों के सामंत रहे होंगे। जो भी हो, गुप्त शासकों ने कुषाणों के कई व्यवहारों को अपनाया; जैसे, पतलून, बटनयुक्त लंबा कोट, जीन, लगाम, सिक्कों की बनावट आदि।

गुप्तकाल में सामाजिक, राजनीतिक और धार्मिक परिवर्तनों के साथ-साथ अर्थ-व्यवस्था में भी काफी परिवर्तन हुआ। दूर-दूर का व्यापार कम हुआ, तो शहरों की अवनति शुरू हो गई। मगर कृषि का काफी विस्तार हुआ। गुप्त अभिलेखों से पता चलता है कि काफी बड़े पैमाने पर भूमि बांटी गई, विशेषकर ब्राह्मणों को। गुप्त शासकों ने विविध प्रकार की जो स्वर्ण-मुद्राएं जारी कीं, उनका उपयोग प्रमुखतः भूमि की खरीद-फरोख्त, बड़े पैमाने के व्यापार और दान-दक्षिणा के लिए हुआ। गुप्तों ने चांदी, तांबा और सीसे के बहुत कम सिक्के जारी किए। सामान्य लोक-व्यवहार में पहले के (कुषाणों और क्षत्रपों के) ही चांदी व तांबे के सिक्के

चलते रहे। गुप्तों की आरंभिक स्वर्ण-मुद्राएं भी कुषाणों की स्वर्ण-मुद्राओं से और उनके अनुकरण पर बनी थीं।

गुप्त स्वर्ण-मुद्राएं रोमन स्वर्ण-मुद्राओं से भी प्रभावित रहीं। आरंभिक गुप्त-अभिलेखों में गुप्त स्वर्ण-मुद्राओं को 'दीनार'[2] कहा गया है। यह शब्द रोमन 'देनेरियस्' (denarius) से बना है। आरंभिक गुप्त दीनारों का तौल कुषाण स्वर्ण-मुद्राओं की तरह लगभग 120 ग्रेन या 8 ग्राम के बराबर था। मगर स्कंदगुप्त के समय (455-468 ई.) से जब हूणों के हमले शुरू हुए, अर्थव्यवस्था चरमरा गई और सोना कम मात्रा में उपलब्ध होने लगा, तो स्वर्ण-मुद्राओं का तौल बढ़कर 80 रत्ती या 144 ग्रेन पर पहुंच गया, परंतु उनमें मिलावट की मात्रा भी बढ़ती गई। आरंभिक गुप्त शासकों की स्वर्ण-मुद्राओं में लगभग 10 प्रतिशत हीनधातु रहती थी। बाद के गुप्त शासकों के समय जब इन स्वर्ण-मुद्राओं का तौल 144 ग्रेन पर पहुंच गया, तो मिलावट करीब 25 प्रतिशत हो गई। कुछ स्वर्ण-मुद्राओं में तो यह मिलावट 45 प्रतिशत तक है। ज्यादा तौल वाली ये स्वर्ण-मुद्राएं 'सुवर्ण' के नाम से प्रसिद्ध थीं।

गुप्त शासकों की स्वर्ण-मुद्राएं इतने अधिक प्रकार और उप-प्रकार की हैं कि सबका वर्णन कर पाना यहां संभव नहीं है। गुप्त स्वर्ण-मुद्राओं के बारे में एक आम बात यह है कि इनके पुरोभाग पर, हिंद-यवन या कुषाण या रोमन सिक्कों की तरह, शासकों का विभिन्न रूपों में प्रतिमांकन है। पृष्ठभाग पर 'देवी' का अंकन है। दोनों ओर गुप्तकालीन ब्राह्मी और संस्कृत भाषा में मुद्रालेख हैं, कभी-कभी छंदोबद्ध भी।

सिक्के जारी करने वाला पहला गुप्त शासक चंद्रगुप्त-प्रथम (326-330 ई.) था।[3] उसके पितामह श्रीगुप्त और पिता घटोत्कच[4] ने किसी प्रकार के सिक्के जारी नहीं किए। चंद्रगुप्त-प्रथम ने अपने शासन के अंतिम दिनों में 'महाराजाधिराज' की उपाधि धारण करके केवल एक प्रकार या भांति की स्वर्ण-मुद्राएं जारी कीं। इनका औसत तौल 120 ग्रेन है। इनके पृष्ठभाग पर राजा और रानी, दोनों को खड़े दिखाया गया है, इसलिए इन्हें 'राजा-रानी प्रकार' की मुद्राएं कहते हैं। राजा के

चित्र 12.2 : चंद्रगुप्त-प्रथम (326-330 ई.) की 'राजा-रानी प्रकार' स्वर्ण-मुद्रा

चित्र 12.3 : चंद्रगुप्त-प्रथम की स्वर्ण-मुद्रा। पुरोभाग : खड़े राजा-रानी, रानी के पीछे 'श्रीकुमारदेवी' और राजा के बाएं हाथ के नीचे 'चंद्रगुप्त' शब्द। पृष्ठभाग : सिंहासनासीन देवी और 'लिच्छवयः' लेख।

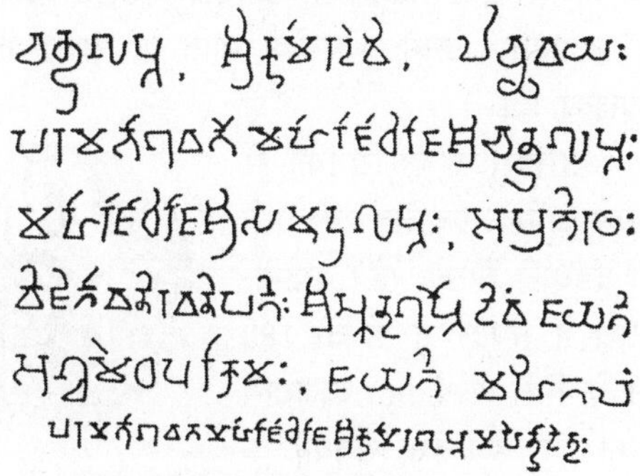

1. चंद्रगुप्त, श्रीकुमारदेवी, लिच्छवयः,
2. परमभगवतो महाराजाधिराज श्रीचंद्रगुप्तः,
3. महाराजाधिराज श्रीसमुद्रगुप्तः, अप्रतिरथः,
4. विजितावनिरपतिः श्रीस्कंदगुप्तो दिवं जयति,
5. अश्वमेधपराक्रमः, जयति महीतलं,
6. परमभागवत महाराजाधिराज श्रीकुमारगुप्त महेन्द्रादित्यः

चित्र 12.4 : गुप्त शासकों के सिक्कों पर ब्राह्मी में अंकित कुछ मुद्रालेख (क्रमशः पंक्तिनुसार)

दाएं हाथ में कुछ है जिसे वह रानी को दे रहा है। रानी की आकृति के पीछे उसका नाम श्रीकुमारदेवी या कुमारदेवीश्री लिखा हुआ है। राजा के बाएं हाथ के नीचे उसका नाम चंद्र (गुप्त) लिखा हुआ है। पृष्ठभाग पर सिंहासिनी देवी का प्रतिमांकन और 'लिच्छवयः' लेख है। सिंहवाहिनी दुर्गा लिच्छवियों की कुल-देवता रही होगी।

कुमारदेवी लिच्छवी कुल की थी। यह लिच्छवी कुल वैशाली का था या नेपाल का, इसके बारे में कोई स्पष्ट जानकारी नहीं मिलती। कुमारदेवी से विवाह करने पर चंद्रगुप्त को लिच्छवी-राज्य मिला होगा और लिच्छवियों ने उसे राज्य-विस्तार में मदद दी होगी, इसीलिए उसके सिक्कों पर 'कुमारदेवी' और 'लिच्छवयः' शब्द अंकित हैं। माना जाता है कि 320 ई. में गुप्त-संवत् की स्थापना चंद्रगुप्त-प्रथम ने ही की थी।

चंद्रगुप्त-प्रथम का पुत्र और उत्तराधिकारी समुद्रगुप्त (330-370 ई.) था। परंतु सिक्कों से पता चलता है कि लगभग समुद्रगुप्त के समय में ही गुप्तवंश के काच नामक एक व्यक्ति ने भी शासन किया। काच संभवतः समुद्रगुप्त का बड़ा भाई था, मगर गुप्त वंशावली में उसका नाम नहीं है। काच के केवल एक ही भांति (चक्रध्वज प्रकार) के सोने के सिक्के मिले हैं। बयाना-निधि में काच के सोलह सिक्के मिले। इंनके पुरोभाग पर खड़ा राजा दाएं हाथ से वेदी पर आहुति दे रहा है और उसके बाएं हाथ में

चक्रध्वज है। बाएं हाथ के नीचे काच शब्द और वर्तुलाकार में मुद्रालेख है : 'काचो गामवजित्य कर्मभिरुत्तमैर्दिवं जयति' (पृथ्वी को विजय करके काच पुण्यकर्म से स्वर्ग की प्राप्ति करेगा)। काच के सिक्कों के पृष्ठभाग पर देवी के हाथ में समृद्धि का प्रतीक वृषभशृंग (carnucopia, यानी अन्न या फलों से भरा वृषभ सींग) है और मुद्रालेख है : 'सर्वराजोच्छेत्ता'। काच के इन सिक्कों में और समुद्रगुप्त के ध्वजधारी प्रकार के सिक्कों में काफी समानता है। कुछ विद्वानों का मत है कि समुद्रगुप्त का ही दूसरा नाम काच था।

समुद्रगुप्त ने छह भांति की स्वर्ण-मुद्राएं जारी कीं। इनके नाम हैं : 1. दंडधारी या ध्वजधारी, 2. धनुर्धारी, 3. परशुधारी, 4. अश्वमेध भांति, 5. वीणाधारी, और 6. व्याघ्रहंता। इनमें से प्रत्येक भांति के सिक्के विविध प्रकारों और उप-प्रकारों में उपलब्ध हैं।

चित्र 12.5 : समुद्रगुप्त की 'दंडधारी प्रकार' स्वर्ण मुद्रा। पुरोभाग : आहुति देते राजा के बाएं हाथ के नीचे 'समुद्र' शब्द और 'तत विजयो जितरिपुर...' लेख। पृष्ठभाग : मंचासीन देवी और 'पराक्रम' लेख।

समुद्रगुप्त के सिक्कों में सबसे अधिक प्रचलित ध्वजधारी या दंडधारी सिक्के रहे। बयाना-निधि में समुद्रगुप्त के जो 183 सिक्के मिले उनमें 143 ध्वजधारी प्रकार के हैं। इन सिक्कों के पुरोभाग पर राजा बाईं ओर खड़ा है। उसके कान में कुंडल, छाती पर हार और हाथ में कड़ा है। वह टोपी, कोट और पतलून पहने है। उसके बाएं हाथ में दंड या ध्वज है। बाएं हाथ के नीचे 'समुद्र' शब्द है और छंदोबद्ध मुद्रालेख है : समर-शत-वितत विजयोजित रिपुरजितो ... दिवं जयति (सर्वत्र विजयी राजा, जिसने सैकड़ों युद्धों में सफलता प्राप्त की और शत्रु को पराजित किया, स्वर्ग-श्री प्राप्त करता है)। छंदोबद्ध मुद्रालेख अंकित कराने वाला भारत का पहला शासक संभवतः समुद्रगुप्त ही था।

समुद्रगुप्त के इन ध्वजधारी सिक्कों के पृष्ठभाग पर सिंहासनासीन देवी है। उसके बाएं हाथ में कॉर्नुकोपिया और दाएं हाथ में पाश है। साथ ही, मुद्रालेख है : 'पराक्रमः'।

समुद्रगुप्त की यह ध्वज या दंडधारी प्रकार की स्वर्ण-मुद्रा उसके पूरे शासनकाल के दौरान प्रचलित रही। यह कई उप-प्रकारों में उपलब्ध है। समुद्रगुप्त की इन ध्वजधारी मुद्राओं पर कुषाण मुद्राओं का प्रभाव दिखाई देता है। मगर आगे हम

देखते हैं कि समुद्रगुप्त और दूसरे गुप्त सम्राटों ने जो स्वर्ण-मुद्राएं जारी कीं वे काफी हद तक मौलिक शैली की हैं।

गुप्त शासकों ने अपनी आरंभिक स्वर्णमुद्राएं कुषाण मुद्राओं के अनुकरण पर बनवाई थीं। जैसे, आरंभ में समुद्रगुप्त को कोट-पतलून पहनकर हवन करते हुए दर्शाया गया है। मगर इसमें आश्चर्य की कोई बात नहीं है; मुद्राओं में अक्सर ही परंपरा का अनुकरण देखने को मिलता है। बाद में गुप्त मुद्राओं में सुधार हुआ, उनमें मौलिकता आई, तब सम्राटों को धनुर्धर, परशुधारी, व्याघ्रहंता आदि रूपों में दिखाया गया।

गुप्त सिक्कों मे धनुर्धारी प्रकार काफी लोकप्रिय रहा। इस प्रकार की समुद्रगुप्त की भी कुछ स्वर्णमुद्राएं मिली हैं, जिनके पुरोभाग पर खड़े राजा के बाएं हाथ में धनुष, दाएं हाथ में बाण, बाएं हाथ के नीचे 'समुद्र' नाम और वर्तुलाकार में छंदोबद्ध मुद्रालेख है : 'अप्रतिरथो विजित्य क्षितिं सुचरितैः दिवं जयति' (पृथ्वी को जीतकर अपराजित राजा सुकुर्मों से स्वर्ग प्राप्त करता है)। पृष्ठभाग पर मंचासीन देवी और लेख है : 'अप्रतिरथः' (अद्वितीय अश्वारोही)।

परशुधारी प्रकार की स्वर्णमुद्रा के पुरोभाग पर समुद्रगुप्त को परशु धारण किए हुए दिखाया गया है और उसके दाएं या बाएं एक बौना आदमी है। वर्तुलाकार में छंदोबद्ध मुद्रालेख है : 'कृतान्तपरशुर्जयत्यजितराजजेताजितः' (संहारक परशु धारण करने वाला, अजेय राजाओं को भी जीतने वाला, पराभव से सर्वथा अपरिचित राजा विजयी है)। पृष्ठभाग पर हाथों में वृषभशृंग व पाश धारण की हुई सिंहासनासीन देवी है और मुद्रालेख है : 'कृतान्तपरशुः'।

चित्र 12.6 : समुद्रगुप्त की स्वर्णमुद्रा : अश्वमेध प्रकार

समुद्रगुप्त ने उत्तर और दक्षिण भारत की अपनी विजय-यात्राओं के बाद अश्वमेध यज्ञ करके अश्वमेध प्रकार की स्वर्णमुद्राएं जारी की होंगी। इन कलात्मक मुद्राओं के पुरोभाग पर पताकायुक्त यूपस्तंभ के सामने घोड़ा है, उसके नीचे 'सि' (सिद्धम्) अक्षर है और वर्तुलाकार में मुद्रालेख है : 'राजाधिराजः पृथिवीमवित्वा (विजित्य) दिवं जयत्याहृतवाजिमेधः' (राजाधिराज, जिसने अश्वमेध किया है, पृथ्वी का रक्षण कर स्वर्ग को प्राप्त करता है)। पृष्ठभाग पर खड़ी राजमहिषी के साथ मुद्रालेख है : 'अश्वमेधपराक्रमः'।

समुद्रगुप्त के व्याघ्रनिहंता प्रकार के बहुत कम सिक्के मिले हैं। इनके पुरोभाग

पर राजा को प्रत्यंचा खींचते हुए बाईं और व्याघ्र पर बाण-संधान करते हुए दिखाया गया है, और मुद्रालेख है : 'व्याघ्रपराक्रमः'। पृष्ठभाग पर खड़ी देवी और मुद्रालेख है : 'व्याघ्रपराक्रमः' अथवा 'राजा समुद्रगुप्तः'।

समुद्रगुप्त की वीणाधारी प्रकार की स्वर्णमुद्राओं को देखने से लगता है कि वह संगीत का प्रेमी था। काफी कम संख्या में उपलब्ध इन सिक्कों के पुरोभाग पर मंचासीन राजा को गोद में वीणा लेकर उसे बजाते हुए दिखाया गया है और वर्तुलाकार में मुद्रालेख है : 'महाराजाधिराज श्रीसमुद्रगुप्तः'। पृष्ठभाग पर मंचासीन देवी और लेख है : 'समुद्रगुप्तः'।

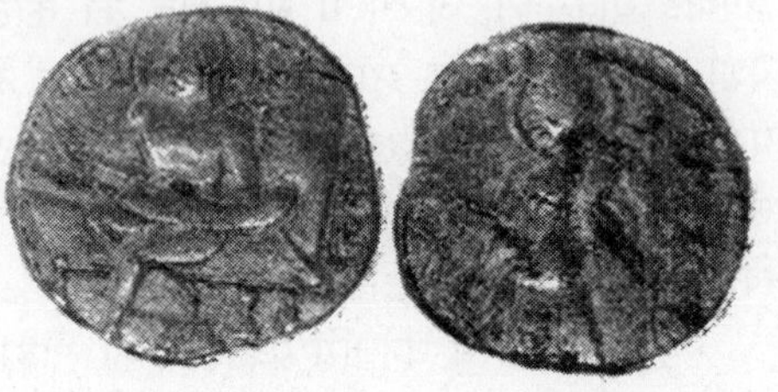

चित्र 12.7 : समुद्रगुप्त की स्वर्णमुद्रा : वीणाधारी प्रकार

चंद्रगुप्त-द्वितीय (380-412 ई.)? की आठ प्रकार की स्वर्णमुद्राएं मिली हैं। उसने अपने पिता समुद्रगुप्त के कई प्रकार के सिक्कों को बंद करवा दिया और कुछ नए किस्म के सिक्के जारी किए। समुद्रगुप्त के व्याघ्रनिहंता और वीणाधारी प्रकार के स्थान पर चंद्रगुप्त ने सिंहनिहंता और पर्यंक (पलंग) प्रकार के सिक्के जारी किए। उसने दंडधारी और धनुर्धारी प्रकार के तो सिक्के चलाए, मगर अपने पिता की तरह अश्वमेध[5] तथा परशुधारी प्रकार के सिक्के नहीं निकाले। चंद्रगुप्त-द्वितीय ने अश्वारोही, छत्र और चक्र-विक्रम प्रकार के नए सिक्के जारी किए। इनमें अश्वारोही तथा छत्र प्रकार के सिक्के काफी संख्या में उपलब्ध हैं, मगर पर्यंक (राजा-रानी) प्रकार और चक्र-विक्रम भांति के सिक्के दुर्लभ हैं। हां, उसके धनुर्धर भांति के सिक्के पर्याप्त संख्या में मिले हैं।

चित्र 12.8 : सिंहनिहंता चंद्रगुप्त विक्रमादित्य

चंद्रगुप्त-द्वितीय की दंडधारी भांति की एक उप-प्रकार की स्वर्णमुद्रा के पुरोभाग पर खड़ा राजा दाएं हाथ से अग्निकुंड में आहुति दे रहा है और बाएं हाथ के नीचे लेख है : 'चन्द्रगुप्त'। वर्तुलाकार में लेख है : 'वसुधां विजित्य जयति त्रिदिवं

पृथिवीश्वरः’। पृष्ठभाग पर मंचासीन देवी और परमभागवत लेख है। छत्र प्रकार के सिक्के लगभग दंड प्रकार के ही हैं। इनके पुरोभाग पर खड़ा राजा आहुति दे रहा है, उसके पीछे एक बौना आदमी है और वर्तुलाकार में मुद्रालेख है : ‘महाराजाधिराज श्रीचंद्रगुप्तः’। पृष्ठभाग पर खड़ी देवी और ‘विक्रमादित्य’ विरुद है। चंद्रगुप्त संभवतः एक कुशल अश्वारोही था, इसलिए उसने अश्वारोही प्रकार के नए सिक्के जारी किए। इनके पुरोभाग पर ‘परमभागवत महाराजाधिराज श्रीचंद्रगुप्तः’ और पृष्ठभाग पर ‘अजितविक्रमः’ मुद्रालेख हैं।

चित्र 12.9 : चंद्रगुप्त-द्वितीय की स्वर्णमुद्रा : दंडधारी प्रकार

चंद्रगुप्त-द्वितीय के सिक्के अच्छी बनावट के हैं, कला के उत्कृष्ट उदाहरण हैं। सिंहनिहंता प्रकार के सिक्कों में कलाकार ने राजा के शौर्य और आत्मविश्वास को बड़ी खूबी से अंकित किया है।

चंद्रगुप्त-द्वितीय के उत्तराधिकारी कुमारगुप्त-प्रथम (414-455 ई.) ने कुल 14 प्रकार की स्वर्ण-मुद्राएं जारी कीं। इनमें आठ भांति के सिक्के पूर्ववर्ती गुप्त शासकों के अनुकरण पर बनाए गए हैं और छह भांति के सिक्के एकदम नए किस्म के हैं। नए प्रकार हैं—खड्गहस्त, गजारोही, गजारोही-सिंहनिहंता, कार्तिकेय, खड्गनिहंता और अप्रतिघ।

कुमारगुप्त ने भी धनुर्धर, छत्र, अश्वमेध, अश्वारोही और वीणा-वादक की स्वर्ण-मुद्राएं जारी कीं। कुमारगुप्त का वीणा-वादक प्रकार का सिक्का समुद्रगुप्त की तरह का ही है। इसके पुरोभाग पर ‘महाराजाधिराज श्रीकुमारगुप्तः’ लेख है। पृष्ठभाग पर मंचासीन देवी और ‘कुमारगुप्त’ नाम है। इस भांति के केवल दो ही सिक्के बयाना-निधि में मिले हैं।

कुमारगुप्त का नामकरण कुमार यानी कार्तिकेय के नाम पर हुआ था। इसलिए शायद उसने उस देवता के प्रति आदरभाव दिखाने के लिए कार्तिकेय प्रकार का सिक्का निकाला। इस भांति के सिक्के पुरोभाग पर हम देखते हैं कि खड़ा राजा मोर को अंगूर खिला रहा है और मुद्रालेख है : ‘जयति स्वगुणैर्गुणारविन्दः महेन्द्रकुमारः’ (अपने गुणों से विजयी महेन्द्रकुमार)। पृष्ठभाग पर मयूरासीन कार्तिकेय का अंकन है और लेख है : ‘महेन्द्रकुमारः’।

अप्रतिघ (अजेय) भांति की मुद्रा के बारे में विद्वानों में काफी मतभेद है। इस सिक्के के पुरोभाग पर तीन मानवाकृतियां हैं। इनमें बीच का पुरुष हाथ जोड़े खड़ा

है, जिसकी बुद्ध, शिव, राजा आदि के रूप में कल्पना की गई है। उसके दाएं-बाएं दो खड़ी नारियों का अंकन है। मुद्रालेख अस्पष्ट है। पृष्ठभाग पर देवी के अंकन के अलावा मुद्रालेख है : 'अप्रतिघः'।

कुमारगुप्त-प्रथम के उत्तराधिकारी स्कंदगुप्त-प्रथम (455-468 ई.) का शासन काफी संकटमय रहा। उसके समय में पश्चिमोत्तर भारत पर हूणों ने हमला कर दिया था। स्कंदगुप्त को अनेक लड़ाइयां लड़नी पड़ीं। उसके शासन की प्रतिकूल परिस्थितियों का प्रभाव उसकी मुद्राओं पर भी लक्षित हुआ। स्कंदगुप्त की केवल चार प्रकार की ही स्वर्ण-मुद्राएं मिलती हैं। ये प्रकार हैं—धनुर्धारी, राजा-लक्ष्मी, छत्र और अश्वारोही। स्कंदगुप्त को नए किस्म की मुद्राएं जारी करने के सुअवसर नहीं मिले। इतना ही नहीं, उसने अपनी स्वर्ण-मुद्राओं का तौल भी बढ़ा दिया और उनमें हीनधातु की मात्रा भी बढ़ा दी। उसके कुछ सिक्के करीब 432 ग्रेन के हैं और कुछ 144 ग्रेन (80 रत्ती) के भी। स्मृति-ग्रंथों में 80 रत्तियों की स्वर्ण मुद्रा को 'सुवर्ण मुद्रा' कहा गया है।

चित्र 12.10 : कुमारगुप्त-प्रथम की स्वर्णमुद्रा : अप्रतिघ प्रकार

स्कंदगुप्त के धनुर्धर भांति के सिक्कों के पुरोभाग पर खड़े राजा के हाथों में धनुष और बाण हैं और मुद्रालेख है : 'जयित महीतलं स्कंदगुप्त सुधन्वी'। पृष्ठभाग पर लक्ष्मी के अंकन के अलावा लेख है : 'श्रीसमुद्रगुप्तः'। उसके राजा-लक्ष्मी प्रकार के सिक्कों पर भी इसी तरह के मुद्रालेख हैं।

स्कंदगुप्त के समय से गुप्त साम्राज्य की अवनति आरंभ हुई। घटोत्कच गुप्त उसका भाई या चाचा था। उसकी धनुर्धर और छत्र भांति की स्वर्ण-मुद्राएं मिली हैं। इनमें धनुर्धर भांति की केवल दो ही मुद्राएं उपलब्ध हैं—एक सेंट-पीटर्सबर्ग संग्रहालय (रूस) में और दूसरी कोलकाता के एक निजी संग्रह में।

स्कंदगुप्त के बाद के बुधगुप्त, नरसिंहगुप्त, कुमारगुप्त (द्वितीय), विष्णुगुप्त और वैन्यगुप्त नामक शासकों की भी स्वर्ण-मुद्राएं मिली हैं। कुछ ऐसे भी शासक हैं जिनका नाम केवल उनके सिक्कों से ही ज्ञात होता है। जैसे प्रकाशदित्य, जो किसी गुप्त शासक का विरुद भी हो सकता है। इन परवर्ती गुप्त शासकों की स्वर्ण-मुद्राओं में कोई नवीनता नहीं है। इनका तौल भी ज्यादा है और इनमें हीनधातु की मिलावट भी अधिक है।

चंद्रगुप्त-द्वितीय, कुमारगुप्त-प्रथम, स्कंदगुप्त और बुधगुप्त ने चांदी के सिक्के भी जारी किए। सर्वप्रथम चंद्रगुप्त-द्वितीय ने ये सिक्के शक-क्षत्रपों के प्रदेश (पश्चिमी भारत) पर अधिकार करके उनके चांदी के सिक्कों के अनुकरण पर बनवाए थे। चांदी के सिक्कों की कुछ निधियां भी मिली हैं। चांदी के इन सिक्कों का औसत तौल 29 ग्रेन है।

कुछ गुप्त शासकों ने, सीमित मात्रा में, तांबे के भी सिक्के जारी किए। मध्य प्रदेश के एरण (सागर जिला) और विदिशा स्थानों से रामगुप्त के तांबे के कुछ सिक्के मिले हैं। इन सिक्कों से चंद्रगुप्त-द्वितीय के बड़े भाई रामगुप्त का कुछ साल तक राज्य करना प्रमाणित होता है। मालवा क्षेत्र से गुप्त शासकों के सीसे के भी करीब दो सौ नन्हे सिक्के मिले हैं। ये सिक्के पश्चिमी क्षत्रपों के अनुकरण पर बने हैं। गुप्त काल में रोजमर्रा का सामान्य आर्थिक जीवन वस्तु-विनिमय अथवा कौड़ियों के इस्तेमाल पर आधारित था।

गुप्तों के समय में महाविदर्भ पर वाकाटकों का शासन था। दोनों के बीच अच्छे संबंध थे; चंद्रगुप्त-द्वितीय की पुत्री प्रभावती गुप्त का विवाह वाकाटक सम्राट से हुआ था। वाकाटकों के कई अभिलेख मिले हैं, मगर अभी तक उनकी एक भी मुद्रा प्राप्त नहीं हुई है। लगता है कि वाकाटक शासकों ने अपने सिक्के जारी नहीं किए। वाकाटक साम्राज्य में गुप्त-मुद्राएं और पश्चिमी क्षत्रपों के सिक्के ही प्रचलित रहे।

संदर्भ और टिप्पणियां

1. उत्तरापथ : विंध्याचल के उत्तर में स्थित प्रदेश का सामान्य नाम धर जातक में उत्तरापथ तथा यहां की असिबांजना नामक नगरी का उल्लेख है। यह नगरी वर्तमान मथुरा के निकट थी हर्षचरित में उत्तरापथ को विंध्य के उत्तर में स्थित देश का पर्याय माना है। उत्तरापथ में कुषाणों का राज्य था।
2. दीनार (Denarius) : चांदी के रोमन सिक्कों का नाम। गुप्त दीनारों का तौल कुषाण स्वर्ण-मुद्राओं की तरह लगभग 8 ग्राम था।
3. चंद्रगुप्त प्रथम : गुप्त राजाओं के वंश का प्रवर्तक और पहला शासक। शुरू में उसका शासन मगध के कुछ भागों तक सीमित था। बाद में उसने लिच्छवी कुमारी कुमारदेवी से विवाह करके अपनी शक्ति और राज्य का विस्तार किया। उसने पाटलिपुत्र को अपनी राजधानी बनाया, महाराजाधिराज की उपाधि धारण की; स्वयं अपनी रानी और लिच्छवियों के नाम पर संयुक्त रूप से सोने के सिक्के चलाए। साम्राज्य का विस्तार मगध से बाहर इलाहाबाद तक किया और एक नए युग का

आरंभ किया जो गुप्तकाल के नाम से जाना गया।

4. घटोत्कच : घटोत्कच को कुमारगुप्त (प्रथम) के पुत्र होने का अनुमान किया जाता रहा। अभी हाल में रामटेक से एक अभिलेख प्राप्त हुआ जिससे ज्ञात हुआ कि घटोत्कच गुप्त प्रभावती गुप्त का भाई था। प्रभावती गुप्त कुबेरनाम महिषी से उत्पन्न चन्द्रगुप्त (द्वितीय) की पुत्री थी। कुमार गुप्त (प्रथम) भी चंद्रगुप्त (द्वितीय) का एक अन्य महिषी ध्रुवस्वामिनी से उत्पन्न पुत्र था। इस प्रकार घटोत्कच गुप्त और कुमार गुप्त दोनों सगे सौतेले भाई थे।

5. अश्वमेध का विधान ऋग्वेद में मिलता है। जब कोई विजयी राजा अपने को सार्वभौम राजा घोषित करना चाहता था तो वह अश्वमेध यज्ञ करता था। इस यज्ञ में एक घोड़ा छोड़ा जाता था जो साल भर इच्छानुसार विचरण करता था। उस घोड़े के पीछे-पीछे सेना चलती थी जिसका नायकत्व अश्वमेध करने वाला राजा अथवा उसकी ओर से नियुक्त कोई राजकुमार करता था। जब अश्वमेध का घोड़ा किसी दूसरे राज्य में प्रवेश करता था तो वह या तो युद्ध करता था बिना लड़े अधीनता स्वीकार कर लेता था। अश्वमेध करने वाला राजा उन सभी राजाओं को, जिनके राज्य से होकर घोड़ा गुजरता था, परास्त करने या अपने अधीन बनाने में सफल हो जाता था तो सब विजयी होकर अधीनस्थ राजाओं के साथ अपनी राजधानी लौटकर एक महोत्सव करता था जिसमें उस घोड़े की बलि दी जाती थी। इस यज्ञ में यज्ञ कराने वाला पुरोहित आख्यानों द्वारा और वीणावादक क्षत्रिय वीणा पर यज्ञकर्ता राजा की विजय यात्राओं का स्वरचित प्रशस्ति-गायन करता था। यवनों, गुप्त राजाओं, महेंद्र वर्मा और आदित्यसेन ने अश्वमेध यज्ञ किया। दक्षिण भारत में चालुक्य राजाओं ने भी यज्ञ का अनुष्ठान किया।

6. एरण, देखिए अध्याय 4, टिप्पणी-3।

13

श्वेत हूणों के सिक्के
(हेफतालों के सिक्के)

गुप्त साम्राज्य की अवनति के बाद पश्चिमोत्तर भारत में और मध्यप्रदेश में विदिशा[1] तक हूणों का शासन स्थापित हुआ। हूण शासक तोरमाण और उसके उत्तराधिकारी मिहिरकुल (मिहिररगुल) ने ईसा की पांचवीं सदी के अंतिम दशक में और छठी सदी के पूर्वार्ध (490-550) में गंधार, पंजाब, उत्तर प्रदेश, राजस्थान, गुजरात और मालवा पर शासन किया। ईरान का सासानी साम्राज्य हूणों की दया पर निर्भर था। समूचे उत्तरापथ (मध्य-एशिया सहित) में हूण अब कुषाणों और गुप्तों के उत्तराधिकारी थे।

हूणों के बारे में कई बातें विवादास्पद हैं और गलतफहमियां भी हैं। भारतीय साहित्य में मध्य-एशिया के इन नवागंतुकों को हूण या म्लेच्छ कहा गया है। मगर ये मंगोलायित हूण जाति के नहीं थे। ग्रीक और आरमी लेखकों ने इन्हें 'श्वेत हूण' या 'हेफताल' कहा है। वस्तुतः मध्य-एशिया के यू-ची (जिनकी एक शाखा कुषाण थे) कबीले की तरह श्वेत हूण भी शक-संतान थे, जिन्हें चीन की सीमा से भगाए गए हूणों ने पश्चिम की ओर खदेड़ दिया था। ये हूणों की संस्कृति से प्रभावित हुए थे और इनका रंग अधिक गोरा था, इसीलिए इन्हें 'श्वेत हूण' कहा गया।

श्वेत हूण या हेफताल पश्चिमी शकों की संतान थे। असली हूणों की तरह ये मंगोल जाति के नहीं थे। तोरमाण और मिहिरकुल के सिक्कों पर मौजूद इनकी छवियों से यह बात स्पष्ट हो जाती है। इनकी और कुषाण सम्राटों की छवियों में बहुत समानता है। शकों की संतान होने के कारण इन श्वेत हूणों को भी आर्यभाषियों के दूर के भाई-बंद कहा जा सकता है। इनका मूल निवास वर्तमान ताशकंद प्रदेश में था। चीनी तुर्किस्तान की ओर से खानाबदोश कबीलों का दबाव पड़ने पर श्वेत हूणों की दक्षिण की ओर की यात्रा आरंभ हुई थी। इस अभियान में सोग्द-उपत्यका, बख्त्रिया और वंक्षु-उपत्यका इनके पड़ाव बने। बुखारा के पास बरख़्शा में हेफतालों की राजधानी थी। उसी दौरान वे भारतीय संस्कृति के प्रभाव में आ गए थे। यही कारण है कि भारतीय संस्कृति को अपनाने में तोरमाण और

मिहिरकुल जैसे हेफताल (श्वेत हूण) शासकों को कोई कठिनाई नहीं हुई। मिहिरकुल के ग्वालियर में बनवाए सूर्य-मंदिर के अभिलेख से भी यही मालूम होता है। श्वेत हूणों के सिक्कों से भी यह बात प्रमाणित होती है।

ईसा की पांचवीं सदी के लगभग मध्यकाल में हेफताल वंक्षु-उपत्यका के अपने स्थान से ईरान और भारत की ओर आगे बढ़े। हिंदूकुश पार करके उन्होंने गंधार पर अधिकार कर लिया। गंधार के पहले हेफताल शासक का नाम थुजिना था। उसके सिक्के तथा कल्हण की **राजतरंगिणी**[2] से यह बात स्पष्ट होती है। स्कंदगुप्त (455-67 ई.) ने हेफतालों को आगे नहीं बढ़ने दिया, मगर ईरान का शासक उन्हें रोक नहीं पाया। उन्होंने ईरान के सासानी शासक फीरोज पर हमला किया और उसे मार डाला (480 ई.)। ईरानियों से हेफतालों का संघर्ष जारी रहा; दोनों में सांस्कृतिक मेल-जोल भी काफी हुआ।

पांचवीं सदी के अंत में हेफताल सरदार तोरमाण ने पंजाब से आगे बढ़कर भारत और एरण (सागर जिला) तक मध्यप्रदेश पर अधिकार कर लिया। तोरमाण का उत्तराधिकारी मिहिरकुल 515 ई. के आसपास गद्दी पर बैठा। युवान्-च्वाड़् और **राजतरंगिणी** के अनुसार वह एक क्रूर व निरंकुश शासक था। उसने गुजरात,

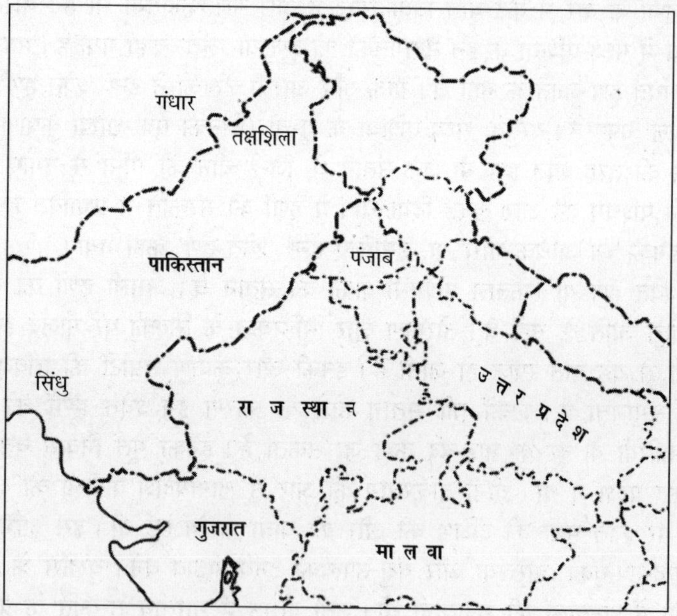

चित्र (नक्शा) 13.1 : श्वेत हूणों का शासन स्थान

राजस्थान और मध्यप्रदेश में अपने राज्य का विस्तार किया। ग्वालियर में बनवाये गये उसके सूर्य-मंदिर का अभिलेख लगभग 530 ई. का है। युवान्-च्वाङ्[3] के अनुसार मिहिरकुल की राजधानी साकल (सियालकोट) में थी।

अंततः दो भारतीय शासक–यशोधर्मन् और नरसिंहगुप्त–भारत में हेफतालों के अवसान का कारण बने। उधर हेफतालों के वंक्षु-उपत्यका के केंद्रीय शासन को तुर्कों और ईरानियों की संयुक्त शक्ति ने 563-567 ई. के बीच करारी चोट पहुंचाई। फलतः हेफतालों का शासन, न केवल भारत से, बल्कि पश्चिमी मध्य-एशिया से भी समाप्त हो गया।

हेफतालों ने जिन-जिन प्रदेशों पर कब्जा किया, वहां उन्होंने उन-उन प्रदेशों में प्रचलित सिक्कों के अनुकरण पर अपने सिक्के चलाए। गंधार प्रदेश में उन्होंने स्थानीय पद्धति के सिक्के चलाए। अफ़ग़ानिस्तान में सासानी-ईरानी पद्धति के सिक्के चलाए। भारत में उन्होंने गुप्तों के चांदी के सिक्कों का अनुकरण किया। कश्मीर में उन्होंने कुषाण सिक्कों का अनुकरण किया। हेफतालों ने केवल चांदी और तांबे के सिक्के जारी किए। अब तक उनके सोने के सिक्के नहीं मिले हैं।

तोरमाण और मिहिरकुल, दोनों ने ही ईरानी-सासानी ढंग के सिक्के जारी किए। इनके पुरोभाग पर राजा की आवक्ष-प्रतिमा और पृष्ठभाग पर दो सेवकों सहित सासानी पद्धति की अग्निवेदिका है। इन सिक्कों पर खंडित मुद्रालेख भी देखने को मिलते हैं। तोरमाण के चांदी के सिक्के पर ब्राह्मी में उसके विरुद हैं : 'साहि जबुवल' या 'जबुल'। यह संभवतः कुलनाम है। तोरमाण और मिहिरकुल के अभिलेखों में भी यह विरुद पाया जाता है।

मिहिरकुल के कुषाण ढंग के बहुत-से सिक्के मिले हैं, विशेषकर पंजाब से।

चित्र 13.2 : किदार कुषाण शासक विनयादित्य की इलेक्ट्रम मुद्रा (लगभग 475 ई.)

ये सिक्के विविध आकार के हैं। इन सिक्कों पर एक ओर नंदी की आकृति है और उसके नीचे ब्राह्मी में लेख है : 'जयतु बृषध्वज'। दूसरी ओर अश्वारोही राजा और 'मिहिरकुल' लेख है।

तोरमाण ने जब काबुल प्रांत पर कब्जा किया, तो वहां सासानी ढंग के सिक्के चलाए। ऐसे सिक्कों के पुरोभाग पर भद्दा उर्ध्व-शरीर और पृष्ठभाग पर ब्राह्मी में 'तोर' लिखा मिलता है। मध्यप्रदेश पर अधिकार करने पर हेफताल शासकों ने चांदी और ताबे के अपने सिक्के गुप्त सिक्कों के अनुकरण पर बनवाए। तोरमाण के चांदी के ऐसे सिक्कों के पुरोभाग पर राजा का सिर, तिथि और गुप्तकालीन ब्राह्मी लिपि में लेख है : **'विजितावनिरपतिः श्रीतोरमाणै'**। ऐसे ही मुद्रालेख स्कंदगुप्त और कुमारगुप्त की स्वर्णमुद्राओं पर भी देखने को मिलते हैं। पृष्ठभाग पर पंखयुक्त मोर की आकृति है।

हेफताल शासकों ने अपनी तांबे की मुद्राओं के लिए गुप्तों की धनुर्धर और अश्वारोही शैलियों का भी अनुकरण किया। तोरमाण ने अपने सिक्कों के लिए धनुर्धर प्रकार को अपनाया। इन सिक्कों के पृष्ठभाग पर लक्ष्मी का प्रतिमांकन है। मिहिरकुल ने अश्वारोही प्रकार को अपनाया। इन सब बातों से पता चलता है कि हेफताल भारत में अपने को गुप्तों का उत्तराधिकारी समझते थे।

चित्र 13.3 : श्वेत-हूण शासक जबुवुल, मिहिरकुल और तोरमाण (क्रमशः 1, 2 व 4) के सिक्कों पर अंकित उनकी छबियां। तुलना के लिए कुषाण सम्राट कनिष्ठ के सिक्के (नं. 3) पर उसकी छबि। महाकोशल के नलवंशी शासक (क्रमशः) भवदत्तराज, और अर्थपतिराज की स्वर्ण-मुद्राएं (पांचवीं सदी ई.)

हेफतालों के सिक्कों पर मुद्रालेख स्पष्ट नहीं हैं। उनके सासानी पद्धति के सिक्कों पर पह्लवी और हेफताली भाषा में लेख हैं। कुछ सिक्कों पर पह्लवी, हेफताली और भारतीय लिपि में भी लेख हैं। इन हेफतालों ने अपने सिक्के मुख्यतः सासानी सम्राट फीरोज के सिक्कों के अनुकरण पर बनवाए थे। इन सिक्कों का भारतीय सिक्कों पर बड़ा प्रभाव पड़ा और इनके अनुकरण पर राजस्थान, गुजरात, उत्तर प्रदेश और मालवा में बाद में भी सिक्के बनते रहे। इन्हें हम 'हिंद-हेफताल' मुद्रा

का नाम दे सकते हैं। इन सिक्कों के अनुकरण पर तांबे के जो सिक्के आगे भी बनते रहे वे 'गधैया' या 'गधिया' पैसा के नाम से मशहूर हुए।

भारतीय प्रदेशों पर हेफतालों या श्वेत हूणों का शासन भले ही समाप्त हो गया हो, मगर वे भारत से वापस नहीं गए। शासक होने के कारण उन्हें शूद्रों या म्लेच्छों की स्थिति में नहीं रखा जा सकता था। इसलिए आबू में बाकायदा शुद्धीकरण संस्कार हुआ और उन्हें विशिष्ट क्षत्रिय मान लिया गया। अग्निदीक्षा के बाद वे विदेशी नहीं रह गए। उन्हें राजपूतों के प्रसिद्ध अग्निकूलों में स्थान मिल गया। पृथ्वीराजरासो[4] (चंद बरदाई) ने उनकी गणना उच्च राजपूत घरानों में की है। उनमें से कुछ श्वेत हूण पंजाब में बस गए और खत्री कहलाए। उनमें से कुछ आज भी उपनाम 'हूण' लिखते हैं।

कुषाण (यू-ची)[5] और श्वेत हूण (हेफताल), दोनों ही शकवंशी थे। अंतिम कुषाण सम्राट वासुदेव के साथ भारत में उनका साम्राज्य भले ही समाप्त हो गया हो, मगर उनके एक कबीले या वंश का शासन तत्कालीन पश्चिमोत्तर सीमाप्रांत में आगे कई सदियों तक चलता रहा। उसके **पहले शासक किदार के नाम पर उसे किदार कुषाण वंश के नाम से जाना जाता है। किदार** कुषाणों ने कटोरीनुमा सोने के सिक्कों के अलावा चांदी के सासानी ढंग के द्रख्म भी जारी किए। चांदी के इन द्रख्मों पर ब्राह्मी लिपि में लेख है : **किदार कुशान शाह**। इन किदारियों के पूर्वी भाग (जम्मू-पंजाब) से ऐसे सिक्के मिले हैं, जिनके पुरोभाग पर भाला लिये खड़ा राजा है और उसके हाथ के नीचे 'किदार' लिखा है। पृष्ठभाग पर मंचासीन आरदोक्षो देवी है और ब्राह्मी में राजा का नाम है।

हमने देखा है कि गुप्त सम्राटों ने बड़ी तादाद में सोने के सिक्के जारी किए थे। किंतु उन्हीं के समकालीन वाकाटकों ने संभवतः कोई सिक्का जारी नहीं किया, ऐसी स्थिति में यह काफी आश्चर्य की बात है कि उन्हीं के समकालीन और पड़ोसी एक छोटे राजवंश ने सोने के सिक्के जारी किए। यह है दक्षिणी कोशल का नल वंश। बस्तर के कोडेगांव तहसील के एक गांव से 1939 ई. में इस वंश की सोने की 32 मुद्राएं उपलब्ध हुई थीं। पत्रों से काटे गए इन गोलाकार सिक्कों पर नंदी और अर्धचंद्र की आकृतियों के अलावा ईसा की पांचवीं सदी की पेटिकाशीर्ष ब्राह्मी लिपि में वराहराज, भवदत्तराज और अर्थपतिराज के नाम अंकित हैं। नल वंशी शासकों के कुछ ताम्रपट भी मिले हैं, जिनसे पत ा चलता है कि वाकाटकों से इनकी मुठभेड़ होती रहती थी। अंततः ईसा की आठवीं सदी में महाकोशल के इस नलवंश का अवसान हो गया।

संदर्भ और टिप्पणियां

1. विदिशा : प्राचीन भारत की प्रसिद्ध नगरी जिसका अभिज्ञान वर्तमान भीलसा या बेसनगर से किया गया है। यह नगरी वेत्रवती नदी (बेतवा) के तट पर बसी हुई थी। विदिशा का शायद सर्वप्रथम उल्लेख वाल्मीकि रामायण, उत्तर 108, 10 में है जिससे सूचित होता है कि शत्रुघ्न के पुत्र शत्रुघाती को विदिशा और सुबाहु को मघुरा या मथुरा का राजा बनाया गया था। अशोक के समय में विदिशा दक्षिणापथ की मुख्य नगरी थी। अपने पिता के शासनकाल में अशोक दक्षिणापथ का शासक था और विदिशा में ही रहता था। यहीं के एक धनवान् श्रेष्ठी की कन्या देवी से उसने विवाह किया था। बौद्ध साहित्य से सूचित होता है कि अशोक के पुत्र महेंद्र और पुत्री संघमित्रा, देवी की संतान थी।

   अशोक ने मगध-सम्राट् बनने के पश्चात् विदिशा के उपनगर सांची में अपना प्रसिद्ध स्तूप बनवाया था। जिस समय पुष्पमित्र शुंग मगध का सम्राट था तब विदिशा में उसका पुत्र अग्निमित्र शासक के रूप में रहता था। कालिदास ने मालविकाग्निमित्र नाटक में विदिशा को अग्निमित्र की राजधानी माना है। 11वीं शदी में अलबेरुनी ने विदिशा का नाम महाबलिस्तान बताया है। मुगलकाल में विदिशा मालवा के सूबे की छोटी सी नगरी थी। 18वीं शदी में विदिशा में मराठों का राज्य स्थापित हो गया और तब से आधुनिक काल तक यह भूतपूर्व ग्वालियर रियासत की एक छोटी किंतु महत्वपूर्ण नगरी बनी रही।

2. राजतरंगिणी : प्राचीन भारत में रची गई एकमात्र ऐतिहासिक कल्हण कवि रचना है। इसके रचयिता कल्हण (12वीं शताब्दी ई.) के हैं। राजतरंगिणी में कश्मीर का आदि युगीन समुद्र से भूमि की सृष्टि का विवरण लिखा गया है। आठ तरंगें हैं और यह रचना पद्य में है।

   पहली तीन में कश्मीर का सातवीं शताब्दी ई. का इतिहास है। चौथी से छठी तरंग में 11वीं शताब्दी का इतिहास और अंतिम दो तरंगों में 12वीं शताब्दी का इतिहास का विवरण है। पहले खंड में रचयिता एक ब्राह्मण और एक मंत्री का पुत्र है। वह संस्कृत का विद्वान है और एक तस्वीर बनाता है जो उसके विचार से एक आदर्श विश्व था जिसमें पुत्र अपने पिताओं के उत्तराधिकारी होते थे और वर्ण तथा लैंगिक श्रेणी की परम्परा का कठोरता से पालन किया जाता था। दो खंडों में वे बताते हैं कि इन नियमों का उल्लंघन कैसे हुआ। राजतरंगिणी में कश्मीर के इतिहास की उपयोगी जानकारी मिलती है।

3. युवान् च्वाङ : हर्ष के शासनकाल में चीनी बौद्ध पर्यटक युवान् च्वाङ पूर्वी मध्य-एशिया, बल्ख और काबुल के रास्ते से होता हुआ 629 ई. में भारत आया

था और उसने यहां 17 साल गुजारे। भारत में रहकर उसने बौद्धधर्म की स्थिति का अवलोकन किया, नालंदा में कई साल तक अध्ययन किया और 645 ई. में स्वदेश लौटते समय वह यहां से कई ग्रंथ अपने साथ ले गया। देश लौटकर उसने भारत-यात्रा के बारे में एक ग्रंथ लिखा। उसके दो शिष्यों ने उसकी जीवनियां लिखीं। यह सारी सामग्री भारत के इतिहास के लिए अत्यंत उपयोगी है। तत्कालीन भारत की साहित्यिक कृतियों से तो निश्चय ही अधिक उपयोगी है।

चित्र 13.4 : चीनी बौद्ध पर्यटक युवान् च्वाङ

4. पृथ्वीराज रासो (चंदबरदाई) : पृथ्वीराज चौहान दिल्ली और अजमेर के चौहान वंश का अंतिम शासक था। जिसके दरबारी कवि चंदबरदाई ने 'पृथ्वीराज रासो' या चंदरायसी नामक महाकाव्य की रचना की थी। इस ग्रंथ में मुख्य रूप से पृथ्वीराज चौहान की गौरवगाथा उसके विवाहों और मुसलमानों से युद्धों का वर्णन है।
5. यू-ची, देखिए, अध्याय 10 टिप्पणी नं. 1।

14

मध्यकालीन उत्तर-भारतीय मुद्राएं

आरंभिक गुप्त-नरेशों ने अपनी मुद्राएं कुषाणों और शक-क्षत्रपों की मुद्राओं के अनुकरण पर बनवाईं थीं। मगर उनमें मौलिकता और भरपूर कलात्मकता आने में अधिक देर नहीं लगी। स्कंदगुप्त के समय (455-468 ई.) तक गुप्त शासकों ने जो स्वर्ण-मुद्राएं जारी कीं उन्हें प्राचीन भारत की सर्वश्रेष्ठ मुद्राएं माना जा सकता है।

परंतु स्कंदगुप्त के बाद गुप्त साम्राज्य की जो अवनति शुरू हुई वह उसके सिक्कों में भी प्रकट होती है। गुप्त साम्राज्य के अवसान के बाद सिक्कों के मामले में स्थिति और भी दयनीय हो जाती है। छठी से बारहवीं सदी ईसवी तक ऐसी स्थिति के दर्शन होते हैं जिसे मुद्राविद अंधकार का युग मानते आ रहे हैं। इस लंबे सामंतवादी युग में देश के विभिन्न भागों में कई सारे राज्य स्थापित हुए और व्यापार-वाणिज्य की अवनति हुई। इस युग में सोने के सिक्के बहुत कम जारी हुए, चांदी के सिक्के भी दुर्लभ हैं और तांबे के सिक्के भी कम संख्या में ही ढाले गए। इस काल में जो सिक्के जारी किए गए उनमें मौलिकता का अभाव है, बनावट और तौल में भी एकरूपता नहीं है।

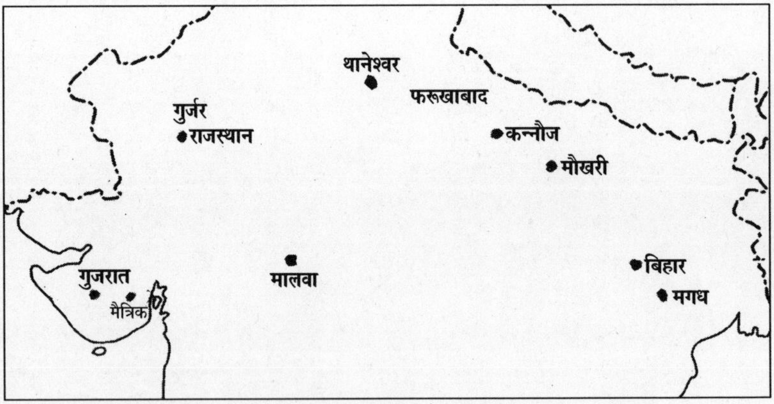

चित्र (नक्शा) 14.1 : मध्यकालीन उत्तर-भारतीय राज्य और निधि

मुद्राएं न केवल भुगतान की, बल्कि जमाखोरी की भी माध्यम रही हैं। गुप्तोत्तर काल में जब दूर के व्यापार-वाणिज्य का ह्रास हुआ, तो जमाखोरी बढ़ती गई और मुद्रा-प्रणाली में शिथिलता आई। ऐसी स्थिति में अधिकतर वस्तु-विनिमय से काम चलाया जाता था। दैनंदिन जरूरतों की चीजें कौड़ियों जैसी छोटी मुद्रा से खरीदी जाती थीं। ईसा की सातवीं सदी के चीनी यात्री युवान्-च्वाङ्.[1] ने भी लिखा है कि 'भारतीय लोग अपने व्यापारी लेन-देन में वस्तुओं की अदला-बदली करते हैं' क्योंकि उनके पास सोने-चांदी के सिक्के नहीं हैं।' वस्तुतः, अल्पसंख्या में सोने-चांदी के सिक्के मौजूद तो रहे हैं, मगर मध्ययुग में उनका चलन ज्यादा नहीं रहा।

श्वेत-हूणों के सिक्कों की चर्चा हम कर चुके हैं। यहां हम गुप्तोत्तरकालीन उत्तर भारत के कुछ प्रमुख राजवंशों की जानकारी देंगे। ये मुद्राएं अधिकतर गुप्त-मुद्राओं के अनुकरण पर ही बनी हैं।

गुप्तों के अवसान के बाद बंगाल (गौड़ और वंग) के समाचारदेव और जयगुप्त (जयनाग) प्रकांडयशस नामक दो शासकों की स्वर्णमुद्राएं मिलती हैं। इनका समय ईसा की छठी सदी का लगभग मध्यकाल है। इन्होंने गुप्तों के धनुर्धर शैली के सिक्के जारी किए, जिनके पृष्ठभाग पर लक्ष्मी का अंकन है। समाचारदेव ने अपने एक अन्य प्रकार के पृष्ठभाग पर लक्ष्मी की जगह पद्महस्ता लक्ष्मी को स्थान दिया।

गौड़[2] शासक शशांक (600-625 ई.) ने भी सोने के सिक्के जारी किए। उसके एक प्रकार के सिक्के के पुरोभाग पर शिव को नंदी के साथ खड़ा दिखाया गया है, और मुद्रालेख है– श्री स ... जय। पृष्ठभाग पर कमलासना देवी के साथ लेख है– 'श्री शशांक'। ईसा की सातवीं-आठवीं सदियों में गुप्तों की धनुर्धर शैली के अनुकरण पर बनी मुद्राएं प्रचलित रहीं, मगर वे घटिया किस्म की हैं और उनको जारी करने वाले शासकों के बारे में कोई स्पष्ट जानकारी नहीं मिलती।

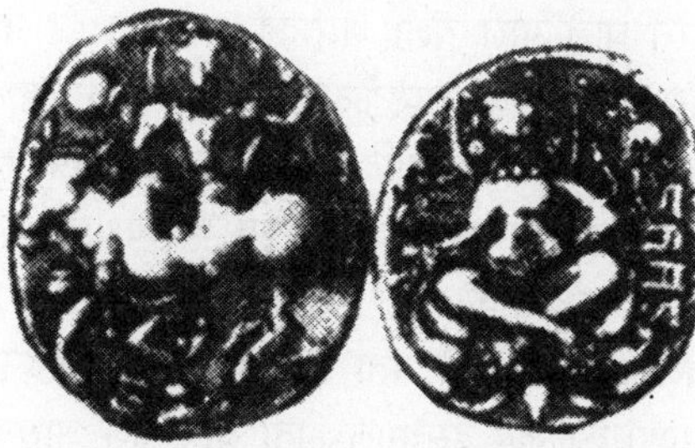

चित्र 14.2 : गौड़ शासक शशांक की मुद्रा

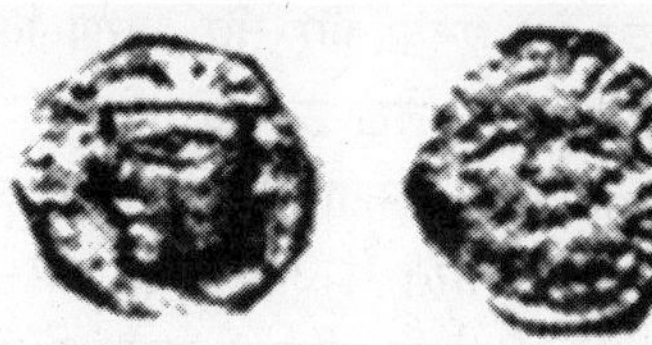

चित्र 14.3 : हर्षवर्द्धन की स्वर्णमुद्रा

गुप्तों के अवसान के बाद उत्तर भारत चार प्रमुख राज्यों में बंट गया—मगध के गुप्त, पश्चिमी उत्तर प्रदेश के मौखरी, थानेश्वर के

वर्धन और गुजरात के मैत्रक। इनके आपसी संघर्ष में अंततः हर्षवर्धन (606-647 ई.)[3] विजयी रहा और कन्नौज का मौखरी राज्य भी उसके अधीन हो गया। मगर हर्ष दक्खन में अपने राज्य का विस्तार नहीं कर पाया। कन्नौज उत्तर भारत का प्रमुख नगर बन गया।

एक बहुत बड़े राज्य का स्वामी होने पर भी हर्ष ने अभिनव मुद्राएं जारी नहीं कीं। हर्ष की चांदी की कुछ मुद्राएं मिली हैं। उनके पुरोभाग पर राजा की छवि है और पृष्ठभाग पर मयूर का अंकन है। मयूर के चतुर्दिक मुद्रालेख हैं– 'विजितावनिरवनिपति श्रीशीलादित्य दिवं जयति'। 'शीलादित्य' हर्ष का विरुद था, इसलिए ये सिक्के हर्ष के माने जाते हैं।

उत्तर प्रदेश के फैजाबाद जिले के भिटौरा स्थान से वर्धन और मौखरी शासकों के सिक्कों की एक निधि मिली है, जिसमें श्री प्रतापशील के 9, शीलादित्य के 248, ईशानवर्मन के 9, सर्ववर्मन के 6 और अवंतिवर्मन के 17 सिक्के थे। इनमें अंतिम तीन कन्नौज के मौखरी शासक हैं। इनके सिक्कों के साथ शीलादित्य के भी सिक्के मिले हैं, इसलिए वे हर्ष के ही सिक्के हो सकते हैं। फर्रुखाबाद से हर्ष की एक ऐसी स्वर्णमुद्रा मिली है जिसके पुरोभाग पर वृषभ पर शिव-पार्वती को बैठे हुए दिखाया गया है और पृष्ठभाग पर कुछ अस्पष्ट-सा लेख है– 'परमभट्टारक महाराजाधिराज परमेश्वर श्री महाराज हर्षदेव'।

बंगाल-बिहार पर करीब चार सदियों (9वीं सदी से 12वीं सदी) तक शासन करने वाले पाल वंशी शासकों का, कन्नौज पर अधिकार करने के लिए, प्रतिहारों और दक्खन के राष्ट्रकूटों से कड़ा मुकाबला हुआ था। धर्मपाल (810-650 ई.), देवपाल, महीपाल आदि प्रसिद्ध पाल शासक हुए। पालों का राज्य समृद्धिशाली था और उनके समय में दक्षिण-पूर्व एशिया के देशों के साथ काफी व्यापार भी चला। मगर आश्चर्य की बात है कि पाल शासकों ने पर्याप्त संख्या में सिक्के नहीं चलाए। पाल अभिलेखों से पता चलता है कि दैनंदिन खरीद-फरोख्त में कौड़ियों (कपर्दक पुराण) का खूब इस्तेमाल होता था। पाल शासनकाल का सोने का सिर्फ एक सिक्का मिला है, जिसे राजा देवपाल (810-850 ई.) का माना जाता है। इसके पुरोभाग पर राजा को धनुष और तीर धारण किया हुआ दिखाया गया है और पृष्ठभाग पर नागरी में मुद्रालेख है–'श्री ··· हर्ष ··· वन ··· देवपाल'।

श्वेत हूणों (हेफतालों) के लगभग साथ-साथ ही मध्य-एशिया से और भी कई घुमंतू कबीले भारत में आकर बस गए थे। इन्हीं में वे गुर्जर भी थे जो ईसा की नवीं सदी में गुर्जर-प्रतिहार राजवंश की स्थापना करने में सफल हुए। इनके शासनकाल में सासानी पद्धति (ईरानी अग्नि-वेदिका शैली) के मिश्र धातु के सिक्के

काफी तादाद में चलाए गए। आरंभ में ये सिक्के 'द्रम्म' कहलाते थे, जैसा कि समकालीन लेखों से पता चलता है। भरतपुर के एक अभिलेख में भोजदेव द्वारा द्रम्मों का दान दिए जाने का उल्लेख है। गुर्जर-प्रतिहार शासक भोजदेव (863-82 ई.) ने जो द्रम्म जारी किए वे 'आदिवराह द्रम्म' के नाम से जाने जाते हैं। दरब (खोट मिली चांदी) के इन आदिवराह द्रम्मों के पुरोभाग पर विष्णु के अवतार वराह का अंकन है। पृष्ठभाग पर आरंभिक नागरी में 'श्रीमदादिवराह' मुद्रालेख है। भोजदेव का विरुद 'आदिवराह' था, इसलिए ये सिक्के उसी के माने जाते हैं। ऐसे भी द्रम्म मिले हैं जिन पर 'श्री विग्र' मुद्रालेख है। इन्हें गुर्जर-प्रतिहार शासक विग्रहपाल के सिक्के माना जाता है। गुर्जर-प्रतिहार राजा विनायकपाल (913-933 ई.) के भी द्रम्म मिले हैं, मगर शैली और बनावट में घटिया किस्म के हैं।

इन गुर्जर-प्रतिहार शासकों के सासानी पद्धति के सिक्के गुजरात, मालवा, राजस्थान और गंगा की घाटी में बिहार तक खूब प्रचलित रहे। बाद में ये सिक्के आकार में छोटे मगर मोटे हो गए, तो 'गधैया' कहलाए। इन सिक्कों का ईसा की सोलहवीं सदी तक प्रचलन रहा।

गुर्जर-प्रतिहारों का सोने का कोई सिक्का नहीं मिला है। उन्होंने नियमित ढंग से ताम्र-मुद्राएं जारी नहीं कीं। हां, जानकारी मिलती है कि बंगाल के पाल शासकों के राज्य की तरह गुर्जर-प्रतिहार राज्य में भी दैनंदिन खरीद-फरोख्त में कौड़ियों का इस्तेमाल होता था। ऊपरी गंगा घाटी के भोंद्री स्थान से मिली एक निधि में, न केवल 54 विनायकपाल-द्रम्म मिले, बल्कि 9834 कौड़ियां भी मिलीं।

चित्र 14.4 : गुर्जर-प्रतिहार शासक भोज-प्रथम की आदिवराह मुद्रा

ईसा की 9वीं सदी के लगभग मध्यकाल में काबुल की घाटी और गंधार प्रदेश पर शाही वंश का शासन स्थापित हो गया था। आरंभ में इस शाही वंश का संबंध कुषाणों या तुर्कों से रहा होगा। जब एक ब्राह्मणधर्मी ने इस राज्य पर कब्जा कर लिया,

चित्र 14.5 : ओहिंद शासक सामंतदेव की मुद्रा

तो नया शासन हिंदू-शाही वंश कहलाया। इनकी राजधानी ओहिंद में थी। मध्य-एशिया के साथ चलने वाले व्यापार पर इनका नियंत्रण था। इन शासकों ने चांदी की बढ़िया मुद्राएं जारी कीं। इन मुद्राओं के दो प्रकार हैं—वृषभ और अश्वारोही। इन सिक्कों पर स्पलपतिदेव और सामंतदेव के नाम देखने को मिलते हैं।

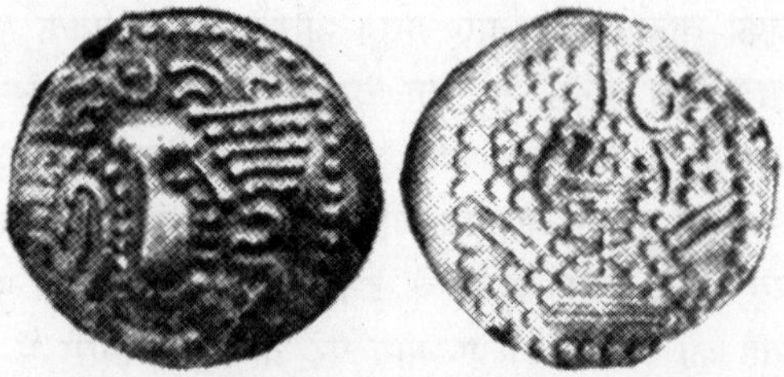

चित्र 14.6 : किसी परमार शासक का 'गधैया' सिक्का। पुरोभाग : राजा की छवि। पृष्ठ भाग : ईरानी। अग्निवेदिका।

वृषभ और अश्वारोही प्रकार की शाही रजत-मुद्राओं का दूर-दूर तक प्रचलन रहा। शाही मुद्राएं पश्चिमी मध्य-एशिया से भी मिली हैं। इन शाही शासकों ने इस्लाम के आरंभिक हमलों का डटकर मुकाबला किया था। जानकारी मिलती है कि हिंदू शाही वंश के संस्थापक राजा जयपाल ने गज़नी (अफ़ग़ानिस्तान) के हमलावर सुबुक्तगीन को हरजाने के रूप में दस लाख शाही दिरहम (चांदी के सिक्के) दिए थे।

शाही सिक्कों के पुरोभाग पर वृषभ की आकृति और नागरी में मुद्रालेख है। पृष्ठभाग पर भालाधारी अश्वारोही और नागरी मुद्रालेख है। सामंतदेव नाम वाले सिक्के उसकी मृत्यु के बाद भी 12वीं-13वीं सदी तक राजपूत शासकों द्वारा जारी किए जाते रहे। नया शासक पृष्ठभाग पर अपना नाम अंकित कर देता था। *पृष्ठभाग* पर सामंतदेव का नाम बरकरार रहता था।

संदर्भ और टिप्पणियां

1. युवान् च्वाङ, देखिए, अध्याय 13 टिप्पणी नं. 2।
2. गौड़ (बंगाल) : प्राचीन लक्ष्मणावती का मध्ययुगीन नाम है। सेन वंश के शासन काल में बंगाल की राजधानी काशीपुरी वरेंद्र और लक्ष्मणावती में रही। मुसलमानों का बंगाल पर आधिपत्य होने के बाद इस सूबे की राजधानी कभी गौड़ और पांडुआ में रही। पांडुआ गौड़ से 20 मील दूर है। आज मध्ययुगीन भव्य नगर के केवल खंडहर ही शेष हैं। हिंदू मंदिरों तथा मूर्तियों के अवशेष हैं जिनका मसजिदों में निर्माण में प्रयोग किया गया। 1575 ई. में अकबर के सूबेदार ने गौड़ के सौंदर्य को देखकर, पांडुआ से हटाकर अपनी राजधानी गौड़ में बनाई। यह भीड़-भाड़ वाला नगर हो गया। कुछ दिनों बाद वहां महामारी फैल गई—पांडुआ भी इसके शिकार हुए—लोग

छोड़ कर चले गए। महामारी के बाद श्मशान हो गया। वहां जंगल बन गए और दिन-दहाड़े हिंसक पशु घूमने लगे। तत्पश्चात् 300 सालों तक शानदार गौड़ नगरी खण्डरों के रूप में जंगलों में छिपी रही। गौड़ की मुसलमान कालीन इमारतों के अवशेष अब भी यहां है। सोना मस्जिद प्राचीन मंदिरों की सामग्री से बनी है। 1530 में बनी नुसरतशाह की मसजिद कला की दृष्टि से उल्लेखनीय है।

गौड़ का उल्लेख पाणिनि में भी किया है। गुड़ का प्रचुर मात्रा में निर्यात होने के कारण, इस प्रदेश को गौड़ कहा जाता है। बाण के हर्षचरित में गौड़ के नरेश शशांक का उल्लेख है। इसके अतिरिक्त कई जातियों को भी गौड़ नाम से जाना जाता है।

3. हर्षवर्धन : कन्नौज और थानेश्वर का राजा (606-47 ई.) और प्रभाकर वर्धन का दूसरा पुत्र था। बड़े भाई राज्यवर्धन की मृत्यु के बाद राज्य का शासन भार संभाला। गौड़ (बंगाल) के राजा शशांक ने बड़े भाई का वध किया था और उसकी छोटी बहन राज्यश्री अपने प्राणों की रक्षा के लिए किसी अज्ञात स्थान में भाग गई थी, उसके पति कन्नौज के राजा ग्रहवर्मा को मालवा के राजा ने हराने के बाद मार दिया था।

शासन संभालने के बाद छह वर्ष तक वह शशांक से युद्ध करता रहा। बाद में हर्ष वर्धन ने बल्लभी, मगध, कश्मीर, गुजरात और सिंध को जीत लिया। वह अपने लंबे राज्यकाल में बराबर युद्ध करता रहा। इस प्रकार उसने विशाल साम्राज्य की स्थापना की, जिसकी सीमाएं उत्तर में हिमाच्छादित पर्वतों तक, दक्षिण में नर्मदा के तट और पूर्व में गंजाम तथा पश्चिम में बल्लभी तक विस्तृत थी। कन्नौज इस विशाल साम्राज्य की राजधानी थी। योग्य शासक होने के कारण उसने महाराजधिराज की पदवी धारण कर ली थी।

वह सभी धर्मों का आदर करता था, शिव और सूर्य के साथ-साथ बुद्ध की भी उपासना करता था। उसने यात्रियों, दीन-दुखियों तथा रोगियों की सेवा-सुविधा के लिए स्थान-स्थान पर धर्मशालाएं, कुएं तथा चिकित्सालय आदि का प्रबंध किया। वह दान देता था। पांच वर्षों में राज्यकोष के धन को प्रयाग संगम पर एक महोत्सव करके दान कर डालता था।

हर्षवर्धन उच्चकोटि का कवि भी था। उसने संस्कृत में नागानंद तथा प्रियदर्शिका नाम से तीन नाटकों की रचना की है। कवियों और विद्वानों का आश्रयदाता था।

4. कन्नौज : उत्तर भारत का अत्यंत प्राचीन और प्रसिद्ध नगर, मूल नाम कान्यकुब्ज था, जो ब्राह्मणों का भी केन्द्र-स्थल बन गया था। अब यह छोटा नगर है और

यहां अधिकतर मुसलमान रहते हैं। महाभारत और पतंजलि में भी इसका ज़िक्र है। चीनी यात्री फाहियान इस नगर में आया तो उसे केवल दो बौद्ध-विहार मिले– यह उतना बड़ा नगर नहीं था जितना ह्यून-एन त्सांग के समय था। ह्यून-एन त्सांग सात साल तक रहा। यहां सैकड़ों हिंदू तथा बौद्ध मंदिर थे और गंगा के तट पर मीलों तक विहार-ही-विहार थे। इस परिवर्तन का श्रेय हर्षवर्धन को प्राप्त था। यह नगर ऐश्वर्य और समृद्धि के कारण 'महोदय श्री' कहा जाने लगा, प्रतिहार राजाओं (816-1090) ने फिर उत्तर भारत को प्रधान नगर बना लिया। बारहवीं शताब्दी में कन्नौज गाहड्वाल राजपूतों के अधिकार में आ गया जो राठौर के नाम से प्रसिद्ध है। राठौर राजा जयचन्द, शहाबुद्दीन से पराजित हुआ और मारा गया। इस शहर में अब पुरानी इमारतों के खंडहर बच गए हैं।

15

दक्षिण भारत के सिक्के

सातवाहनों की अवनति के बाद विंध्य के दक्षिण में राजनीतिक विकेंद्रीकरण का दौर शुरू हुआ। दक्कन और आंध्र में 300 ई. तक लगभग दो दर्जन राज्यों का अस्तित्व रहा। सिक्कों और ताम्रपत्रों से इन राज्यों के बारे में जानकारी मिलती है। अंततः ईसा की सातवीं सदी (610) के आरंभ में बादामी के चालुक्यों, कांची के पल्लवों और मदुराई के पांड्यों का दक्षिण की तीन महान शक्तियों के रूप में उदय हुआ। इसके साथ ही दक्षिण भारत के इतिहास में एक नए दौर की शुरुआत हुई।

पहले हम दक्कन और आंध्र के इन कतिपय राज्यों के सिक्कों की चर्चा करेंगे। दक्षिण भारत के चोळ, पांड्य तथा चेर शासकों के सिक्कों की जानकारी अगले अध्याय में देंगे।

सातवाहन शक्ति के अवसान के बाद कृष्णा-गुंटूर प्रदेश में इक्ष्वाकु राजवंश का उदय हुआ। ये संभवतः स्थानीय कबीले के लोग थे, मगर इन्होंने अपना संबंध अयोध्या के प्राचीन इक्ष्वाकु कुल से जोड़ लिया। इनकी राजधानी विजयपुरी (नागार्जुनकोंडा) में थी।[1] नागार्जुनसागर बांध के कारण प्राचीन विजयपुरी के पुरावशेष पानी में डूब जाने वाले थे, इसलिए उन्हें पहले ही वहां से निकाल लिया गया। इन पुरावशेषों में पहली बार कुछ इक्ष्वाकु शासकों के सीसे के सिक्के भी मिले। गुंटूर जिले के ओंगोले तहसील से भी इस राजवंश के सीसे के 277 सिक्कों की एक निधि मिली। इन सिक्कों की बनावट सातवाहन सिक्कों की तरह ही है। इनके पुरोभाग पर हाथी का अंकन है और पृष्ठ पर जो मुद्रालेख हैं वे शासकों के नामांश है : सिरि चांत (मूल), सिरि वीर (पुरिसदत), सिरि एहु (वल) और सिरि का रुद्र (पुरिसदत)।

ईसा की चौथी सदी के आरंभ से, इक्ष्वाकुओं के अवसान के बाद, दूर देशों के साथ व्यापार काफी घट गया, व्यापारी नगरों तथा पत्तनों की अवनति हुई, और साथ ही भूमि-दान की प्रथा और कृषि के विस्तार के साथ-साथ आर्थिक, सामाजिक और धार्मिक व्यवस्थाओं में भी रद्दोबदल हुई। बौद्धधर्म के स्थान पर ब्राह्मणधर्म

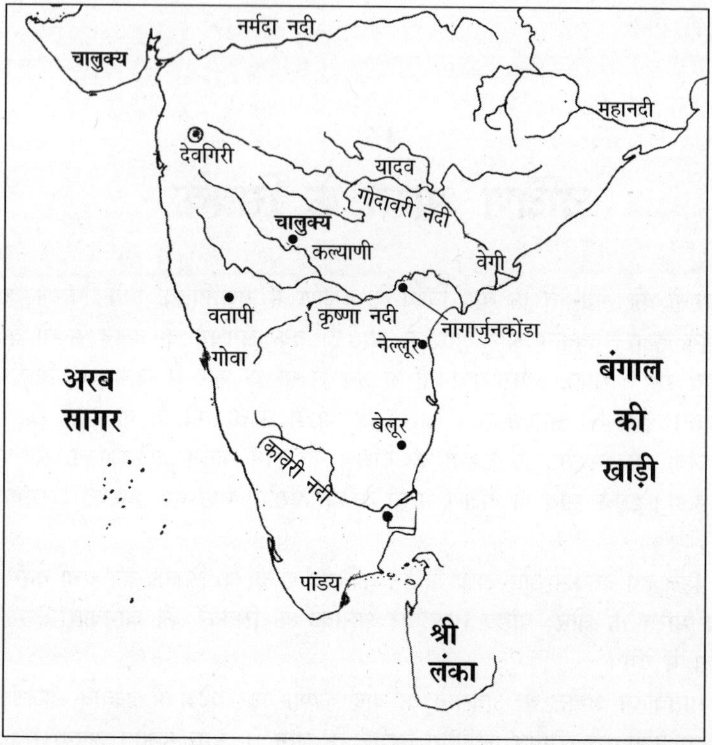

चित्र (नक्शा) 15.1 : चालुक्य एवं यादवों के राज्य व निधियां

को बढ़ावा मिला।

ईसा की चौथी-पांचवीं सदी में कृष्णा की घाटी में शालंकायन राजवंश ने शासन किया। राजधानी वेंगीपुर (आधुनिक पेद्दावेगी, एल्लोर, गोदावरी जिला) में थी। शालंकायन राजमुद्रा और सिक्कों पर शयित बृषभ की आकृति देखने को मिलती है। 'शालंकायन' शब्द का एक अर्थ ही है 'नंदि'।

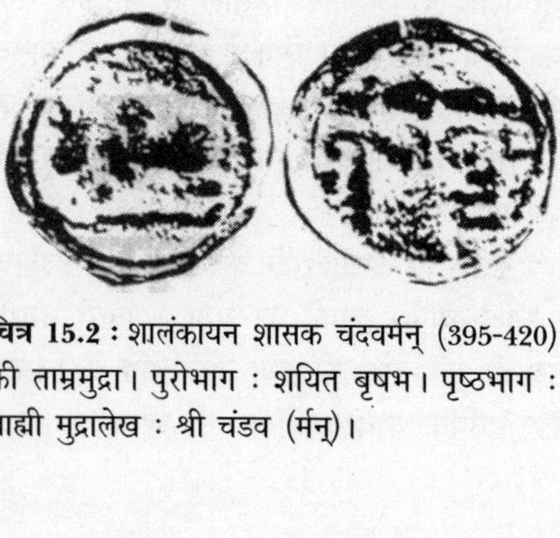

चित्र 15.2 : शालंकायन शासक चंदवर्मन् (395-420) की ताम्रमुद्रा। पुरोभाग : शयित बृषभ। पृष्ठभाग : ब्राह्मी मुद्रालेख : श्री चंडव (र्मन्)।

अब तक केवल एक ही

शालंकायन शासक के सिक्के मिले हैं। तांबे के ये सिक्के राजा चंडवर्मन् (394-420 ई.) के हैं। इनके पुरोभाग पर शयित या खड़े बृषभ की आकृति है और पृष्ठभाग पर नामांश में मुद्रालेख है—'श्री चंड' या 'श्री चंडव'।

सातवाहनों के बाद और चालुक्यों के पहले उत्तर व दक्षिण आंध्र पर विष्णुकुंडिन राजवंश ने शासन किया। इस ब्राह्मणधर्मी राजवंश के चांदी के जो सिक्के मिले हैं उनके पुरोभाग पर मुंह खोले और पंजा तथा पूंछ ऊपर उठाए सिंह की आकृति है। पृष्ठभाग पर दो दीपाधारों के बीच में एक कलश है। इन शासकों के ताम्रपत्रों पर भी सिंह की राजमुद्रा देखने को मिलती है। इस राजवंश के ऐसे भी सिक्के मिले हैं, जिनके पुरोभाग पर बृषभ और पृष्ठभाग पर भाला तथा दो वक्रिल तलवारों का अंकन है। कुछ सिक्कों पर 'क' तथा 'र' और 'क्र' तथा 'म' अक्षर भी देखने को मिलते हैं। ये अक्षर संभवतः विष्णुकुंडिन् शासक विक्रमेंद्रवर्मन् के नाम के सूचक हैं। इस काल के दक्षिण भारत के सिक्कों पर प्रायः इसी तरह के नामांश वाले मुद्रालेख देखने को मिलते हैं।

चित्र 15.3 : विष्णुकुंडी शासक महेन्द्रवर्मन (5वीं सदी) की ताम्रमुद्रा। पुरोभाग : सिंह। पृष्ठभाग : किरणावलीयुक्त वृत्त के बीच में कलश और उसके दाएं-बाएं दीप।

सातवाहनों के अवसान के करीब तीन सदियों बाद, छठी सदी के अंत में, दक्कन में चालुक्य शक्ति का उदय हुआ। इन की विभिन्न शाखाओं ने दक्षिण भारत के इतिहास में बड़े महत्व की भूमिका अदा की। पश्चिमी चालुक्यों की राजधानी वातापी (बादामी, बीजापुर, कर्नाटक) में थी। बाद में उनकी एक शाखा कृष्णा घाटी (राजधानी वेंगी) में स्थापित हुई। बादामी के चालुक्यों ने दक्कन पर करीब दो सदियों तक शासन किया।

चालुक्यों का राजचिह्न शूकर (वराह) था, जिसका उन्होंने अपने सिक्कों पर भी इस्तेमाल किया। शूकर की आकृति वाले दो प्रकार के सिक्के मिले हैं। इनमें से एक प्रकार के सिक्कों पर शूकर के चंहुओर शंख व चक्र-जैसे आहत चिह्न भी देखने को मिलते हैं। कुछ ऐसे मुद्रालेख-रहित सिक्के हैं जिन्हें चालुक्य-नरेश पुलकेशिन् द्वितीय (609-642 ई.) का माना जाता है। इलेक्ट्रम (सोना व चांदी का मिश्रण) और सोने के कुछ ऐसे भी सिक्के मिले हैं जिन पर शूकर की आकृति और 'श्री विक्रम' और 'श्री विक्रमराज' मुद्रालेख हैं।

इन्हें चालुक्य-नरेश विक्रमादित्य प्रथम (654-681 ई.) की मुद्राएं माना जाता है।

वेंगी के पूर्वी चालुक्यों ने सातवीं से बारहवीं सदी तक शासन किया। उनके सिक्कों के बारे में अधिक ठोस जानकारी मिलती है। पूर्वी चालुक्यों के सिक्कों को दो दौरों में विभाजित किया जा सकता है। पहला दौर सातवीं से नौवीं सदी तक के शासकों का है। इस पहले दौर के पूर्वी चालुक्य शासकों के सिक्के विष्णुकुंडिन् सिक्कों की तरह के हैं। तांबे या हीनधातु के इन सिक्कों के पुरोभाग पर पंजा व पूंछ उठाए मुंह खोले सिंह की आकृति है और पृष्ठभाग पर राजदंड का अंकन है। इन सिक्कों पर तेलुगु में मुद्रालेख है– 'विषमसिद्धि'। अतः स्पष्ट होता है कि ये पूर्वी चालुक्य वंश के संस्थापक कुब्जविष्णुवर्धन् के सिक्के हैं। यह मुद्रालेख भी दो शैलियों के अक्षरों में है–वर्तुलाक्षर और वर्गाक्षर। इसलिए इन्हें दो शासकों के सिक्के माना जाता है–विष्णुवर्धन-प्रथम (624-641 ई.) और उसका पौत्र विष्णुवर्धन-द्वितीय (672-682 ई.)। अभिलेखों से पता चलता है कि 'विषमसिद्धि' दोनों का ही विरुद्ध था।

चित्र 15.4 : वेंगी के पूर्वी चालुक्य-नरेश राजराज (1012-1062) की स्वर्णमुद्रा। पुरोभाग : सात आहत चिह्न। केंद्र में वराह का आहत चिह्न, जिसके ऊपर छत्र तथा अंकुश है और दोनों ओर दीपाधार हैं। किनारे पर छह आहत चिह्नों में तेलुगु-कन्नड़ मुद्रालेख है– श्री रा ज राज स (म्वत्)। शासन-संत् की संख्या 33 है। पृष्ठभाग रिक्त है।

पूर्वी चालुक्यों के सिक्कों का दूसरा दौर करीब दो सदियों के अंतराल के बाद 11वीं सदी में शुरू हुआ। इस दूसरे दौर में पूर्वी चालुक्य शासकों ने बड़े किंतु पतले और वृत्ताकर सोने के सिक्के जारी किए। इन सिक्कों के केंद्र मे शूकर का लांछन है, उसके ऊपर छत्र है और दाएं-बाएं चौरी है। साथ ही मुद्रालेख है– 'श्री चालुक्यचंद्र'। इसके अलावा 'स' (संवत्) अक्षर के बाद अंकों में शासन-वर्ष दिया गया है। अभिलेखों से जानकारी मिलती है कि चालुक्यचंद्र शक्तिवर्मन्-प्रथम का (1000-1011 ई.) विरुद था। इन सिक्कों के मुद्रालेख का प्रत्येक अक्षर अलग-थलग टंकित किया गया है।

पूर्वी गोदावरी जिले के दोवलैश्वरम् स्थान से स्वर्णमुद्राओं की एक महत्वपूर्ण निधि मिली है। इसमें पूर्वी चालुक्य-नरेश राजराज नरेंद्र (1022-1060 ई.) और चालुक्य-चोळ नरेश राजेंद्र कुलोत्तुंग (1070-1120 ई.) के सिक्के हैं। राजराज नरेंद्र के सिक्कों पर, शक्तिवर्मन् के सिक्कों की तरह, केंद्र में शूकर का लांछन है और

मुद्रालेख—'श्री राजराज स (संवत्)'। उसके बाद शासन-वर्ष अंकों में दिया गया है। मुद्रालेख के तेलुगु-कन्नड़ अक्षर एक-एक करके टंकित किए गए हैं। राजेंद्र कुलोत्तुंग चालुक्य वंश का राजकुमार था, मगर वह चोळ वंश का भी शासक बना, इसलिए उसके सिक्के वेंगी और चोळ राज्यों के एकीकरण के द्योतक हैं। कुलोत्तुंग के सिक्कों पर मत्स्य-युग्म, बैठे हुए व्याघ्र, छत्र तथा चौरी का अंकन है। साथ ही किनारे पर दो प्रकार के मुद्रालेख हैं—'कटैकंड चोळम्' या 'मर्लेनडुकोंड चोळम्'।

पूर्वी चालुक्य राजवंश के छोटे आकार के कुछ सोने के सिक्के भी मिले हैं। ये 'फणम्' के नाम से जाने जाते हैं। इनके पुरोभाग पर वराह का लांछन है और पृष्ठभाग पर अक्षर 'स' (संवत्) के बाद अंकों में शासन-वर्ष है। 'फणम्' शब्द 'पणम्' से बना है।

दक्षिण भारत से काफी संख्या में प्राचीन मुद्राएं मिली हैं। कई बड़ी निधियां भी मिली हैं। उदाहरणार्थ, नेल्लूर जिले के कोडूर स्थान से 1913 ई. में 16,586 स्वर्णमुद्राओं की एक निधि मिली थी। यह दक्षिण भारत से प्राप्त संभवतः सबसे बड़ी मुद्रा-निधि है। इस निधि में 11वीं से 13वीं सदी तक के कई राजवंशों के सिक्के मिले, जिन्हें अलग-अलग पहचानना बड़ा कठिन काम है। कारण यह है कि इन पर आहत राज-लांछनों का कई राजवंशों के साथ जोड़ा जा सकता है। दक्षिण भारत के इन सिक्कों पर जो संक्षिप्त मुद्रालेख हैं वे या तो शासकों के नामांश हैं या उनके विरुद हैं, जिनसे उनकी ठीक-ठीक पहचान कर पाने में कठिनाई होती है।

चालुक्यों की विभिन्न शाखाओं के सिक्कों को पहचानने में भी ऐसी ही कठिनाई होती है। वातापी और वेंगी के चालुक्यों की चर्चा हम कर चुके हैं। दसवीं से बारहवीं सदी तक शासन करने वाले कल्याणी के चालुक्यों ने सोने व चांदी के सिक्के जारी किए। मगर इनमें अलग-अलग शासकों के सिक्कों को पहचानने में कठिनाइयां हैं। 'पर' और 'मान' लेख वाले सोने के सिक्के चालुक्य शासक तैल-द्वितीय (973-997 ई.), सत्याश्रय (997-1007 ई.) और विक्रमादित्य-पंचम (1007-1015 ई.) के माने गए हैं। ये सिक्के राष्ट्रकूटों के भी हो सकते हैं। कल्याणी के चालुक्यों नरेश जयसिंह

चित्र 15.5 : कल्याण चालुक्य-नरेश जयसिंह जगदेकमल्ल (1018-1042) की स्वर्णमुद्रा।

पुरोभाग : नौ आहत चिह्न। केंद्रीय आहत चिह्न स्तंभयुक्त मंदिर का है। स्तंभों के बीच में दो पंक्तियों में कन्नड़ मुद्रालेख है—श्री ज ग दे क म ल। किनारे के साथ जो आठ आहत चिह्न हैं वे कन्नड़ में श्री और राजा के नाम के अक्षर हैं। पृष्ठभाग रिक्त है।

(2) जगदेकमल्ल के सिक्कों पर 'श्री जगदेकमल', 'श्री जगदेक' और 'श्री जयदेव' जैसे मुद्रालेख देखने को मिलते हैं। कोडूर निधि में 'दसवर्मा' मुद्रालेख वाले जो सिक्के मिले हैं उन्हें कल्याणी के चालुक्य राजवंश के समझा जाता है।

कल्याणी के चालुक्यों के बाद उस प्रदेश पर बारहवीं सदी के उत्तरार्ध में करीब तीन दशकों तक कलचुरियों ने शासन किया। चालुक्यों की तरह के जिन सिक्कों पर 'कलचे' और 'कलचेर' मुद्रालेख हैं उन्हे कल्याणी के कलचुरियों द्वारा जारी किया हुआ माना जाता है। 'भुजबल' और 'श्री राय मुरारी' मुद्रालेख वाले सिक्के भी इसी राजवंश के माने जाते हैं।

द्वारसमुद्र के होयसाल पहले चालुक्यों के अधीन थे, मगर बिट्टिग-विष्णुवर्धन के समय (12वीं सदी, पूर्वाध) में वे स्वतंत्र शक्ति बन गए। दो सिंहाकृतियों और कन्नड़ मुद्रालेख 'श्री मलपरोलुगंड' वाली स्वर्णमुद्रा होयसाल शासकों की मानी जाती है। होयसाल शासक नरसिंह (1142-1173 ई.) की ऐसी स्वर्ण-मुद्राएं भी मिली हैं जिनके पृष्ठभाग पर श्री 'प्रतापनरसिंह' मुद्रालेख है। मैसूर-क्षेत्र से मिले वीररायी हण या फणम् नामक छोटे सिक्के भी होयसाल राजवंश द्वारा चलाए माने जाते हैं।

दक्षिण कनारा और उत्तरी कोंकण पर पांचवीं से पंद्रहवीं सदी तक आलूप वंश ने शासन किया। दसवीं सदी से इनका सिलसिलेवार इतिहास मिलने लग जाता है। आलूपों ने बड़े (पगोड़ा) और छोटे (फणम्), दोनों ही प्रकार के सोने के सिक्के जारी किए। 11वीं-13वीं सदियों के दौरान इन्होंने सोने के ऐसे मानक सिक्के जारी किए जिनके पुरोभाग पर नागरी अथवा कन्नड़ मे मुद्रालेख हैं—'श्री पांड्य धनंजय'। 'पांड्य धनंजय' गोपीश्वररायदेव (लगभग 1332 ई.) का विरुद रहा है। अलूपों के नन्हे फणम् भी मिले हैं।

कल्याणी और वेंगी के चालुक्यों के पतन के बाद आंध्र के तेलंगाना प्रदेश में 12वीं सदी में काकतीय वंश का शासन आरंभ हुआ। इनकी राजधानी वारंगल मे थी। अभी कुछ साल पहले तक इस राजवंश के सिक्कों के बारे में यकीन के साथ कुछ नहीं कहा जा सकता था। 'रुद्र' मुद्रालेखवाली स्वर्णमुद्राएं काकतीय शासक रुद्रदेव (1150-1195 ई.) की मानी जाती थीं। कुछ साल पहले वारंगल-क्षेत्र से तांबे के सिक्के मिले हैं, जिन पर पुरोभाग से आरंभ होकर पृष्ठभाग पर समाप्त होने वाले मुद्रालेख हैं। इन पर शक-संवत् भी अंकित है। ये प्रतापरुद्र (प्रथम) के समय के सिक्के हैं। काकतीय शासक गणपतिदेव की भी मुद्राएं मिली हैं। एक ताम्रमुद्रा के पुरोभाग पर 'वीराधिवीर काकती (य) गणपति' और पृष्ठभाग पर 'गुणाक (र) काकती(य) गणपति' मुद्रालेख पढ़े गए हैं। अलाउद्दीन खिलजी की फौजों ने 1310 ई. में, मलिक काफूर के नेतृत्व में, काकतियों को बुरी तरह हराया

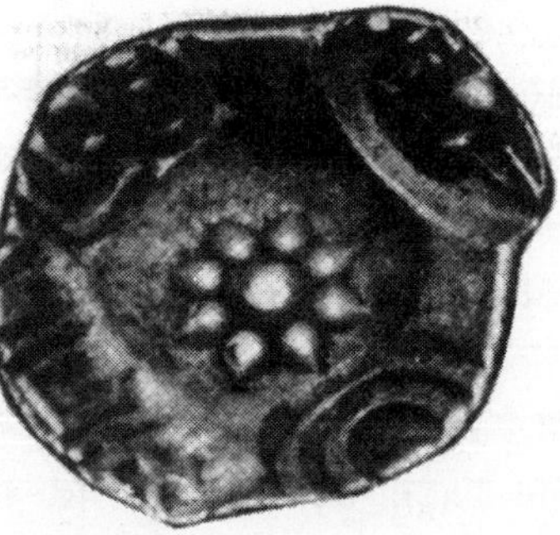

6

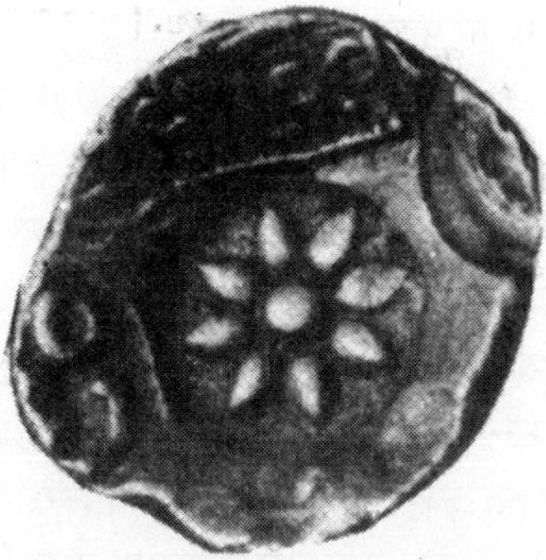

7

चित्र 15.6 : यादव-नरेश सिंहण (1200-1247) का पद्मटंक स्वर्णमुद्रा। पुरोभाग : केंद्र में आठ पंखुड़ियों के कमल का टंकित चिह्न; किनारे पर शंख और नागरी में मुद्रालेख-श्री सिंह (णदेव)। सभी यादव पद्मटंकों का पृष्ठभाग रिक्त।

चित्र 15.7 : यादव नरेश महादेव (1261-1270) की पद्मटंक स्वर्णमुद्रा। पुरोभाग : केंद्र में कम-ल-दल, किनारे पर शंख और मुद्रालेख-महादेव।

और उनसे खूब धन ऐंठा।

मलिक काफूर ने देवगिरि के यादवों की भी वही गत बनाई। भिल्लम-पंचक ने 1187 ई. में चालुक्यों की अधीनता से अपने को मुक्त करके उत्तरी दक्कन (राजधानी : देवगिरि) में यादव वंश की स्वतंत्र सत्ता स्थापित की थी। यादव शासकों ने एक विशेष प्रकार की जो स्वर्णमुद्राएं जारी कीं वे 'पद्मटंक' के नाम से जानी जाती हैं। इन मुद्राओं के पुरोभाग पर आठ पंखुड़ियों वाले कमल का लांछन और पृष्ठभाग पर नंदिनागरी में यादव शासकों के नाम टंकित हैं। यादवों के सिक्कों के पुरोभाग पर शंख, तलवार तथा सिंह की आकृतियां भी देखने को मिलती हैं। 'श्री सिंघणदेव' मुद्रालेख वाले सिक्के यादव शासक सिंघण-प्रथम (1070 ई.) के हैं और 'श्री भिल्ल' मुद्रालेख वाले भिल्लम-पंचम (1174-1191 ई.) के। गरुड़ की आकृति और 'रामच' मुद्रालेख वाले सिक्के यादव-शासक रामचंद्र (1171-1311 ई.) के हैं।

राजा रामचंद्रदेव के शासनकाल में ही 1294 ई. में कलिक काफूर के नेतृत्व में अलाउद्दीन खिलजी की फौजों ने दिवगिरि (दौलताबाद) पर हमला किया था। हार जाने पर यादवों को हरजाने के रूप में 600 मन मोती, 2 मन रत्न, 1000 मन चांदी, बहुत सा सोना और अचलपुर (विदर्भ) का इलाका अलाउद्दीन को सौंपना पड़ा। सभी यादववंशी राजाओं की स्वर्णमुद्राएं काफी संख्या में मिली हैं; कुछ रजतमुद्राएं भी मिली हैं। इन मुद्राओं से दक्कन के तत्कालीन आर्थिक इतिहास को

जानने में मदद मिलती है।

दक्षिणापथ के वनवासी, हल्सी, हंगल, बेलूर, गोवा आदि कई क्षेत्रों में कदंब राजकुल की शाखाएं करीब एक हजार साल (चौथी से तेरहवीं सदी) तक शासन करती रहीं। मगर इस राजकुल के बहुत कम सिक्के मिले हैं। केवल गोवा के कदंबों के सिक्कों के प्रचलनकर्ताओं के बारे में ही कुछ ठोस जानकारी मिलती है। गोवा के कदंब शासकों की स्वर्णमुद्राओं के पुरोभाग पर पंजा ऊपर उठाए हुए सिंह का अंकन है और साथ ही कन्नड़ या नागरी में शासन-वर्ष दिया गया है। पृष्ठभाग पर कदंबों के कुलदेवता सप्तकोटिश्वर का उल्लेख और शासक का नाम है। इन मुद्रालेखों से पता चल जाता है कि सिक्के किस कदंब शासक ने जारी किए।

चित्र 15.8 : हगल के एक कदंब शासक की स्वर्णमुद्रा।

पुरोभाग : बैठे हुए हनुमान, उनके दोनों ओर चौरी तथा शंख और नीचे कन्नड़ मुद्रालेख-नकर (नरकेश्वर देवता)। पृष्ठभाग : नक्काशीदार मर-गोल।

गंग राजकुल ने मैसूर के दक्षिणी क्षेत्र और तमिलनाडु के पश्चिमोत्तर क्षेत्र पर ईसा की चौथी से तेरहवीं सदी तक शासन किया। इनकी राजधानी कावेरी-तट के तलवनपुर (तलकाड़) स्थान पर थी। आरंभिक गंग शासकों के सिक्के नहीं मिले हैं, मगर 9वीं सदी से इनके खूबसूरत सिक्के मिलने लग जाते हैं। सोने के इन बड़े (पगोड़ा) सिक्कों के पुरोभाग पर हाथी का लांछन है और पृष्ठभाग पर बेल-बूटे का अंकन है। गंग राजकुल का लांछन हाथी ही था (मदगजेंद्रलांछन)। कल्हण की **राजतरंगिणी** से जानकारी मिलती है कि कश्मीर के शासक हर्ष (1089 ई.) ने अपने सिक्कों के लिए गंगों का हाथी का लांछन अपनाया था। काडूर निधि से गंगों की अनेक स्वर्णमुद्राएं मिली हैं। इनमें से कुछ पर 'भुज' (भुजबल) मुद्रालेख है। यह गंग शासकों का विरुद रहा है। गंगों की कुछ ताम्रमुद्राएं भी मिली हैं।

संदर्भ और टिप्पणियां

1. नागार्जुन कोडा : हैदराबाद से 100 मील दक्षिण पूर्व की ओर अति प्राचीन स्थान है। यह बौद्ध महायान के प्रसिद्ध आचार्य नागार्जुन के नाम से प्रसिद्ध है। प्रथम सदी में यहां सातवाहन नरेशों का राज्य था। प्रथम सदी ई. में नागार्जुन गोड़ा का नाम श्रीपर्वत था। नागार्जुन श्रीपर्वत पर बने विहार में अन्त समय तक रहे। उनके रहने के कारण यह स्थान महायान बौद्ध धर्म का केन्द्र बन गया था और बौद्ध महाविद्यालय बन गया था। उस समय नागार्जुन गोड़ा को विजय पुरी कहते थे। यह इक्ष्वाकुओं के शासन काल में बहुत सुंदर नगर था। शंकराचार्य ने इसे अपने प्रचार का केन्द्र बनाया था जिसका परिचायक पुष्पगिरिशंकर मठ है। अब यहां विशाल बांध बनने के कारण यह सारा क्षेत्र जलमग्न हो गया। पुरातत्व-सामग्री पहाड़ी पर बने संग्रहालय में सुरक्षित है। इनमें एक महाचैत्य तथा बारह स्तूपों के अवशेष भी मिले।

2. बेगी : समुद्रगुप्त की प्रयाग-प्रशस्ति में वर्णित स्थान, जहां के शासक हस्तिवर्मन् को गुप्त सम्राट ने परास्त किया था। वेंगी का अभिज्ञान वंशी और पेड्डवेगी नामक स्थान से किया गया है जो कृष्णा और गोदावरी नदियों के बीच में स्थित एलौरा नामक स्थान से सात मील उत्तर में है। यहां इक्ष्वाकुओं का राज्य था।

3. कल्याणी : आंधप्रदेश में विद्यमान। मध्यकाल की दो शताब्दियों तक यह नगर चालुक्य राजाओं की राजधानी रहा।

4. देवगिरि : (औरंगाबाद, महाराष्ट्र) देवगिरि की स्थापना यादव नरेश निलम्मा ने की थी। यादव नरेश पहले चालुक्य राज्य के अधीन थे। भिलम्मा ने 1187 ई. में स्वतंत्र राज्य स्थापित करके देवगिरि में अपनी राजधानी बनाई।

   मुहम्मद तुगलक ने देवगिरि का नाम दौलताबाद रखा था और बारगंल के राजाओं के विरुद्ध युद्ध करने के लिए इस स्थान को अपना आधार बनाया। उत्तरी भारत में गड़बड़ी होने के कारण वह राजधानी देवगिरि में न रह सका और दिल्ली वापस आ गया। फिर गुलवर्गा के सूबेदार जाफर खां ने दौलताबाद पर अधिकार कर लिया। यह नगर बहमनी सुलतानों के हाथ आ गया।

   मुगल सम्राट अकबर का अहमद नगर पर कब्जा हो जाने पर दौलताबाद भी मुगल साम्राज्य में सम्मिलित हो गया।

   देवगिरि यादवकालीन एक त्रिकोण पहाड़ी पर स्थित है। इसके प्रमुख स्मारक हैं– चांदमिनार, चीनीमहल व जामा मस्जिद हैं।

16

पांड्य, चोळ और चेर राज्यों के सिक्के

सुदूर दक्षिण भारत के राजकुलों में पांड्य, चोळ और चेर प्रमुख थे। ईसा की आरंभिक सदियों (संगमकाल) से इनका इतिहास मिलने लग जाता है। पांड्यों का शासन भारतीय अंतरीप के दक्षिणतम भाग (राजधानी : मदुरा) में था। पांड्यों के ईसा की आरंभिक सदियों से लेकर 14वीं सदी तक सिक्के मिलते हैं। मुद्राविद इस कालावधि को तीन खंडों में बांटते हैं। पांड्यों के ईसा की आरंभिक सदियों के तांबे के सिक्के चौकोर थे। उनके पुरोभाग पर हाथी का चिह्न अंकित किया जाता था और पृष्ठभाग रिक्त रहता था। इस प्रकार के सिक्के मदुरा-क्षेत्र और श्रीलंका से मिले हैं।

ईसा की चौथी से छठी सदी तक मदुरा पर कडभ्रों का अधिकार रहा। मगर सातवीं सदी में कडुंगोन ने पुनः पांड्यों का प्रभुत्व स्थापित किया। पांड्य शासन

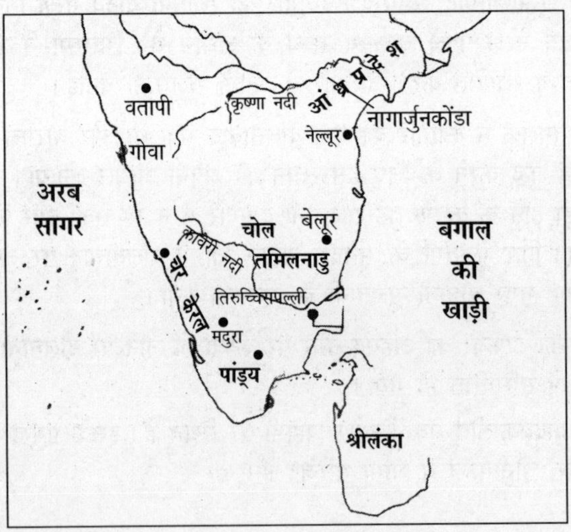

चित्र (नक्शा) 16.1 : पांड्य, चोळ और चेर राज्यों के राज्य व निधियां

का यह दूसरा दौर नौवीं सदी के अंत तक चला। उसके बाद 10वीं से 12वीं सदी तक पांड्यजन चोड़ों के अधीन रहे। तदनंतर पांड्यों ने पुनः अपने को स्वतंत्र कर लिया और 14वीं सदी के आरंभ में मुस्लिम सल्तनत के हाथों उनकी सत्ता समाप्त हो गई।

पांड्य राज्य के तीन ओर समुद्र था, श्रीलंका द्वीप भी समीप था और मन्नार की खाड़ी में मोती मिलते थे, इसलिए व्यापार की दृष्टि से उनके सिक्कों का बड़ा महत्व था। पांड्यों ने प्रचुर संख्या में विविध प्रकार के सिक्के जारी किए। पांड्यों के अधिकतर सिक्के तांबे के हैं।

उनका चांदी का अब तक कोई सिक्का नहीं मिला है। वरगुण पांड्य द्वितीय (862-888) का सोने का जो दुर्लभ सिक्का मिला है उसके पुरोभाग पर मत्स्य-युग्म की आकृति और पृष्ठभाग पर ग्रंथ लिपि में मुद्रालेख है– श्री वरगुणः। यह तमिल प्रदेश से प्राप्त संभवतः सबसे पुरानी स्वर्णमुद्रा है।

पांड्य शासन के दूसरे दौर में जो ताम्रमुद्राएं जारी की गईं उन पर मछली और वृषभ की आकृतियां देखने को मिलती हैं। पांड्यों द्वारा 9वीं सदी के मध्य में श्रीलंका पर आक्रमण किए जाने के बाद जो सिक्के मिलते हैं उनके पुरोभाग पर एक खड़े आदमी की भद्दी आकृति और पृष्ठभाग पर एक बैठे आदमी की आकृति तथा शासक का नाम अंकित देखने को मिलता है। ऐसी भी ताम्रमुद्राएं हैं, जिनके पुरोभाग पर मछली, वराह या खड़े आदमी की आकृति है और पृष्ठभाग पर किसी सुंदर पांड्य का नाम है। मारवर्मन, जटावर्मन आदि इन सुंदर पांड्यों के नाम हैं। तिन्नेवेलि जिस से सुंदर पांड्य, कुलशेखर पांड्य और वीर पांड्य मुद्रालेख

चित्र 16.2 : उत्तम चोड़ (973-985) की रजतमुद्रा। पुरोभाग : बैठा हुआ व्याघ्र, पीछे धनुष, सामने मत्स्य-युग्म और ऊपर छत्र। पृष्ठभाग : नागरी में मुद्रालेख– उत्तम चोलः।

वाली भी ताम्रमुद्राएं मिली हैं।

चोड़ों का इतिहास भी संगम काल से आरंभ होता है। मगर इनके साम्राज्य का सिलसिलेवार इतिवृत्त ईसा की 9वीं सदी से मिलता है। तेरहवीं सदी के अंतिम चरण में चोड़ शक्ति का अवसान हो जाता है। चोड़ों ने करीब तीन सदियों तक तमिलनाडु, उत्तरी श्रीलंका और केरल के एक हिस्से पर शासन किया। चोड़ों के समय में दक्षिण-पूर्व एशिया के देशों के साथ व्यापारी संबंध बढ़े, पत्तनों का विकास हुआ, दक्षिण भारतीय व्यापारी श्रेणियों को बढ़ावा मिला और देश के भीतरी व्यापार में वृद्धि हुई।

चोड़ों ने नियमित रूप से सोने, चांदी तथा तांबे के सिक्के जारी किए। इनमें चांदी के सिक्के कम हैं। आरंभ में सोने तथा तांबे के सिक्कों की प्रधानता रही, मगर बाद में तांबे के ही सिक्के अधिक संख्या में जारी किए गए।

चोड़ों का राजचिह्न व्याघ्र था। चोड़ों के सिक्कों पर बाघ की आकृति के अलावा मछली (पांड्यों का राजचिह्न) और धनुष (चेरों का राजचिह्न) की आकृतियां भी देखने को मिलती हैं। मछली और धनुष के चिह्न पांड्या तथा चेरों पर चोड़ों के आधिपत्य के सूचक हैं। चोड़ों के सिक्कों पर इन चिह्नों के अलावा नागरी व ग्रंथलिपि में और तमिल में शासकों के नाम तथा विरुद अंकित हैं। बाघ की आकृति के अलावा कुछ चोड़ सिक्कों पर एक खड़े आदमी की आकृति, जिसे कुछ मुद्राविद् श्रीलंका-मानव कहते हैं, देखने को मिलती है।

चित्र 16.3 : राजेंद्र चोड़-प्रथम (985-1016) की स्वर्ण मुद्रा।

पुरोभाग : खड़ा व्यक्ति (श्रीलंका मानव)।

पृष्ठभाग : बैठा व्यक्ति और ग्रंथलिपि में लेख—श्री राजेंद्र।

चोड़ राजवंश के सिक्कों की शुरुआत अरिजय (956-57) से होती है, जिसका कुछ साल पहले चांदी का सिक्का मिला। मगर चोड़ों की व्यवस्थित मुद्रा प्रणाली उत्तम चोड़ (973-85) से आरंभ होती है। इस शक के चांदी तथा तांबे के सिक्के मिले हैं जिनके पुरोभाग पर व्याघ्र, मत्स्य-युग्म व धनुष की आकृतियां हैं और पृष्ठभाग पर नागरी लिपि में मुद्रालेख है—उत्तम चोलः। बताया जाता है कि ग्रंथ लिपि में उत्तम चोड़ मुद्रालेख वाला एक सोने का सिक्का भी मिला था, मगर वह आज उपलब्ध नहीं है। उत्तम चोड़ के ही काल ही मतिरांतकण (मदुरांतकण) मुद्रालेख वाला भी सोने का एक सिक्का मिला है। उत्तम चोड़ शैली के चांदी तथा तांबे के कुछ प्रकार के सिक्के राजेंद्र चोड़ प्रथम (1012-1044) द्वारा भी जारी किए हुए माने जाते हैं। उसने भी उत्तम

चोड़ का विरुद धारण किया था।

राजराज प्रथम (985-1016) ने सोने, चांदी तथा तांबे के सिक्के जारी किए। उनमें से कुछ पर बाघ, मछली व धनुष की आकृतियां हैं और नागरी में मुद्रालेख है—श्री राजराज। ऐसे कई सारे सिक्के हैं जिनके पुरोभाग पर 'श्रीलंका-मानव' और पृष्ठभाग पर एक बैठे आदमी की आकृति और श्री राजराज मुद्रालेख हैं। ये सिक्के संभवतः श्रीलंका के किसी सिक्के के अनुकरण पर बनाए गए थे।

चित्र 16.4 : राजेंद्र चोड़-प्रथम (985-1016) की स्वर्ण मुद्रा।

पुरोभाग : खड़ा व्यक्ति (श्रीलंका मानव)।

पृष्ठभाग : बैठा व्यक्ति और ग्रंथ लिपि में लेख—श्री राजेंद्र।

राजराज प्रथम के उत्तराधिकारी राजेंद्र चोड़ के चांदी, तांबे तथा मिलावटी सोने के सिक्कों के पुरोभाग पर बैठे बाघ, मछली व धनुष की आकृतियां और पृष्ठभाग पर नागरी में गंगाइकोंडचोडः अथवा श्री राजेंद्र मुद्रालेख देखने को मिलते हैं। ऐसी ही आकृतियों वाले स्वर्ण पणम् भी मिले हैं, मगर इनके पृष्ठभाग पर नागरी में मुद्रालेख है— युद्धमल्ल। ये राजेंद्र चोड़ के सिक्के माने जाते हैं।

दोवलैश्वरम् (पूर्व गोदावरी जिला, आंध्र प्रदेश) से स्वर्णमुद्राओं की जो बड़ी निधि मिली है उसमें पूर्वी चालुक्य और चोड़ राजवंशों का एकीकरण करने वाले नरेश कुलोत्तुंग (1070-1120) की भी कई मुद्राएं हैं। उसके सिक्कों पर व्याघ्र की आकृति और श्री चूलनारायण (चोड़-नारायण) तथा श्री चालखुरायन (चालुक्य-नारायण) मुद्रालेख हैं। दोवलैश्वरम निधि में ऐसे भी सिक्के मिले हैं, जिन पर एक ओर बाघ, मछली और धनुष की आकृतियां हैं और दूसरी ओर ग्रंथ लिपि में कंगाइ कोंडचोलन् तथा मलइनाडुकोंडचोलन् मुद्रालेख है। ये कुलोत्तुंग की मुद्राएं मानी जाती हैं। कुलोतुंग के सिक्कों पर अंकों में शासन-वर्ष भी अंकित देखने को मिलता है।

चेर शब्द केरल का पर्यायवाची है। अशोक के शिलालेखों में पांड्यों और चोड़ों के साथ केरलपुत्रों का भी उल्लेख आया है। प्राचीन काल में चेरों का शासन मालाबार, कोची नीव त्रावनकोर तक सीमित रहा। ग्यारहवीं सदी में इन्होंने मध्य व दक्षिण केरल में महोदई (महोदयपुरम्) राज्य की स्थापना की।

आरंभिक चेरों का कोई सिक्का नहीं मिला है। मगर तिरुनेलवेलि जिले के वेगईकुलम् स्थान से चांदी की जो 31 मुद्राएं मिली हैं, वे 11वीं-12वीं सदी के चेर शासकों की हैं। इन सिक्कों के पुरोभाग पर नागरी में मुद्रालेख है– गंडरांशकुस्य। दो पंक्तियों के इस मुद्रालेख के बीच में एक कुंभ या कलश की आकृति है। पृष्ठभाग पर दो पंक्तियों में नागरी लेख है– श्री वीरकेरलस्य। लेख की दो पंक्तियों के बीच में मकर की आकृति है। यह वीर-केरल विरुद कई चेर शासकों ने धारण किया था।

मलिक काफूर के दक्षिण अभियान के साथ चौदहवीं सदी के आरंभ में चेरों के शासन का भी अवसान हो गया।

ईसा की 9वीं से 14वीं सदी तक चीन और अरब के साथ दक्षिण भारत के गहरे व्यापारी संबंध रहे हैं। दक्षिण भारतीय अभिलेखों में चीनक्काशु (चीन के सिक्के) और दीनारों (अरब) का उल्लेख आया है। तंजावूर जिले से चीन के तांबे के सिक्कों की तीन निधियां भी मिली हैं। दक्षिण भारत से अरब सिक्कों की भी कुछ निधियां मिली हैं।

संदर्भ और टिप्पणियां

1. मदुरा (मद्रास) : प्राचीन संस्कृत ग्रंथों में इस स्थान को दक्षिणी मथुरा कहा गया है। जैन ग्रंथों में मदुरा को पांड्यदेश की राजधानी बताया है। पांड्यदेश की राजधानी होने के कारण पांड्य नरेश का संबंध पाण्डवों की किसी शाखा से बताया गया है। यह नगर वैगा नदी के दक्षिण तट पर बसा है। यह नगरी बहुत प्राचीन है। यहां का प्रसिद्ध मीनाक्षी-मंदिर तथा स्मारक 16वीं-17वीं शताब्दियों में बने थे। इन्हें मदुरा नरेश ने बनवाया था। मदुरा सती के बावन पीठों में से है और सती की आंख का प्रतीक माना गया है।
2. ग्रंथ लिपि : संसार में जहां भी संस्कृत-प्राकृत की पुस्तकें प्रकाशित होती हैं वे प्रायः ग्रंथ लिपि में ही छपती हैं। ग्रंथ लिपि के अक्षरों के सिरों पर पूरी लकीरें बन जाती हैं ये शिरों की रेखाएं उतनी ही लंबी रहती हैं जितनी कि अक्षरों की चौड़ाई होती है। श्रीलंका, केरल तथा चौड़ नरेशों के सिक्कों पर नागरी लिपि और ग्रंथ लिपि के शब्द देखने को मिलते हैं।
3. तिरुनेलवेलि : वालीश्वर या कृष्णापुर के मंदिर के कारण यह स्थान प्रसिद्ध है। मंदिर में कामदेव की पत्नि रति की मानवाकार मूर्ति के रूप में श्रृंगारिक भावों का सुकुमार चित्रण है। मंदिर के प्रांगण की भित्ति के नीचे एक छोटी सरिता बहती है।

17
इस्लामी शासकों के सिक्कों की विशेषताएं

राजवंश बदलते गए, तो साथ-साथ सिक्कों की शैली या बनावट में भी तब्दीली होती गई। भारत के सबसे पुराने आहत[1] (पंचमार्क) सिक्कों पर किसी शासक या देवता की छबि अंकित नहीं है। सिर्फ चंद चिह्न देखने को मिलते हैं। भारत में सिक्कों पर शासक का मुंड या चेहरा अंकित करने की परंपरा, ग्रीक-बाख्त्री सिक्कों के अनुकरण पर, हिंद-यवन शासकों के समय (ईसा-पूर्व दूसरी सदी) से शुरू हुई। शक-क्षत्रप, कुषाण और गुप्त शासकों ने इस परंपरा को आगे बढ़ाया। यूनानी शासकों का अनुकरण करते हुए कुषाण और गुप्त शासकों ने भी देवी-देवताओं को अपने सिक्कों पर स्थान दिया।

भारत में इस्लामधर्मी शासकों की हुकूमत शुरू हुई, तो पुनः सिक्कों की शैली या बनावट में बदलाव होना एक स्वाभाविक बात थी। इस्लाम में सिक्कों पर प्रतिमांकन कराने की प्रथा नहीं थी, इसलिए कुछ अपवादों को छोड़कर, भारत के 'इस्लामी शासकों' के सिक्कों पर, दोनों ओर, केवल मुद्रालेख ही देखने को मिलते हैं।

प्राचीन भारत के शासक भी सिंहासनासीन होते ही अपने नाम के नए सिक्के जारी करते थे। किसी नए प्रदेश पर विजय प्राप्त करने के बाद या अश्वमेध यज्ञ जैसे विशिष्ट अवसरों पर भी नए सिक्के जारी किए जाते थे। उसी तरह इस्लाम में भी नए शासक द्वारा सत्ता संभालते ही उसके नाम का खुतबा पढ़ने (सर्वसाधारण को सूचना देने के लिए किसी के तख्त-नशीन होने की घोषणा करने) और उसके नाम के सिक्के जारी करने की प्रथा रही है। भारत के इस्लामी शासकों ने, न केवल सत्ता संभालने पर, बल्कि किसी प्रदेश, शहर या किले पर अधिकार करने पर भी नए सिक्के जारी किए।

प्राचीन भारत के सिक्कों को देखकर यह नहीं बताया जा सकता कि वे किस स्थान की टकसाल में तैयार किए गए थे। मगर भारत के इस्लामी शासकों ने सिक्कों पर टकसाल-स्थान का नाम अंकित कराने की नई प्रथा चलाई। इतना ही नहीं, इन टकसाल-स्थानों को कुछ विशिष्ट नाम भी दिए गए। जैसे, दिल्ली को देहली हजरत, दारुल खिलापत (राजधानी), दारुल मुल्क दारुल इस्लाम। दिल्ली के

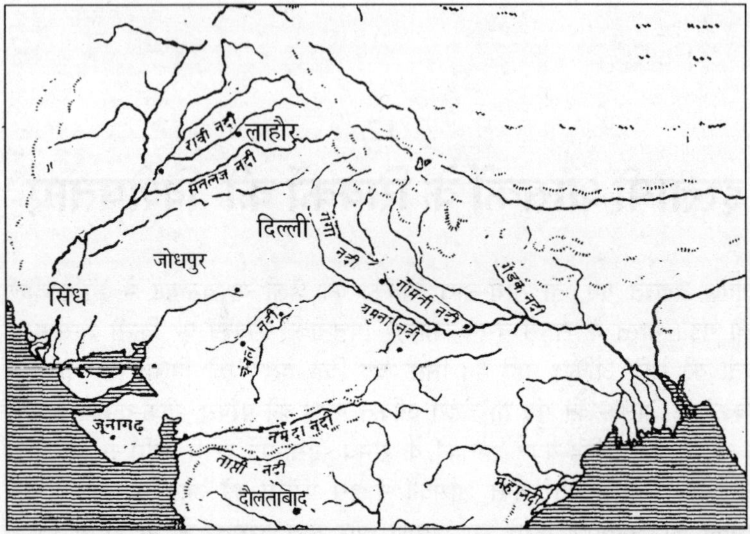

चित्र (नक्शा) 17.1 : इस्लामी शासकों के प्रांत, टकसाल व निधियां

सुलतानों ने दौलताबाद (देवगिरि) में भी टकसाल स्थापित की थी। शेरशाह के समय (1540-1545 ई.) में टकसाल-स्थलों की संख्या 23 पर पहुंच गई थी। अकबर के शासनकाल (1556-1605 ई.) में देश में 76 टकसाल-घर थे। सिक्कों पर टकसाल-घरों के उल्लेखों से उन स्थानों के शासकीय महत्व और राज्य की सीमाओं के बारे में जानकारी मिलती है।

गुप्त सम्राटों ने अपने सिक्कों पर संस्कृत में काफी लंबे-चौड़े विरुद अंकित कराए थे, कभी-कभी छंदोबद्ध भी। इस्लामी शासकों ने अपने सिक्कों के लिए कलमा (मुसलमान धर्म का मूलमंत्र– 'ला इला लिल्लिल्लाह मुहम्मद उर्रसूलिल्लाह'– अल्लाह ईश्वर है, मुहम्मद उसका अवतार है) को अपनाया। दिल्ली के सुलतानों ने खलीफा का नाम भी अपने सिक्कों पर अंकित कराया। मगर इतिहास की दृष्टि से अधिक महत्व की बात यह है कि भारत के इस्लामी शासकों ने अपने सिक्कों पर तिथियां (हिजरी संवत् में) अंकित कराईं। इनसे स्पष्ट सूचना मिलती है कि कौन-सा सिक्का किस साल जारी किया गया था।

प्राचीन भारत में सोने, चांदी और तांबे के सिक्कों के मूल्यों के बीच क्या संबंध रहे हैं, इसके बारे में कोई सुस्पष्ट जानकारी नहीं मिलती। इस्लामी शासकों के सिक्कों की सबसे बड़ी विशेषता है उनका मुद्रा-मूल्य, न कि उनका सांकेतिक मूल्य। गुप्त साम्राज्य के अवसान के बाद बारहवीं सदी तक भारत में बहुत कम

स्वर्णमुद्राएं जारी हुई, चांदी के सिक्के भी दुर्लभ रहे। मगर दिल्ली सल्तनत की स्थापना (1206 ई.) के बाद सोने और चांदी के सिक्के पुनः बड़ी तादाद में उपलब्ध हुए। विदेशी व्यापार में वृद्धि होने के साथ-साथ भारत में सोने के रूप में धन का आगमन होने लगा। सोने की इस प्रचुरता के कारण चांदी के बीच 1:15 का अनुपात था, जो 1340 ई. में गिरकर 1:10 रह गया। अकबर के शासन के मध्यकाल में सोने और चांदी के बीच 1:9 का अनुपात रहा।

जब किसी धातु के मूल्य में ज्यादा वृद्धि हो जाती थी, तो वह चलन से बाहर निकल जाती थी। चांदी के साथ भी ऐसा ही हुआ। इसलिए सल्तनत काल में चांदी के बहुत कम सिक्के जारी किए गए। फीरोजशाह तुगलक[2] (1351-88 ई.) के चांदी के केवल चंद सिक्के ही मिले हैं। उस समय भारतीय वस्तुओं के बदले मुख्यतः सोना ही देश में आ रहा था। प्रमुखतः घोड़ों की खरीद के लिए ही भारत की कीमती धातुएं विदेश जा रही थीं। फिर अकबर के समय से यूरोप के व्यापारियों के माध्यम से चांदी भी काफी मात्रा में भारत में आने लगी थी।

सल्तनत और मुगल शासनकाल में राज्य की ओर से सिक्के की शुद्धता और तौल को कायम रखने की हर संभव कोशिश की जाती थी। इस प्रसंग में तारीख-ए-फीरोजशाही का एक प्रसंग उल्लेखनीय है। किसी व्यक्ति पर सिक्कों में मिलावट करने का आरोप लगाया गया था। फीरोज तुगलक को उसके वजीर ने समझाया कि, सिक्का सुलतान के लिए वैसी ही चीज है, जैसी कि कुमारी पुत्री अपने पिता के लिए। किसी कुमारी के चरित्र पर संदेह किया जाता है, तो उसके लिए वर प्राप्त करने में कठिनाई होती है, फिर वह चाहे कितनी भी सुंदर क्यों न हो। उसी तरह धातु की शुद्धता और सिक्के की ठीक तौल के बारे में जनता के मन में कोई शंका नहीं उठनी चाहिए।

तात्पर्य यह कि, अधिकांश मुस्लिम शासकों के सिक्के शुद्ध धातु और प्रामाणिक तौल के हैं। मुहम्मद तुगलक ने तांबे के सांकेतिक सिक्के जारी किए थे, मगर उसका वह प्रयास असफल रहा।

भारत में सबसे पहले 712 ई. में सिंध (आधुनिक पाकिस्तान) में इस्लामी शासन का आरंभ हुआ। तब खलीफा के सिंध के गवर्नरों ने, अरब के साथ व्यापार की सुविधा के लिए, सीमित संख्या में चांदी के सिक्के जारी किए। वे सिक्के खलीफाओं के सिक्कों के अनुकरण पर बने थे। **मारवाड़-जोधपुर क्षेत्र से और सिंध** के पुराने देवल बंदरगाह से उन सिक्कों की निधियां मिली हैं। दक्षिण भारत के तटीय स्थलों से भी उमैय्या और अब्बासी खलीफाओं के दीनार मिले हैं। ये सिक्के इस बात के सूचक हैं कि 9वीं से 13वीं सदी तक भारत के बंदरगाहों और खलीफाओं

के राज्य के बीच व्यापार-संबंध निरंतर कायम रहे।

गज़नी (अफ़ग़ानिस्तान) के महमूद ने 1001 ई. में पश्चिमोत्तर सीमा से प्रवेश करके और हिंदू शाही तथा अन्य कई हिंदू राजाओं को हराकर 25 वर्षों के भीतर पश्चिम तथा उत्तर भारत के एक काफी बड़े हिस्से पर कब्जा कर लिया। अंत में वह काफी धन-दौलत इकट्ठा करके गज़नी वापस चला गया, मगर भारतीय क्षेत्र पर अपनी प्रभुता प्रकट करने के लिए उसने सिक्के तैयार कराए थे। उसने भारत में सोने के दीनार निकाले थे। मगर उसके सबसे महत्वपूर्ण चांदी के वे दिरहम हैं जो उसने 1028 ई. में लाहौर (महमूदपुर) की टकसाल में तैयार करवाए थे।

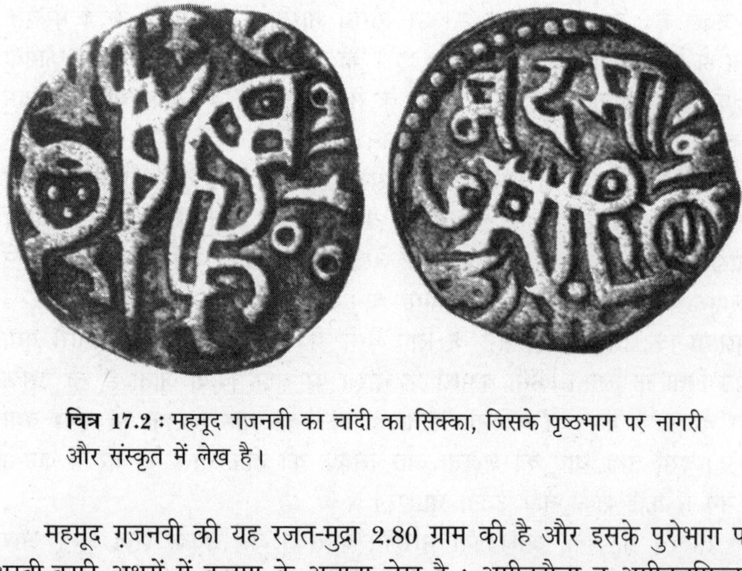

चित्र 17.2 : महमूद गजनवी का चांदी का सिक्का, जिसके पृष्ठभाग पर नागरी और संस्कृत में लेख है।

महमूद ग़जनवी की यह रजत-मुद्रा 2.80 ग्राम की है और इसके पुरोभाग पर अरबी-कूफी अक्षरों में कलमा के अलावा लेख है : अमीनुद्दौला व अमीनुलमिल्लत बिसमिल्लाह अल्-दिरहम रब बे महमूदपुर सनः 418 (किनारे पर)। सिक्के के पृष्ठभाग पर अरबी के उपर्युक्त समूचे लेख को नागरी लिपि और संस्कृत में प्रस्तुत किया गया है। अरबी कलमा का संस्कृत अनुवाद है–अव्यक्तं एकं मुहम्मद अवतार। उसके बाद शब्द है– नृपति महमूद। घेरे में पुरोभाग के शेष कूफी लेख का नागरी-संस्कृत रूपांतर है– अयं टंकं हत महमूदपुरे संवत 418, अथवा इसका एक अन्य रूप– अयं टंकं महमूदपुरे घटित ताजिकीय संवत 418 ई. (किनारे पर)।

यहां अल्लाह के इस्लामी स्वरूप को संस्कृत के 'अव्यक्त' शब्द में प्रकट किया गया है। इस शब्द को सुझाने वाला व्यक्ति निश्चय ही इस्लाम और हिंदू धर्म का

अच्छा जानकार रहा होगा। महमूद गजनवी के साथ अल्बेरूनी (973-1048 ई.) भारत आया था। अल्बेरूनी ने संस्कृत और भारतीय गणित-ज्योतिष का गहन अध्ययन किया था। बहुत संभव है कि उपुर्यक्त सिक्के के पुरोभाग के अरबी मुद्रालेख का संस्कृत अनुवाद अल्बेरूनी ने ही प्रस्तुत किया हो।

उस समय पश्चिमोत्तर भारत में हिंदू शाही शासकों द्वारा चलाए गए 'घुड़सवार और 'नंदि' की आकृति वाले सिक्के भी प्रचलित थे। महमूद गजनवी और उसके उत्तराधिकारियों ने अपने कुछ सिक्कों पर उन्हीं प्रतीकों को कायम रखा। ऐसे सिक्कों के एक ओर कूफी में लेख है और दूसरी ओर नागरी में 'सामंतदेव' नाम।

गौरी वंश के मुहम्मद (जिसे मुहम्मद बिन साम भी कहते हैं) ने 1192 ई. में पृथ्वीराज चौहान को हराकर सही अर्थ में पहली बार भारत में पहले इस्लामी राज्य की स्थापना की। मुहम्मद गोरी ने गाहड़वालों के राज्य (राजधानी : कन्नौज) को जीतकर उनके जैसे ही सोने के सिक्के जारी किए। उन सिक्कों के पुरोभाग पर लक्ष्मी का अंकन है और पृष्ठभाग पर नागरी में 'श्री मुहम्मद बिन साम' लेख है। उसके 'घुड़सवार-नंदि' शैली के सिक्कों के पुरोभाग पर नागरी में 'श्री मुहम्मद बिन साम' और पृष्ठभाग पर 'श्री हमीर' शब्द अंकित हैं। यह 'हमीर' शब्द अरबी के 'अमीर' शब्द का भारतीय अपभ्रंश है।

मुहम्मद गोरी के प्रतिनिधि कुतुबुद्दीन ऐबक ने 1206 ई. में दिल्ली को राजधानी बनाकर पहली सल्तनत की नींव डाली। इन आरंभिक तुर्की सुलतानों ने इस्लामी ढंग के नए सिक्के जारी किए। सैयदों और अफगान लोदियों ने भी उन्हीं का अनुकरण किया। फिर शेरशाह सूरी ने रुपये की जिस मुद्रा-प्रणाली की शुरुआत

चित्र 17.3 : मुहम्मद गोरी (मुहम्मद बिन साम) की चांदी-तांबे की मिश्रधातु की मुद्रा, जिस पर नागरी में लेख है।

की वह मुगलकाल, ब्रिटिश शासनकाल और स्वतंत्र भारत में भी जारी रही। मुगलों के सिक्के मुगल साम्राज्य के बाद ही प्रचलन में रहे। देशी रियासतों और ईस्ट इंडिया कंपनी ने इनका चलन जारी रखा।

संदर्भ और टिप्पणियां

1. आहत, देखिए अध्याय 3 पुराने पंचमार्क सिक्के पृष्ठ संख्या 33।
2. फिरोजशाह तुगलक : तुगलक वंश के दूसरे सुलतान मुहम्मद तुगलक का चचेरा भाई और उत्तराधिकारी। उसने 1351 से लेकर 1388 ई. में मृत्युपर्यन्त शासन किया। फिरोजशाह तुगलक शांतिप्रेमी था जिसकी पहली समस्या सिंध से फौज को सकुशल दिल्ली लाने की थी। फिरोजशाह ने दक्षिण में मुस्लिम बहमनी सुलतानों और विजय नगर के हिंदू राजाओं पर पुनः विजय प्राप्त करने की कोशिश की। फिरोज दिल्ली सल्तनत के विघटन को भी न रोक सका जिसकी शुरुआत उससे पहले के सुलतान मुहम्मद तुगलक के शासनकाल में ही हो गई थी। फिरोज को एकमात्र सफलता जाजनगर (उड़ीसा) से मिली जहां उसने 1360 ई. में फतेह हासिल की।
3. अलबेरूनी (973-1048 ई.) : अलबेरूनी रबीवा का रहने वाला था। सुलतान महमूद के समय (997-1030 ई.) में उसे कैदी अथवा बंधक के रूप में गजनी लाया गया था। वह महमूद की सेना के साथ भारत आया और पंजाब में रहा। उसका असली नाम अब रैहान मुहम्मद था। मगर उसे प्रसिद्धि अलबेरूनी के नाम से मिली जिसका अर्थ उस्ताद होता है। भारत में रहकर उसने संस्कृत पढ़ी और हिंदू दर्शन और शास्त्रों का अध्ययन किया। 'तहकीक-ए-हिंद' नामक पुस्तक लिखी जिसमें हिंदुओं के इतिहास, आचार-व्यवहार, परम्पराओं और वैज्ञानिक ज्ञान का वर्णन किया है।

चित्र 17.4 : अलबेरूनी

18

दिल्ली सल्तनत के सिक्के

मुहम्मद बिन साम (गोरी) के सिक्कों पर नंदि, लक्ष्मी व घुड़सवार की आकृतियां और नागरी में लेख देखने को मिलते हैं। उसकी मृत्यु (1206 ई.) के बाद दिल्ली को राजधानी बनाकर सल्तनत की स्थापना करने वाले कुतुबुद्दीन ऐबक के तांबे के केवल कुछ ही सिक्के मिले हैं, जो विशेष महत्व के नहीं हैं।

मगर कुतुबुद्दीन के उत्तराधिकारी शम्सुद्दीन इल्तुतमिश[1] (1210-35) के सिक्कों का बड़ा महत्व है, क्योंकि उसने नई शैली के सिक्के जारी किए। इल्तुतमिश ने नागौर (राजस्थान) से घुड़सवार शैली के सोने के सिक्के जारी किए। घुड़सवार के चारों ओर घेरे में कलमा और तिथि दी गई है। पृष्ठभाग पर पदवियों सहित सुल्तान का नाम है। सिक्कों पर टकसाल का नाम देने वाला इल्तुतमिश पहला भारतीय सुलतान था।

चित्र 18.1 : शम्सुद्दीन इल्तुतमिश की रजत मुद्रा : घुड़सवार प्रकार।

इल्तुतमिश ने भारतीय परंपरा को अपनाकर लगभग 100 रत्ती अथवा 175 ग्रेन तौल के चांदी के नए मानक टंक जारी किए। बाद के सुलतानों ने, शेरशाह सूर के समय तक, इसी मान के रजत-टंक जारी किए। यह टंक शब्द संस्कृत का है। महमूद गजनवी के रजत-सिक्के पर दिरहम का संस्कृत रूपांतर टंक दिया गया है। दिरहम शब्द द्रम्म का अपभ्रंश है। इल्तुतमिश के समय तक मध्य एशिया से दिल्ली सल्तनत के अच्छे संबंध स्थापित हो गए थे और वहां से चांदी का आयात होने लगा था, इसीलिए इल्तुतमिश ने मानक रजत-मुद्राएं तैयार करवाई थीं।

इल्तुतमिश के समय से दिल्ली सल्तनत का प्रभाव दूर-दूर तक बढ़ गया था, इसलिए बगदाद के खलीफा ने उसका प्रभुत्व स्वीकार कर लिया था। परिणामतः इल्तुतमिश ने अपने सिक्कों पर खलीफा का नाम भी अंकित कराया।

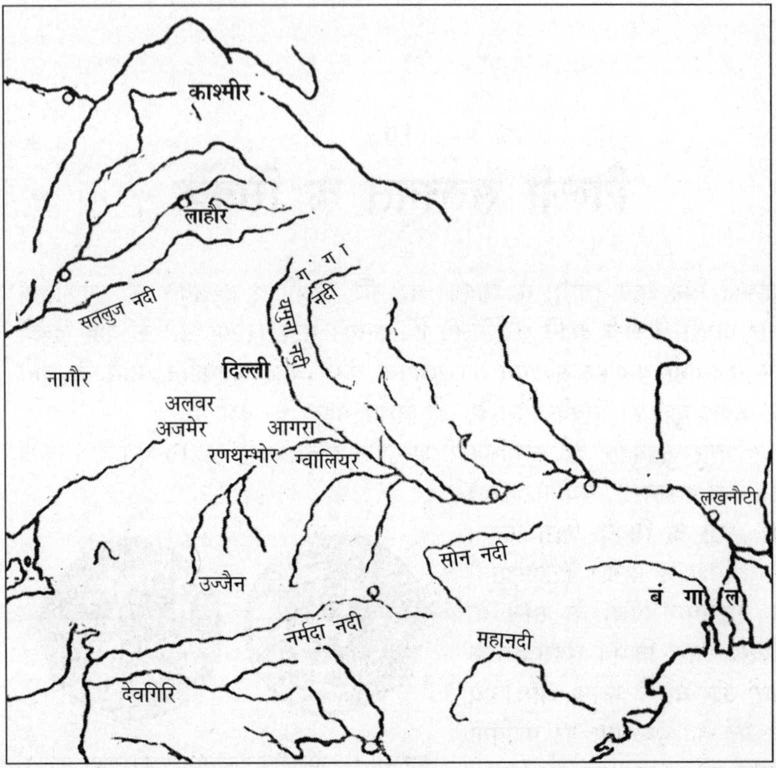

चित्र (नक्शा) 18.2 : दिल्ली सल्तनत के राज्य एवं टकसालें

इल्तुतमिश ने मिश्रित धातु (चांदी-तांबा) के तीन प्रकार के सिक्के जारी किए। इनमें से एक प्रकार के सिक्कों के पुरोभाग पर बृषभ की आकृति और नागरी लेख सुरिताण स्त्री समसदीण (सुलतान श्री शम्सुद्दीन) है। पृष्ठभाग पर घुड़सवार और घेरे में नागरी लेख स्त्री हमीर : (श्री अमीर) है। ऐसे कुछ सिक्कों के पुरोभाग पर खलीफा के नाम वाला नागरी लेख (मुस्तंसिरि अमीर लि मोमिनां) और पृष्ठभाग पर नागरी में स्त्री षलीफ : (श्री खलीफ) : शब्द अंकित देखने को मिलते हैं। दूसरे प्रकार के रजत-ताम्र सिक्कों पर घुड़सवार की आकृति के साथ नागरी में स्त्री हमीर : और स्त्री समसदीण शब्द देखने को मिलते हैं ऐसे तीसरे प्रकार के पुरोभाग पर अरबी में लेख और पृष्ठभाग पर नागरी में लेख स्त्री सुलता (न) ईलितिमिमि वि सं (विक्रम संवत्) 1283 अंकित है। इल्तुतमिश ने अजमेर के समीप शासन करने

वाले राजा चाहड़देव को हराकर उसके नाम का सिक्का चलाया। बृषभ-घुड़सवार प्रकार के इस सिक्के पर नागरी में लेख है– असावरी स्री ससोरलदिवि और स्री चाहडदिव। इल्तुतमिश ने तांबे के जीतल नामक विशिष्ट सिक्के भी चलाए।

इल्तुतमिश की बेटी रजिया ने अपने चार साल के शासनकाल (1236-40) में चांदी के सिक्के दिल्ली और लखनौती (गौड़, बंगाल) के टकसाल-घरों में जारी किए। उन पर उसका नहीं, बल्कि उसके बाप का नाम है। लखनौती में नया टकसाल-घर खोलने का श्रेय रजिया को ही है। उसके शासनकाल में बृषभ-घुड़सवार प्रकार के जीतल बनते रहे। रजिया का अब तक सोने का कोई सिक्का नहीं मिला है। रजिया के तीन उत्तराधिकारियों के सिक्कों में कोई नाविन्य नहीं है।

गयासुद्दीन बलबन (1266-87) ने सोना, चांदी, चांदी-तांबा और तांबे के सिक्के चलाए। उसने बृषभ-घुड़सवार आकृति वाले सिक्के बंद करवा दिए। उसने अलवर, सुलतानपुर और फक्राबाद में नए टकसाल-घर खोले। बलबल ने चांदी-तांबे की मिश्रधातु के जो नए सिक्के जारी किए उनके पृष्ठभाग पर घेरे के भीतर अरबी में उसका नाम बलबन है और घेरे के बाहर नागरी में मुद्रालेख है– स्री सुलतां गधासदीं।

चित्र 18.2 : गयासुद्दीन बलबन की स्वर्ण-मुद्रा। दिल्ली टकसाल।

दिल्ली सल्तनत पर 1290 ई. में खिलजी वंश का शासन स्थापित हुआ। आरंभ के दो खिलजी सुलतानों (जलालुद्दीन फीरोज और रुकुद्दीन इब्राहीम) ने अपने सिक्के बलबन के सिक्कों के अनुकरण पर तैयार किए। मगर तीसरे खिलजी सुलतान अलाउद्दीन मुहम्मदशाह (1296-1316) के सिक्कों में काफी नवीनता है। अलाउद्दीन बड़ा महत्वाकांक्षी था, विश्व-विजय के सपने देखता था, इसलिए हजरत-देहली की टकसाल में तैयार करवाए सोने और चांदी के अपने टंकों पर उसने सिकंदर अल्-सानी (दूसरा सिकंदर)-जैसी भव्य पदवियां अंकित करवाईं। उसने अपने सिक्कों पर से बगदाद के खलीफा का नाम हटा दिया और उसके स्थान पर लेख अंकित कराया-यमीन।

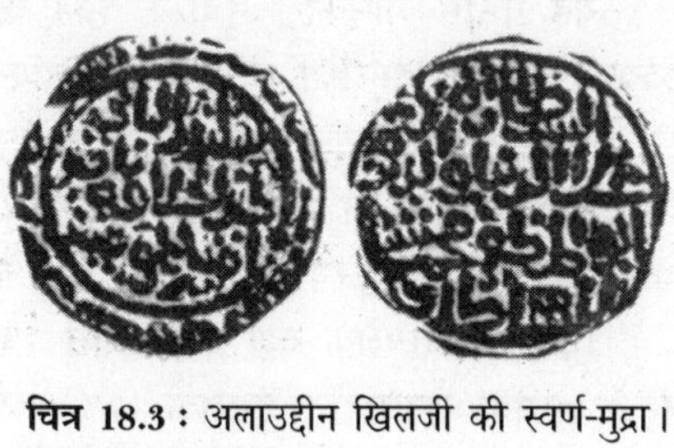

चित्र 18.3 : अलाउद्दीन खिलजी की स्वर्ण-मुद्रा। दिल्ली टकसाल।

अल्-खिलाफत (खिलाफत का दाहिना हाथ) मलिक काफूर की दक्षिण-विजयों के कारण दिल्ली के खजाने में बहुत ज्यादा मात्रा में सोना-चांदी जमा हो गई थी। अलाउद्दीन और बाद के कुछ सुलतानों द्वारा बड़ी तादाद में जारी किए गए सोने-चांदी के सिक्कों से भी यह बात प्रमाणित होती है। दक्कन की विजय के बाद पहली बार देवगीर (देवगिरि, दौलताबाद[2]) की टकसाल से स्वर्ण-मुद्राएं जारी की गईं। अलाउद्दीन ने दारूल-इस्लाम (दिल्ली) की टकसाल से भी कई प्रकार के सिक्के भी जारी किए।

प्रसिद्ध है कि अलाउद्दीन खिलजी ने अपने राज्य में वस्तुओं की कीमतें निश्चित कर दी थीं। पता चलता है कि सोने और चांदी के बीच 1:10 का दृढ़ समीकरण स्थापित हो गया था। अलाउद्दीन के समय में एक मन (40 सेर) गेहूं साढ़े सात जीतलों में, एक मन चावल 5 जीतलों में, एक मन सफेद शक्कर 100 जीतलों में और एक मन घी 16 जीतलों में मिलता था। अलाउद्दीन के समय में तांबे के करीब 50 जीतल चांदी के एक टंक के बराबर होते थे।

अलाउद्दीन के पुत्र और उत्तराधिकारी कुतुबुद्दीन मुबारकशाह (1316-20) के सिक्के सुंदरता के बेजोड़ नमूने हैं। उसने बड़े खूबसूरत चौकोर अथवा वर्गाकार चांदी और सोने के सिक्के चलाए। उसने भी अपने सिक्कों पर खलीफा के नाम को स्थान नहीं दिया और अपने नाम के साथ आडम्बरयुक्त उपाधियां जोड़ीं। जानकारी मिलती है कि मुबारकशाह ने थोड़े ही सालों के अपने शासनकाल में सोने और चांदी के अनेक प्रकार के सिक्के निकाले।

चित्र 18.4 : कुतुबद्दीन मुबारकशाह (खिलजी) की वर्गाकार स्वर्ण-मुद्रा। दिल्ली टकसाल।

यह तमाम जानकारी मुबारक शाह की दिल्ली की टकसाल के अधिकारी ठक्कुर पेरू द्वारा अपभ्रंश में लिखी गई **द्रव्य-परीक्षा** नामक पुस्तक से मिलती है।[3] इस पुस्तक से पता चलता है कि अलाउद्दीन ने और मुबारकशाह ने 100, 150 और 200 तोले के भी चांदी और सोने के सिक्के चलाए थे। इस पुस्तक में सोने और चांदी को शुद्ध करने और मिश्रित धातु तैयार करने के तरीके भी बताए गए हैं।

दिल्ली में तुगलक वंश का शासन 1320 ई. में आरंभ हुआ। इस वंश के पहले शासक गयासुद्दीन तुगलक (1320-25) ने पहले के खिलजी सिक्कों के अनुकरण पर सोने, चांदी-तांबा और तांबे के सिक्के जारी किए। इसने दिल्ली और

देवगीर की टकसालों में सिक्के बनवाए। इसके सोने के एक सिक्के पर टकसाल का नाम मुल्क-ए-तिलंग (तेलंगाना) दिया गया है। इस सुलतान के चांदी-तांबे के एक प्रकार के सिक्के के पृष्ठभाग पर नागरी में श्री सुलतां गयासुदीं लेख भी देखने को मिलता है।

गयासुद्दीन के बेटे और **उत्तराधिकारी मुहम्मद बिन तुगलक** (1325-51) के सिक्कों का मुद्राशास्त्र की दृष्टि से बड़ा महत्व है। उसका पहला प्रयोग था सोने और चांदी के सिक्कों का तौल बदलना। पहले ये सिक्के 11 ग्राम के थे। मुहम्मद तुग़लक ने सोने के ये सिक्के तौल बढ़ाकर लगभग 13 ग्राम और चांदी के सिक्के को घटाकर 9 ग्राम कर दिया। मगर उसका यह प्रयोग असफल रहा और उसे पहले के तौल-मान पर लौटना पड़ा।

मुहम्मद तुग़लक ने दिल्ली के अलावा रणथंभौर, धार, लखनौती, सातगांव, सुल्तानपुर, मुल्क-ए-तिलंग, तुग़लकपुर (तिरहत) और देवगीर की टकसालों से अपने सिक्के जारी किए। देवगीर को आरंभ में उसने कुतुबाबाद नाम दिया था। बाद में उसने इसे दौलताबाद नाम दिया। प्रसिद्ध ही है कि मुहम्मद तुगलक 1328-30 ई. में अपनी राजधानी दिल्ली से देवगीर (दौलताबाद) ले गया था, साथ में दिल्ली की काफी उच्च वर्गीय जनता भी दौलताबाद गई।

मुहम्मद तुग़लक ने एक और प्रयोग किया : उसने सोने और चांदी के असली सिक्कों के स्थान पर तांबे और पीतल या कांसे के प्रतीकात्मक (टोकन) सिक्के जारी किए। बड़ी दिलचस्प है इस प्रयोग की दास्तान।

चित्र 18.5 : मुहम्मद बिन तुगलक की स्वर्ण-मुद्राः 12.75 ग्राम। दिल्ली टकसाल।

चित्र 18.6 : मुहम्मद बिन तुगलक की तांबे या पीतल की सांकेतिक (टोकन) मुद्रा।

चित्र 18.7 : मुहम्मद बिन तुगलक की रजत-मुद्रा।

भारत में पहली बार सांकेतिक मुद्रा चलाने का श्रेय मुहम्मद तुगलक को है। चीन और ईरान के उदाहरण सामने थे। चीन में काफी पहले से सांकेतिक मुद्रा प्रचलित थी और चंगेज खां के पौत्र कुबलाई खां के शासनकाल (1260-64) में छाओं नामक यह कागजी मुद्रा काफी दृढ़ता से स्थापित हो गई थी। मगर ईरान में सांकेतिक मुद्रा चलाने का कैखातू खां का प्रयोग (1293) असफल रहा।

खूबसूरत अभियान की तैयारी में खजाना काफी खाली हो गया था और चांदी की कमी थी, इसलिए मुहम्मद तुगलक को चांदी और मिश्रित धातु चांदी-तांबे के टंकों के मूल्य के तांबे और पीतल के सांकेतिक जीतल जारी करने का विचार सूझा। सन् 1329-30 के दौरान जारी किए गए इन सांकेतिक सिक्कों पर अरबी और फारसी में सुंदर मुद्रालेख है। अरबी लेख का आशय है– सुलतान का आदेश मानना अल्लाह का आदेश मानने के बराबर है। फारसी लेख का आशय है– अल्लाह की कृपा से मुहम्मद तुगलक के राज में यह टंक मान्य रहेगा।

मगर मुहम्मद तुगलक का यह प्रयोग असफल रहा। उसने वे कदम नहीं उठाए जो सांकेतिक मुद्रा को मान्य रखने के लिए अनिवार्यतः उठाने पड़ते हैं। परिणामतः सुनारों के घर पीतल के नकली टंक तैयार करने वाले टकसाल घर बन गए। इस नकली मुद्रा का प्रचलन बढ़ता गया। लोग भूमि कर इसी में चुकाने लगे। हथियार और युद्ध सामग्री भी इसी नकली मुद्रा में खरीदी जाने लगी। विदेशी व्यापार पर भी इसका भारी प्रतिकूल प्रभाव पड़ा। लोग चांदी का संचय करने लगे, मगर चीजें पीतल के सांकेतिक टंकों में खरीदते थे।

जब सुल्तान ने महसूस किया कि उसकी सांकेतिक मुद्रा के कारण अराजकता फैल गयी है, तब उसने पीतल की उस मुद्रा को वापस लेने और उसके बदले में सोने और चांदी के सिक्के देने का आदेश दिया। कहते हैं कि तुगलकाबाद (दिल्ली) में तांबे-पीतल के नकली सिक्कों का ढेर लग गया था, जिन्हें बाद में गला दिया गया।

मुहम्मद तुगलक के शासन को किसी खलीफा ने स्वीकृति नहीं दी थी। इससे और सल्तनत में विद्रोह शुरू होने के कारण सुलतान की चिंता बढ़ती गई। बगदाद की अब्बासी खिलाफत खत्म हो चुकी थी। सुलतान ने मिस्र में किसी अन्य खलीफा को खोज निकाला, उससे अपने लिए सत्ताधिकार प्राप्त किया और उस खलीफा का नाम अपने सिक्कों पर अंकित कराया।

सुलतान मुहम्मद के उत्तराधिकारी फीरोजशाह (1351-88) ने लंबे समय तक शासन किया। उसने भी स्वर्णमुद्राओं पर खलीफाओं के नाम अंकित कराए। फीरोज के समय में भी स्वर्णमुद्राओं की बहुलता और रजतमुद्राओं की कमी रही। मगर उसके बाद के सुलतान चांदी और सोना, दोनों ही धातुओं के बहुत कम सिक्के

जारी कर पाए।

तुगलक वंश के अवसान के बाद दिल्ली की सल्तनत पर 1414 ई. में सैयद वंश का अधिकार हो गया, मगर नए सिक्के बहुत कम संख्या में चलाए गए। मुहम्मद और फीरोज तुगलक के सिक्के प्रचलित रहे। सैयद वंश की स्थापना के पहले तैमूर भारत से काफी धन-दौलत लूटकर ले गया था।

सैयश वंश[4] के बाद दिल्ली के तख्त पर 1451 ई. में अफगान लोदी वंश का शासन स्थापित हुआ। लोदी शासकों ने सोने और चांदी के सिक्के नहीं चलाए। केवल तांबे और चांदी-तांबे की मिश्रधातु के ही सिक्के जारी किए। बहलोल लोदी (1451-89) ने चांदी-तांबे की मिश्रधातु के 80 रत्ती तौल के जो टंक चलाए वे बहलोली के नाम से मशहूर हुए। लोदी सुलतानों– बहलोल, सिकंदर और इब्राहीम–के सिक्कों पर खलीफा का नाम, सुलतान का नाम, टकसाल घर (दिल्ली) का नाम और तिथि अंकित है।

चित्र 18.8 : बहलोल लोदी की मिश्र-धातु (चांदी-तांबा) की मुद्रा।

बाबर ने 1526 ई. में पानीपत[5] के मैदान में इब्राहीम लोदी को परास्त करके भारत में मुगल शासन की नींव डाली। बाबर और हुमायूं का शासन अल्पकालिक रहा। उन्होंने जो थोड़े से सिक्के जारी किए वे मध्य-एशियाई बनावट के हैं। वस्तुतः मुद्रा-प्रणाली में क्रांतिकारी परिवर्तन अफगानी सूर वंश के शेरशाह (1538-45) ने किया। बिहार और बंगाल का शासक बनने के बाद उसने वहां अपने नाम के चांदी और तांबे के सिक्के जारी किए थे। मगर 1540 में हुमायूं को हराकर जब वह दिल्ली सल्तनत का शासक बन गया, तो मुद्रा-प्रणाली का एक नया युग शुरू हुआ।

शेरशाह ने सिक्कों के लिए चांदी-तांबे की मिश्रधातु का प्रयोग सदा के लिए बंद करवा दिया और शुद्ध चांदी के टंक तैयार करवाए। उसने संभवतः स्वर्ण मुद्राएं भी नहीं चलाईं। उसके नाम की जो इक्की-दुक्की स्वर्णमुद्राएं मिली हैं वे संभवतः जाली हैं।

शेरशाह ने शुद्ध चांदी का जो नया सिक्का चलाया उसे रुप्य या रुपया नाम दिया। प्राचीन भारत में चांदी का एक नाम रूप्य था और कौटिल्य ने चांदी के सिक्के तैयार करने वाली टकसाल (टंकशाल) के अध्यक्ष को रूपाध्यक्ष कहा है। शेरशाह ने चांदी के अपने सिक्के को जो नाम दिया वह कुछ बिगड़े रूप में (रूपी) अंग्रेजों के शासनकाल में कायम रहा और आज भी रुपया, के नाम से कायम है।

शेरशाह का चांदी का मानक रुपिया 178 या 180 ग्रेन यानी करीब 12 मासे

चित्र 18.9 : शेरशाह (1538-45) का चांदी का रुपया। पुरोभाग : वर्ग में कलमा और चारों ओर खलीफाओं के नाम। पृष्ठभाग : शेरशाह का नाम और नागरी में 'स्त्री सेरसाही'।

या एक तोले का था। अकबर का मानक रुपया साढ़े ग्यारह मासे का था। शेरशाह के चांदी के रुपए के पुरोभाग पर कलमा और खलीफाओं के नाम हैं। पृष्ठभाग पर सुलतान का नाम, टकसाल का नाम और तिथि अंकित है। साथ ही, पृष्ठभाग पर नागरी लिपि में श्री सेरसाह या स्त्री सेरसाही जैसे नाम भी देखने को मिलते हैं। शेरशाह ने चांदी के अपने रुपए उज्जैन, आगरा, चुनार, पेंडुआ (बंगाल), रणथंभौर, सातगांव, शरीफाबाद, शेरगढ (बक्कर, दिल्ली), कालपी, ग्वालियर आदि स्थानों के टकसाल घरों के कुछ चिह्न (पंचदल-पुष्प, स्वस्तिक आदि) भी देखने को मिलते हैं।

शेरशाह ने तांबे का जो सिक्का चलाया वह पैसा कहलाया। अकबर के समय में यह दाम के नाम से मशहूर हुआ। शेरशाह का दाम या पैसा करीब 330 ग्रेन का था और चांदी का एक रुपया तांबे के 40 पैसे के बराबर होता था। तांबे के ये सिक्के राज्य के करीब बीस टकसाल-घरों में तैयार करवाए गए थे। शेरशाह के कुछ सिक्कों पर टकसाल-घर के स्थान पर जहांपनाह शब्द देखने को मिलता है। ये सिक्के संभवतः राजनिवास या सैनिक कैंप (स्कंधवार) से जारी किए गए थे। बाद के सूरी शासकों ने शेरशाह के ही सिक्कों का अनुकरण किया।

आम लेन-देन में चांदी के सिक्कों का इस्तेमाल कम होता था। तांबे के सिक्कों का ज्यादा प्रचलन था। शेरशाह ने और बाद में मुगल शासकों ने दाम से भी छोटे अर्ध दाम (अधेला), चौथाई दाम, दशांश दाम आदि के सिक्के चलाए थे, मगर भारतीय देहातों में दैनंदिन जरूरत की कई चीजें कौड़ियों से ही खरीदी जाती थीं। हमारे देश में सस्ती मुद्रा के रूप में कौड़ी (काकिनी, कर्पद, वराटक) का इस्तेमाल प्राचीन काल से ही होता आ रहा है। वर्तमान सदी के आरंभिक दशकों तक देश के कई प्रांतों में मुद्रा के रूप में कौड़ियों का प्रचलन रहा। 'दो कौड़ी

का होना', 'कौड़ी के मौल', 'कौड़ी-कौड़ी को तरसना' जैसे वाक्प्रचार आज भी प्रचलित हैं। मुद्रा के रूप में कौड़ियों का इस्तेमाल प्राचीन चीन में भी खूब हुआ। कौड़ी मोलस्का समुदाय का एक समुद्री प्राणी है। इसका चमकीला-चिकना कवच केल्सियम कार्बोनेट का बना होता है। मालदीव द्वीपों से बड़ी तादाद में कौड़ियां आयात की जाती थीं। बंगाल और ओड़ीशा में कौड़ियों का ज्यादा प्रचलन था। मुगल काल में आगरा के आसपास अधेला 60 कौड़ियों के बराबर और गुजरात में करीब 80 कौड़ियों के बराबर। चार कौड़ियों का एक गंडा होता था। गुजरात में मुद्रा के रूप में बादाम का भी इस्तेमाल हुआ। फारस से इनका आयात होता था और 35 या 40 बादाम एक अधेले के बराबर होते थे।

संदर्भ और टिप्पणियां

1. शम्सुद्दीन इल्तुतमिश : कुतुबद्दीन के बाद इल्तुतमिश दिल्ली की गद्दी पर बैठा। वह कुतुबदीन का गुलाम और दामाद था। इल्तुतमिश के समय में ही चंगेज खान की मंगोल सेना सिंध नदी तक पहुंची थी। मंगोलों ने मध्य-एशिया पर कब्ज़ा कर लिया था। वह अभी मुसलमान नहीं बने थे। मंगोलों ने इस काल में न केवल ख्वारिज्य के तुर्क राज्य को मिटा दिया था बल्कि अफ़ग़ानिस्तान पर अधिकार कर लिया था। ख्वारिज्य के तुर्क राजा का पीछा करते हुए चंगेज खान (छिंगस्) सिंधु नदी तक पहुंचा, किन्तु इल्तुतमिश तुर्क राजा की कोई मदद नहीं की। इस प्रकार दिल्ली पर चंगेज खान के आक्रमण की घड़ी टल गई। सल्तनत काल के पहले जो हाल देशी सामंतों का था वही हाल अमीरों का हो गया था। इन्हें बड़ी-बड़ी जागीरें मिली थीं। सुल्तान को कमजोर देखते ही, ये स्वतंत्र हो जाते थे। इल्तुतमिश ने दक्षिण में भिलसा तक चढ़ाई की और मालवा तथा मेवाड़ के हिंदू राजाओं को भी हराया। सारे उत्तरापथ पर इल्तुतमिश का शासन हो गया। 1236 ई. में इल्तुतमिश की मृत्यु हो गई और कुतुबमीनार के पास के मकबरे में उसे दफनाया गया। कुतुबमीनार की नींव कुतुबद्दीन ने डाली थी, इल्तुतमिश ने इसे पूरा किया। इल्तुतमिश का बेटा नालायक था, इसलिए तुर्क अमीरों ने उसकी बेटी रजिया को गद्दी पर बैठाया।
2. दौलताबाद : देखिए अध्याय 15, दक्षिण भारत के सिक्के, टिप्पणी नं. 4।
3. ठक्कुर फेरू विरचिता : **द्रव्यपरीक्षा और धातुत्पत्ति**

   संपादन - प्राकृत जनशास्त्र अंहिसा शोध संस्थान, वैशाली, 1976

   इस ग्रंथ के मूल रचयिता ठक्कुर फेरू एक बहुमुखी प्रतिभासम्पन्न विद्वान और तत्कालीन भारतीय शासन तंत्र के उच्चाधिकार व्यक्ति थे। ये धांधिया गोत्र के परम जैन श्रावक थे। इन्होंने सुल्तान अलाउद्दीन खिलजी के शासनकाल में दिल्ली राज्य के मंत्रिमण्डल में विभिन्न पदों पर रहकर अपने सक्रिय अनुभव से कुछ ग्रन्थों

की रचना की थी। शाही खजाने के रत्नों के अनुभव के आधार पर उन्होंने 'रत्नपरीक्षा' की रचना की। उसी प्रकार "ढिल्लिय टकसाल कज्जठिए" अर्थात् दिल्ली टकसाल के गवर्नर के पद पर रहकर प्राचीन-अर्वाचीन मुद्राओं का अनुभव प्राप्त कर द्रव्य परीक्षा लिखी। ठक्कुर फेरू ने अपने भाई और पुत्र के ज्ञान के लिए इस ग्रंथ की रचना 1318 ई. में दिल्ली में की थी।

'द्रव्यपरीक्षा' को केवल भारतीय साहित्य में ही नहीं विश्व साहित्य में भी महत्वपूर्ण माना जा सकता है। भारतीय संग्रहालयों में प्राप्त सामग्री के आधार पर इस ग्रन्थ से प्राचीन मुद्राओं के संबंध में नई दिशा मिलेगी।

मुद्रा प्रकरण में ठक्कुर फेरू ने कई प्रकार की रौप्य मुद्रा, स्वर्ण मुद्रा, त्रिधातु-मिश्रित मुद्रा, द्विधातु मुद्रा, व अन्य मुद्राओं का वर्णन किया है। फिर सोने, चांदी और तांबे की अनेक मुद्राओं का स्वरूप बताया गया है।

श्री अगरचंद नाहटा और भंवरलाल नाहटा ने कलकत्ते के एक जैन ज्ञानभण्डार में इस लगभग 600 वर्ष पूर्व पुरानी पाण्डुलिपि को खोज निकाला और मूलग्रन्थ सन् 1969 में "रत्नपरीक्षादि सप्तग्रन्थ संग्रह" नाम से जोधपुर से प्रकाशित हुए। इसमें रत्न परीक्षा, द्रव्य परीक्षा, धातुत्पत्ति, ज्योतिषसार, गणितसार, वास्तुसार, खरतरगच्छा युगप्रधान चतुष्पदिका - ये सात ग्रन्थ थे।

इनमें से 'द्रव्य परीक्षा' और 'धातुत्पत्ति' प्राकृत जैन शास्त्र अहिंसा शोध संस्थान ने प्रकाशित किया।

4. सैयद वंश : इसका आरंभ तुगलक वंश के अंतिम शासक सुल्तान महमूद की मृत्यु के उपरांत खिज्र खांसे में (1414 ई.) में हुआ। इस वंश में केवल खिज्र था। उसके चार सुल्तान हुए। इन्होंने बहलोल लोधी को सिंहासन सौंप दिया। इन्होंने अपने काल में कोई भी उल्लेखनीय कार्य नहीं किया।

5. पानीपत : तीन भाग्यनिर्णायक लड़ाइयां यहां हुई, जिन्होंने भारतीय इतिहास को नया मोड़ दिया। पानीपत की पहली लड़ाई 21 अप्रैल 1526 में दिल्ली के सुल्तान इब्राहीम लोदी और बाबर के बीच में हुई। इसमें बाबर की जीत हुई। दूसरी लड़ाई 5 नवंबर 1556 ई. में अफगान बादशाह आदिलशाह के सेनापति और मंत्री हेमू और अकबर के बीच हुई जिसने अपने पिता हुमायूं से दिल्ली का तख्त पाया था। दूसरी लड़ाई के फलस्परूप दिल्ली और आगरा अकबर के कब्जे में आ गया। और तीन सौ वर्षों तक दिल्ली का तख्त मुगलों के पास रहा। तीसरी लड़ाई 14 जनवरी 1761 ई. को अफगान आक्रमणकारी अहमदशाह अब्दाली और मुगल बादशाह आलम द्वितीय के संरक्षक और मराठों के बीच हुई। मराठों की हार हुई। इसके फलस्वरूप भारत में ब्रिटिश शक्ति के उदय की दिशा में काफी सहायता मिली।

19

सल्तनत कालीन प्रांतीय राज्यों के सिक्के

दिल्ली सल्तनत के दूर के प्रांतों के गवर्नर आरंभ से ही बड़े शक्तिशाली और महत्वाकांक्षी थे। दिल्ली सल्तनत के कमजोर पड़ते ही वे स्वतंत्र होकर शासन करने लगे। उनमें उत्तर भारत के प्रमुख राज्य थे– बंगाल, जौनपुर, मालवा, गुजरात और कश्मीर। दक्कन में बहमनी राज्य का और दक्षिण भारत में विजयनगर राज्य का उदय हुआ।

सल्तनत से स्वतंत्र हुए गवर्नरों ने आरंभ में दिल्ली के अनुकरण पर अपने सिक्के बनवाए। मगर बाद में उन्होंने स्थानीय परिस्थितियों के अनुरूप नई शैली और बनावट के सिक्के चलाए।

बंगाल : मुहम्मद बिन साम के एक सेनापति अलाउद्दीन बख्तियार खिलजी ने 1202 में बंगाल के एक बड़े हिस्से पर अधिकार कर लिया था। तब से सल्तनत के गवर्नर बंगाल पर शासन करते रहे। 1310 ई. के आसपास बंगाल को दो भागों में बांट दिया गया था। अंत में शम्सुद्दीन इलियास शाह ने 1339 में बंगाल का एकीकरण करके अपना स्वतंत्र शासन शुरू कर दिया। इलियास शाह के वंश के बाद बंगाल पर कई अन्य राजवंशों ने शासन किया। अंत में, शेरशाह के अधिकार के बाद, 1576 में, बंगाल अकबर के राज्य का सूबा बन गया।

चित्र 19.1 : बंगाल के सुलतान जलालुद्दीन मुहम्मद शाह (1414-31) की रजत-मुद्रा।

बंगाल के आरंभिक शासकों के सिक्के प्रमुखतः चांदी के हैं और दिल्ली के सिक्कों के अनुकरण पर बने हैं। इनके पुरोभाग पर कमला या खलीफा के नाम और पृष्ठभाग पर पदवियों सहित शासकों के नाम हैं। लखनौती, सातगांव, सुनारगांव (हुगली के पास), पंडुआ आदि इनके टकसाल-घर थे। कुछ सुलतानों के सिक्कों

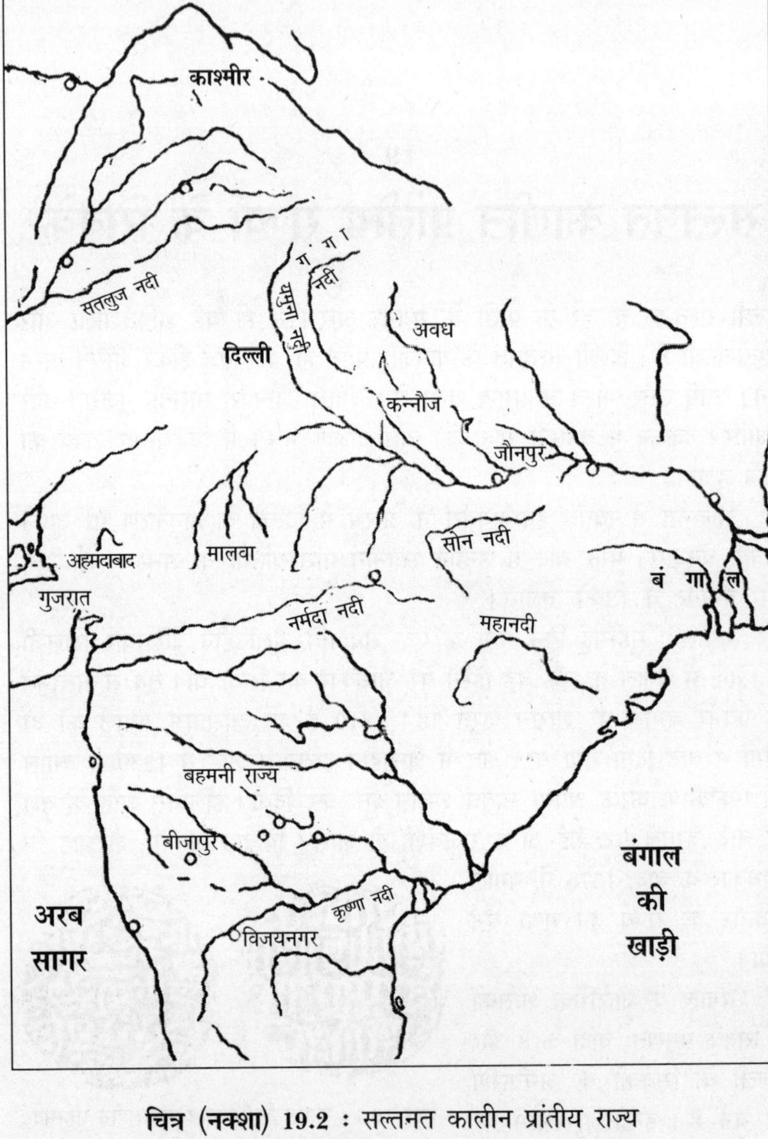

चित्र (नक्शा) 19.2 : सल्तनत कालीन प्रांतीय राज्य

के अरबी मुद्रालेख सुलेखन के उत्कृष्ट नमूने हैं। इनके लिए सुलेखन की तुगरा (पेचीले अक्षर) शैली का इस्तेमाल हुआ है। कुछ शासकों के सिक्कों पर उनके नाम

नागरी में भी देखने को मिलते हैं।

जौनपुर[1] मुहम्मद तुगलक के शासनकाल में, 1394 ई. में जौनपुर में शर्की वंश का राज्य कायम हुआ। जौनपुर सल्तनत में बिहार, अवध और कन्नौज के प्रदेशों का भी समावेश था। जौनपुर का शर्की शासन करीब अस्सी साल तक चला। इब्राहीम शाह एक शक्तिशाली शासक हुआ। उसके उत्तराधिकारी थे– महमूद, मुहम्मद और हुसैन। इन जौनपुर शासकों के सिक्के अधिकतर मिश्रधातु (चांदी-तांबा) और तांबे के हैं। इनके सोने के दुर्लभ सिक्कों पर तुगरा शैली के मुद्रालेख देखने को मिलते हैं। अंतिम तीन शर्की शासकों ने सिक्कों पर अपने पूर्वजों के भी नाम अंकित कराए।

चित्र 19.3 : जौनपुर के सुलतान महमूद शाह (1440-58) की स्वर्ण-मुद्रा। पुरोभाग पर खलीफा का और पृष्ठभाग पर तुगरा अक्षरों में सुलतान का नाम।

मालवा : मालवा के गवर्नर दिलवर खां ने 1401 ई. में अपनी स्वतंत्रता घोषित की। मगर उसने शायद कोई सिक्का नहीं चलाया। उसके पुत्र हुशंग शाह और बाद के शासकों ने विभिन्न धातुओं के जो सिक्के जारी किए उनमें से ज्यादा वर्गाकार हैं। गुजरात : सल्तनत से गुजरात प्रांत पंद्रहवीं सदी के पहले दशक में स्वतंत्र हुआ। अहमद शाह (1411-41) ने मालवा और राजपूताने के शासकों को हराया, अहमदाबाद की स्थापना की और अपने नए सिक्के चलाए। उसके पौत्र महमूद (प्रथम) बेगड़ा ने गुजरात राज्य का दूर-दूर तक विस्तार किया। महमूद की बड़ी-बड़ी मूंछें थीं, जिन्हें वह घुमाकर उठा देता था। जिस बैल के सींग बड़े और ऊपर को घूमे हुए हों उसे गुजराती में बेगड़ो कहते हैं। इसीलिए सुलतान को बेगड़ा उपनाम मिला था। बेगड़ा ने पुर्तगालियों से भी टक्कर ली थी। गुजरात का अंतिम शासक बहादुर शाह (1526-37) था। कई सालों की अराजकता के बाद 1572 में अकबर ने गुजरात पर अधिकार कर लिया।

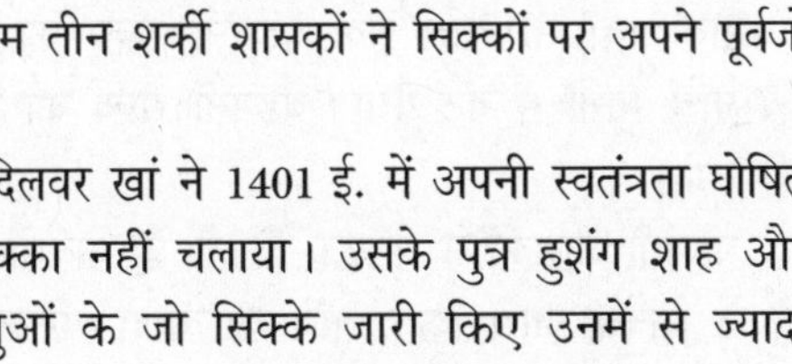

चित्र 19.4 : मालवा के सुलतान गियास शाह खिलजी (1468-1500) की वर्गाकार स्वर्ण-मुद्रा।

गुजरात के सुलतानों के सिक्के गोलाकार हैं। उन्होंने अधिकतर मिश्रधातु (चांदी-तांबा) और तांबे के ही सिक्के जारी किए। गुजरात के उपर्युक्त शासकों के कतिपय सिक्कों पर उनकी वंशावलियां भी अंकित देखने को मिलती हैं। गुजरात के शासक मुहम्मद शाह के सिक्के पर फारसी पद्य भी देखने को मिलता है। गुजरात के शासकों के अधिकांश सिक्के अहमदाबाद (शहर-ए-मुकर्रम) की टकसाल में बनाए गए थे। कश्मीर : कश्मीर दिल्ली सल्तनत का हिस्सा नहीं रहा। हिंदू शासकों से छीन लेने के बाद कश्मीर पर शाह मिर्जा स्वाती के वंश ने 1334 से 1560 तक शासन किया। कश्मीर से सोलह सुलतानों के सिक्के मिले हैं। कुछ सुलतानों के सोने के सिक्के भी मिले हैं। इनके पुरोभाग पर कलमा और पृष्ठभाग पर सुलतान का नाम व टकसाल 'कश्मीर' का उल्लेख है। बहमनी राज्य : हसन गंगू के नेतृत्व में विद्रोह करके दक्कन के अमीरों ने 1347 ई. में अपने को स्वतंत्र घोषित किया। इसने अलाउद्दीन हसन बहमन शाह का नाम धारण करके नए राज्य की नींव डाली और गुलबर्गा को राजधानी बनाया। बहमनी राज्य 1526 ई. तक टिका रहा। आरंभ के करीब सवा सौ साल तक बहमनी राज्य का खूब विस्तार हुआ। अंत में यह राज्य पांच भागों में बंट गया। बहमनी राज्य का विजयनगर राज्य से निरंतर संघर्ष जारी रहा।

बहमनी शासकों ने मुख्यतः दिल्ली के सिक्कों के अनुकरण पर सोने, चांदी और तांबे के सिक्के जारी किए, तांबे के ज्यादा। सिक्कों पर गुलबर्गा को अहसानाबाद नाम दिया। इस राजवंश के सत्रह शासकों में से नौ ने स्वर्णमुद्राएं जारी की थीं। हसन बहमन शाह के बेटे मुहम्मद शाह प्रथम (1358-77) के सोने के सिक्कों के बारे में बताया जाता है कि सुनार उन्हें गला देते थे और विजयनगर राज्य के ही सिक्के चलाते थे। मुहम्मद ने राज्यभर के सुनारों को मरवा दिया और उनकी जगह उत्तर भारत में खत्रियों को स्थापित किया।

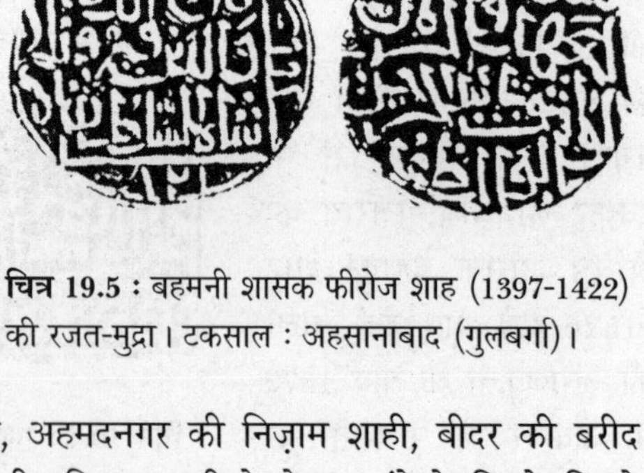

चित्र 19.5 : बहमनी शासक फीरोज शाह (1397-1422) की रजत-मुद्रा। टकसाल : अहसानाबाद (गुलबर्गा)।

सन् 1490 के आसपास बहमनी राज्य पांच भागों में बंट गया था : बरार की हमाद शाही, बीजापुर की आदिल शाही, अहमदनगर की निज़ाम शाही, बीदर की बरीद शाही और गोलकोंडा की कुतुब शाही। निजाम शाही के केवल तांबे के सिक्के मिलते

हैं। कुतुब शाही के ज्यादातर तांबे के सिक्के मिले हैं। गोलकोंडा को मुहम्मदनगर का नाम दिया गया था। बरीद शाही के सारे सिक्के तांबे के हैं।

बीजापुर की आदिल शाही के सिक्के मुद्राशास्त्र की दृष्टि से कुछ विशेष महत्व के हैं। उन्होंने आंकड़े या कांटे के आकार के चांदी के सिक्के समुद्री व्यापार के उपयोग के लिए जारी किए थे। चांदी की छड़ को दोहरा करके उसे आंकड़े की शक्ल में मोड़कर और उस पर कलमा तथा सुलतान का नाम अंकित करके ये मुद्राएं तैयार की जाती थीं। इन्हें लारी सिक्के कहते थे। फारस की खाड़ी के मुहाने पर लार नामक प्रदेश था। वहां के शासक ने व्यापार के लिए ऐसी मुद्राएं चलाई थीं। उन्हीं के अनुकरण पर बीजापुर के शासकों ने अपनी भी लारी मुद्राएं चलाई थीं, जो श्रीलंका से लेकर फारस की खाड़ी तक चलने वाले व्यापार के उपयोग में आती थीं।

चित्र 19.6 : आदिल शाही (बीजापुर) शासक की चांदी की 'लारी' मुद्रा (17वीं सदी)। अहसानाबाद (गुलबर्गा)।

विजयनगर राज्य : जब दक्कन के अमीरों ने विद्रोह किया, तो दक्षिण भारत में हरिहर और बुक्क बंधकों ने 1336 ई. में विजयनगर राज्य की स्थापना की। रायचूर दोआब पर अधिकार जमाने के लिए विजयनगर और बहमनी राज्यों में सतत संघर्ष जारी रहा। उसी समय पुर्तगालियों ने भी भारत की भूमि पर अपने पैर जमाए। विजयनगर से तीन राजवंशों ने 1565 ई. तक शासन किया।

विजयनगर के सिक्के मुख्यतः सोने के हैं। चांदी के थोड़े ही सिक्के मिले हैं, और वे भी छोटे आकार के हैं। सोने के पगोद सिक्कों पर देवी-देवताओं की आकृतियां और काल्पनिक पक्षी गंडभेरूड़ (राजवंश चिह्न) की आकृति देखने को मिलती है। हरिहर और बुक्क के सिक्कों पर हनुमान, गरुड़, उमा-महेश्वर, और लक्ष्मी-नारायण की आकृतियां हैं। देवराय द्वितीय (1422-66) ने बड़ी संख्या में सिक्के चलाए। उसके सोने के सिक्के पर उमा-महेश्वर की और तांबे के सिक्के पर हाथी की आकृति तथा नागरी में राय गज गंडभेरूड़ लेख है।

कृष्णराय (1509-29) के सिक्कों पर बालकृष्ण, वेंकटेश्वर और गरुड़ की आकृतियां और श्री प्रताप कृष्णराय लेख है। बाद के शासकों के सिक्कों पर वेंकटेश्वर और उनकी दो पत्नियों की आकृतियां हैं। तीन स्वामी नामक इन पगोद सिक्कों का बाद में अंग्रेजों ने भी अनुकरण किया।

संदर्भ और टिप्पणियां

1. जौनपुर : उत्तर प्रदेश का एक नगर जो पहले एक राज्य था। इस नगरी की स्थापना सुलतान फीरोजशाह तुगलक ने की थी। इसका नाम मुहम्मद तुगलक के नाम पर रखा जिसे जूना खां भी कहते थे। तैमूर के हमले के समय इसका शासन ख्वाजा के हाथ में था। ख्वाजा ने दिल्ली की बहुत सेवा की। तैमूर के हमले के कारण सल्तनत में अव्यवस्था फैल गई और उससे लाभ उठाकर ख्वाजा स्वतंत्र हो गया और शर्की राज की स्थापना की। अंत में सुलतान वहलोल लोधी ने उसकी स्वतंत्रता खत्म कर दी। शर्की वंश के समय जौनपुर कला और संस्कृति का बड़ा केंद्र रहा। उसकी वास्तुकला की विशिष्ट शैली का विकास किया जिसका शानदार नमूना अटाला मसजिद है।

2. बहमनी राज्य : बहमनी राज्य का संस्थापक हसन गंगू था। बहमनी राज्य की राजधानी कुलवर्ग थी। बाद में यह पांच लोगों में बंट गया– वीदर की बरीदशाही, बिजापुर की आदिल शाही गोलकोंडा की कुतुबशाही और बरार (एलिचपुर) की इमादशाही। मुगलकाल में इन राज्यों का अंत हो गया।

   बहमनी शासन-काल में महाराष्ट्र में ज्ञानेश्वर, नामदेव और एक नाथ जैसे महान संत-कवि हुए। संत ज्ञानेश्वर ने भगवत्‌गीता पर मराठी में भाष्य लिखा। बहमनी शासकों ने जनभाषा को प्रोत्साहन दिया और दक्खिनी हिंदी में खूब कविताएं रची गईं।

3. गोलकोंडा : दक्षिण भारत में हैदराबाद के निकट एक किला और ध्वस्त नगर। गोदावरी और कृष्णा नादियों के बीच का इलाका भी जो बंगाल की खाड़ी तक फैला था वह गोलकोंडा के नाम से प्रसिद्ध है। यह वरमंगला (वारंगल) काकलीप साम्राज्य के अन्तर्गत था जिस पर बाद में अलाउद्दीन खिलजी ने विजय प्राप्त की और स्वतंत्र राज्य बन गया। बाद में बहमनी सल्तनत में मिल गया। बहमनी राज्य की राजधानी वारंगल थी। 1518 ई. में कुतुबशाहतुर्क हाकिम स्वतंत्र सुलतान बन गया और अपनी राजधानी गोलकोंडा को बनाया। पुराने जमाने में गोलकोंडा हीरों के लिए प्रसिद्ध था। आजकल यह कुतुबशाही द्वारा निर्मित मस्जिदों और मकबरों के ध्वंसावशेषों के लिए प्रसिद्ध है।

20
मुगल शासकों के सिक्के

बाबर ने 1526 में भारत में जिस मुगल शाासन की नींव डाली थी वह जैसे-तैसे 1857 ई. तक टिका रहा। बाबर को इतना समय नहीं मिला कि वह अपने भारतीय राज्य को सुदृढ़ बना सके। उसका बेटा हुमायूं 1530 ई. में अस्थिर राज्य का उत्तराधिकारी बना था। इसलिए मुगल राज्य पर अधिकार कर लेने में अफगान शेरशाह को कोई कठिनाई नहीं हुई। मगर 1555 ई. में हुमायूं ने अपना राज्य पुनः प्राप्त कर लिया। वस्तुतः भारत में मुगलों की सुदृढ़ राजनीतिक सत्ता अकबर के शासनकाल (1556-1605) में ही स्थापित हुई।

बाबर और हुमायूं को इतना अधिक मौका नहीं मिला कि वे नई शैली के सिक्कों के बारे में सोच सकें। दोनों के ही चांदी के दिरहम मध्य एशियाई शैली के हैं और तैमूरी वंश के शासक शाहरूख के नाम पर शाहरूखी कहलाते हैं। करीब 72 ग्रेन भर के इन सिक्कों के पुरोभाग पर कलमा तथा खलीफाओं के नाम और पृष्ठभाग पर बादशाह का नाम है। बाबर और हुमायूं ने तांबे के जो सिक्के जारी किए वे दिल्ली के सुलतान बहलोल लोदी के सिक्के (बहलोती) के अनुकरण पर बनाए गए थे। हुमायूं ने शाहरूखी शैली के सोने के कुछ छोटे सिक्के भी जारी किए थे।

हम बता चुके हैं कि शेरशाह सूरी ने अपने चंद सालों के शासन के दौरान भारतीय मुद्रा-प्रणाली को एक नई दिशा प्रदान की थी। उसने मिश्रधातु का प्रयोग बंद करवा दिया और शुद्ध चांदी के मानक रुपए को चलाया। हुमायूं ने पुनः राज्य प्राप्त किया, तो वह करीब छह महीने ही शासन कर पाया। उस दौरान उसने सूरी शासकों द्वारा चांदी तथा तांबे के सिक्कों के लिए अपनाए गये मुद्रामानों को ही स्वीकार कर लिया। बाद के मुगल बादशाहों की मुद्राएं मुख्यतः सूरी मुद्रा-शैली के अनुकरण पर ही बनी हैं।

अकबर के समय में भारत में मुगल साम्राज्य सुदृढ़ बना और काफी विस्तृत भी हुआ। अकबर ने सोना, चांदी और तांबे के अपने सिक्कों के लिए सूरी शैली, तौल और बनावट को अपनाया। बुनियादी सिक्का चांदी का रुपया था, जिसका

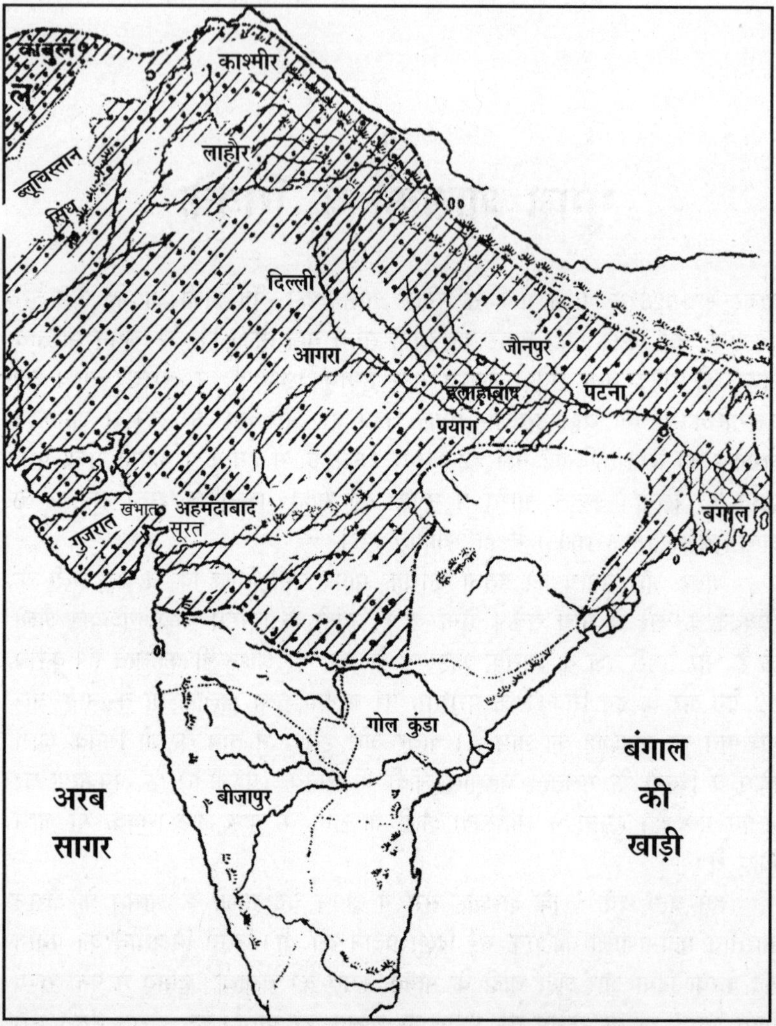

चित्र (नक्शा) 20.1 : मुगल शासकों के राज्य और टकसाल

तौल 11.5 माशा या 178 ग्रेन के बराबर था। अकबर के पूरे राज्य में एक ही तौल के रुपए का प्रचलन था और उसकी चांदी की मुद्राओं में 4 प्रतिशत से अधिक की मिलावट कभी नहीं रही।

अकबर का तांबे का सिक्का दाम कहलाया था और तौल में लगभग 21 माशे या 323 ग्रेन (15.43 ग्रेन=1 ग्राम) के बराबर था। अकबर के सोने के सिक्के का नाम मुहर या अशर्फी था। शुद्ध सोने के इस सिक्के का तौल 168-170 ग्रेन था। अकबर के शासनकाल में एक मुहर नौ रुपए के बराबर और एक रुपया 40 दामों के बराबर था। आईन-ए-अकबरी[1] से जानकारी मिलती है कि अकबर ने दस और बारह रुपयों के बराबर वाली मुहरें भी चलाई थीं। अकबर के सिक्के गोलाकार और वर्गाकार, दोनों ही प्रकार के हैं। उसने आगरा की टकसाल में मेहराब के आकार की जो मुहरें बनवाईं वे मेहराबी कहलाती हैं।

चित्र 20.2 : अकबर की मुहर : टकसाल हाजीपुर

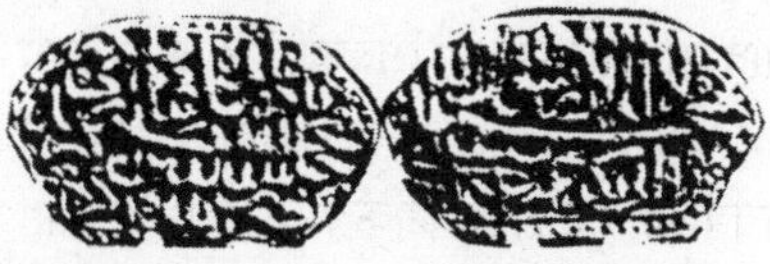

चित्र 20.3 : अकबर की सोने की मेहराबी मुहर : 12 ग्राम। टकसाल आगरा।

चित्र 20.4 : अकबर की मुहर : 167 ग्रेन। टकसाल जौनपुर।

अबुल फजल ने आईन-ए-अकबरी में अकबर की मुद्राओं के बारे में विस्तृत जानकारी दी है। अकबरी मुद्रा-लेख सुलेखन के उत्कृष्ट नमूने हैं। सल्तनतकालीन सिक्कों पर टेढ़ी-मेढ़ी अरबी लिपि का प्रयोग हुआ है। मगर तैमूर के शासनकाल में अरबी लिपि में सुधार होकर खूबसूरत नस्तालीक लिपि का आविष्कार हुआ, जो बाबर के साथ भारत आई। अकबर के समय में मुद्रालेखों के लिए पहली बार इस नस्तालीक लिपि का इस्तेमाल हुआ।

चित्र 20.5 : अकबर की मुहर : 32.33 ग्राम। पुरोभाग : कलमा और खलीफाओं के नाम। पृष्ठभाग : बादशाह का नाम, टकसाल आगरा।

अकबर के आरंभिक सिक्के, बाबर और हुमायूं के सिक्कों की तरह, शाहरूखी पद्धति के हैं। उनके पुरोभाग पर कलमा

तथा खलीफाओं के नाम हैं और पृष्ठभाग पर बादशाह का नाम है—जलालुद्दीन मुहम्मद अकबर बादशाह गाजी। साथ ही, टकसाल का नाम और हिजरी सन में तिथि अंकित है। खतने के समय अकबर का नाम बदरुद्दीन से बदलकर जलालुद्दीन कर दिया गया था। जलाल का मतलब है तेज या प्रताप और जलालुद्दीन का मतलब है प्रताप-धर्म।

हम जानते हैं कि बाद में अकबर के धार्मिक दृष्टिकोण में काफी परिवर्तन हुआ था और उसने दीन-इलाही[2] नामक एक धर्म की स्थापना की थी (1582)। बाद में अकबर ने सिक्कों पर से कलमा को हटा दिया और उसके स्थान पर इलाही मतवाला मुद्रालेख अंकित कराया—अल्लाह अकबर जल्ल जलालहु। इस मुद्रालेख वाले सिक्कों को जलाली कहते थे।

चित्र 20.6 : अकबर का चांदी का चौथाई रुपया : 44 ग्रेन। टकसाल लाहौर।

शुरू में सिक्के के एक तरफ अल्लाहु अकबर और दूसरी तरफ जल्ल-जलालहु अंकित देखने को मिलता है। बाद के सिक्कों पर यह समूचा मुद्रालेख, जो एक प्रकार से खुद अकबर को धर्म-संस्थापक की हैसियत प्रदान करता है, एक ही तरफ अंकित देखने को मिलता है। दूसरी तरफ इलाही सन का वर्ष और फारसी महीनों के नाम अंकित देखने को मिलते हैं। साथ ही टकसाल का नाम भी। अकबर के कुछ सिक्कों पर फारसी में पद्यबद्ध मुद्रालेख भी देखने को मिलते हैं।

हम बता चुके हैं कि अकबरी सिक्कों के मुद्रालेख सुलेखन के उत्कृष्ट नमूने हैं। मेहराबी मुहरों पर नस्तालीक लिपि[3] में बड़े खूबसूरत लेख हैं। अकबर ने इस्पात के ठप्पों पर सुंदर अक्षर उकेरने के लिए ख्वाजा अब्दुस्समद जैसे मशहूर चित्रकार व सुलेखक को फतेहपुर सीकरी की टकसाल का मुख्याधिकारी नियुक्त किया था। अब्दुस्समद को उसके सुंदर अक्षरों के कारण शीरींकलम (मधुर-लेखनी) की उपाधि दी गई थी।

अकबर ने अपने कुछ सिक्कों पर चित्राकृतियां भी अंकित करवाईं। असीरगढ़ (खानादेश) के किले पर विजय (1601 ई.) प्राप्त करने पर अकबर ने सोने के जो सिक्के जारी किए थे उन पर बाज पक्षी की आकृति और टकसाल का नाम असौर अंकित है। इसी विजय की स्मृति में संभवतः कुछ चांदी के सिक्के भी तैयार किए गए थे, जिन पर अकबर को बाज के साथ घोड़े पर सवारी करते दिखाया गया है। अकबर ने चांदी व सोने के कुछ सिक्के जारी किए जिन पर राम और सीता की आकृतियां और नागरी में रामसीय शब्द अंकित है। इन सिक्कों पर

टकसाल का नाम नहीं है।

अकबर के शासन में टकसालों को बड़ा महत्व दिया गया था। जैसे-जैसे अकबर के राज्य का विस्तार होता गया, वैसे-वैसे टकसालों की संख्या भी बढ़ती गई। सोने की मुहरों से करीब 20 टकसालों की ओर चांदी के सिक्कों से करीब 45 टकसालों की जानकारी मिलती है। मुहरें सूबों की राजधानियों में बनती थीं। टकसाल-स्थलों को बड़े आकर्षक नाम दिए गए थे। जैसे लाहौर को दारुल सल्तनत और दिल्ली को दारुल खिलाफत। इन टकसालों की जिम्मेवारी चौधरियों से लेकर प्रांतीय सिपहसालारों तक को सौंप दी गई थी। सैनिक शिविर (स्कंधवार) से भी सिक्के जारी किए जाते थे।

चित्र 20.7 : मुगलकाल में सिक्कों का निर्माण-कार्य 'आई-न-ए-अकबरी' से

अकबर के शासन में कोई भी व्यक्ति अपना सोना या अपनी चांदी टकसाल घर में ले जाकर उसके सिक्के तैयार करवा ले सकता था। चांदी के रुपए बनवाने के लिए उसे कुल मुद्रांकित धातु का करीब 5.6 प्रतिशत मुद्रा-निर्माण के लिए देना पड़ता था। रुपए भी दो प्रकार के थे– सिक्का और चलनी। उसी साल या एक साल पहले तैयार हुए रुपए सिक्का कहलाते थे और जो रुपए उसके पहले से चलते आ रहे थे उन्हें चलनी कहते थे। चलनी रुपए का मूल्य एक या आधा पैसा कम होता था।

मुगल बादशाहों में जहांगीर (शासन : 1605-27) के सिक्के सबसे सुंदर हैं। उसे नए-नए ढंग के सिक्के बनवाने का शौक था। उसके सिक्कों पर फारसी में 47 तरह के पद्यमय मुद्रालेख देखने को मिलते हैं। कुछ सिक्कों पर जहांगीर के नाम के साथ नूरजहां का नाम भी अंकित है। जहांगीर के राशिचक्रवाले सिक्कों

को बड़ी प्रसिद्धि मिली है।

तख्त पर बैठते ही जहांगीर ने सोने और चांदी के सिक्कों का तौल 20 प्रतिशत बढ़ाने का आदेश दिया। सोने की मुहर (नूरजहानी) 202 ग्रेन की और चांदी का जहांगीरी रुपया 212 ग्रेन का हो गया। जहांगीर ने अकबरी तौल से 25 प्रतिशत अधिक तौल के सवाई नामक सोने व चांदी के सिक्के भी जारी किए।

इन नए भारी सिक्कों का लेन-देन में इस्तेमाल कने में लोगों को शायद दिक्कत होती थी, इसलिए जहांगीर ने अपने शासन के छठे साल में आदेश जारी किया कि पुराने अकबरी-मान के ही सिक्के बनवाए जाएं– 170 ग्रेन की मुहर और करीब 178 ग्रेन का रुपया। उसके बाद जहांगीर के शासन के अंत समय तक सोने और चांदी का यही तौल-मान कायम रहा।

चित्र 20.8 : जहांगीर के सिक्के पर अकबर का पोत्रेत।

जहांगीर ने अपने शासन के पहले साल में ही अकबर के व्यक्ति-चित्र वाली मुहर जारी की थी। अपने शासन के छठे से नौवें साल तक जहांगीर ने जो सिक्के जारी किए उनमें से कुछ पर उसने खुद अपने व्यक्ति चित्र अंकित कराए। जानकारी मिलती है कि ऐसे सिक्के बादशाह अपने अमीरों और स्वामिभक्त सेवकों को भेंट देता था। इन सिक्कों को वे बिल्ले की तरह अपने साफे पर बांधते थे या तावीज की तरह छाती पर पहनते थे। व्यक्ति चित्र में बादशाह को पगड़ी पहने, पलथी मारकर तख्त पर बैठे और हाथ में एक फूल या शराब का प्याला लिए हुए दिखाया गया है। पृष्ठभाग पर सूर्य-किरणों के बीच में सिंह की आकृति है। दोनों ओर सुंदर मुद्रालेख हैं।

अपने शासन के तेरहवें साल में, तुजुक-ए-जहांगीरी[4] के अनुसार, बादशाह को नए ढंग के सिक्कों का विचार सूझा। उसने लिखा है– 'मुझे विचार सूझा कि महीने के नाम के स्थान पर उस महीने के राशिचिह्न की आकृति सिक्के पर अंकित कराई जाए।... हर महीने एक ऐसा सिक्का बनवाया गया जिस पर उस राशिचिह्न को अंकित किया गया जिसमें सूर्य उस महीने मौजूद रहता। इस तरह पहले किसी ने नहीं किया। यह मेरा अपना आविष्कार है।'

जहांगीर के शासन के आरंभिक काल के सिक्कों पर एक ओर कलमा और

चित्र 20.9 : जहांगीर (1605-27) की राशिचक्र मुहर। पुरोभाग : 'सनः 14 जुलूस' लेख के ऊपर मेष। पृष्ठभाग : टकसाल आगरा, हिजरी संवत् 1028 और जहांगीर का नाम।

दूसरी ओर नाम नूरूद्दीन मुहम्मद जहांगीर बादशाह गाजी है। उसने इलाही संवत् को त्याग दिया और उसके स्थान पर सौरमान वाले अपने शासन-वर्ष को सिक्कों पर अंकित कराया, साथ में हिजरी संवत् भी। शासन के छठे साल से जो सिक्के जारी किए गए उनके एक ओर नूरूद्दीन जहांगीर शाम अकबर शाह और दूसरी ओर टकसाल का नाम, फारसी महीना, शासन-वर्ष और हिजरी वर्ष अंकित है।

जहांगीर के शासन के आखिरी सालों में उसकी शारीरिक और मानसिक शक्ति शिथिल हो गई थी। उसकी बेगम नूरजहां लगभग पूरी शासक बन गई थी। उस दौरान जो सिक्के जारी किए गए उन पर पद्यबद्ध मुद्रालेखों में नूरजहां बादशाह बेगम नाम अंकित है। नूरजहां के नाम वाले ये सिक्के आगरा, अहमदाबाद, इलाहाबाद, कश्मीर, लाहौर, पटना आदि स्थानों की टकसालों में बनवाए गए थे।

मगर शाहजहां ने तख्त पर बैठते ही नूरजहां के नामवाले और राशिचिह्न वाले सिक्कों का चलन बंद करवा दिया। उसने आदेश जारी किया कि इन सिक्कों का प्रयोग करने वाले को मृत्युदंड दिया जाएगा। यही वजह है कि ये सिक्के बड़े दुर्लभ हैं।

चित्र 20.10 : जहांगीर की वृषभ राशिचिह्न मुहर। टकसाल आगरा।

जहांगीर और शाहजहां के बीच में खुसरो के पुत्र दावर बख्श

ने तीन महीने शासन किया और लाहौर से अपने नाम के कुछ सिक्के जारी किए, जिनके एक ओर कलमा और दूसरी ओर अबू-मुजफ्फर दावर बख्श बादशाह लेख है। शाहजहां ने अपने शासन (1627-58) के पूरे दौर में अपने सिक्कों पर एक ओर कलमा तथा टकसाल का नाम अंकित कराया और दूसरी ओर पदवियों सहित अपना–साहब किरान सानी शीआबुद्दीन मुहम्मदशाह जहां बादशाह गाज़ी। साम्राज्य में पहले ही बहुत-सारी टकसालें थीं। शाहजहां ने दिल्ली में नया शाहजहांनाबाद नगर बसाया, तो वह मुगल सल्तनत का प्रमुख टकसालनगर बन गया। शाहजहां के सिक्के विभिन्न शैली के हैं और सुलेखन के उत्कृष्ट नमूने हैं। शाहजहां ने साहब-ए-किरान सानी (दूसरा सौभाग्यशाली) नामक जिस पदवी को अपनाया था उसे बाद के कई मुगल बादशाहों ने भी अपनाया।

चित्र 20.11 : जहांगीर का राशिचिह्न (सिंह) रुपया।

चित्र 20.12 : जहांगीर की मुहर पर उसका व्यक्तिचित्र।

चित्र 20.13 : शाहजहां (1627-58) की मुहर। टकसाल : अकबराबाद।

शाहजहां के शासन के अंतिम दौर में उत्तराधिकार के लिए संघर्ष चला। शाह सुजा (1658) और मुराद बख्श (1658) ने क्रमशः बंगाल और गुजरात पर अपना अधिकार जताया और अपने नाम के सिक्के जारी किए– शाह सुजा ने अकबर नगर (बंगाल) से और मुराद बख्श ने अहमदाबाद, सूरत तथा खंबात से। दोनों ने सिक्कों पर अपने को सिकंदर सानी (दूसरा सिकंदर) घोषित किया।

औरंगजेब ने तख्त पर बैठते ही अपने सिक्कों पर कलमा का अंकन बंद करवा दिया। वह समझता था इस्लाम का यह धर्म-वाक्य काफिरों से अपवित्र न हो जाए। तब से भारतीय सिक्कों पर कलमा (ला इला लिल्लिल्लाह मुहम्मद उर्रसूलिल्लाह) को अकित कराने की प्रथा सदा के लिए बंद हो गई। कलमा के स्थान पर नाम व पदवी है– मुहीउद्दीन मुहम्मद बादशाह आलमगीर या औरंगजेब

बादशाह गाजी। पृष्ठभाग पर जुलूसी साल (राज्यारोहण-वर्ष) और टकसाल का नाम है। दक्कन पर विजय प्राप्त करके बीजापुर और गोलकुंडा पर कब्जा करने पर मुगल रुपया उन प्रदेशों में भी भलीभांति प्रचलित हो गया।

औरंगजेब के बाद के मुगल बादशाहों की मुद्राओं का इतिहास बड़ा उलझा हुआ है। दक्कन में टकसाल-घर खुले और दक्षिण भारतीय तौलमान की पगोद और पणम् स्वर्णमुद्राएं बनने लगीं। औरंगजेब के बाद, बढ़ते आपसी कलह के कारण, आर्थिक दशा बिगड़ती गई और मुद्रा-व्यवस्था पर भी उसका बड़ा असर पड़ा। फर्रुखसियर के समय टकसालघरों को किराये या लगान पर देने की प्रथा शुरू हुई। इस नीति से अंततः मुगल टकसालघरों पर अंग्रेजों का कब्जा होता गया। अंतिम मुगल-सिक्का बहादुरशाह द्वितीय का मिला है।

संदर्भ और टिप्पणियां

1. आईन-ए-अकबरी : 1602 ई. तक की अकबर की नीतियों तथा घटनाओं की विस्तृत जानकारी प्रदान करती है। अबुल फजल ऐसा कोई मामला नहीं रखना चाहता जिससे अकबर की बेइज्जती हो। आईन-ए-अकबरी आर्थिक वर्णनों से भरा है लेकिन सामान्य लोगों के जीवन और स्थिति, विशेषकर किसानों और कामगार लोगों के बारे में कुछ नहीं बताती। आईने-ए-अकबरी में वैज्ञानिक और प्रोद्योगिक विषयों पर अनेक खंड मिलते हैं। आईन-ए-अकबरी में सांख्यिकीय आंकड़े हैं, जो इतिहास के लिए महत्वपूर्ण स्रोत हैं। इसका तीसरा भाग अकबरनामा अपने-आप में अनूठा संकलन है। इसमें प्रशासन पद्धति और सरकारी विभागों के नियंत्रण के तंत्र की जानकारी मिलती है। हिंदुओं के धार्मिक और दार्शनिक पद्धतियों पर भी लेख हैं।
2. दीन-ए-इलाही : अकबर ने 1582 में दीने-ए-इलाही (भगवान का धर्म) की नींव डाली। बादशाह ने एक परिषद बुलवायी। लोग इकट्ठे हो गये, तो उसने कहना शुरू किया : एक प्रधान व्यक्ति द्वारा शासित साम्राज्य के लिए यह बुरी बात है कि उसकी जनता आपस में बंटे और एक-दूसरे के खिलाफ़ हो। हमारे साम्राज्य में बहुत सारे धर्म और संप्रदाय हैं, जो एक-दूसरे से सिर्फ मतभेद ही नहीं रखते, बल्कि एक-दूसरे के दुश्मन हैं।···इसलिए इन सबको हमें एक करना है, लेकिन इस ढंग से कि वह एक हो और सब भी हो। हरेक धर्म में जो अच्छाइयां हैं, उन्हें छोड़ना नहीं होगा। इस प्रकार भगवान का सम्मान होगा, लोगों में शान्ति फैलेगी और राज्य को सुरक्षा मिलेगी।···यहां उपस्थित लोग अपनी-अपनी राय दें। जब तक वह कह नहीं लेंगे, मैं कुछ नहीं करूंगा।

   अकबर ने शासन के बल पर अपने नये धर्म को जनता पर नहीं लादा।

अबुलफजल, फैजी और बीरबल जैसे चंद दरबारी ही इस धर्म में दीक्षित हुए। राज-दरबार के नौकर-चाकर दासता से मुक्त होकर नये धर्म के 'चेले' बन गये थे। दीन-इलाही में कोई धार्मिक जटिलता नहीं थी। सूर्यपूजा की प्रधानता थी और अग्नि की पूजा भी होती थी। किसी लड़के को मुहम्मद का नाम नहीं दिया जाता था। अकबर ने नई मस्ज़िदों का बनाना रोक दिया, पूरानी मस्ज़िदों की मरम्मत करने की इजाजत नहीं थी। अकबर अब राष्ट्र का धार्मिक नेता बन गया था।

लेकिन उसका यह नया धर्म नहीं चल पाया। अकबर के साथ ही दीन-इलाही का भी अंत हो गया। समन्वय के मार्ग पर इतना आगे बढ़ने पर भी उसे सफलता नहीं मिली। कट्टर मुरालमानों की नजर गें वह काफिर था, तो कट्टर हिन्दुओं की दृष्टि में एक मलेच्छ।

3. नस्तालिक : भारतीय उपमहाद्वीप में सबसे ज्यादा प्रचार नस्तालिक लिपि का हुआ। 15वीं शताब्दी के शुरू में 'नस्खा' और 'तालीक' के मेल से बनाया गया। इसके अक्षर नस्ख से अधिक गोलाकार हैं। मुगल शासकों ने नस्तालीक को विशेष बढ़ावा दिया और उनके समय में भारत में इस लिपि के कई प्रसिद्ध सुलेखक हुए। शिकस्ता शैली नस्तालीक का ही घसीट रूप है। इस लिपि-शैली का उदय नस्ख के बाद हुआ और भारत में यह जहांगीर के समय तक शायद ज्ञात नहीं थी।

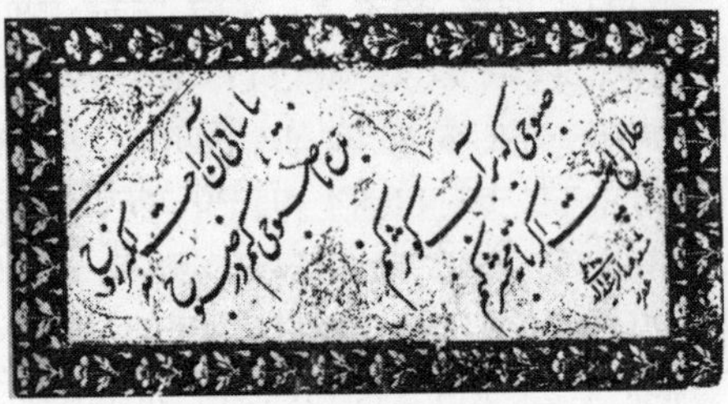

चित्र 20.14 : नस्तालिक लिपि

4. तुजुक-ए-जहांगीरी : जहांगीर की स्वयं की यादें तुजुक-ए-जहांगीरी में हैं, जो उसके शासन के इतिहास का प्रमुख स्रोत है। शासक ने तुजुक को स्वयं लिखा अपने शासन के 12वें साल तक जब तक उसके स्वास्थ्य ने साथ दिया। बाद में, उसने इसे अपने विश्वस्त अधिकारी, मुतामद खान से बोलकर लिखवाया। यह बहुत हद तक जहांगीर के शासन की अच्छी तस्वीर पेश करती है। मुख्य घटनाएं विद्रोहों से जुड़ी हैं। शासकीय अधिकारियों की भूमिका, उनकी प्रोन्नति और दण्ड, साथ ही साथ भारत की अन्य विदेशी सत्ताओं के साथ कूटनीतिक संबंध को प्रांजल शैली में वर्णित किया है। यह मुगल शासन की संस्कृति पर दृष्टि और जहांगीर का सौंदर्यबोध, शिक्षा और प्रकृति में रुचि आदि का वर्णन करती है।

5. शाहजहांनाबाद : शाहजहां आगरा में 1627 ई. में तख्त पर बैठा। 1639 ई. में उसने दिल्ली को राजधानी बनाने और फीरोजाबाद के पास यमुना के किनारे एक

चित्र 20.15 : शाहजहांनाबाद का पुराना चित्र

नया शहर बसाने का फैसला किया। शाहजहां ने उच्चकोटि की इमारतें बनवाने में जो दिलचस्पी दिखाई वह और किसी मुगल बादशाह ने नहीं। इस दृष्टि से शाहजहां महानतम मुगल सम्राट था।

शाहजहांनाबाद का नया शहर धनुष के आकार का था और नदी धनुष के दोनों सिरों को जोड़ती थी। नये शहर की चार दिवारी में पुराने शहर के कुछ हिस्से भी शामिल थे। जैसे– बुलबुली खाना, कलां मस्जिद, बल्लीमारान इत्यादि।

शाहजहांनाबाद 7 मील के दायरे में फैला था। उसकी मोटी दीवारों में तेरह दरवाजे थे जैसे– राजघाट गेट, केलाघाट गेट, मोरी गेट, काबुली गेट, पत्थर घाटी गेट, लाहौरी गेट, घटा मस्जिद गेट आदि। रात को यह दरवाजे बंद कर दिए जाते थे और हरेक दरवाजे पर एक सिपाही तैनात रहता था। मई 1857 में मेरठ के सिपाही राजघाट के दरवाजे से किले में कैसे आये थे यह गुत्थी आज भी नहीं सुलझी– लगता है पहरेदार सिपाहियों से मिल गए थे।

चांदनी चौक बाजार किले के लाहौरी दरवाजे से शुरू होकर फतेहपुरी मस्जिद तक था। बीचों-बीच नहर और छायादार पेड़ थे। शाहजहांनाबाद के मुहल्ले, बाजार और इलाके, कटरे और बाड़ों में पेशे के अनुसार बंटे हुए थे। छत्तीस मुहल्ले थे और उनमें बड़े-बड़े अमीरों की हवेलियां थीं।

21

प्रादेशिक राज्यों के मुगलकालीन सिक्के

भारत में दिल्ली सल्तनत और मुगल शासन का काफी अधिक विस्तार हो जाने पर भी देश के कुछ प्रदेशों में कुछ देशी राज्यों का अस्तित्व कायम रहा। इन राज्यों ने अपने सिक्के जारी किए। कांगड़ा के राज्य को लीजिए। इस प्रदेश के प्राचीन गणराज्यों के सिक्कों की चर्चा हम पहले कर चुके हैं। ईसा की 14वीं सदी से इस प्रदेश से एक नए राजवंश के वृषभ-घुड़सवार प्रकार के सिक्के मिलने लगते हैं। इन सिक्कों पर श्री पिथम चंद्र (1330 ई.) और महाराजा श्री अपूर्वचंद्र देव (1335 ई.) जैसे लेख देखने को मिलते हैं।

पंद्रहवीं सदी के आरंभ से मेवाड़ के शासकों के सिक्के मिलने लग जाते हैं। राणा कुंभा के तांबे के बड़े सिक्कों के एक ओर नागरी में श्री कुंभलमेरु महाराणा श्री कुंभकर्णस्य और दूसरी ओर श्री एकलिंग प्रसादात् लेख हैं। राणा सांगा या संग्राम सिंह (1509-1527) के सिक्कों पर एक ओर फारसी में सुलतान बिन सुलतान और दूसरी ओर राणा संग्राम सिंह लेख तथा नागी में तिथि है। मेवाड़ के शासक 16वीं सदी के मध्यकाल तक इस तरह के सिक्के बनवाते रहे।

आज मध्य भारत के गोंड आदिवासी[1] माने जाते हैं और उनकी दशा बड़ी दयनीय है। मगर उन्होंने 15वीं-16वीं सदियों में विदर्भ-महाकौशल के एक बड़े प्रदेश पर शासन किया है। रानी दुर्गावती की वीरता इतिहास में प्रसिद्ध है। उसके पिता संग्राम सिंह ने करीब 167 ग्रेन भार के सोने के जो सिक्के जारी किए थे उनके पुरोभाग पर सिंह की आकृति के साथ नागी में लेख है– पुलस्त्य वंश श्री संग्राम शाही संवत्। संवत् के बाद अंकों में साल दिया गया है। पृष्ठभाग पर उसी लेख को नागरी तथा तेलुगू में दोहराया गया है।

असम से ईसा की पंद्रहवीं सदी के उत्तरार्ध से उन्नीसवीं सदी के अंतिम समय तक सिक्कों का सिलसिलेवार इतिहास मिलता है। सबसे पुराने सिक्के त्रिपुरा से 1463 में राजा रत्नमाणिक्य, विजयमाणिक्य आदि शासकों के मिलते हैं। इन शासकों के सिक्कों पर सिंह, त्रिशूल, अर्धनारीश्वर, गोपियां, कृष्ण आदि की आकृतियां हैं। इन पर शासकों के नामों के साथ लंबी पदवियां जुड़ी हुई हैं। इनमें से अधिकांश

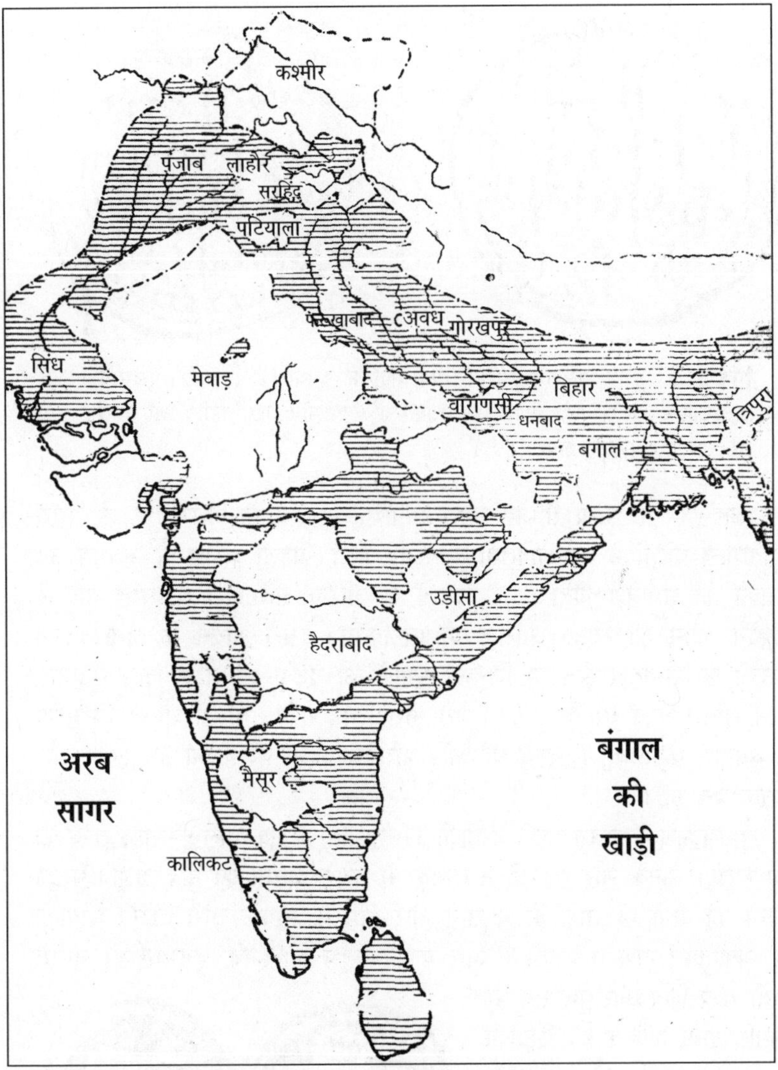

चित्र (नक्शा) 21.1 : मुगलकालीन प्रादेशिक राज्य

राजाओं ने अपने नामों के साथ अपनी रानियों के नाम भी सिक्कों पर अंकित कराए हैं। पूर्वोत्तर भारत से अहोम, कोच, कचारी तथा जयंतिया राजवंशों के भी सिक्के मिलते हैं।

चित्र 21.2 : कोच शासक नरनारायण का चांदी का रुपया (16वीं सदी)। पुरोभाग : असमिया में 'श्री श्री शिवचरण कमल मधुकरस्य'। पृष्ठभाग (यहां नहीं) : 'श्री श्रीमान नरनारायण भूपालस्य शके...।'

औरंगजेब के समय से जब मुगल साम्राज्य की अवनति आरंभ हुई, तो भारत के विभिन्न प्रदेशों में नई शक्तियों का उदय हुआ। पहली शक्ति के अंतर्गत उन शासकों का समावेश होता है जो मुगलों के अधीन अधिकारी थे, मगर बाद में जिन्होंने अपने को स्वतंत्र शासक घोषित किया। दूसरी शक्ति के अंतर्गत उन शासकों का समावेश होता है जिन्होंने मुगलों की घटती शक्ति से लाभ उठाकर, अपने स्वतंत्र राज्य स्थापित किए। जैसे, मराठों का राज्य। तीसरी शक्ति थी यूरोप की व्यापारी कंपनियां, जिन्होंने धीरे-धीरे भारतीय प्रदेशों पर कब्जा कर लिया और शासक बन गईं।

मुगलकाल में सबसे पहले शिवाजी (1674-80) ने एक अलग मराठा राज्य की नींव डाली।[2] उनके भाई एकोजी ने तंजावूर में मराठा शासन की नींव डाली। मराठा शासन की दोनों ही शाखाओं ने सोने और तांबे के सिक्के जारी किए। शिवाजी की स्वर्णमुद्राएं होण कहलाती हैं और काफी दुर्लभ हैं। इनके पुरोभाग पर नागरी में श्री राजा शिव और पृष्ठभाग पर छत्रपति शब्द अंकित है। शिवाजी की ताम्रमुद्राओं पर भी इसी तरह के लेख हैं और ये मुद्राएं काफी संख्या में मिली हैं। शिवाजी के उत्तराधिकारियों की मुद्राओं पर भी इसी तरह के लेख देखने को मिलते हैं।

चित्र 21.3 : शिवाजी की स्वर्णमुद्रा। पुरोभाग पर नागरी लेख 'श्री राजा शिव।'

जब मराठा शासन पेशवाओं के अधिकार में चला गया, तो उन्होंने मुगल शैली के सिक्के जारी किए। उन पर मुगल शासकों के नाम अंकित कराए और उन पर अपने केवल कुछ चिह्न ही अंकित किए।

दिल्ली को लूटकर और वहां कत्लेआम मचाकर नादिर शाह 1739 में वापस गया तो अपने पीछे अपना खौफ छोड़ गया। दूर-दूर के मुगल प्रदेशों के अधिकारी उसके नाम के सिक्के जारी करते रहे। नादिर शाह की हत्या के बाद अहमद शाह 'दुर्रानी' ने अफ़ग़ानिस्तान में एक नए शासन की नींव डाली। उसने भारत पर हमले करके सिंध, कश्मीर, पंजाब तथा सिरहिंद के प्रदेश अपने राज्य में मिला लिए। दुर्रानी सरदार लाहौर से शासन करते रहे, लगातार लड़ते रहे। उनके कुछ सिक्कों पर टकसाल का नाम रकाब दिया गया है, जो इस बात का सूचक है कि वे सिक्के युद्ध-अभियान के दौरान जारी किए गए थे। बाद में इन्हीं दुर्रानी प्रदेशों से जिंद, मालेरकोट, नाभा, पटियाला आदि के राज्य पंजाब में अस्तित्व में आए और अंग्रेजों की ईस्ट इंडिया कंपनी ने उनके स्वतंत्र अस्तित्व को अपनी स्वीकृति प्रदान की। इन राज्यों के सिक्कों पर अहमदशाह दुर्रानी का नाम बरकरार रहा।

अहमदशाह दुर्रानी के पंजाब पर हमलों के प्रतिकार के लिए ही सिक्कों का खालसा संघ अस्तित्व में आया था। बंदा बहादुर[3] ने 1710 में दुर्रानी राजधानी सिरहिंद को तहस-नहस करके और सच्चा पादशाह की उपाधि धारण करके जो सिक्के जारी किए उन पर अंकित फारसी पद्य में नानक साहब और गुरु गोविंद सिंह के नाम हैं। रणजीत सिंह ने जो सिक्के जारी किए उनके एक ओर एक विशेष किस्म के पत्ते की आकृति और दूसरी ओर फारसी या गुरुमुखी मुद्रालेख के साथ गुरु गोविंद सिंह का नाम है।

सआदत खान, जो मुगल शासन का एक वजीर था, 1920 में अवध का नवाब (शासक) बना। वाराणसी और गोरखपुर के इलाके भी अवध में शामिल थे। बाद में इलाहाबाद जिला भी मिल गया। वाराणसी की टकसाल (मुहम्मदाबाद, बनारस) 1737 में खुली और वहां से मुगल शैली के सिक्के निकलते रहे। उन पर मुगल बादशाहों के नामों के अलावा अवध के नवाबों का राजचिह्न (मछली) अंकित किया जाता रहा। बनारस का क्षेत्र 1775 में ईस्ट इंडिया कंपनी के अधिकार में चला गया। तब लखनऊ 'बैत-असू-सल्तनत' बन गया।

लार्ड हेस्टिंग्स के उकसाने पर अवध[4] के नवाब गाजीउद्दीन हैदर (1819-27) ने 1819 में दिल्ली से संबंध तोड़कर अपने को अवध का स्वतंत्र शासक घोषित किया। स्वतंत्र शासक बन जाने पर भी कुछ अरसे तक उसने अपने नाम के सिक्के

जारी नहीं किए। पुरोभाग पर शाह आलम (द्वितीय) का नाम कायम रहा। पृष्ठभाग पर अवध का राजचिह्न (दो मछलियां) अंकित किया गया। बाद में जाकर ही स्थानीय शैली के सुंदर सिक्के जारी किए। इन सिक्कों पर टकसाल का नाम सूबा अवध दारूल-सल्तनत लखनऊ दिया गया है।

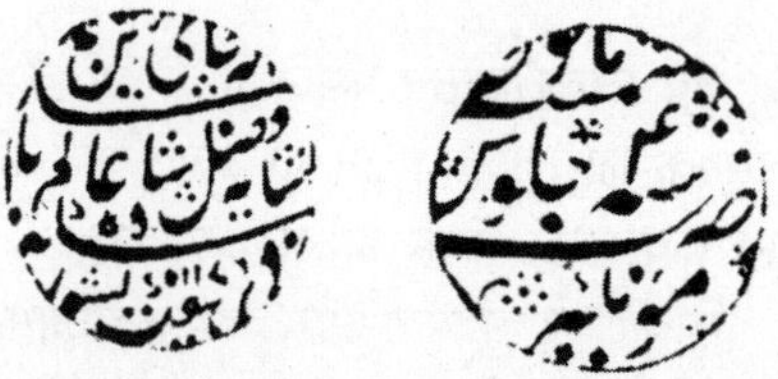

चित्र 21.4 : मुगल बादशाह शाह आलम द्वितीय (1759-1806) का रुपया। टकसाल : मूंगीर (मुंगेर)।

नवाब गाजीउद्दीन हैदर के बाद नसीरुद्दीन हैदर, मुहम्मद अली, अमजद अली और वाजिद अली (1847-1856) के सिक्के मिलते हैं। अवध पर 1846 में अंग्रेजों का कब्जा जो गया।

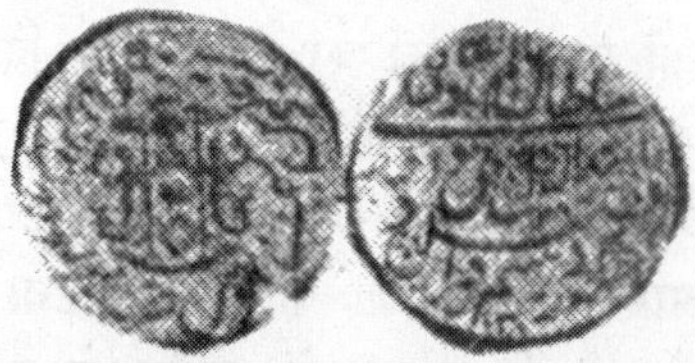

चित्र 21.5 : अवध के नवाब वाजिदअली शाह का सिक्का। टकसाल : लखनऊ।

मुगल बादशाह मुहम्मद शाह (1719-48) के समय में नादिरशाह द्वारा दिल्ली को नेस्तनाबूद किए जाने के बाद मुगल साम्राज्य बड़ी तेजी से विखंडित होने लगा था। पंजाब पर सिक्खों और अफगानियों का कब्जा होने लगा। मराठों ने दक्षिणी और पश्चिमी इलाकों पर अधिकार किया और बिहार, बंगाल तथा ओडीशा तक हमले किए। अवध और बंगाल के सूबेदार भी स्वतंत्र हो गए।

उसी समय हैदराबाद भी मुगल साम्राज्य से अलग होकर स्वतंत्र हो गया। मुहम्मद शाह के वजीर आसफजाह ने निजाम के रूप में अपने को आजाद घोषित किया। आसफजाह के उत्तराधिकारी निजामत 1861 ई. तक मुगल बादशाहों के नाम वाले सिक्के जारी करते रहे। उसके बाद निजाम वंश की नींव डालने वाले आसफजाह का नाम सिक्कों पर अंकित किया जाता रहा।

भारतीय प्रायद्वीप के दो राज्य–त्रावणकोर और मैसूर–उन्नीसवीं सदी तक अपने सिक्के जारी करते रहे। त्रावणकोर के सिक्कों के नाम राशि, पणम् आदि थे और उनकी अपनी स्थानीय विशिष्ट शैली थी।

बताया जाता है कि द्वारका से आकर एक बार वीर विजय ने 14वीं सदी में मैसूर राज्य की स्थापना की थी। उसके उत्तराधिकारी 1565 ई. तक विजयनगर राज्य के मांडलिक बने रहे। तब उन्होंने अपने को स्वतंत्र घोषित करके अपने राज्य का विस्तार किया। मैसूर के इस हिंदू वाडियार राजवंश ने 17वीं सदी के आरंभ में सोने व तांबे के सिक्के जारी किए। कंठीरव नरसा राजा (1638-59) ने सोने

के जो स्थानीय शैली के पणम् जारी किए उन पर नरसिंह की छबि के साथ राजा का नाम अंकित है।

अठारहवीं सदी के आरंभ में मैसूर राज्य की शक्ति मंत्रियों के हाथों में चली गई। सेनापति, जिसे दलवाई के नाम से जाना जाता था, लगभग पूर्ण शासक बन गया। सत्ता के लिए जो संघर्ष चला उसमें हैदर अली को सफलता मिली और वह 1760 में मैसूर की सेना का सिपहसालार बन गया। तब जल्दी ही उसने राज्य का शासन अपने हाथ में ले लिया। हैदरअली ने इक्कीस वर्ष (1761-82) तक बड़ी सफलता से मैसूर की बागडोर संभाली।

हैदरअली द्वारा सत्ता संभालने के पहले मैसूर राज्य में मुगल तथा विजयनगर राज्यों के सिक्के प्रचलित थे। विजयनगर के सिक्के ज्यादा चलते थे। इसलिए हैदरअली ने जब सोने के पगोद श्रृंखला के अपने सिक्के जारी किए, तो उसने पुरोभाग पर परंपरा के अनुसार हर-गौरी की आकृति को कायम रखा और पृष्ठभाग पर अपने नाम का केवल आरंभिक अक्षर 'हे' अरबी-फारसी लिपि में अंकित कराया। उसने अर्ध-पगोद और अर्ध-पणम् की स्वर्णमुद्राएं भी जारी कीं। वे मुद्राएं बेदून (नगर) की टकसाल में बनवाई गई थीं। अपने शासन के अंतिम सालों में हैदरअली ने तांबे की जो मुद्राएं जारी कीं उनके पुरोभाग पर हाथी की आकृति और पृष्ठभाग पर तिथि और टकसाल का नाम अंकित है।

हैदरअली के बेटे टीपू सुलतान[5] ने अपने करीब सत्रह साल (1782-99) के शासन में तरह-तरह की मुद्राएं जारी कीं। टीपू ने न केवल सोने के पगोद तथा पणम् और चांदी के रुपये तथा दोहरे रुपये आदि जारी किए, बल्कि तांबे के भी विविध तौल के सिक्के जारी किए। उसने इन विविध सिक्कों को स्वतंत्र नाम भी दिए। चौथाई पगोद-मुहर को फारूकी, एक रुपए को अहमदी, दोहरे रुपए को हैदरी, आदि। ये सब इस्लाम से संबंधित नाम हैं। अपने कुछ सिक्कों को उसने ग्रहों और नक्षत्रों के भी नाम दिए।

टीपू सुलतान के ये विविध प्रकार के सिक्के उसके राज्य के कम से कम 15 टकसाल-घरों में बनवाए गए थे। इन टकसालों को बड़े आकर्षक नाम दिए गए थे। पट्टम (श्रीरंगपटम्), नगर (बेदनूर), कालिकट, फैज हिसा (गुट्टी), खुर्शीद-सवाद (धारवाड़), फर्रूखयाब हिसार (चित्तलदुर्ग) आदि।

टीपू सुलतान के सोने और चांदी के सिक्कों पर ही इस्लामी प्रभाव दिखाई देता है। आम जनता द्वारा इस्तेमाल किए जाने वाले उसके तांबे के सिक्कों के लिए पहले की हिंदू परंपरा के अनुसार पुरोभाग पर हाथी की आकृति और पृष्ठभाग पर सिक्के का मूल्य तथा टकसाल का नाम अंकित किया जाता रहा।

चित्र 21.6 : टीपू सुलतान (1782-99) का डबल रुपया (23 ग्राम)। टकसाल : पट्टन (श्रीरंगपट्टन)।

टीपू ने अपने शासन के आरंभिक चार वर्षों में जो सिक्के जारी किए उन पर तिथि हिजरी संवत् (आरंभ : हजरत मुहम्मद का मक्का छोड़कर मदीना जाने का साल : 622 ई.) में दी गई है। मगर उसके बाद टीपू ने अपने सिक्कों पर तिथि एक नए मौलूद संवत् (मुहम्मद साहब का जन्मवर्ष : 571 ई.) में अंकित कराई। इस संवत् के लिए हिंदू पंचांग की पद्धति के सौर-चंद्र महीनों की व्यवस्था को अपनाया गया था।

चित्र 21.7 : टीपू सुलतान का डबल पैसा।

टीपू सुलतान की मृत्यु और श्रीरंगपटम् के पतन के बाद मैसूर राज्य पुराने वाड़ियार राजवंश के छह साल के अबोध राजकुमार कृष्णराजा को सौंपा गया। दीवान पूर्णैया ने बड़ी कुशलता से राजकुमार कृष्णराज वाड़ियार की ओर से राज्य का बंदोबस्त किया। सोने के जो पगोद, अर्ध-पगोद और पणम् जारी किए गए, वे विजयनगर की शैली के थे। उनके पुरोभाग पर हर-गौरी की आकृति और पृष्ठभाग पर नागरी में श्री कृष्णराजा नाम हैं। चांदी का रुपया तथा चांदी के अन्य सिक्के मुगज शैली के हैं। उनके पुरोभाग पर बादशाह शाह आलम द्वितीय का नाम है और पृष्ठभाग पर टकसाल का नाम महीसुर (मैसूर) है। चांदी के छोटे सिक्कों पर

मैसूर के राज-परिवार की कुल-देवता चामुंडा की आकृति है। तांबे के सिक्कों पर चंद्र-सूर्य के साथ हाथी की आकृति और दूसरी ओर नागरी में शासक का नाम है। बाद में इन सिक्कों के पृष्ठभाग पर कन्नड़ और अंग्रेजी में भी लेख अंकित कराए गए। उन्नीसवीं सदी के लगभग मध्यकाल में मैसूर की मुद्रा-प्रणाली का अंत हो गया।

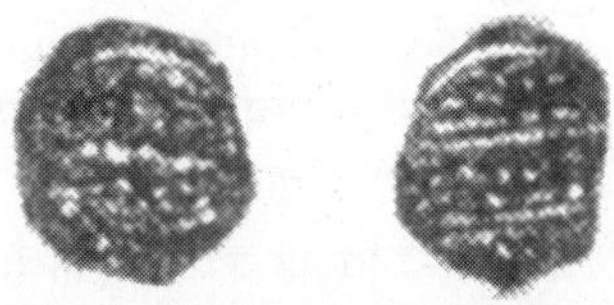

चित्र 21.8 : कृष्णराज वाड़ियार (1799-1868) की स्वर्णमुद्रा। पुरोभाग : शिव-पार्वती की आकृति। पृष्ठभाग : तीन पंक्तियों में नागरी लेख– 'श्री कृष्णराजा'।

मुगल शासन भले ही तेजी से अवनति की ओर अग्रसर होता रहा हो, मगर भारत के विभिन्न राज्यों में मुगल शैली के सिक्के बनते रहे। यहां तक कि अंतिम मुगल बादशाह बहादुरशाह द्वितीय के बाद भी, 1858 ई. की घोषणा के बाद भी, कुछ साल तक कई राज्यों के सिक्कों पर मुगल बादशाह का नाम अंकित किया जाता रहा। सन् 1872 के बाद लगभग सभी राज्यों ने मुगल बादशाह का नाम सिक्कों पर से हटा दिया। वे अपने ही शासकों के नाम अंकित कराते रहे। कुछ देशी राज्यों के सिक्कों पर ब्रिटिश शासकों के भी नाम देखने को मिलते हैं। मगर अंग्रेजों ने ऐसी चाल चली कि 1913 तक अधिकांश देशी राज्यों ने अपने सिक्कों का चलन बंद कर दिया। जिन्होंने अपने सिक्के जारी रखे ऐसे कुछ राज्य थे– हैदराबाद, उदयपुर, जयपुर, ओरछा, त्रावणकौर, ग्वालियर, बड़ौदा आदि।

ब्रिटिश शासन में रुपया, आना और पैसा मानक सिक्के बन गए।

संदर्भ और टिप्पणियां

1. गोंड आदिवासी : ये दक्षिण में गोदावरी नदी तथा उत्तर में विंध्याचल तक फैले हुए हैं। इन की मूल भाषा गौंडी है। मुगल शासनकाल तथा बाद में मराठा आक्रमण से पूर्व गोंड़ों का अपना शासन था। माडला जिला (जबलपुर डिवीजन) गोंड़ों के प्रमुख केंद्र के रूप में माना जाता है। गोंड लोग अपनी उत्पत्ति पांडव भीम और प्रसिद्ध आदिवासी पत्नी हिडम्बा से मानते हैं।

   गोंड स्त्रियां शरीर के काफी बड़े भाग में 'गोदन' करवाती हैं। इनकी स्त्रियां चोली, लांगवाली धोती और पीतल तथा चांदी के जेवर पहनती हैं। ये पूजा, अर्चना एवं बलि के द्वारा आत्माओं को प्रसन्न करने का प्रयास करते हैं। गोत्र-देवता तथा जल देवी को भी पूजते थे। ये लोग मांस और मदिरा का सेवन करते हैं। ये झूम कृषि करते हैं। उत्तराधिकार पिता से पुत्र को प्राप्त होता है, पुत्री को नहीं। गांव

के मुखिया को मुखादम (Mukhadam) तथा गांव के चौकीदार को कोतवाल कहते हैं। गोंडों में पांच प्रकार से विवाह होते हैं–(1) सेवा विवाह, (2) विधवा पुनर्विवाह, (3) हरण विवाह, (4) विनिमय-विवाह तथा (5) सहपलायन विवाह।

बहुपत्नी विवाह की प्रथा भी है। स्त्री-पुरुष साथ-साथ संगीत एवं नृत्य में भाग लेते हैं। ये संयुक्त परिवारों में रहते हैं। सबसे बुजुर्ग पुरुष, परिवार का मुखिया होता है।

2. शिवाजी : शिवाजी का जन्म उसी साल 1627 ई. में हुआ था जिस साल शाहजहां दिल्ली की गद्दी पर बैठा था। शिवाजी से औरंगजेब नौ साल बड़ा था। शिवाजी को बनाने में उनकी मां जीजाबाई का बड़ा हाथ रहा है। उसको अपने जादव कुल पर बड़ा गर्व था। शिवाजी के जन्म के बाद, शाहजी ने जीजाबाई का साथ छोड़ दिया और दूसरी शादी कर ली। शिवाजी को दादा कोंडदेव के रूप में एक योग्य शिक्षक और संरक्षक मिला था। दादा जी की शिक्षा, मां के प्यार और पिता की उपेक्षा ने शिवाजी को एक वीर योद्धा बना दिया। धीरे-धीरे शिवाजी ने एक सेना खड़ी कर ली। सेना को धन भी चाहिए था इसलिए उन्होंने किलों पर अधिकार कर लिया। शिवाजी ने मोरे भाइयों का बंध करवा कर कल्याण और भिवंडी के खजाने पर कब्जा कर लिया। फिर जंतर और अहमदनगर में भी लूट मचायी। शिवाजी की एक मात्र इच्छा थी, महाराष्ट्र में अपने लिए एक स्वतंत्र राज्य खड़ा करना। औरंगजेब ने धोखे से शिवाजी और शंभा जी को आगरे के किले में बंदी बना लिया था। पर वह दोनों बड़ी चतुराई से भाग निकले। शिवाजी ने बरार से कोंकण तक अधिकार कर लिया और राज्य-विस्तार में जुट गए। 1674 ई. में बड़ी धूम-धाम से उनका राज्याभिषेक हुआ और 'छत्रपति शिवाजी' बन गये। पेशवा (प्रधानमंत्री) ब्राह्मणों को मिला। ये सर्वेसर्वा हो गए और शिवाजी के वंशज नाम मात्र के लिए बने रहे। 1680 में शिवाजी की मृत्यु हो गई।

चित्र 21.9 : छत्रपति शिवाजी

3. बंदा बहादुर : सन् 1708 में गोदावरी के किनारे एक गुफा में माधो दास नामक बैरागी रहता था। उसके बारे में लोग केवल इतना जानते थे कि वह जम्मू का रहने वाला और जाति से राजपूत था। उसका नाम लछमन था और वैराग्य लेने पर उसने नाम बदल लिया था। बंदा बहादुर ने ख़ालसा राज्य के नाम का सिक्का चलाया जिस पर गुरु के तीन प्रतीक अंकित थे–देग, तेग़ और फ़तह। देग़ का मतलब है गुरु का भंडारा–जहां से सबको मुफ्त में भोजन मिलता था, तेग़ का मतलब है आतताइयों का नाश और फ़तह यानी विजय।

चित्र 21.10 : बंदा बहादुर

बंदा बहादुर ने 1710 में दुर्रानी राजधानी सिरहिंद को तहस-नहस कर दिया। तो दिल्ली के मुगल बादशाह बहादुरशाह ने समाना और सरहिंद का हाल सुन कर बंदा और सिक्खों के खिलाफ जेहाद शुरू कर दिया और बंदा और उसके साथियों को खत्म करने का आदेश दिया। कुछ समय बाद बहादुर शाह की मृत्यु हो गई और फर्रुख़सियर गद्दी पर बैठा। नये बादशाह ने अपने सिपहसालारों को बुलवाया और बंदा को ज़िंदा या मुर्दा पकड़ने का आदेश दिया। फर्रुख़सियर की सेना ने गुरदासपुर के निकट बंदा के शिविर को घेर लिया। परिस्थितियां प्रतिकूल होते हुए भी बंदा ने आठ महीने तक मुकाबला किया। अंत में मुगलों ने अपनी पुरानी चाल का सहारा लेकर बंदा को आत्मसमर्पण करने पर मज़बूर कर दिया और उसे बंदी बनाकर दिल्ली ले आए। रविवार, 19 जून, 1716 को क़त्ल के लिए मेहरौली ले जाया गया। इस तरह बंदा बहादुर के जीवन का अंत हुआ जो साधु, सैनिक, राजा और शहीद भी था।

4. अवध : अवध प्राचीन कोसल राज्य का आधुनिक नाम है। यह इलाहाबाद के उत्तर-पश्चिम में है। इस राज्य से सरयू नदी बहती है राजा दशरथ अवध के राजा थे। अयोध्या अवध की राजधानी थी। अवध ऐतिहासिक तौर से सोलह महाजनपदों में है। चौथी शताब्दी में अवध पर गुप्तों का साम्राज्य था। सातवीं शताब्दी में यह हर्षवर्धन और नौवीं शताब्दी में गुर्जर-प्रतिहार साम्राज्य का भाग रहा।

   1724 ई. तक अवध मुगल साम्राज्य का एक महत्त्वपूर्ण सूबा रहा। अवध को भारत में ब्रिटिश साम्राज्य तथा मराठा साम्राज्य के बीच का मध्यवर्ती राज्य माना जाता था। अवध नवाबों ने, लखनऊ राजधानी में कई खूबसूरत मस्जिदें और इमारतें बनवाईं।

5. टीपू सुलतान : हैदरअली की मृत्यु के बाद उसका बेटा टीपू सुलतान गद्दी पर बैठा। पिता की तरह टीपू एक योग्य और न्यायप्रिय शासक था। लेकिन मराठों, अंग्रेजों और निजाम की आंखों में टीपू की शक्ति कांटे की तरह चुभ रही थी।

चित्र 21.11 : टीपू सुलतान

   मैसूर युद्ध (1770-72 ई.) टीपू बड़े साहस के साथ लड़ा लेकिन उसे अंग्रेजों से संधि करने के लिए विवश होना पड़ा। और हरजाने के तौर पर अपना आधा राज्य और 3.50 करोड़ रुपये देने पड़े। 1299 ई. में चौथा मैसूर युद्ध हुआ। अपनी राजधानी की रक्षा करते-करते टीपू सुलतान मारा गया। अंग्रेजों ने श्रीरंगपट्टम् में लूट मचाई। टीपू के हीरे-जवाहरात और सोना अंग्रेजों के हाथ लगा। टीपू का विशाल पुस्तकालय और कीमती चीजें इंगलैंड भेज दी गईं। इससे अंग्रेजों की शक्ति दक्षिण में मजबूत हो गई।

22

यूरोप की व्यापारी कंपनियों के सिक्के

ईसा की आरंभिक तीन-चार सदियों में जब रोमन साम्राज्य के साथ भारत के बढ़े-चढ़े व्यापारी संबंध थे, तब न केवल सोने-चांदी के रोमन सिक्के भारत पहुंच रहे थे, बल्कि रोमन व्यापारियों ने भारत की अपनी कुछ बस्तियों में टकसालें भी स्थापित की थीं। ईसा की सातवीं सदी से भारत के पश्चिमी तट और लालसागर के बीच का व्यापार अरबों (मूरों) के हाथों में चला गया। इन्हीं के जरिए भारत की चीजें वेनिस और जेनेवा के बाजारों में पहुंचती थीं। भारत के पश्चिमी तट से वेनि की

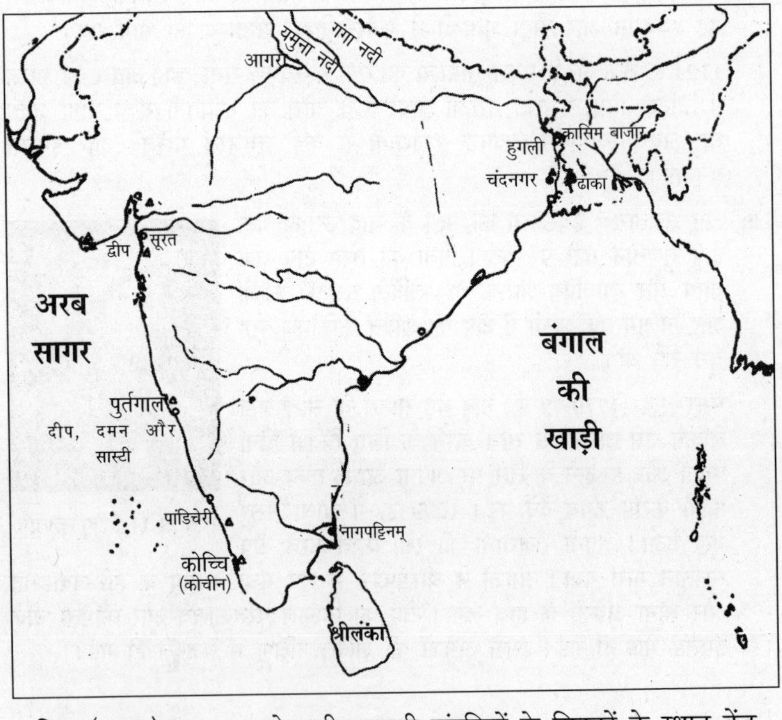

चित्र (नक्शा) 21.1 : यूरोप की व्यापारी कंपनियों के सिक्कों के स्थान केंद्र

चित्र 22.2 : सीसे का इंदो-पुर्तगाली सिक्का : तुतेनाग 20 बुजरुक्कोस्। पुरोभाग : ढाल पर मुकुट, दोनों ओर 'डी' अक्षर। पृष्ठभाग : क्रॉस और बीच में 1-8-0-1।

ड्यूकाट स्वर्णमुद्राओं की कुछ निधियां भी मिली हैं।

ईसा की सोलहवीं सदी के आरंभ में यूरोप के व्यापारियों के भारत के साथ सीधे संबंध स्थापित हो गए। इनमें अगुआ थे पुर्तगाली। पुर्तगाली[1] नाविक वास्को द-गामा आशा अंतरीप (दक्षिण अफ्रीका) का चक्कर लगाकर मई 1498 में कालीकट आ पहुंचा। पुर्तगालियों ने 1503 में कोच्चि (कोचीन) में कोठी खोलकर उसकी किलेबंदी की। पुर्तगाली गवर्नर आलबुकर्क ने 1510 में बीजापुर के सुलतान से गोवा छीनकर अपने पूर्वी उपनिवेशों की राजधानी बनाया। पुर्तगालियों ने आगे जाकर दीव, दमन, साष्टी, वई, सान, थोमे, हुगली, चंद्रनगर आदि कई स्थानों पर कब्जा किया। मलाबार तट का उनका व्यापार मुख्यतः काली मिर्च और मसाले के पदार्थों से संबंधित था।

चित्र 22.3 : सीसे के पुर्तगाली सिक्के का पृष्ठभाग : सेंट कैथरीन का प्रभामंडल। टकसाल : वसई।

पुर्तगाली गवर्नरों ने 1510 के बाद वसुई, दीव, दमन तथा गोवा की टकसालों से सोने, चांदी तथा तांबे के सिक्के जारी किए। इन पर आमतौर पर पुर्तगाल का राजचिह्न और टकसाल का नाम देखने को मिलता है। इस तरह के सोने के सिक्के मनोएल तथा मेहओ-मनोएल और चांदी के सिक्के एस्पेरा तथा मेहओ-एस्पेरा कहलाते थे। 1549

से सोने-चांदी के जो नए सिक्के जारी किए गए उन पर एक ओर सेंट थॉमस की खड़ी आकृति और दूसरी ओर मुकुट के साथ पुर्तगाली राजचिह्न है। सिक्कों की बनावट लगातार बदलती रही। तदनुसार इन्हें जेराफिन, बजारूक्को, तंगा आदि नामों से जाना जाता है। सन् 1729 से चांदी के रुपया, जेराफिन और पर्दाओं नामक सिक्के जारी किए गए। तांबे के बजारूक्को पर पुर्तगाली राजचिह्न और तीर अंकित है। महत्व की बात यह है कि भारत के पुर्तगाली सिक्कों पर न तो किसी भारतीय लिपि (भाषा) में कोई मुद्रालेख है, न ही उनकी बनावट भारतीय शैली की है। दीव की टकसाल बंद होने (1864) तक पुर्तगाली शैली के ही सिक्के बनते रहे।

पुर्तगालियों के बाद डच[2] आए। डचों की व्यापारी कंपनी वीओसी ने 1609 में पुलीकट में और 1616 में सूरत में अपनी फैक्ट्रियां खोलीं। उन्होंने 1664 तक मलाबार तट, कोरोमंडल तट, हुगली, कासिमबाजार, ढाका तथा आगरा में भी अपने व्यपारी केंद्र खोले। मगर बाद में डचों को अपने ये सारे उपनिवेश केंद्र इंग्लैंड को सौंप देने पड़े।

डच ईस्ट इंडिया कंपनी ने अपने देश हालैंड के विभिन्न टकसाल-घरों में बनवाए तांबे-चांदी के कई प्रकार के और सीमित संख्या में सोने के सिक्के भारत के अपने फैक्ट्री-केंद्रों के लिए जारी किए। ये सिक्के चालीस के नाम से जाने गए। इन पर विभिन्न राज्यों के चिह्न के साथ कंपनी के आद्याक्षर वीओसी अंकित है। दूसरी तरफ एक घुड़सवार को दिखाया गया है। ड्यूकाट नामक ये सिक्के 'सिल्वर राइडर' के नाम से भी जाने जाते हैं

चित्र 22.4 : इंदो-डच 'सिल्वर राइडर'। पुरोभाग : घुड़सवार और मुद्रालेख।

भारत के डच केंद्रों मे भी सिक्के तैयार किए गए। इन पर टकसाल-घरों के नाम उनके आद्याक्षरों से दर्शाए गए। जैसे, पुलीकट के लिए पी और कोलंबो के लिए सी। पृष्ठभाग पर फारसी और तमिल में भी लेख अंकित किए गए। जैसे, पुलीकट के सिक्के पर फारसी लेख, जरबे पुलीकट और नागपट्टम् के सिक्के पर तमिल में नागपट्टिणम् लेख है। डचों ने तांबे तथा सीसे के छोटे-छोटे सिक्के भी जारी किए।

यूरोप की व्यापारी कंपनियों ने भारत में सोने के जो सिक्के चलाए वे उन्होंने

अधिकतर विजयनगर की स्वर्णमुद्राओं के अनुकरण पर ही बनवाए थे। डचों ने ईस्ट इंडिया कंपनी का अनुकरण करते हुए, भारत में जो स्वर्ण-मुद्राएं (पगोद) बनवाईं उनके पुरोभाग पर विष्णु की आकृति और चहूंओर तेवेनपटम् लेख है। डचों ने फारसी-अब्बासी सिक्कों, इन्दो-पुर्तगाली तंगों, बीजापुर सुलतान के लारी सिक्कों और सूरत[3] की टकसाल के मुगल रुपयों पर अपने ठप्पे लगाए और अपने व्यापार के लिए उनका उपयोग किया।

डेनिश ईस्ट इंडिया कंपनी की स्थापना कोपेनहेगन में 1616 में हुई थी। इस कंपनी ने 1620 में तंजावूर के नायक से नागपट्टिनम् के नजदीक का त्रांकेबार बंदरगाह तथा आसपास के कुछ देहात प्राप्त करके वहां किलाबंदी की। बाद में उन्होंने पोटो नोवो, सेरामपुर और बालासोर में भी अपने केंद्र स्थापित किए। डेनिश कंपनी ने भारत में अपने केंद्र स्थापित किए। डेनिश कंपनी ने भारत में अपने करीब दो सौ सालों की गतिविधियों के दौरान त्रांकेबार से सोने (पगोद), चांदी (रायलिन्स), तांबे तथा सीसे के सिक्के जारी किए। आरंभ में उन्होंने सीसे के सिक्के बनवाए। उन पर डेनिश राजाओं के नामों के आद्याक्षर हैं। पृष्ठभाग पर उनका मूल्य दर्शाने के लिए रोमन लिपि में कास शब्द है। यह अंग्रेजी के कैश और तमिल के काशु का पर्याय है। बाद में तांबे के कास भी जारी किए गए। पहले चांदी के फनोस (पणम) और बाद में रायलिन जारी किए गए। इन सिक्कों के पुरोभाग पर डेनिश राजा का राजचिह्न और पृष्ठभाग पर मूल्य तथा तिथि अंकित है।

चित्र 22.5 : इंदो-डेनिश तांबे के सिक्के का पृष्ठभाग : ऊपर 'एक्स', बीच में 'कास', नीचे 1842।

विजयनगर के पगोद के अनुकरण पर ही डेनिश स्वर्णमुद्राएं बनाई गईं। उनके पुरोभाग पर विष्णु की आकृति और पृष्ठभाग पर डेनिश शासक का राजचिह्न है। त्रांकेबार और भारत के अन्य डेनिश केंद्र 1845 ई. में ब्रिटिश सरकार ने खरीद लिये।

भारत में फ्रांसीसी फैक्टरी 1668 में सूरत में स्थापित हुई। अगले वर्ष गोलकुंडा के सुलतान से फरमान प्राप्त करके उन्होंने ममुसलिपट्टम में फैक्टरी खोली। फिर उन्होंने 1673 में बीजापुर राज्य का एक गांव खरीदा, जो बाद में पुद्दुचेरी (पांडिचेरी) के नाम से भारत में फ्रांसीसी उपनिवेशों का प्रमुख केंद्र बना। उन्होंने 1690-92 में चंद्रनगर में भी फैक्टरी खोली। अठारहवीं सदी के पूर्वार्ध में उन्होंने माहे (मलाबार तट) और करिकाल (पूर्वी तट) पर भी अधिकार कर लिया। आगे जाकर फ्रांसीसियों

ने व्यापार से आगे बढ़कर भारत पर शासन करने के लिए प्रयास शुरू कर दिए, तो उन्हें अंग्रेजों के साथ टक्कर लेनी पड़ी। इस संघर्ष में अंग्रेज विजयी रहे।

फ्रांसीसियों ने अपने भारतीय केंद्रों के लिए दो प्रकार के सिक्के जारी किए। पहले प्रकार में उन्होंने मुगल सिक्कों का अनुकरण किया। आरकाट के नवाब से 1736 में अनुमति लेकर उन्होंने ये सिक्के जारी किए। पुद्दुचेरी से जारी किए गए इन सिक्कों पर टकसाल आरकाट का नाम अंकित है। इन सिक्कों पर मुगल बादशाहों—मुहम्मदशाह, अहमदशाह, आलमगीर द्वितीय, शाहआलम के नाम और मुगुल शैली के लेख हैं। मसुलीपट्टम से भी मुगल शैली के कुछ सिक्के जारी किए गए थे। सूरत के नवाब से सिक्के तैयार करने की अनुमति मिली (1749) तो उन पर मुगल बादशाह, अहमदशाह का नाम अंकित कराया।

दूसरे प्रकार के फ्रांसीसी सिक्के दक्षिण भारतीय बनावट व तोल के हैं। सोने के फ्रांसीसी पगोदों पर लक्षी और 'तीन स्वामियों' की आकृतियां हैं। सन् 1750 में जो नए सिक्के जारी किए गए उन पर फारसी मे फ्रांसी कंपनी शब्द है। तांबे के कुछ सिक्कों पर तेलुगु में पुद्दुचेरी नाम है। कुछ सिक्कों पर तेलुगू में एक ओर पुदूचेरी और दूसरी ओर कारेक्कल लेख है।

पुद्दुचेरी की टकसाल 1840 में बंद हो गई। सन् 1871 तक फ्रांसीसी केंद्रों के लिए जारी किए गए उनके सिक्कों का चलन बंद हो गया।

संदर्भ और टिप्पणियां

1. पुर्तगाल : वास्को-द-गामा के नेतृत्व में, समुद्रमार्ग से आशा अंतरीप का चक्कर लगा कर भारत पहुंचने वाले पहले यूरोपीय व्यापारी पुर्तगाली थे जो कालीकट में पहुंचे थे। उस समय दिल्ली में सल्तनत और दक्षिण में बहमनी साम्राज्य का शासन था। भारत के साथ पुर्तगालियों का व्यापार बढ़ता रहा और 1505 में डोम फ्रांसिस्को द आल्मीदा को भारत का पहला पुर्तगाली वाइसराय नियुक्त किया। 1508 ई. में मिस्र और गुजरात के सुलतानों को हरा कर समुद्री मार्ग पर पुर्तगालियों ने अधिकार जमा लिया। बीजापुर के सुलतान ने गोवा का टापू छीन लिया। पुर्तगालियों ने मुसलमानों पर अत्याचार किए और दंडित करने के लिए धार्मिक अदालतों की स्थापना की। पुर्तगालियों ने भारतीय स्त्री और कन्याओं से विवाह किया जिससे वह भारत में शासन कर सकें। पुर्तगाल ने गोवा, दमन और दीव पर अपना स्वतंत्र साम्राज्य बनाए रखा।
2. डच : हॉलैंडवासियों को डच कहते हैं। डचों ने भारत के द्वीपों को अपनी व्यापारिक कोठियां बनाया। मालद्वीप समूह के अधिकांश भाग पर इन्होंने शासन किया।

3. सूरत : सूरत का प्राचीन नाम सूर्यपुर है। कई विद्वानों का कहना है कि सूरत, सुराष्ट्र का अपभ्रंश रूप है क्योंकि प्राचीन समय में सूरत सौराष्ट्र का मुख्य बंदरगाह तथा नगर था। 16वीं शताब्दी में तो यहां संसार के प्रायः सभी निवासी देखे जा सकते थे। अरब, यहूदी, फारसी, फ्रेंच, अंग्रेजी, तुर्क व्यापारियों की भीड़ यहां क्रय-विक्रय करती देखी जा सकती थी। शिवाजी ने तीन बार सूरत की कोठी को लूटकर अनंत धन-राशि प्राप्त की और अपने कार्यों को संपन्न किया। सूरत का किला एक तुर्की सरदार खुदावंद ने बनवाया था। सूरत में अंग्रेजों और मुगलों के सीदी अरब सूबेदारों के झंडे साथ-साथ फहराते थे।

23

भारत में अंग्रेजी राज के सिक्के

भारत तथा पूर्व के अन्य देशों के साथ व्यापार करने के लिए 1600 ई. में अंग्रेजों की 'ईस्ट इंडिया कंपनी' अस्तित्व में आई। बादशाह जहांगीर ने 1613 ई. में अंग्रेजों को सूरत में व्यापारी कोठी खोलने की इजाजत दे दी। चार्लेस द्वितीय की पत्नी के दहेज के रूप में पुर्तगाल से उसे मुंबई द्वीप मिला, जो उसने 1668 में ईस्ट इंडिया कंपनी को सौंप दिया– 10 पौंड के वार्षिक लगान पर। धीरे-धीरे मुंबई पश्चिम भारत में अंग्रेजों का प्रमुख केंद्र बनता गया।

अंग्रेजों ने दक्षिणी-पूर्वी तट पर पहली बार मसुलीपट्टम में 1611 में एक कोठी (फैक्टरी) खोली थी। उन्होंने चंद्रगिरि[1] के शासक से मद्रास का स्थान प्राप्त करके वहां अपनी नई कोठी खोली और 1640 में उसकी किलाबंदी की। 'फोर्ट सेंट जार्ज' नामक वह स्थान कोरोमंडल तट का अंग्रेजों का प्रमुख केंद्र बन गया। उसी दौरान अंग्रेजों ने महानदी के मुहाने के पास हरिहरपुर में और बालासौर में कोठियां खोलीं।

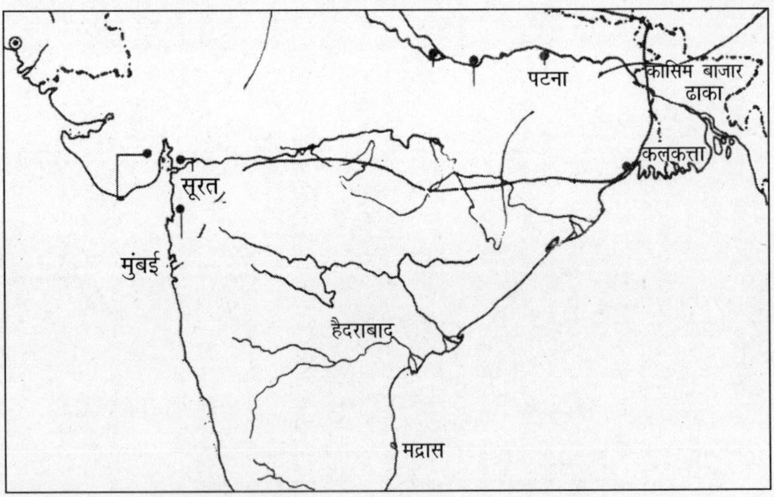

चित्र (नक्शा) 23.1 : भारत में अंग्रेजों की टकसालें

हुगली में 1651 में अंग्रेजों ने अपनी फैक्टरी खोली। कुछ ही समय बाद पटना और कासिमबाजार[2] में भी फैक्टरियां स्थापित हुईं। उसके बाद अंग्रेजों की गतिविधियां केवल व्यापार तक सीमित नहीं रहीं, बल्कि वे स्थानीय राजव्यवस्था में भी दखल देने लगे। उन प्रयासों में उन्हें सफलता मिली और 1834 तक वे भारत के स्वामी बन गए। भारतीय जनता का 1857 का स्वातंत्र्य-संघर्ष विफल रहा। मगर उस समय से कंपनी का शासन समाप्त हो गया और भारत ब्रिटिश साम्राज्य का अंग बन गया। लंबे संघर्ष के बाद 1947 में भारत को आजादी मिली।

चित्र 23.2 : 'द रूपी आफ बांबे'।

सूरत में 1613 मे कोठी खोलने पर अंग्रेज व्यापारी आरंभ में स्पेनिश डालरों और अन्य विदेशी मुद्राओं का इस्तेमाल करते रहे। सूरत में मुगल टकसाल 1621 में खुली। तब से अंग्रेज व्यापारी सूरत[3] की मुगल टकसाल में अपनी चांदी ले जाकर उसे रुपयों में बदलने लगे। अंग्रेज मुंबई की अपनी टकसाल में भी सीमित संख्या में यूरोपीय पद्धति के सिक्के तैयार करते थे– केरोलिना, स्वर्णमुद्राएं, आंग्लिना, रजतमुद्राएं और कोपेरोन ताम्रमुद्राएं। सन् 1677 में मुंबई की टकसाल से चांदी का एक नए किस्म का रुपया जारी किया गया। उस पर केंद्र में रूपी ऑफ बॉम्बे लेख है। घेरे में लेख है– बाइ ऑथारिटी चार्लेस द सेकंड 1677। मुंबई की टकसाल से तांबे के भी कुछ सिक्के जारी किए गए थे। उनके एक ओर कंपनी का चिह्न और दूसरी ओर फारसी का आदिल (न्यायशील) शब्द अंकित था।

अंग्रेज व्यापारियों की अपनी टकसालें थीं, मगर उनमें तैयार होने वाले सिक्कों का भारत में व्यापक चलन होना संभव नहीं था। तब अंग्रेजों के सामने दो ही रास्ते थे– सोना-चांदी को मुगल टकसालों में ले जाकर सिक्के बनवाएं या अपनी टकसालों में ही मुगल शैली के नकली सिक्के बनवाएं। अंग्रेजों ने दूसरा रास्ता अपनाया। औरंगजेब को इस धोखाधड़ी का पता चला, तो उसे बड़ा क्रोध आया और उसने जांच का आदेश दिया। उसके बाद अंग्रेज अपने सिक्के मुगल टकसालों में बनवाते रहे। मगर बादशाह फर्रूखसियर ने 1717 में अंग्रेजों को मुंबई टकसाल में मुगल सिक्के तैयार करने की इजाजत दे दी। तब से 1774 तक मुंबई का रुपया, बंबई प्रेसीडेंसी का प्रमुख ब्रिटिश सिक्का बना रहा। उस पर टकसाल का नाम मुंबई अंकित था। सूरत के मुगल रुपये को भी मुंबई के रुपए के बराबर मान लिया गया। सन् 1800 में सूरत की टकसाल कंपनी के अधिकार में आ गई।

चित्र 23.3 : मद्रास टकसाल का चांदी का आधा पगोद। पुरोभाग : केंद्र में 18 तारों से घिरा गोपुरम् और घेरे में 'आधा पगोद' के सूचक अंग्रेजी और फारसी लेख। पृष्ठभाग : केंद्र में विष्णु और घेरे में आधा पगोद के सूचक तमिल और तेलुगू लेख।

अंग्रेजों ने मद्रास प्रेसीडेंसी से सर्वप्रथम जो सिक्के जारी किए वे दक्षिण भारतीय शैली के पगोद और पणम् थे। गोलकुंडा[4] के सुलतान ने आदेश प्राप्त करके अंग्रेजों ने मसुलीपट्टम में 1630 से सिक्के बनवाने शुरू किए। फिर उन्होंने फोर्ट सेंट जॉर्ज (मद्रास) से सिक्के तैयार करने की श्रीरंगराया से 1643 में इजाजत प्राप्त की। उस आरंभिक दौर में विजयनगर शैली के जो सिक्के तैयार किए गए वे स्वामी पगोद कहलाते हैं। एक स्वामी पगोद पर वेंकटेश्वर की आकृति और तीन स्वामी पगोद पर वेंकटेश्वर के साथ उनकी दो पत्नियों की भी। मद्रास की टकसाल से बाद मे ऐसे भी स्वर्ण-पगोद जारी किए गए जिन पर एक ओर विष्णु की और दूसरी ओर मंदिर के गोपुरम् की आकृति है। सिक्के का मूल्य एक ओर फारसी व अंग्रेजी में और दूसरी ओर तमिल व तेलुगू में दिया गया है। उन्नीसवीं सदी के आरंभिक दशकों में कंपनी ने मद्रास टकसाल में सोने की मुहरें और पांच रुपयों के तुल्य सोने का एक सिक्का भी तैयार करवाया था। मद्रास की टकसाल से तांबे के भी कई प्रकार के सिक्के

चित्र 23.4 : मद्रास टकसाल की स्वर्ण-मुहर। पुरोभाग : कंपनी का चिह्न और अंग्रेजी में लेख– ईस्ट इंडिया कंपनी। पृष्ठभाग : फारसी लेख– बहादुर कंपनी अंगरेज अशर्फी।

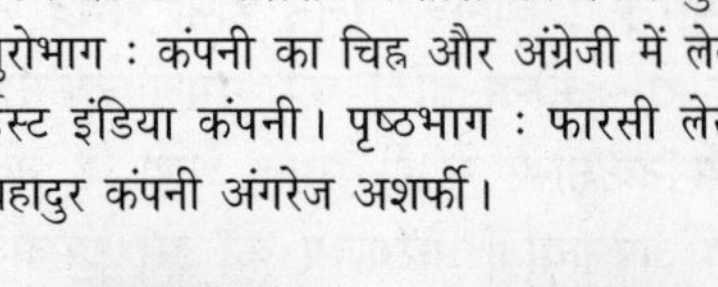

चित्र 23.5 : मद्रास टकसाल का तीन स्वामी स्वर्ण पगोद। पुरोभाग : स्वामी वेंकटेश्वर और उनकी दो पत्नियां। पृष्ठभाग : खाली।

कंपनी ने जारी किए थे। आरकाट केज नवाज से फरमान प्राप्त करके 1742 से कंपनी ने मद्रास की टकसाल से मुगल बादशाह के नाम पर जो रुपये जारी किए वे आरकाट रुपए के नाम से मशहूर हुए। सन् 1815 से आरकाट रुपए मशीन से बनने लगे।

आरंभ में कंपनी बंगाल का अपना व्यापार मद्रास की टकसाल में बने सिक्कों से चलाती रही। बंगाल के नवाब शिराजुद्दौला से फरमान प्राप्त करके अंग्रेजों ने 1756 में कलकत्ता (अलीपुर) में टकसाल खोली। कलकत्ता की टकसाल से जो रुपए जारी हुए उन पर मुगल बादशाह आलमगीर द्वितीय और शाहआलम के नाम थे। कंपनी ने मुगलों से मुर्शिदाबाद, पटना (अजीमाबाद) और ढाका (जहांगीरनगर) की टकसालें भी अपने कब्जे में ले लीं। अंग्रेजों का उत्तर भारत और बंगाल का सारा व्यापार इन्हीं टकसालों में तैयार हुए सिक्कों से चलता था। मुर्शिदाबाद की टकसाल में बने रुपए पर शासनवर्ष 19 अंकित कराया गया। कुछ रुपयों के किनारों पर लकीर के निशान भी डाले गए– मुगल शैली से अंग्रेजीयत की अपनी कुछ अलग पहचान के लिए।

चित्र 23.6 : तांबे का सिक्का। पुरोभाग : अंग्रेजी और फारसी में 'फोर्टी कैश' लेख। पृष्ठभाग : 'फोर्टी कैश' के सूचक तमिल और तेलुगू लेख।

चित्र 23.7 : कंपनी की व्याघ्र तथा ताड़वृक्ष वाली स्वर्ण मुहर (1835)

बनारस की टकसाल 1775 में और फर्रूखाबाद की टकसाल 1802 में अंग्रेजों के अधिकार में चली गई। इन टकसालों से बीच-बीच में चांदी व तांबे के सिक्के जारी किए गए। तांबे के सिक्कों पर त्रिशूल का निशान और फलूस शाहआलम तथा जरब बनारस जैसे मुद्रालेख हैं। बनारस की टकसाल 1818 में बंद हो गई।

सन् 1834 तक लगभग समूचे देश पर ईस्ट इंडिया कंपनी का शासन स्थापित हो गया था। इसलिए 1835 से सारे देश के लिए एक-सी मुद्रा-प्रणाली की व्यवस्था की गई। मुगल शैली की मुद्राओं का चलन लगभग बंद हो गया। राजा विलियम चतुर्थ के नंगे सिर की आकृति वाली सोने की मुहरें (तीस, पंद्रह, दस तथा पांच-पांच रुपयों के तुल्य) और चांदी के सिक्के (रुपया, आधा रुपया, चवन्नी) जारी किए गए। पृष्ठभाग

पर ईस्ट इंडिया कंपनी का नाम तथा मूल्य और पुरोभाग पर विलियम चतुर्थ का नाम अंकित था। आना और पाइस के भी एकरूप सिक्के जारी किए गए।

चित्र 23.8 : विलियम चतुर्थ का रुपया–1834 ई.

सन 1858 में महारानी विक्टोरिया भारत की साम्राज्ञी बनी और ईस्ट इंडिया कंपनी का शासन समाप्त हो गया। तब से रानी विक्टोरिया, एडवर्ड सप्तम, जॉर्ज पंचम आदि के धड़ सिक्कों पर अंकित किए जाते रहे। भारत के स्वतंत्र होने तक कलकत्ता और मुंबई की टकसालों में ब्रिटिश शासन के सिक्के बनते रहे। मद्रास की टकसाल 1867 में बंद हो गई थी।

भारत 1947 में स्वतंत्र हुआ, मगर 1950 तक नए सिक्के जारी करना संभव नहीं हुआ। सन् 1957 में मैट्रिक प्रणाली लागू हुई और तब से भारतीय मुद्राओं के लिए भी मैट्रिक प्रणाली को अपनाया गया। अपने देश के नए सिक्कों से हम सभी परिचित हैं। इस समय भारत में तीन टकसालें हैं– मुंबई, कलकत्ता और हैदराबाद।

संदर्भ और टिप्पणियां

1. चंद्रगिरि (मैसूर) कावेरी के उत्तरी तट पर कलवधू नामक पहाड़ी को 900 ई. के दो अभिलेखों में चंद्रगिरि कहा गया है। मैसूर में स्थित श्रवणवेल गोला नामक प्रसिद्ध जैन तीर्थ इसी चंद्रगिरि और इंद्रगिरि नामक पहाड़ियों के बीच स्थित है।
   तालीकोट (मद्रास) के प्रसिद्ध युद्ध (1564) के पश्चात् विजयनगर के राजवंश के लोगों ने शरण ली थी। प्राचीन केरल की उत्तरी सीमा पर बहने वाली नदी का नाम भी चंद्रगिरि है।
2. कासिम बाजार : पश्चिमी बंगाल के मुर्शिदाबाद जिले में भागीरथी के तट पर स्थित था। मुर्शिदाबाद नगर बंगाल के नवाबों की राजधानी थी। ब्रिटिश, फ्रांसीसी और डच, सभी लोगों ने यहां पर अपने कारखाने स्थापित किए। यहां से भागीरथी नदी बहती थी, 1813 ई. में जिसकी धारा हट कर शहर से 3 मील दूर चली गई। इसके कारण व्यापारिक क्षेत्र के रूप में कासिम बाजार की पुरानी महत्ता समाप्त हो गई।
3. सूरत–देखिए, अध्याय 22, यूरोप के व्यापारिक कंपनियों के सिक्के, टिप्पणी 3, पृष्ठ सं. 199
4. गोलकुंडा : देखिए, अध्याय 19, सल्तनतकालीन प्रांतीय राज्यों के सिक्के, टिप्पणी नं. 2 पृष्ठ सं. 172

24

स्वतंत्र भारत के सिक्के

सिक्कों की दुनिया भी इतिहास के साथ बदलती रही है। भारतीय सिक्कों के इतिहास के दौर में एक समय यह भी था कि खुद भारत की टकसालों में बनते हुए भी उन पर टंकण विदेशी चेहरों का था। आजादी के बाद भी कुछ समय तक इन सिक्कों का प्रचलन था। लेकिन बाद में सिक्कों पर आजादी का एहसास नजर आने लगा। अंग्रेजों के चेहरों वाले सिक्कों की जगह अशोक लाट ने ले ली। आजाद भारत में कई टकसालें थीं। पश्चिमी भारत में बाम्बे व सूरत, दक्षिण में मद्रास व पूर्वी बंगाल कलकत्ता। आजादी मिलने के बाद भारतीय टकसाल में जो सिक्के ढाले गये वह 1947 से 1950 के दौर के थे। भारतीय रिजर्व बैंक ने अपने चिन्ह के साथ 'शेर' व 'पाम' (ताड़ का वृक्ष) का सुझाव दिया। लेकिन बाद में शेर की जगह 'चीते' को इसमें केन्द्रित किया। 15 अगस्त 1950, ब्रिटिश किंग जार्ज IV की जगह पर भारतीय चिन्ह - अशोक स्तंभ, अशोक की लाट, सारनाथ वाला (यह चिह्न शांति व अहिंसा का प्रतीक माना जाता है।) सिक्का लोगों के हाथ आया। ये सिक्के एक व दो रुपये के थे। 1 अप्रैल 1957 को भारतीय मुद्रा अधिनियम लागू हुआ तो सिक्कों के रूप में बदलाव आया। इसके पहले 'आना' प्रणाली के सिक्कों का चलन था। इसमें 1 रुपया 16 आने के बराबर था। उस समय एक आना, चार और आठ आना, आधा रुपया व एक रुपये के सिक्कों का प्रचलन था। ये सिक्के आज भी संग्रहकर्त्ताओं के पास देखने को मिल जाते हैं।

1 रुपया (निकल) = 16 आना

1 आना (तांबा + निकल) = 4 पैसे

1 पैसा (तांबा + निकल) = 3 पाई (कांसा)

चित्र 24.1 : आना सिक्के

भारतीय मुद्रा अधिनियम के बाद 'दशमलव' प्रणाली आई। रुपये का चलन वैसा ही था लेकिन 16 आना की बजाय उसकी कीमत 100 पैसा के बराबर हो गई। जनता में ये रुपया 'नैया पैसा' के नाम से प्रचलित हुआ।

60 के दशक में तांबे व निकल के सिक्के बने। इनमें षटकोण वाले 3 पैसे का सिक्का, लहरियेदार किनारे वाला 20 पैसे का सिक्का प्रचलित था।

चित्र 24.2 : 5, 10, 20, 25 पैसे के सिक्के

70 के समय में एक, दो व तीन पैसे का चलन लगभग समाप्त होने लगा और उस समय स्टील के 10, 25 व 50 पैसे को शामिल किया गया।

बाद में विभिन्न आर्थिक, सामाजिक विकास के अवसरों पर सिक्कों का प्रचलन हुआ जिन पर नहर, हल जोतने व फसल काटते किसान आदि अंकित होते हैं। कई सिक्कों पर एक तरफ भारत गणराज्य का राज्य चिन्ह और सत्यमेव जयते अंकित और दूसरी तरफ महात्मा गांधी, जवाहरलाल नेहरू, इंदिरा गांधी और राजीव गांधी आदि की तस्वीरें या कई राष्ट्रीय इमारतें अंकित हैं। हमारे देश में 1972 में 50 पैसे और 10 रुपये के सिक्कों पर सर्वप्रथम संसद भवन का अंकन हुआ था। कई सिक्कों में भारत के प्रचलित आयोजनों का भी रूप देखने को मिलता है।

चित्र 24.3 : रुपयों में इमारतें (चार मिनार)

नौवें एशियाई खेलों के समय जंतर-मंतर का चित्र सिक्कों पर देखने को मिलता है। स्वतंत्रता के 50 वर्ष पूर्ण होने पर देश ने स्वाधीनता की स्वर्ण जयंती व 25 वर्ष पूर्ण होने पर रजन जयंती बड़े धूमधाम से मनाई। इस उपलक्ष्य पर

चित्र 24.4 : जंतर-मंतर

चित्र 24.5 : स्वतंत्रता की रजत जयंती

चित्र 24.6 : सेल्यूलर जेल

स्वतंत्रता संग्राम में महान सेनानियों के बलिदान को याद रखने के लिए सेल्यूलर जेल की आकृति वाला विशेष सिक्का जारी किया गया।

यही नहीं मुद्राओं में वन्य प्राणियों को भी विशेष स्थान मिला है। मोर, बाघ और सिंह इनमें प्रमुख है। भारतीय गैंडे को भी भारतीय मुद्राओं में अंकित होने का गौरव मिला है। आज भी कई अवसरों पर नये सिक्के जारी किये जाते हैं। हाल ही में 10 व 100 रुपये का सिक्का जारी किया गया।

100 रुपये का सिक्का महात्मा वसवेश्वर भक्ति गायक के नाम पर निकाला गया लेकिन ये प्रचलन में नहीं है सिर्फ स्मारक हेतू है। 10 रुपये का सिक्का युगल धातु से मिल कर बना है। बाहरी रिंग निकल व कांसा की बनी है और अन्दर की तह स्टील की बनी है। ये हैदराबाद मिंट में बनाया गया है। इसका भार लगभग 7.71 ग्राम है। अग्रभाग में अशोक का स्तंभ व वर्ष 2006 और पृष्ठभाग में क्रास व बिंदु दिए हुए हैं। यह सिक्का 'विभिन्नता में एकता' का प्रतीक है। यह सिक्का प्रचलन में है।

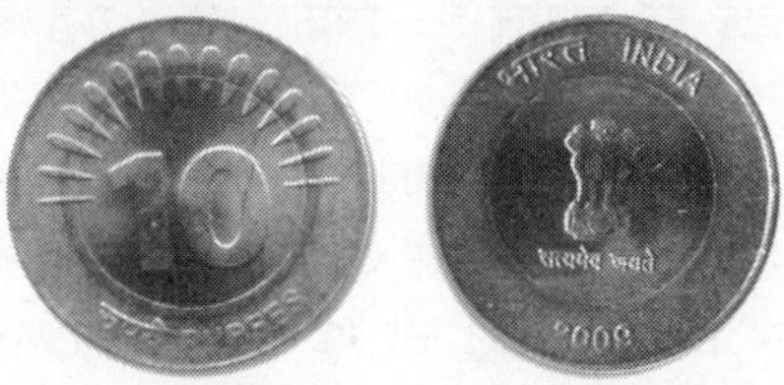

अग्रभाग **पृष्ठभाग**

चित्र 24.7 : हैदराबाद मिंट में बनाया गया 10 रुपये का नया सिक्का

भारत सरकार कई तरह के सिक्के जारी करती है, जिनमें से एक तो प्रचलन में नहीं होते वो किसी विशेष स्थिति, तिथि पर उद्घाटित होते हैं, ज्यादातर चांदी व सोने के रूप में और स्मारक के तौर पर इस्तेमाल किए जाते हैं। ये कुछ समय के बाद चलन में नहीं रहते। जैसे 100 रुपये का सिक्का। दूसरे, वे सिक्के जो थोड़े समय के लिए प्रचलन में रहते हैं। व्यापार में इस्तेमाल होते हैं। इससे उस विशेष सिक्के के प्रति ध्यान आकर्षित होता है। जैसे 1977 में जारी किया गया सुभाष चंद्र बोस का 2 रुपये का सिक्का। तीसरा, लगातार जारी होने वाले सिक्के– वो सिक्के जो लगभग रोज इस्तेमाल होते हैं। हर साल इनका एक जैसा रूप जारी किया जाता है जैसे 1 रुपये का सिक्का।

भारत में आज चार सरकारी टकसालें हैं। ये महाराष्ट्र में मुम्बई में, पश्चिमी बंगाल, कलकत्ता, आंध्रप्रदेश से हैदराबाद व उत्तरप्रदेश में नोएडा में स्थित है। भारतीय मुद्रा अधिनियम (Coin Act, 1906) के अनुसार भारतीय सरकार के ऊपर सिक्कों को बनाने की जिम्मेदारी है और ये सभी भारतीय टकसालों द्वारा रिजर्व बैंक ऑफ इंडिया में पहुंचते हैं।

आजादी के लगभग 5 वर्ष के बाद कलकत्ता की अलीपुर मिंट को फिर से

19 मार्च 1952 को चालू किया गया। यहां आजादी के बाद से 10 नए पैसे से लेकर 25, 50 पैसे व 1 रुपये के शुद्ध निकल, तांबा व निकल से बनी मिश्रित धातु, एल्यूमिनियम व कांसा के सिक्के तैयार किए गए। कलकत्ता मिंट में आजकल 5 रुपये व 2 रुपये के क्यूपरो निकल के सिक्के तैयार होते हैं। 1 रुपया, 50 व 25 पैसे के स्टेनलेस स्टील के सिक्के तैयार होते हैं। 10 पैसे के सिक्के को 1988 के बाद बंद कर दिया गया। सिक्के बनाने के अलावा यहां मेडल व बिल्ले भी बनाए जाते हैं। इनमें ग्रह मंत्रालय के भारत रत्न, पद्म विभूषण व पदमश्री जैसे मेडल भी शामिल हैं। इसके अलावा युद्ध सेवा परमवीर चक्र, शौर्य चक्र भी यहां बनाये जाते हैं।

मुम्बई की टकसाल की नींव सन् 1829 में बम्बई प्रेसिडेंसी के गर्वनर ने रखी। यहां पर भी सिक्कों के अलावा, स्मारक सिक्के व मेडल बनाये जाते हैं। मिंट नोएडा वर्ष 1986 में चालू की गई। यहां पर 1988 से स्टील के सिक्के बनाये जाते हैं।

हैदराबाद मिंट निजामों के अधिकार में थी। फिर 1903 में दुबारा इसे चालू किया गया। 1950 में भारतीय सरकार ने अपने अधीन कर लिया। जहां सिक्के और पद्म भी बनाए जाते हैं। इस मिंट में सूरत व मद्रास की टकसाल की पद्धति का असर था। आजादी के बाद यहां पर निकल, एल्यूमिनियम के सिक्के जारी किए जाते हैं। हर सिक्के पर अपनी टकसाल का एक चिन्ह रहता है जैसे मुम्बई टकसाल के सिक्कों पर वर्ष के नीचे एक बिंदु या डायमंड की आकृति बनी होती है। हैदराबाद मिंट में वर्ष के नीचे पांच कोनों वाला तारा बना होता है। नोएडा मिंट में वर्ष के नीचे एक छोटा सा बिंदु रहता है। लेकिन कलकत्ता मिंट में कोई चिह्न नहीं है।

भारत सरकार ने सिक्कों की कमी के कारण विदेशी टकसालों से भी सिक्के बनवाये हैं। इन सभी पर टकसालों के चिह्न होते हैं। ये सभी भारतीय रिजर्व बैंक की सहमति से बनते है जैसे– 1985, 1977-2002 में विदेशी टकसालों से सिक्के बनवाये गये। जैसे लंदन की बरहिंशम टकसाल से बने 1 रुपये का सिक्का। वर्ष के पहले अंक के नीचे एक छोटा सा बिंदु मिलेगा।

चाहे विदेशी टकसाल हो या देशी टकसाल, आजादी के बाद भारतीय अर्थव्यवस्था में बदलाव के साथ-साथ सिक्कों की रूप-रेखा में विभिन्नता देखी गई। इन सिक्कों में अंग्रेजी शासकों की बजाय हमारे देश की संस्कृति, धरोहर व विद्वानों का रूप देखकर जो गर्व महसूस होता है शायद वो शब्दों में बयान नहीं किया जा सकता।

25

पुराने सिक्के : देश के इतिहास की अनमोल धरोहर

इतिहास की स्रोत-सामग्री के मामले में हमारे देश की स्थिति बड़ी दयनीय है। प्राचीन भारत में इतिहास-पद्धति के बहुत कम ग्रंथों की रचना हुई है। इसीलिए प्राचीन भारतीय इतिहास और संस्कृति के पुनर्निर्माण में जुटे विद्वानों को पुरातत्व की सामग्री पर अधिक आश्रित रहना पड़ता है। रामायण-महाभारत और पुराणों-जैसे आख्यान-ग्रंथों की अपेक्षा शिलालेखों, ताम्रपत्रों, मूर्तियों तथा पुराने सिक्कों के अध्ययन से इतिहास को अधिक प्रामाणिक जानकारी प्राप्त होती है।

पुराने सिक्कों को लीजिए। प्राचीन भारत के सभी शासकों के नाम प्राचीन ग्रंथों अथवा अभिलेखों[1] में नहीं मिलते। उदाहरण के लिए, प्राचीन साहित्य में हमें

चित्र 25.1 : पुराने सिक्के

केवल पांच-छह हिंद-यूनानी शासकों के बारे में ही जानकारी मिलती है। परंतु पुराने सिक्कों से करीब तीस-पैंतीस हिंद-यूनानी शासकों के नाम मालूम हुए हैं। अभी कुछ दशक पहले प्राचीन भारत के गणराज्यों के बारे में विद्वानों में बड़ा मतभेद था। परंतु यौधेय, मालव, वृणि, शिवि आदि गणराज्यों[2] के सिक्के मिले, तो यह सिद्ध हो गया कि प्राचीन भारत में गणराज्यों का अस्तित्व था। गणराज्यों के इन सिक्कों पर किसी शासक का नाम अंकित नहीं है।

पुराने सिक्के इतिहास की गुत्थियों को सुलझाने में मदद देते हैं। समुद्रगुप्त के ज्येष्ठ पुत्र रामगुप्त ने शासन किया कि नहीं, इस बात को लेकर इतिहासकारों मे बड़ा मतभेद था। परंतु जब रामगुप्त के सिक्के मिले, तो यह विवाद भी काफी हद तक मिट गया। पुराने सिक्कों से ऐसे दर्जनों नए शासकों के बारे में जानकारी मिली है, जिसने भारतीय इतिहास की अनेक उलझनों को सुलझाने में मदद दी है।

पुराने सिक्के अपने समय की आर्थिक दशा और धार्मिक इतिहास पर भी प्रकाश डालते हैं। सिक्कों मे घटिया धातुओं की मिलावट से तत्कालीन आर्थिक अवनति की सूचना मिलती है। किस शासक ने किस-किस धातु के और कितने भार के सिक्के चलाए, इससे भी आर्थिक दशा पर प्रकाश पड़ता हे। कनिष्क के सिक्कों पर बुद्ध की प्रतिमा अंकित है, तो उसके उत्तराधिकारी हुविष्क और वासुदेव के सिक्कों पर शिव की प्रतिमा। महमूद गजनी के एक सिक्के पर नागरी अक्षरों में संस्कृत लेख है, जहांगीर ने भारतीय राशिचक्र वाले अनेक सिक्के चलाए, और अकबर ने चांदी का एक ऐसा सिक्का चलाया था जिस पर राम-सीता की आकृति और नागरी में 'रामसीय' शब्द अंकित है। वैदिक देवता वायु की मूर्ति किसी मंदिर में देखने को नहीं मिलेगी, पर कनिष्क के सिक्के पर हम उसे देख सकते हैं। इन उदाहरणों से स्पष्ट है कि पुराने सिक्के धार्मिक इतिहास पर भी बड़ा प्रकाश डालते हैं।

ऐसी स्थिति में पुराने सिक्कों की बरबादी के समाचार आए दिन पढ़ने को मिलते हैं, तो बड़ा रंज होता है। पुराने सिक्कों की प्राप्ति एक आम बात है। सोने अथवा चांदी के लालच में अक्सर ये सिक्के गला दिए जाते हैं। इससे भारतीय इतिहास और संस्कृति की कितनी स्थायी क्षति होती है, शिक्षितों को यह समझाने की जरूरत नहीं है। राहुलजी[3] ने एक स्थान पर सच ही लिखा है कि पुरातत्व की ऐसी अनमोल सामग्री को नष्ट करने वाले फांसी पर चढ़ाने योग्य हैं।

जो लोग पुराने सिक्कों का महत्व नहीं समझते वे तो सोने-चांदी के लालच में इन सिक्कों को नष्ट करते ही हैं, शिक्षित लोग भी हमारी इस अमूल्य सांस्कृतिक धरोहर को बड़ी बेरहमी से बरबाद करते हैं। अभी कुछ दशक पहले

एक राजा के यहां गुप्तकाल के बहुत सारे सिक्के मिले। राजा साहब ने अनेक स्वर्णमुद्राएं अपने मुसाहिबों को बांट दीं। किसी ने इनके बटन बनाए, तो किसी ने अंगूठियां। बड़ी कठिनाई से बची-खुची मुद्राएं पुराविदों को अध्ययन के लिए मिलीं। गुप्तकाल की इन मुद्राओं के बारे में अब एक ग्रंथ प्रकाशित हुआ है। यह ग्रंथ गुप्तकालीन इतिहास पर नया प्रकाश डालता है।

चित्र 25.2 : राजघाट से प्राप्त गुप्तकाल की 'श्रीअविमुक्तेश्वर' नामवाली मृणमुद्रा

आजादी के पहले बहुत-सारे पुराने सिक्के विदेश चले गए और अब ये अनेक विदेशी संग्रहालयों की शोभा बढ़ा रहे हैं। अब चोरी-छिपे पुराने सिक्के विदेशियों के हाथों बेचने का एक बड़ा धंधा शुरू हो गया है। बड़े शहरों के पुरावस्तुओं के दुकानदारों से अक्सर ऐसे सिक्के बरामद होते हैं। आपात स्थिति के दौरान मारे गये छापों में ऐसे हजारों पुराने सिक्के बरामद हुए हैं। अभी पिछले दिसम्बर में दिल्ली के एक पुरावस्तु के दुकानदार के गोदाम से 2000 से भी ऊपर पुराने सिक्के खोजे गए। इनमें ईसा की पहली सदी से उन्नीसवीं सदी के बीच के काल के कुषाण, गुप्त तथा मुगल शासकों के सिक्के थे। कुछ सिक्के बड़े ही महत्व के हैं। मजे की बात यह है कि इनमें से कई सिक्के संग्रहालयों से चुराए गए थे। छोटे शहरों के संग्रहालयों में ऐसी चोरियां अक्सर होती हैं। दिल्ली के अत्यंत सुरक्षित राष्ट्रीय संग्रहालय से 1968 और 1973 में ऐसे अनेक सिक्कों की चोरी हुई थी।

सुनारों, साहूकारों और पुराने राजाओं के पास आज भी सैकड़ों-हजारों पुराने सिक्के मिल सकते हैं। अभी इसी महीने दिल्ली के नरेला स्थान के एक बड़े साहूकार के कोठों पर छापा मारा गया, तो लाखों की संपत्ति के साथ-साथ मुगलकाल के बहुत सारे चांदी के सिक्के भी मिले। सख्ती से छानबीन की जाए, तो हमारे देश में पुराने सिक्कों की ऐसी बहुत-सारी निधियां मिलती हैं। पुरावस्तुओं की खोज और उनकी सुरक्षा के लिए शासन को सख्त कदम उठाने होंगे। इस मामले में हमारे पुरातत्व विभाग का काम भी बड़ा ढीला-ढाला है। आम जनता को पुरावस्तुओं का महत्व समझाने का अभियान चलाना अत्यंत आवश्यक है।

एक ओर पुरावस्तुओं की बरबादी के ऐसे नजारे देखने को मिलते हैं तो कुछ ऐसे भी संस्कृतिप्रेमी हैं, जिन्होंने पुरावस्तुओं के संग्रह में अपना सारा जीवन अर्पित कर दिया है। वाराणसी के दुर्गा प्रसाद जी ने मौर्यकाल तथा उसके पहले के बहुत सारे पंचमार्क सिक्के एकत्र किए और बाद में पुस्तकाकार उनका विवरण प्रकाशित किया। वाराणसी का ही प्रख्यात 'भारतीय कला भवन' खड़ा करने में राय कृष्णदास ने जो प्रयास किए, वे सर्वविदित हैं। हाल में ऐसे एक और प्रयास के बारे में हमें जानकारी मिली है। तिरुची के दीवान बहादुर तिरुमलाई देसिकाचारी ने आज से करीब सौ साल पहले पुराने सिक्के जमा करना शुरू कर दिया था। अपने व्यस्त जीवन से समय निकाल कर उन्होंने बैलगाड़ी में तत्कालीन मद्रास राज्य के गांव-गांव की यात्रा की थी और अनेक वर्षों के अथक प्रयास के बाद 3000 से ऊपर बहुमूल्य सिक्कों का एक संग्रह तैयार किया था। अब यह संग्रह राष्ट्रीय संग्रहालय को सौंप दिया गया है। ऐसे ही निस्वार्थ प्रयासों से देश की सांस्कृतिक धरोहर सुरिक्षत रह सकती है। पुराने सिक्कों को नष्ट करने का अर्थ है– देश के इतिहास और संस्कृति के अनेक अंगों को सदा-सदा के लिए नष्ट कर देना।

संदर्भ और टिप्पणियां

1. अभिलेख पाषाण फलकों पर, धातु की प्लेट पर, स्तंभों और गुफाओं की दीवारों पर उत्कीर्ण होते हैं। विभिन्न स्थानों और कालों में विभिन्न भाषाओं में प्रस्तुत होते हैं। कुछ अभिलेखों में उस समय की राजनीतिक और धार्मिक गतिविधियों के विवरण होते हैं। अभिलेख सरकारी स्मारक और ऐतिहासिक होते हैं। जैसे अशोक के शिलालेख, समुद्रगुप्त और रुद्रदमन प्रथम के स्तंभ धार्मिक और प्रशासनिक अभिलेख हैं।
2. गणराज्य : राज्य जिसमें सर्वोच्च सत्ता, जनता द्वारा प्रत्यक्ष या अप्रत्यक्ष रूप से चुने हुए जन-प्रतिनिधियों द्वारा चलाई जाती है जिसका अध्यक्ष, जनता द्वारा प्रत्यक्ष रूप से चुना जाता है।
3. राहुल का जन्म 9 अप्रैल 1893 में कनौला गांव के गोवर्धन पांडे के घर हुआ। इनका नाम केदारनाथ था। केदारनाथ बौद्ध भिक्षु बनने के बाद राहुल सांकृत्यायन बन गए। बहुत से ग्रंथ लिखे, घुमकड़-शास्त्र, मानव-समाज, दर्शन-दिग्दर्शन, वैज्ञानिक भौतिकवाद, वोल्गा से गंगा, मध्य एशिया का इतिहास, जय-यौधेय। जय-यौधेय में जनपद के बारे में लिखा। सिक्कों के बारे में उनका कहना था–कितने राजा और राजवंश भूल चुके होते अगर मुद्राएं न होतीं। मुद्राओं को नष्ट करने वाले, पुरातत्व की ऐसी अनमोल सामग्री के नष्ट करने वाले फांसी पर चढ़ाने योग्य हैं।

26

लक्ष्मी-पूजन और सिक्के

बचपन में लक्ष्मीपूजन की एक विधि मेरे लिए बड़ी कुतूहलप्रद थी। उस दिन लोहे की एक पुरानी संदूकची खोली जाती। उसमें से निकलती सिक्कों की एक थैली, जिसमें महारानी विक्टोरिया और जॉर्ज पंचम की छवि वाले चांदी के कई सारे रुपए थे। उन्हें एक थाल में सजाकर उस दिन उनकी पूजा की जाती थी। कुछ नए रुपए भी उनमें जोड़े जाते। सोने की एक गिन्नी भी पूजी जाती!

बचपन के उस कुतूहल के कारण ही शायद बाद में मुद्राशास्त्र[1] के अध्ययन में मेरी दिलचस्पी बढ़ी। तभी पता चला कि मुद्राओं का और श्रीलक्ष्मी का रिश्ता बहुत पुराना है। मुद्राओं का अध्ययन राज्य की तत्कालीन आर्थिक दशा और विदेश-व्यापार की व्यवस्था पर अच्छा प्रकाश डालता है।

संसार के सबसे पुराने उपलब्ध सिक्के एशिया-माइनर के लीदिया[2] राज्य के हैं, ईसा-पूर्व सातवीं सदी के। ये सिक्के सोना और चांदी की प्राकृतिक मिश्रधातु (इलेक्ट्रम) के बने हुए हैं। मगर आगे जाकर यूनानियों और रोमनों ने जो सिक्के चलाए, वे प्रमुखतः चांदी के ही हैं। भारत के आरंभिक पंचमार्क यानी आहत सिक्के भी प्रमुखतः चांदी के ही हैं। पहली बार नियमित रूप से सोने के सिक्के जारी करने का श्रेय ईरान के हख़ामनी सम्राटों को है। बाद में उनका अनुकरण हिंद-यवनों और रोमनों ने किया। रोमनों ने स्वर्णमुद्राएं जारी करने और मुद्राओं पर जीवित व्यक्ति की छवि अंकित कराने की प्रथा जूलियस सीजर[3] के समय (44 ई.पू.) से चलाई थी।

आरंभिक वैदिक काल में सोना सबसे कीमती धातु थी; रजत (चांदी) का उल्लेख नहीं के बराबर है। सोना पंजाब की नदियों से चूर्ण के रूप में प्राप्त किया जाता था और उसके पिंड (हिरण्यपिंड) भी बनाए जाते थे। **ऋग्वेद** में सोने के निष्क का कई जगह जिक्र आया है, जो संभवतः एक प्रकार की आभूषण-मुद्रा थी और प्रायः दान में दी जाती थी। बाद के वैदिक साहित्य में निष्क, सुवर्ण, शतमान और पाद नामक स्वर्णमुद्राओं के उल्लेख मिलते हैं, मगर उत्खनन में इनका अभी तक एक भी नमूना नहीं मिला है।

वस्तुतः ईसा-पूर्व छठी सदी से बड़ी तादाद में मिलने वाले चांदी के पंचमार्क सिक्के ही भारत के सबसे पुराने सिक्के हैं। इन पर कई प्रकार के लांछन (चिह्न) आहत किए गए हैं। कार्षापण, शतमान आदि इनके नाम हैं। इनके लिए चांदी बाहर से प्राप्त की जाती होगी, संभवतः सोने के बदले। यूनानी प्रभाव के अंतर्गत नए प्रकार के सिक्के बनने लगे, तब भी ईसा की आरंभिक दो-तीन सदियों तक पुराने सिक्के भारत में प्रचलित रहे।

हिंद-यवनों ने ठप्पों से तैयार होने वाले जो नए ढंग के सिक्के चलाए उनके पुरोभाग पर राजा का पोर्त्रेत और पृष्ठभाग पर यूनानी देवी-देवता का अंकन देखने को मिलता है। उनके सिक्कों पर पहली बार लेख भी देखने को मिलते हैं। आरंभिक हिंद-यवनों ने स्वर्णमुद्राएं भी जारी की थीं, मगर बाख्त्री प्रदेश से, भारत से नहीं।

शकों ने सिक्कों के मामले में यूनानियों का अनुकरण किया। उन्होंने अपने सिक्कों पर यूनानी व खरोष्ठी में लेख दिए और बुद्ध तथा शिव को अंकित किया। महत्व की बात यह है कि उन्होंने ही अपने सिक्कों पर पहली बार अभिषेक लक्ष्मी को स्थान दिया, हालांकि उनके वे सिक्के सोने के नहीं हैं। कई जनपदों और गणराज्यों के सिक्कों पर भी श्रीलक्ष्मी का अंकन देखने को मिलता है।

आरंभ में लक्ष्मी का स्पष्ट संबंध कृषि-उपज से था। वह किसी संप्रदाय-विशेष की देवी नहीं थी। वह श्री थी—सौंदर्य और सम्पन्नता, दोनों की देवी। वह बौद्धों की 'सिरिमा' थीं, जिसका शिल्पांकन भरहुत और सांची के पुरावशेषों में देखने को मिलता है। **अमरकोश** के अनुसार मां और श्री (सिरि) लक्ष्मी के ही नाम हैं। अनाज की रोमन देवी का लैटिन नाम सिरेस् और भारतीय श्री (सिरि) का व्युत्पत्ति-मूल एक ही जान पड़ता है।

विष्णु की गृहस्थी में लक्ष्मी का समावेश काफी बाद में हुआ। दीपावली के अवसर पर लक्ष्मी-पूजन के संदर्भ में बताई जाने वाली यह कथा कि असुरराज बलि द्वारा बंदी बनाई गई लक्ष्मी को वामनरूपी विष्णु ने मुक्त किया, यही सूचित करती है कि ब्राह्मण-धर्म के देवकुल में लक्ष्मी को काफी बाद में महत्व मिला।

ईसा की प्रथम सदी में रोम के साथ भारत के व्यापार में खूब वृद्धि हुई, और यह आगे दो तीन सदियों तक चला। भारत के महीन वस्त्र तथा मसाले की चीजें रोम जाती थीं और वहां के सोने-चांदी के सिक्के भारत पहुंचते थे। भारत के अनेक स्थानों से सोने व चांदी के रोमन सिक्के बड़ी तादाद में मिले हैं।

ईसा की पहली सदी में मध्य-एशिया से लेकर वाराणसी तक कुषाणों का राज्य स्थापित हुआ। प्रथम कुषाण शासक कुजुल-कदफिसेस ने तांबे के सिक्के चलाए। मगर उसके उत्तराधिकारी वीम-कदफिसेस ने भारत में पहली बार स्वर्णमुद्राएं जारी

चित्र 26.1 : चंद्रगुप्त-द्वितीय की स्वर्णमुद्रा। पुरोभाग : खड़े राजा ओर धनु के बीच 'चंद्र' नाम और दाई ओर लेख–'देवश्री महाराजाधिराज श्री चंद्रगुप्तः' पृष्ठभाग : पद्मासीन लक्ष्मी और दाई ओर लेख–'श्री विक्रम'।

कीं। वीम की स्वर्णमुद्राएं रोमन स्वर्ण-मुद्राओं के अनुकरण पर बनी हैं। भारत में बड़ी मात्रा में रोमन सोना आ रहा था। कुषाणों का संबंध मध्य-एशिया से भी था, इसलिए उधर से भी सोना भारत में पहुंच रहा था। वीम के बाद कणिष्क, हुविष्क, वासुदेव आदि कुषाण शासकों ने भी स्वर्णमुद्राएं जारी कीं। इन सिक्कों के पृष्ठभाग पर कुछ भारतीय देवी-देवताओं को भी स्थान दिया गया।

उत्तर भारत में कुषाणों के उत्तराधिकारी गुप्त सम्राटों ने प्रमुख रूप से सोने के ही सिक्के जारी किए। उनके आरंभिक सिक्के कुषाणों की तरह के हैं, मगर जल्दी ही वे अपनी विशिष्ट शैली के बन जाते हैं। गुप्त सम्राटों की 17 प्रकार की स्वर्णमुद्राएं मिली हैं। पुरोभाग पर राजा को विभिन्न गतिविधियों में दिखाया गया है। कुछ गुप्त स्वर्णमुद्राओं पर पद्मासीन लक्ष्मी का भी अंकन है। उत्तरवर्ती गुप्त शासकों की स्वर्णमुद्राओं में भारी मिलावट भी देखने को मिलती है, जो आर्थिक अवनति की सूचक है।

गुप्त सम्राटों के बाद आगे के करीब चार सौ साल तक इक्के-दुक्के शासक की ही छुट-पुट स्वर्णमुद्राएं मिलती हैं। जैसे, गौड़ शशांक की एक स्वर्णमुद्रा के पृष्ठभाग पर गजलक्ष्मी का अंकन है। हर्ष की केवल एक ही स्वर्णमुद्रा मिली है।

फिर त्रिपुरी के कलचुरि शासक गांगेयदेव (1015-1040 ई.) के साथ स्वर्णमुद्राओं के चलन का एक नया दौर चलता है। तोमर, चंदेल और गाहड़वाल शासकों ने भी अल्पमात्रा में स्वर्णमुद्राएं जारी कीं। इनके पृष्ठभाग पर लक्ष्मी का अंकन और नागरी में लेख है। सोने के सिक्के देवगिरि के यादवों, गोवा के कदंबों,

पांड्य व चोळ शासकों, विजयनगर के शासकों आदि ने भी जारी किए थे।

गुप्तकाल में सोना और चांदी के मूल्य का अनुपात संभवतः 1 : 7 रहा है, मगर गणितज्ञ-ज्योतिषी भास्कराचार्य के समय (1150 ई.) में यह अनुपात 1 : 16 था।

भारत में इस्लामी शासन की स्थापना के साथ स्वर्णमुद्राओं के चलन का पुनः एक नया लंबा दौर शुरू हुआ। मुहम्मद गोरी की एक स्वर्णमुद्रा के पुरोभाग पर लक्ष्मी का अंकन और पृष्ठभाग पर नागरी में 'श्रि महमद विनि साम' लिखा हुआ है। दिल्ली के गुलाम, खिलजी और तुग़लक सुलतानों ने भी सोने के सिक्के जारी किए। बाबर और हुमायूं ने चांदी के शाहरूखी सिक्के चलाए। अकबर ने शेरशाह की मुद्राओं के अनुकरण पर सोना, चांदी और तांबे के मानक सिक्के जारी किए। अकबर का सोने का मानक सिक्का करीब 11 माशा का था और मुहर अथवा अशर्फी कहलाता था। उस समय मुहर का मूल्य ठीक नौ रुपयों के बराबर था। अकबर ने चांदी व सोने के ऐसे भी सिक्के बनवाए, जिन पर राम और सीता की आकृतियां और नागरी में 'रामसीया' शब्द अंकित हैं। मुगल शासकों ने नजराने के लिए 200 तोले तक की भी स्वर्णमुद्राएं बनवाई थीं।

चित्र 26.2 : अकबर द्वारा बनवाए गया सिक्का जिस पर 'रामसीया' शब्द अंकित है।

जहांगीर ने गद्दी पर बैठते ही सोने व चांदी के सिक्कों का भार 20 प्रतिशत बढ़ा दिया था। किंतु बाद में सिक्कों को पूर्ववत् बना दिया। जहांगीर की स्वर्णमुद्राएं बड़ी खूबसूरत हैं, जिनमें से कुछ पर उसकी और अकबर की छबियां भी अंकित हैं। उसने राशिचक्र वाली सोने-चांदी की मुद्राएं भी जारी कीं। जहांगीर के समय में मुहर की कीमत 10 रुपए थी, जो बाद में थोड़ी-थोड़ी बढ़ती ही गई। मेरे बचपन में एक तोला सोने की कीमत बीस-इक्कीस रुपए थी। इस समय सोना व चांदी के मूल्य का अनुपात लगभग 1 : 57 है।

चित्र 26.3 : जहांगीर की राशिचक्र मुहर पुरोभाग : लेख 'सन् : 14 जुलूस' के ऊपर मेष व सूर्य। पृष्ठ भाग : टकसाल आगरा, हिजरी संवत् 1028 और जहांगीर का नाम।

मुगलों के बाद कई क्षेत्रीय शासकों ने अपनी-अपनी स्वर्णमुद्राएं जारी कीं, अंग्रेजों ने भी। मगर कुषाणों, गुप्तों और मुगलों-जैसे ''स्वर्णयुग'' पुनः देखने में नहीं आए। अब तो स्वर्णमुद्राएं अधिकतर संग्रहालयों में ही देखने को मिलती हैं।

संदर्भ और टिप्पणियां

1. मुद्राशास्त्र (Numismatics) : मुद्राशास्त्र के अंतर्गत सिक्कों का अध्ययन किया जाता है। सोना, चांदी और तांबे से बने सिक्के उस काल की आर्थिक स्थिति बताते हैं। इनसे हमें कालक्रम संबंधी कुछ अन्य मुद्दों की जानकारी भी मिलती है। इनमें हमें किसी राज्य विशेष अथवा शासक तथा दूरस्थ क्षेत्रों के साथ उसके संबंधों की जानकारी मिलती है। भारत में मिले रोमन सिक्कों से हमें रोमन साम्राज्य के साथ संबंधों के बारे में पता लगता है। सौराष्ट्र के पश्चिमी क्षत्रप के सिक्कों पर उत्कीर्ण चित्र और आकृतियां, यूनानी कला तथा लिपियों के बारे में जानकारी देता है। गुप्त साम्राज्य के दौरान सोने तथा चांदी के सिक्कों का प्रसार गुप्त शासकों के राज्य में सुदृढ़ आर्थिक स्थिति का परिचायक है।
2. लीदिया : प्राचीन अनातोलिया की एक महत्वपूर्ण राजशाही। छठी शताब्दी ई. पू. में यह एक महत्वपूर्ण ताकत के रूप में उभरा। सिक्के के रूप में मुद्रा का प्रचलन यहीं से हुआ। इसलिए लीदिया का एक महत्वपूर्ण योगदान है।
3. जूलियस सीज़र : इनका जन्म एक सम्राट पेट्रीशियन परिवार में हुआ। युवावस्था में ही वह सत्ता और कीर्ति का स्वप्न देखने लगा—गरीबों (दरिद्र वर्ग) से उसे नफरत

थी किन्तु स्वार्थसिद्धि के लिए उन्हें इस्तेमाल करता और हर तरह से मदद करता था। 58 ईसापूर्व में गाल प्रदेश का गवर्नर हुआ। गाल प्रदेश के युद्ध में जूलियस सीज़र ने सारे गाल प्रदेश पर अधिकार कर लिया। लाखों लोगों को दास बनाया, पवित्र स्थानों को लूटा। सीज़र ने रोम पर हमला किया—और युद्ध में रोम और सारे इटली पर अधिकार जमा लिया। सीजर रोम का महाधिपति बन गया। सीज़र को सम्राटों जैसा सम्मान दिया। सिक्कों पर उसका चित्र बनाया गया। उसकी मूर्ति देवी-देवताओं की मूर्तियों के साथ रखी जाने लगी।

चित्र 26.4 : जूलियस सीज़र

सेनेटरों में एक सीज़र के एकतंत्रीय शासन (एक व्यक्ति) शासन से असंतुष्ट था। उसने एक षड्यंत्र रचा। उसका नाम ब्रूटस था। सेनेट अधिवेशन में घेर लिया और अपने वस्त्रों में नीचे छिपाए हुए छुरे से सीज़र पर 23 बार वार किया, जिससे सीज़र की मृत्यु हो गई।

रोम में एकतंत्रीय शासन क़ायम करने का सीज़र का प्रयास असफल रहा, किन्तु उसने यह दिखा दिया कि रोम की गणतंत्रीय व्यवस्था कितनी कमज़ोर थी।

परिशिष्ट

परिशिष्ट-1

सिक्कों की लिपियां और भाषा

मुद्रा हमारे इतिहास का ठोस साधन है। कितने ही राजा और राजवंश भूले जा चुके होते अगर मुद्राएं न होतीं। मुद्राओं पर जो लिपि उत्कीर्ण होती है वह स्वयं अपने काल की साक्षी होती है। पर एक ऐसा भी समय था, जब मुद्राओं पर अक्षर नहीं थे, उन पर तरह-तरह के लांछन (चिह्न) अंकित होते थे, उनसे ही काल का पता चलता था।

भारत के आरम्भिक आहत सिक्कों पर लेख अंकित नहीं हुए हैं। मौर्य शासकों ने भी सिक्कों पर अपना नाम नहीं लिखवाया। उन पर कुछ खास चिह्न बनाये गए हैं। मौर्य काल के बाद सिक्कों पर लेख अंकित किये जाने लगे। ये लेख ब्राह्मी और खरोष्ठी लिपियों में लिखे हुए हैं। उनकी भाषा प्राकृत है।

ईसा से पूर्व दूसरी शताब्दी से राजाओं ने सिक्कों पर अपना नाम देना शुरू किया। सबसे पहले सातवाहन शासकों और जनपदों ने अपने नाम सिक्कों पर लिखवाए। बाद में गणराज्यों और प्रमुख शासकों के नाम सिक्कों पर अंकित हुए। व्यापारियों द्वारा चलाये गए सिक्कों पर श्रेणी और निगम अपने नाम देते थे। जैसे कौशांबी सिक्कों पर ''गंधिकाना'' लेख मिला है। ये इत्र बनाने वाले गंधी लोगों की श्रेणी का है।

तक्षशिला तथा कौशांबी के सिक्कों पर 'नेगम' या 'नेगमा' मिलता है जो संस्कृत के 'नैगमा' का प्राकृत रूप है। सिक्कों पर नगर के नाम भी मिलते हैं। कौशांबी, अयोध्या, एरण, विदिशा, माहिमती, त्रिपुरी आदि। इन सिक्कों पर नगरों के नाम प्राकृत भाषा में लिखे हैं।

भारत के उत्तर-पश्चिमी क्षेत्रों में ब्राह्मी और खरोष्ठी लिपि प्रसिद्ध हुई। उदासा के लिए तक्षशिला के सिक्कों में, कुणिन्द, कुलून, वृष्णि त्रिगर्त, औदम्बर आदि गणों पर ब्राह्मी और खरोष्ठी लिपि। विदेशी शासकों ने सिक्कों पर यूनानी लिपि में लेख अंकित करवाये।

गुप्त राजाओं ने ब्राह्मी और संस्कृत भाषा में लेख लिखवाए। पूर्व मध्य काल में जैसे—तोमर, पटेल, प्रतिहार, नागरी लिपि में लेख लिखे गए।

मौर्य काल से ईसवी बारहवीं शताब्दी के सिक्कों पर ब्राह्मी व खरोष्ठी लिपि में लेख लिखे गए।

मुस्लिम काल में टेढ़े-मेढ़े अरबी अक्षर प्रयुक्त हुए जिनमें मुसलमानी कलमा और बादशाह का नाम होता था।

शेरशाह ने राजनीति में धार्मिक साम्प्रदायिकता और भेद-भाव को हटाकर सभी भारतीयों को एक करना चाहा, इसलिए अपने सिक्कों पर नागरी लिपि का प्रयोग किया। महम्मूद गजनवी ने पंजाब में जो सिक्के चलाये उन पर संस्कृत भाषा और भारतीय लिपि का प्रयोग किया। सिक्कों को पढ़ने के लिए लिपियों का थोड़ा-बहुत ज्ञान होना जरूरी है। इसलिए हम यहां लिपियों और उनके विकास के बारे में वर्णन कर रहे हैं :–

खरोष्ठी लिपि : यह लिपि दाईं से बाईं ओर को लिखी जाती थी – अरबी-फारसी की तरह खरोष्ठी में मूल स्वर केवल एक ही है—**अ**। इसी मूल अ के साथ ई, उ, ए, ओ की मात्राएं छोड़कर अि-अी, अु-अू, अे तथा ओ स्वराक्षर बनाए गए हैं। गुज़राती और मराठी में हिंदी में मात्राएं जोड़कर अि, अु, अे, ओ आदि स्वराक्षर बनाए जाते हैं। इसमें संयुक्त अक्षर भी कम थे। इसलिए खरोष्ठी लेखों को पढ़ने में दिक्कत होती है।

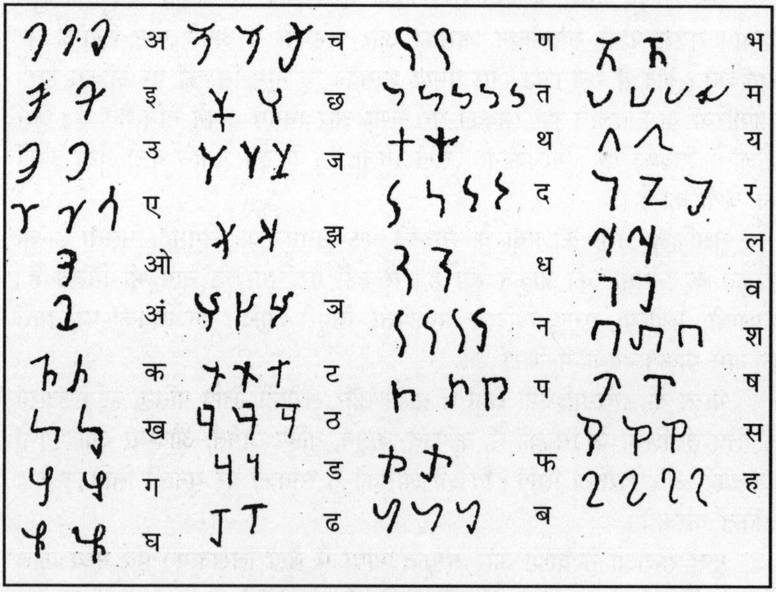

खरोष्ठी लिपि की वर्णमाला

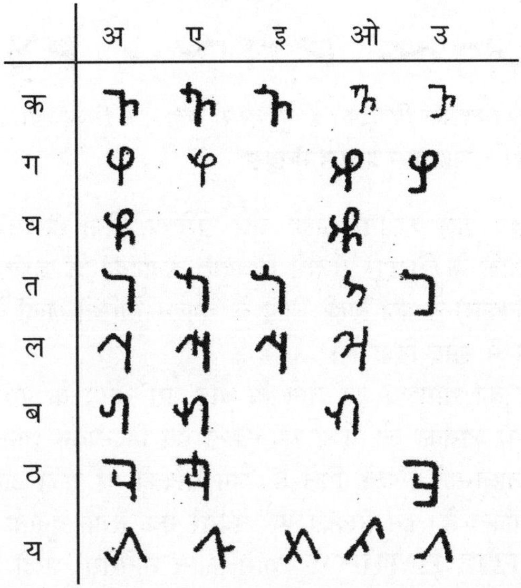

खरोष्ठी व्यंजनों के साथ स्वर-मात्राएं जोड़ने की व्यवस्था

फिर भी, भारत और मध्य-एशिया के प्राचीन इतिहास के लिए इस लिपि का बड़ा महत्व है। खरोष्ठी लिपि ने लगभग सात सौ वर्षों तक भारतीय सभ्यता और संस्कृति की सेवा की है।

ह्रस्व-दीर्घ का भेद न होने के कारण संस्कृत भाषा के लिए यह लिपि उपयोगी नहीं थी। पालि या प्राकृत भाषा के लिए भी यह लिपि ठीक नहीं थी। दरअसल, यह एक कामचलाऊ लिपि थी। इसमें **न** और **ण** का भेद स्पष्ट नहीं था। संयुक्ताक्षर भी कम थे। इसलिए खरोष्ठी लेखों को पढ़ने में बड़ी दिक्कत होती है और हमेशा संदेह की गुंजाइश बनी रहती है।

आज से लगभग 2400 साल पहले, ईरानी हख़ामनी सम्राटों के कुछ भद्दे से सिक्कों पर कहीं-कहीं खरोष्ठी अक्षर देखने को मिलते हैं। उसके बाद खरोष्ठी के जो सबसे पुराने लेख मिले हैं वे सम्राट अशोक (ईसा-पूर्व तीसरी सदी) के हैं।

ब्राह्मी लिपि : अशोक के ज्यादातर लेख ब्राह्मी लिपि में हैं। अशोक के खरोष्ठी

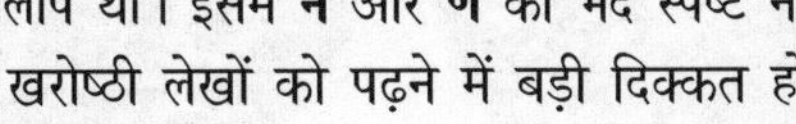

अशोक के सिद्दापुर (जिला चित्रदुर्ग, कर्नाटक) के पास के ब्रह्मगिरि लेख की अंतिम पंक्ति। यहां बाईं ओर के शब्द हैं 'चपडेने लिखिते' (ब्राह्मी में) और दाईं ओर का शब्द है 'लिपिकरेण' (खरोष्ठी में), जो दाईं ओर से बाईं ओर को पढ़ा जाएगा।

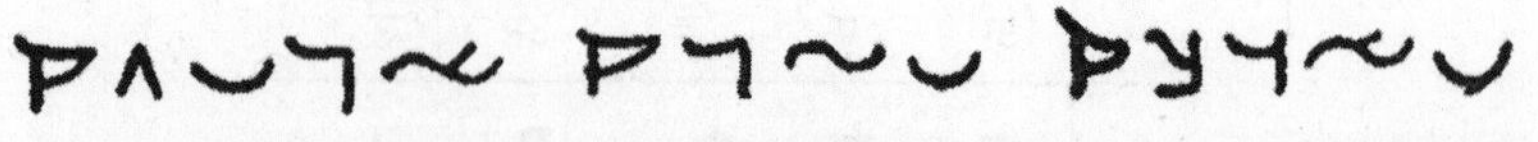

हिंद-यवन शासक मिनांदर (ई. पू. दूसरी सदी) के सिक्के पर अंकित खरोष्ठी लेख (दाएं से बाएं) : **महरजस त्रतरस मेनद्रस**

के लेख खोदने वाले कारीगर ब्राह्मी और खरोष्ठी, दोनों ही लिपियों के जानकार होते थे। अशोक के सिद्दापुर (जिला चित्रदुर्ग, कर्नाटक) के ब्राह्मी लेख खोदने वाले कारीगर (लिपिकार) ने यहां ब्राह्मी लिपि के चपडेन लिखिते शब्दों के बाद लिपिकरेण शब्द खरोष्ठी में खोद दिया है।

अशोक का साम्राज्य टूट जाने के बाद उस समय के पश्चिमोत्तर भारत में यूनानी (यवन) शासकों का राज्य रहा। इन्हें हम हिंद-यवन शासक कहते हैं। इन शासकों के बहुत-सारे सिक्के मिले हैं। इन सिक्कों पर राजा और देवी-देवता की आकृतियां अंकित हैं। इन सिक्कों पर अक्सर एक तरफ यूनानी भाषा और लिपि में ΒΑΣΙΛΕΩΣ ΣΩΤΗΡΟΣ (बासिलेओस सोतेरोस) शब्दों के बाद राजा का नाम और दूसरी तरफ इसी का प्राकृत रूप खरोष्ठी में अंकित देखने को मिलता है—**महरजस त्रतरस** (महाराजा का, त्राता का)।

पुरोभाग *पृष्ठभाग*

चित्र परि.-1.1 : *हिंद-यवन शासक हर्मियस (प्रथम सदी ई.पू.) का चांदी का सिक्का। पुरोभाग (चित) : राजा की आवक्ष प्रतिमा और यूनानी में लेख* ΒΑΣΙΛΕΩΣ ΣΩΤΗΡΟΣ ΕΡΜΑΙΟΥΣ। *पृष्ठभाग (पट) : बैठा हुआ ज्यूस् देवता और खरोष्ठी लेख :* **महरजस त्रतरस हेरमयस**।

भारत के इतिहास में इन सिक्कों का बड़ा महत्व है। कई हिंद-यवन शासकों के बारे में केवल उनके सिक्कों से ही हमें जानकारी मिली है। हिंद-यवन शासकों

के इन्हीं सिक्कों के यूनानी और खरोष्ठी लेखों की तुलना करके चार्लेस मेसन, जेम्स प्रिंसेप तथा कनिंघम ने खरोष्ठी का उद्घाटन किया था। इन हिंद-यवनों के बाद पश्चिमोत्तर भारत में शकों का शासन शुरू हुआ। कई शक शासकों के नामों का केवल उनके सिक्कों से पता चला है। औदुंबर और कुणिंद-जैसे गणराज्यों ने भी अपने सिक्कों पर खरोष्ठी में लेख अंकित कराए हैं।

पश्चिमोत्तर भारत से शक-क्षत्रपों के शासनकाल के खरोष्ठी के बहुत सारे लेख मिले हैं। मथुरा और तक्षशिला से मिले हुए लेख बड़े महत्व के हैं। तक्षशिला (अब पाकिस्तान में) के धर्मराजिका स्तूप से चांदी के पत्रे पर खरोष्ठी का एक लेख मिला है, जो ईसा की पहली सदी का है। यह लेख बिंदु-बिंदु से खोदा गया है; जैसे, बर्तनों पर नाम खोदे जाते हैं।

नागरी लिपि : जिस लिपि में यह पुस्तक छपी है उसे हम नागरी या देवनागरी लिपि कहते हैं। मराठी भाषा भी इसी लिपि में लिखी जाती है। नेपाली (खसकुरा) और नेवारी भाषाएं भी इसी लिपि का इस्तेमाल करती हैं।

संस्कृत और प्राकृत भाषा भी नागरी लिपि में लिखी जाती हैं। भारत के इस्लामी शासकों ने भी नागरी लिपि को अपनाया था। महमूद गजनी

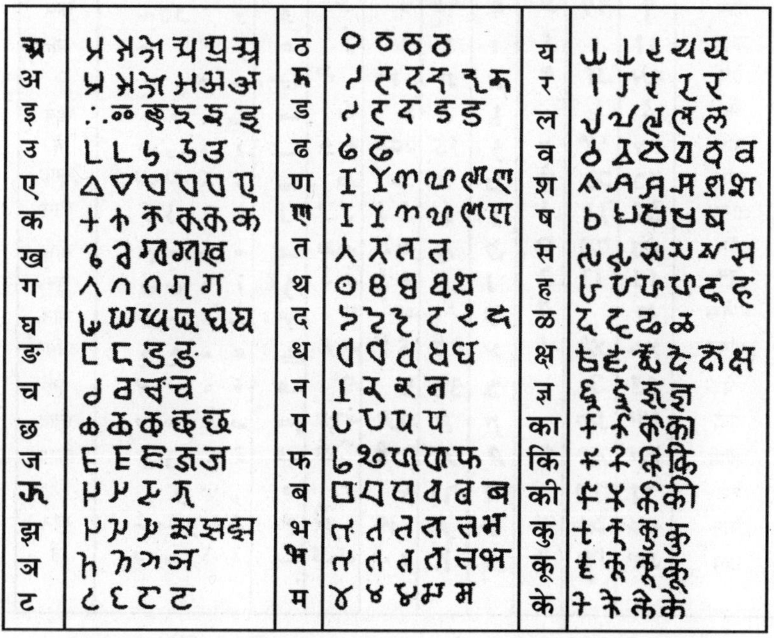

ब्राह्मी से नागरी का विकासानुक्रम (अ, झ, ड, भ और ण के दो-दो प्रकार हैं)

ने लाहौर की टकसाल में 1028 ई. में चांदी के नए सिक्के जारी किए थे। इन पर एक ओर कूफी लिपि में लेख है और दूसरी तरफ नागरी लिपि में शब्द अंकित हैं : 'अव्यक्तमेकं मुहम्मद अवतार नृपति महमूद'। बाद में मुहम्मद अवतार नृपति महमूद बाद में मुहम्मद ग़ोरी, अलाउद्दीन खिलजी, शेरशाह आदि शासकों ने भी अपने सिक्कों पर नागरी शब्द अंकित कराए थे। अकबर ने एक ऐसा सिक्का चलाया था जिस पर राम और सीता की आकृतियां बनी हैं और नागरी में 'रामसीय' शब्द अंकित है।

दक्षिणी सेमेटिक लिपि से अरबी के 22 अक्षरों का विकासक्रम

अरबी-फारसी लिपि : हमारे देश में एक और लिपि का प्रचलन है, जिसका इस्तेमाल उर्दू भाषा के लिए होता है। इसे हम अरबी-फारसी लिपि के नाम से जानते हैं। उर्दू के अलावा कश्मीरी और सिंधी भाषाओं के लिए भी इस लिपि का प्रयोग होता है। हमारे देश में आज भी इस अरबी-फारसी लिपि का बड़ा महत्व है। उर्दू जुबान हिंदी की बहन है। इसमें अरबी, फारसी और तुर्की शब्दों की काफी भरमार है, पर है यह एक भारतीय भाषा ही। इसका जन्म भारत में हुआ है—फौज की छावनियों या लश्करों में।

उर्दू के लिए अरबी-फारसी लिपि को अपनाया गया तो इसमें 'ट', 'ड' तथा 'ड़' ध्वनियों के लिए तीन अक्षर और बढ़ा दिए गए। इस प्रकार अब उर्दू भाषा की लिपि में 35 अक्षर हैं।

अरबी-फारसी लिपि में अनेक त्रुटियां हैं। फिर भी इसे अब हम छोड़ नहीं सकते। यह लिपि भारत की भी एक अमूल्य धरोहर है।

मुगलकाल के सिक्कों पर अरबी-फारसी में लेख अंकित हैं।

परिशिष्ट-2

धातुएं और उनकी प्राप्ति

प्राचीन काल से लेकर आज तक मुद्राओं ने अपने कई रूप बदले हैं, ये कभी चमड़े के रूप में, तो कभी धातुओं के रूप में प्रचलित रहीं। भारतवर्ष में कई धातुओं के सिक्के तैयार किये गये। वेदों से लेकर संस्कृत साहित्य तक इस बात का प्रमाण मिलता है कि रूप, आकार, चिन्हों, प्रतीकों के अलावा, धातुओं में भी बदलाव आया। प्राचीन अवशेषों व खुदाई से धातुओं के उपयोग के बारे में अधिक जानकारी मिलती है।

मुद्रा धातु उस समय की आर्थिक दशा व व्यापार स्थिति की जानकारियों पर रोशनी डालती है जिससे उस समय की अर्थव्यवस्था की जानकारी मिलती है। अलग-अलग क्षेत्रों में मुद्रा निर्माण के लिए कई तरह की धातुएं इस्तेमाल की जाती थीं जैसे-सोना, चांदी, तांबा, सीसा व पोटीन। उस समय धातुओं का चुनाव शायद वहां के भौगोलिक विस्तार विवरण पर निर्भर रहा होगा और यह आस-पास के व्यापार के आदान-प्रदान को प्रभावित करता है।

प्राचीन युग में सोने की मुद्राओं के होने पर सभी लोग एकमत नहीं थे। लेकिन उस समय स्वर्ण आभूषणों का बहुत प्रचार था। बाद के युगों में, मोहनजोदड़ो तथा हड़प्पा की खुदाई में सोने के गहने मिले हैं। संभवतः मुद्राएं भी अवश्य रही होंगी, शायद उनकी संख्या अधिक नहीं हो सकती।

भारतवर्ष में सबसे पुराने चांदी के सिक्के खुदाई में प्राप्त हुए हैं। भारत में चांदी का अभाव होते हुए भी इसी धातु का उपयोग प्राचीन काल से होता आ रहा है। **चांदी** यानी रजत धातु प्राकृत रूप से मुख्यता सल्फ़ाइड के रूप में पाई जाती है जिसे आर्जेन्टाइट या 'सिल्वर ग्लास' कहते हैं। ये सल्फ़ाइड अकेला या सीसा, तांबा और जस्ते के सल्फ़ाइडो के साथ पाया जाता है। चांदी द्युतिमान, सफेद अति भंगुर और आघातवर्ध्य है और दूसरी धातुओं के साथ मिलकर शीघ्र मिश्र धातु बना लेती है। चांदी का एक अभिलक्षणिक गुण यह है कि पिछली अवस्था में यह अपने आयतन की लगभग 20 गुनी ऑक्सीजन अवशोषित कर लेती है जिसका अधिकांश भाग ठंडा करने पर बाहर निकल आता है जिसके कारण चांदी का उदवमन होता है।

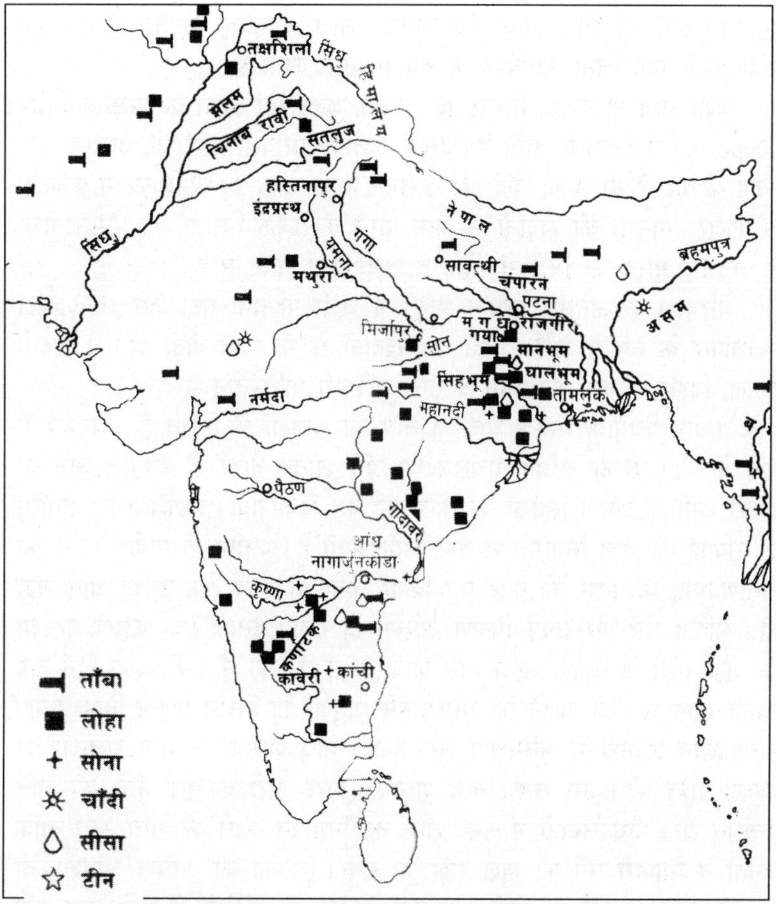

चित्र नक्शा परि.-2.1 : भारत में विभिन्न धातु-प्राप्ति स्थल

भारत में सोने व तांबे की तुलना में चांदी की सदा कमी रही है। बर्मा और अफ़ग़ानिस्तान से ये धातु मंगायी जाती है। प्राचीन समय में भी चांदी की मुद्राएं तैयार की जाती थीं और इसको बाहर से ही मंगवाया जाता था। प्राचीन हिंदू कुश में पंजशीर घाटी व उसके आस-पास के इलाकों में कई चांदी की खदानों की जानकारी मिलती है। दक्षिणी अफ़ग़ानिस्तान में भी आर्जेन्टाइट (सिल्वर ग्लास) अयस्क के प्रचुर भण्डार हैं।

पहली सदी में पिलानी ने 'Naturalis Historia' में 'सेताई' में चांदी के

बहुतायत होने का जिक्र किया है। 'सेताई' आज के कुल्लू के क्षेत्र में है। यहां चांदी-आर्जेन्टाइट ग्लेना सल्पफाइ के रूप में पायी जाती है।

चांदी आज भी हजारा, सिरमूर, शि ामला, कुल्लू और लाहौर के हिस्सों के निक्षेप (Deposits) से निकाली जाती है। इसके अलावा अरावली पहाड़ियों, अजमेर और मेवाड़ के कई हिस्सों से भी चांदी का उत्खनन किया जाता है। अर्थशास्त्र में कर्नाटक के कालूर (मानस) की खदानों में काम करने का जिक्र मिलता है। 'मेगस्थनीज़' के अनुसार भारत की मिट्टी में सोना व चांदी प्रचुर मात्रा में है।

पेरिपल्स के अनुसार प्राचीन भारत में चांदी पश्चिमी तटों जैसे Barygaza से व्यापार के रूप में आई। चांदी कई खदानों से भी प्राप्त होती थी। ये खदानें बंगाल, बिहार, पंजाब, राजस्थान व उत्तर पश्चिमी पाकिस्तान में थीं।

प्राचीन पंचमार्क सिक्के चांदी व तांबे की धातुओं के मिलते हैं। व्यवहार में तांबे के सिक्कों का अधिक प्रचलन था और शायद बाहर से मंगवाए जाने या इसकी कमी के कारण सिक्कों का तौल कम कर दिया गया। तक्षशिला ढेर (निधि) के सिक्कों की तौल नियमित से कम पायी जाती है। प्राचीन पंचमार्क सिक्कों का निर्माण धातु के पत्थर को काट कर किया जाता था। तब तक उनकी धातु शुद्ध थी। लेकिन धीरे-धीरे उनमें मिश्रण आरम्भ हो गया। इसका एक कारण यह था कि शुद्ध चांदी के सिक्के जल्दी घिस जाया करते थे, अंत में उन्हें ज्यादा दिन तक स्थायी रखने के लिये ढालने के समय उनमें धातुओं का मिश्रण प्रारम्भ किया गया। मौर्यकालीन सिक्कों में सम्मिश्रण शुरू हुआ। मौर्य शासकों ने नन्द राजाओं पर विजय प्राप्त की। उस समय नन्द शासकों द्वारा जारी की गई तौल की रीति प्रचलित थी। मौर्य सम्राटों ने उन्हीं तौल को नियमित करने की सोच रखी ताकि जनता व व्यापारी वर्ग को खुश रखा जा सके। सिक्कों की अधिक आवश्यकता युद्ध के समय महसूस हुई होगी और चांदी प्राप्ति की कठिनाई से इनके दाम ऊंचे हो गये, इसलिये मौर्यों ने मिश्रण प्रथा का प्रचलन किया। इन सिक्कों में 75 प्रतिशत चांदी तथा 25 प्रतिशत तांबे व सीसे का मिश्रण था। कौटिल्य ने भी लिखा है कि चौथाई भाग में तांबे व सीसा मिलाकर सिक्के बनते थे। पटना के गोलकपुर ढेर में मिले सिक्कों में 82 फीसदी चांदी और 15 फीसदी तांबा व सीसे का मिश्रण पाया गया है।

सीसा (Pb) एक भारी, आघातवर्ध्य, भूरी और कमतनन सामर्थ्य वाली नर्म धातु है। गैलेना (PbS) सीसा का मुख्य अयस्क है जो भारत के कई भागों में पाया जाता था लेकिन इसकी खुदाई बहुत ही कम मात्रा में हुई है। प्राचीन भारत में सीसे की खदानें राजस्थान (उदयपुर में जस्ते के साथ मुख्यतः स्फैलराइट-गैलेना

और जस्त ब्लेड मिश्र के रूप में) मध्यप्रदेश, बिहार, उड़ीसा व मद्रास में स्थित थी। संभवतः सीसा अफ़ग़ानिस्तान व परसिया के कई भागों में पाया जाता था। पहली ईसवी में पश्चिमी तटों से इसके आयात की जानकारी मिलती है।

सीसे को जस्ता प्रचुर और सीसा प्रचुर अयस्कों से धीरे-धीरे सान्द्रण किया जाता है। क्योंकि जस्ता सान्द्रण में 54.5 फीसदी जस्ता व सान्द्रण में 74 फीसदी सीसा होता है। इन जस्ता धातुओं को प्रगालक (Smelter) द्वारा पृथक् किया जाता है और इस्तेमाल के रूप में ढाला जाता है। सातवाहन के शासकों ने सीसों के सिक्कों के ढलन को अपनाया था।

कुषाण काल से पूर्व भारत में यूनानी सिक्के प्रचलित थे जो चांदी के बने थे लेकिन उनकी तौल में कमी थी। इन यूनानी तौल व धातु को गणराज्यों ने अपनाया और इसी रीति पर चांदी के सिक्के चलाये लेकिन कई संघराज्यों ने तांबे के सिक्कों का फिर प्रचलन किया। धीरे-धीरे चांदी की धातु का सिक्कों में प्रयोग कम हो गया। उस समय विदेशों से चांदी का आना प्रायः बन्द हो गया था। इस कारण तांबे को ही सिक्कों की धातु के लिए प्रयोग किया गया। चांदी की कमी और तांबे की अधिकता से सिक्कों के तौल में अंतर आया। तांबे का प्रयोग भारत में सर्वप्रथम सिक्कों के रूप में देखा गया। तांबा लाल रंग का एक धात्विक तत्व है। यह धातु तन्य, आघातवर्ध्य व बहुत कठोर है। प्रकृति में यह प्रचुर मात्रा में पाया जाता है। प्राचीन काल से कई संदर्भों में तांबे का जिक्र मिलता है। भारतीय महाद्वीप में तांबा प्रधानतः सिंहभूम, ढालभूम, हजारीबाग (बिहार), जबलपुर (मध्यप्रदेश), खेतडी (राजस्थान) और कश्मीर में पाया जाता है।

प्राचीन भारत में मथुरा, पांचाल, कौशाम्बी व अयोध्या प्रमुख व्यापारिक केन्द्र जाने जाते थे और इन प्रमुख नगरों का उज्जैन से सम्बन्ध था और हो सकता है कि इन राज्यों को तांबा उज्जैन व उसके आसपास के क्षेत्र से प्राप्त होता हो जहां ये सीधा भरुकच्छ से आता था। पेरिपल्स के अनुसार तांबा भारी मात्रा में Barygaza से आयात किया जाता था। शायद मध्य भारत में ये तांबे के रहे होंगे। लेकिन इस समय में तांबे का खदानों से उत्खनन करवा व smelting से उत्पादन करना महंगा पड़ता था, जिसका एक कारण बाहर से आयात करना था। प्राचीन तांबे की खदानें बिहार व उड़ीसा व देश की अन्य जगहों जैसे मद्रास, मध्यप्रदेश व राजस्थान में थीं। मथुरा व अयोध्या के सिक्कों के रासायनिक विश्लेषण से पता चला है कि ये सिक्के तांबे के थे। उनमें कुछ मात्रा में लोहा, सीसा व सल्फर मौजूद था लेकिन निकल नहीं था। इस कारण उनका अयस्क (Ore) ऐसी जगहं की खदानों से मंगाया गया होगा जहां पर निकल में सल्फाइड न हो लेकिन भारत में

बिहार व राजस्थान की Ore में 'निकल' भी है। लेकिन इससे पूरी तरह इस मत पर नहीं पहुंच सकते कि तांबे की धातु सारी की सारी बाहर से लाई गई होगी। लोहा, निकल व सीसा जैसी धातुओं का मिश्रण तांबे में किया जाता था। तांबे में 8 फीसदी टिन मिलाया जाता है जोकि उसकी मजबूती, सख़्ती व क्षमता के लिए सही है। ये तांबे के (Melting point) गलनांक को कम करता है और मुद्रा निर्माण विधि में सहायक है।

टिन का प्रमुख स्रोत केसीटेराइड या टिनस्टोन है। ये पीली आभा से युक्त एक सफेद रंग की धातु है जो हवा में बदरंग नहीं होती। यह काफी मुलायम, तन्य, कम वैद्युत-चालक तथा आघातवर्ध्य है परन्तु अधिक तापमान लगभग 230°C तक यह भंगुर हो जाती है। प्राचीन मुद्रा के निर्माण में इसका प्रयोग होता था। लोहे व अन्य धातुओं के जोड़ने के लिए टिन का उपयोग किया जाता है। भारत के पश्चिम में धरवर (Dhrawar), पालमपुर, मध्यभारत में बिहार, उड़ीसा सबसे ज्यादा टिन उत्पादन में जाने जाते हैं।

रासयनिक अन्वेषण में सिक्कों में टिन की मात्रा का अनुमान मिलता है। टिन का इस्तेमाल कांसा बनाने में किया जाता है। **कांसा** टिन व तांबे से बनी भूरे रंग की एक 'मिश्र-धातु' है जिसमें 70-90 फीसदी तांबा और 10-30 फीसदी तक टिन रहता है। इसमें सीसे व जस्ते की कुछ मात्रा भी रहती है। पीतल की अपेक्षा कांसा दृढ़ व कठोर होता है परन्तु वह अन्य लौह मूलक मिश्र धातुओं के समान दृढ़ और कठोर नहीं होता लेकिन संक्षारण प्रतिरोधकता में उनकी अपेक्षा अच्छा है। शायद सिक्कों के निर्माण में धातु का ये लक्षण सहायक रहा हो। राजघाट व कौशांबी के सिक्के कांसे के थे जिनमें सीसा व टिन का मिश्रण था और मथुरा व अयोध्या की निधियों के सिक्कों में मिश्रण नहीं था। संभवतः उनका धातु उत्पत्ति का स्रोत अलग रहा होगा। साथ ही तक्षशिला के सिक्के भी अमिश्रित तांबे के थे, उनमें 'निकल' धातु का मिश्रण नहीं था। कुषाण युग में सिक्के भी लगभग शुद्ध तांबे के थे और शायद इन सिक्कों में तांबा (धातु) को सल्फाइड Ore से प्राप्त किया गया होगा, लेकिन इनमें 'निकल' की मात्रा थी।

निकल चांदी जैसी चमक वाली एक कठोर धातु है। यह पेन्टलैन्डाइट व गार्निएराइट जैसे खनिजों से प्राप्त होती है। यह धातु संक्षारण प्रतिरोधी है। निकल छोटा नागपुर के इलाकों में तांबे व मैग्नीशियम के साथ मिलता है। इस धातु के आयात का भी जिक्र मिलता है। भारतीय यूनानी शासकों यूशीदिमस, अगयुक्लेयस व पंतलेवस के सिक्के निकल के बने हैं। अन्वेषण से इन सिक्कों में तांबे, निकल व अन्य धातुओं की पुष्टि मिलती है। निकल पीतल के मिश्रण में उपयोग में लाया जाता है।

पीतल तांबे व जस्ते (Zinc) के विभिन्न अनुपातों से बनी प्रायः पीली मिश्रधातु है जिसमें लगभग 60 फीसदी तांबा रहता है। सर्वोतम पीतल में तांबा 80 फीसदी मिलता है। पीतल में ऐल्युमिनियम, लोहा, टिन, सीसा व निकल की सूक्ष्म मात्रा होती है। तांबे की अपेक्षा ये अधिक कठोर व दृढ़ होता है। यह तन्य व आघातवर्ध्य धातु है। इसकी संक्षारण रोधक क्षमता अच्छी है।

'अर्थशास्त्र' से पहले इस धातु के बारे में कोई लिखित जानकारी नहीं मिलती। चरक् संहिता व मनुस्मृति में 'रीति' शब्द का इस्तेमाल किया गया है। उत्तर भारत के कई हिस्सों में पीतल के सिक्के प्रचलन में थे जिनमें प्रमुख कुन्नदि (कुणिन्द) व औदुम्बर के सिक्के पीतल के थे। शायद भारत में पीतल के सिक्कों का रिवाज पश्चिमी सभ्यता से प्रेरित है।

भारतीय रोमन व्यापार के आदान-प्रदान के समय रोमन सिक्के भारत में आये। इसका प्रभाव अर्थव्यवस्था पर दिखने लगा था। भारत में सोने के सिक्कों का प्रचलन कुषाणों के समय से है और गुप्त सिक्कों का आरम्भ पिछले कुषाण राजाओं की प्रचलित मुद्राओं के अनुकरण पर किया गया। गुप्त शासकों ने सोने के सिक्कों की तौल रोम के तौल के बराबर बनवाये, वही तौल कुषाण के समय में भी था। ये सिक्के शुद्ध धातु (सोने) के थे। बाद में स्कन्द के समय इनमें मिश्रण आरम्भ हुआ। कुषाणों व गुप्त शासकों के स्वर्ण भण्डारों का रोम साम्राज्य से संबंध था। ईसा की प्रथम सदी में रोम के साथ दक्षिण भारत के जो व्यापारिक संबंध स्थापित हुए थे, वे ईसा की चौथी सदी के अंत तक जारी रहे। मसाले की चीजें (काली मिर्च, लोंग, इलायची आदि), मलमल, मोती जैसे अन्य कीमती पत्थर बड़े पैमाने पर रोम पहुंचते थे। भारत में इनको मुद्राओं के बदले चुकाया जा रहा था। हर वर्ष कम से कम पांच करोड़ सेस्तसेंस के तुल्य सोना भारत पहुंचता था। रोमन सिक्के ज्यादातर उत्तरी भारत की बजाय दक्षिणी भारत में उपलब्ध थे क्योंकि इस धातु का कुषाणों ने ज्यादा इस्तेमाल किया। रोम का सीधा व्यापार उत्तरी भारत में नहीं था। रोमन मुद्राओं की अधिकांश निधियां विंध्य पर्वत के दक्षिण से ही मिलती हैं। तमिलनाडु, केरल, आंध्र, कर्नाटक की एक निधि में 5 से लेकर सौ रोमन मुद्राएं रही हैं।

वारमिगटन के मत के अनुसार दक्षिण भारत में रोम currency को सिक्कों के रूप में इस्तेमाल के लिए आयात किया होगा। शायद उस समय रोमन व्यापारियों के द्वारा उनके सिक्के मार्किट में आने के बाद ही ऐसा किया गया होगा जो संभवतः आंतरिक अर्थव्यवस्था की दशा को प्रभावित करता हो। शायद भारतीय सिक्कों की तरह रोमन सिक्के भी पूंजी निवेश की तरह ही थे।

'पेरिपल्स' के अनुसार पहली ई. में भारत के पश्चिमी तटों से बाहरी मुद्राओं के आदान-प्रदान का चलन था। इन सभी मतों से कुषाण व गुप्त साम्राज्य के समय में सोने के भण्डारों की जानकारी मिलती है। मध्य एशिया व रोम के क्षेत्रों से भारत में सोना आयात किया जाता था। अलेक्जेंडर के काल में सिंध में भी सोने की जानकारी मिलती है। भारतीय महाद्वीप में कर्नाटक, आंध्रप्रदेश, तमिलनाडु में सोने के खदानों की जानकारी मिलती है लेकिन प्रसिद्ध कोलूर की खदान कुषाण साम्राज्य से दूर स्थित थी। उन्होंने धूलभूमि के आसपास के क्षेत्रों से सोना उपयोग में लिया होगा। सोने के भण्डार ज्यादातर riverine (नदियों के आसपास) ही मिलते हैं। प्राचीन काल में 'हिरण्यवाह' नाम बिहार के नदी पुत्र के नाम से जाना जाता था जो सोने का वाहक समझा जाता था।

कई मतों के अनुसार कुषाणों ने 'यूरेल' व अलतेई से सोना प्राप्त किया होगा। कुषाणों के सोने के स्रोत के बारे में एक मत पर पहुंचना तो कठिन है, लेकिन रोम के साथ-साथ 'यूरोपिया' के साथ व्यापार की भी जानकारी मिलती है। यूथोपिया से कुजुल, कडफाइसिस, विम, कनिष्क, हुविष्क व वासुदेव के समय की कुछ दीनारों की जानकारी मिलती है जिससे स्वर्ण का कुछ हिस्सा यहां (यूथोपिया) से भी मंगवाया जाने का मत है।

कुषाणों के पास चांदी पर्याप्त थी, लेकिन स्वर्ण की आवश्यकता थी और दक्षिण में सोना पर्याप्त मात्रा में निवेश के लिए था और शायद कुषाण दक्षिण से चांदी के बदले सोने का आदान करते होंगे। गुप्त शासकों को सोना रोमन शासकों, चीन, दक्षिण पूर्व एशिया व दक्षिण भारत से प्राप्त होता था। सोना सामान्यतः प्राकृत रूप से लोह पाइराइट और खनिजों के साथ स्फटिक के भीतर स्थित सूक्ष्म कणों के रूप में या स्वर्ण टैलुराइट के रूप में पाया जाता है। सोना पीले रंग की चमकीली, तन्य, व आघातवर्ध्य धातु है।

परिशिष्ट-3

मुद्रा-निर्माण विधि

मुद्रा एक धातु का वह टुकड़ा है जिसका एक निर्धारित भार होता है जिसमें कुछ लेख, आख्यान या कोई बनावट, बिम्बों जैसे, पशु, पक्षी, मनुष्य, पुष्प, आकृति आदि के रूप दिखाई देते हैं। भारतीय सिक्कों में सबसे प्राचीनतम कार्षापण (पंचमार्क) सिक्के हैं जो चांदी के हैं। प्राचीन साहित्य में सिक्कों के निर्माण के बारे में विवरण है, लेकिन उनकी स्पष्ट चर्चा उपलब्ध नहीं है। पाणिनि ने **अष्टाध्यायी** नामक ग्रंथ में सिक्कों को ठीक कर बनाने का उल्लेख किया है। मुद्रा निर्माण प्रक्रिया की

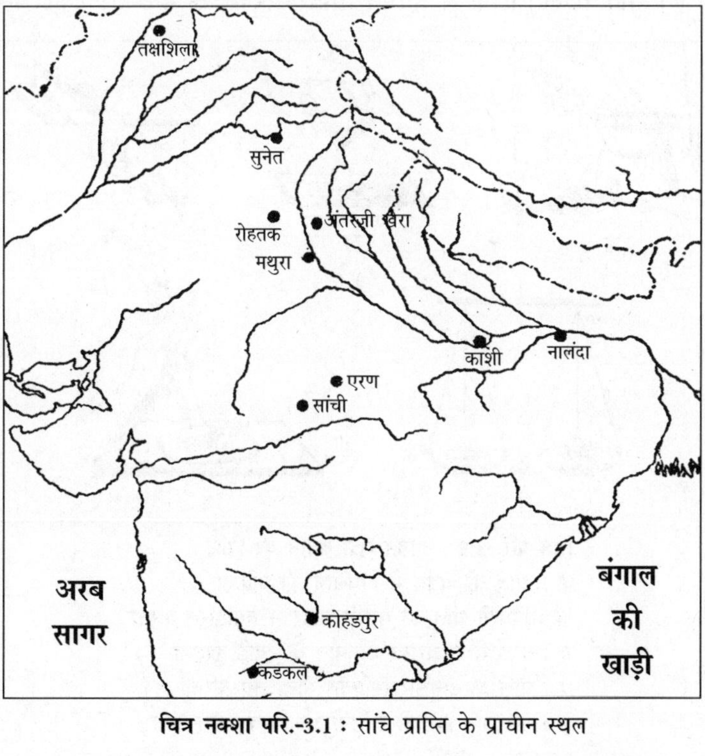

चित्र नक्शा परि.-3.1 : सांचे प्राप्ति के प्राचीन स्थल

जानकारी कौटिल्य के **अर्थशास्त्र** से भी प्राप्त होती है।

सिक्कों की निर्माण विधि व टकसालों के बारे में जानकारी हमें प्राचीन सिक्कों, खुदाइयों व लेखों से भी प्राप्त होती है। सिक्कों के निर्माण के लिए धातु, सांचे बनाने के लिए सामग्री व उपकरण और सही विधि की जानकारी होनी चाहिये। अर्थशास्त्र में सिक्के बनाने में प्रयोग किये जाने वाले उपकरणों का उल्लेख है। जैसे, लौह (धातु), मूषा (कुल्हिया), क्षार, अंगार (कोयला), भस्त्र यानि धौंकनी, कलरनी, मुष्टिक (हथौड़ा) और बिम्ब-टंक (ठप्पे) प्राचीन भारतीय सिक्कों को ढालने की कई विधियों के बारे में अनुमान लगाया गया।

पंचमार्क (आहत-मुद्रा) सिक्कों को बनाने की विधि अनोखी व प्राचीन है, और इस पद्धति की भारत के अलावा अन्य देशों में जानकारी नहीं मिलती। इसमें धातु को एक कुल्हिया (बर्तन) में रखकर आग पर गलाया जाता है। इस धातु को एक ढेर के रूप में या फिर मोटाई के अनुसार एक पतली चादर के रूप में रखा जाता है। धातु के ढेर को हथौड़े से पीटकर पतली चादर में रूपांतरित किया जाता है। इसके पश्चात् तरनी से लगभग बराबर अनुपात के छोटे-छोटे टुकड़े बनाये

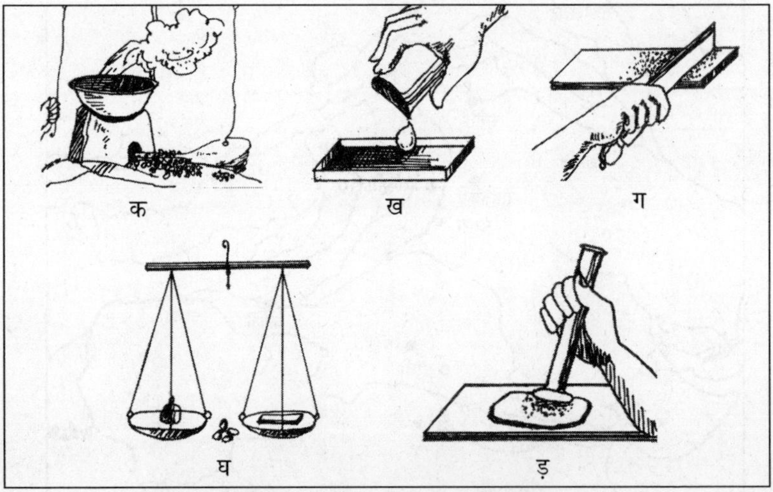

चित्र परि.-3.2 : आहत मुद्रा बनाने की विधि

क : धातु को वर्तन में पिघलाने की प्रक्रिया

ख : पिघली धातु को पतली चादर में रूपांतरित करना

ग : कतरनी से बराबर अनुपात के टुकड़े काटना

घ : तौल के अनुसार निश्चित मात्रा तय करना

ड़ : गर्म धातु खंड से लांछनयुक्त बिम्ब टंकन कना

जाते हैं। यदि इनके तौल में विभिन्नता रहती तो इन्हें लगभग एक निश्चित मात्रा (32 रत्ती) में काट-छांट करके लाया जाता ताकि इनका तौल ठीक हो जाये। इस कारण इन सिक्कों में एकरूपता देखने को नहीं मिलती। ये गोल अण्डाकार, तिकोने, चौकोर, पंचकोण, षट्कोण आदि अनेक आकार के पाये जाते हैं। इन निश्चित भार के धातु के टुकड़ों को ठसंदो कहा जाता है, इन्हें हल्का सा गर्म करके इन पर लांछन-युक्त बिम्ब टंक ठोके जाने पर ये सिक्कों का रूप ले लेते हैं। प्रायः इन धातु पत्रों पर एक या दोनों हिस्सों (अग्रभाग व पुरोभाग) पर एक या उससे अधिक (पांच तक) चिन्ह लगाए जाने के कारण मुद्राविदों ने इन सिक्कों को 'पंचमार्क सिक्के' या 'आहत मुद्रा' नाम दिया है। एलन के मत के अनुसार पंचमार्क सिक्कों पर सारे चिन्ह एक साथ अंकित किये जाते थे।

चादर की मोटाई अधिक होने पर, ये आयताकार व वर्गाकार के रूप में 'पासो' या 'पिण्ड' की तरह प्रतीत होते थे। कई बार चादर काटने में पतली छड़ों का रूप ले लेती थी। इन छड़ों के दोनों किनारों पर गहराई से गर्म अवस्था में टंकन करने पर बीच में से छड़ प्राकृतिक रूप से मुड़ जाती है।

इन सिक्कों को वक्र शलाका (बेंट बार सिक्कों) का नाम दिया गया। ये सिक्के लम्बे, पतले व इनके दोनों सिरे गोल हैं। तक्षशिला के भिड़ जिले में एक निखात की खुदाई से इस तरह के सिक्के मिले हैं। इन सिक्कों पर बिम्ब (लांछन) दो बार दोनों किनारों की ओर टंकित किया गया है। ये सिक्के वजन में प्रायः 180 और 153 ग्रेन के बीच में पाये गये होंगे।

ए.एन. लाहिड़ी के मत के अनुसार कुछ ऐसे सिक्के भी पाये गये जो पिघली धातु के टपकने या गिरने से एक बिन्दुक (Proplettes) के रूप में बने। ये बिन्दुक छोटी या बड़ी बूंदों की तरह बने होंगे और धातु बिन्दुकों पर टंकन करने पर इन्होंने मुद्राओं का रूप ले लिया होगा। इस तरह के कुछ चांदी के सिक्के शाहबाद जिले के 'भभुआ' से मिले हैं जो शायद इसी प्रक्रिया से बनाये गये हैं।

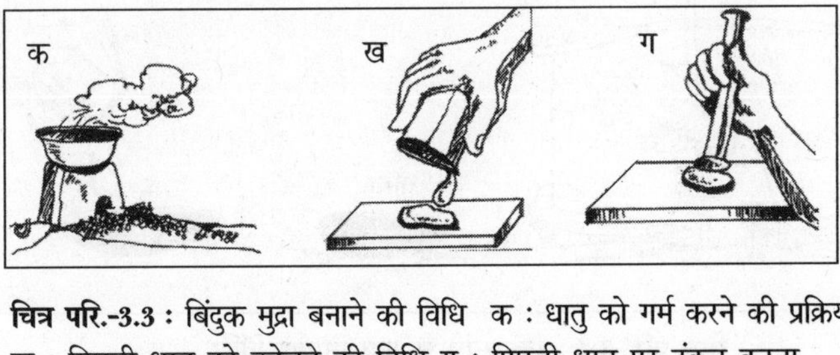

चित्र परि.-3.3 : बिंदुक मुद्रा बनाने की विधि क : धातु को गर्म करने की प्रक्रिया ख : पिघली धातु को उड़ेलने की विधि ग : पिघली धातु पर टंकन करना

चिन्हों (लांछनों) को टंकित करते समय या तो धातु के (चादरों के टुकड़े) पत्रों को वर्तुलाकार निहाई पर रखकर टंकित किया है या निहाई का तल समतल नहीं था जिसके कारण अनेक सिक्के प्यालीनुमा बन गये और इन्हें ये नाम दिया गया। कई बार ज्यादा दबाव से टंकन करने की वजह से भी धातु पत्र पिण्ड प्यालीनुमा आकार ले लेते हैं।

भारत में कई खुदाइयों व पुरातत्व अन्वेषण के दौरान आहत सिक्कों के अलावा तांबे के सिक्के काफी मात्रा में प्राप्त हुये लेकिन ये एक भिन्न तकनीक से तैयार किये गये थे। ये 'ढालन की तकनीक' टंकन की बजाय सांचों का प्रयोग करके तैयार किये गये।

ढालने की इस तकनीक में सांचों, धातु को पिघलाने के उपकरण और उन चिन्हों की आवश्यकता थी जिनका मुद्राओं पर अंकन किया जा सके। ये सांचे ज्यादातर मिट्टी से बनते थे। गीली मिट्टी में किसी वस्तु (कोई खिलौना या आकृति या अपेक्षित वस्तु) इस प्रकार दबाते थे जिससे मिट्टी में उसकी आकृति जमने पर उस पर ये चिन्ह अंकित हो जाते हैं। उस मिट्टी में आकार के छप जाने को जिसे Negative कहा जाता है और सिक्के के ऊपर वही आकृति छपने को Positive Impression के रूप में जाना जाता है। इन सांचों में सिक्कों के आकार के अनुसार गोलाकार, वर्गाकार, आयताकार आदि रूप मिलते हैं। दोनों तरफ अंकन वाले सिक्के को दो सांचों से मिलाकर जिनमें अपेक्षित आकृति उल्टी उकेरी गई हो बनाया जाता है। इन दोनों सांचों के (rim) के बीच में एक नाली या छिद्र होता है जिससे पिघली धातु को डाला जाता है। धातु के ठंडा होने पर सांचों को तोड़कर सिक्कों को निकाला जाता है। कुछ ऐसे सांचे जो मुद्रा बनाने के बाद भी सुरक्षित रह गये, मिले हैं। ये सांचे मिट्टी के अलावा पत्थर, कांसे व लोहे के भी बनाये जाते थे।

चित्र परि.-3.4 : एक सांचे से मुद्रा निर्माण विधि

चित्र परि.-3.5 : सिक्कों के दोनों तरफ अंकन के लिए दो सांचों को जोड़कर मुद्रा निर्माण विधि

दूसरी ई. में यौधेय जाति उन्नति के शिखर पर थी और उनका राज्य बहुधान्यक के नाम से प्रसिद्ध था। वर्तमान समय में ये प्रांत रोहतक के नाम से विख्यात है। इन सिक्कों के अग्र व परि भाग दोनों पर अंकन होता है।

प्राचीन समय के कई जगहों पर टकसाल नगर थे जिनके उत्खनन के दौरान नई रीति की जानकारी मिलती है। डॉ. बीरबल साहनी ने सिक्के ढालने की रीति का बहुत ही सरल तरीके से वर्णन किया है। पंजाब के रोहतक के उत्तर में खोखराकोट टीले में टकसालों व अनेक सांचों के बारे में पता चला जो यौधेयगण से सम्बन्धित थे। ये टीला आज के रोहतक शहर से दूर है। सांचों का अध्ययन करने से उनकी रूपरेखा व उनके बनाने की विधि के बारे में जानकारी मिलती है। एक वृत्ताकार या गोल आकार की एक धातु की चद्दर बनाई जाती है जिसके बीच में एक खूंटी या कील लगी रहती है ताकि मिट्टी के लगाने पर भी केन्द्र में छेद बना रहे। इस चद्दर पर गीली मिट्टी की तह बनाई जाती है और इन तहों पर पतली नालियां बनाई जाती हैं। प्रत्येक नाली के अंत में गोल सिक्कों के चिन्ह

चित्र परि.-3.6 : तक्षशिला से मिले सांचों का पुनर्निमाण द्वारा निर्मित किए गए मंडल का अग्र व पृष्ठ भाग

व लेख सहित सांचा बना रहता है। इस गोल सतह को मण्डल (डिस्क) कहते हैं। वास्तव में ये सांचे का एक हिस्सा भर है जिसके केंद्र में छेद रहता है। पिघली धातु इस केंद्र से होकर नलियों द्वारा सिक्कों के सही स्थान पर पहुंचती है। उस स्थान पर जो नमूना (चिन्ह या लेख) मिट्टी की गहराई में प्रस्तुत रहता है वही धातु के टुकड़ों पर अपने आप अंकित हो जाता है। रोहतक के उत्खनन से अष्ठ त्रिज्जीय नलियों के नूमने मिले हैं जोकि धातु के बने हैं जोकि मण्डल पर अंकित किये जा सकें। मण्डल को धूप में सूखने देने के बाद ही इसके ऊपर दूसरा मण्डल फैलाया जाता है। पहले मण्डल (डिस्क) पर जो अंकित होता है वो अग्र या पृष्ठ भाग का चिन्ह होता है। दूसरा मण्डल भी मिट्टी से तैयार किया जाता है और उस पर एक

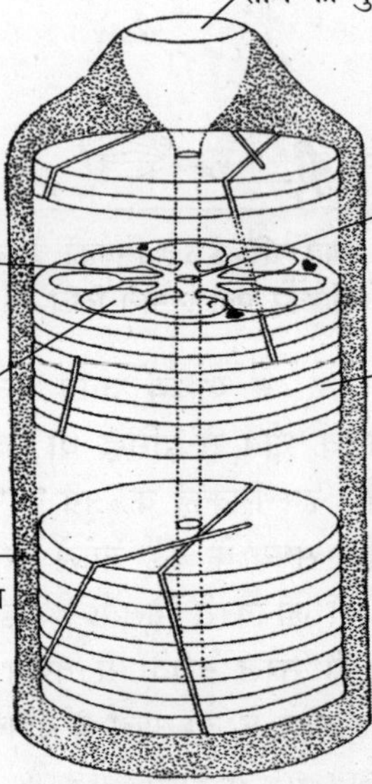

चित्र परि.-3.7 : रोहतक से प्राप्त मिट्टी का बना अष्ठ त्रिज्जीय नलियों वाला सांचा

बनावट रहती है। अगर पहले मण्डल पर अग्र भाग का चिन्ह होता तो दूसरे मण्डल पर पृष्ठ भाग। एक मण्डल के ऊपर दूसरा मण्डल इस तरह रखा जाता है जिससे केन्द्र से केन्द्र, नलियों से नलियां और सिक्कों के स्थान पर सिक्के ठीक से बैठें और सांचे का मुंह मिला रहे। इस वजह से पिछली धातु बाहर न निकले। यदि एक सांचे में कई तह मण्डल लगते हैं तो उनके बीच में एक सफेद चूर्ण फैला देते हैं ताकि मिट्टी चिपक न जाये। इन सांचों में एक साथ कई सिक्के तैयार किये जाते हैं।

इन सांचों को तैयार कर भट्टी में रख दिया जाता था। इन भट्टियों का तापमान लगभग 600°-650° सेंटीग्रेड रहता था। इससे सांचों में मण्डल का रंग गहरा धुंधला होता है, लेकिन उनमें किनारों पर लाल रंगत होती है। रंगों में असमानता भट्टी में पकाने की वजह से समझी जाती है। भट्टी के ठंडा होने पर सांचे को तोड़ दिया जाता था, और सिक्कों को उस स्थान से निकाल लेते थे। हालांकि एक बार में

कई सिक्के ढाले जाते थे लेकिन सांचों को दोबारा इस्तेमाल नहीं किया जा सकता था।

सुनेत में मिले सांचों में किनारों पर नालियां पाई गयीं जोकि मण्डल के युग्मों (जोड़ों) के बीच तक पहुंचती थी।

इन युग्म मण्डल में एक पर अग्र भाग होता था तो दूसरे पर पृष्ठ जो एक दूसरे के ऊपर रखे जाते थे। इनका एक छोर छिद्र के रूप में खुला रहता था जिससे पिघली धातु पहुंच सके। इस तरह के कई युग्मक मण्डल एक दूसरे के ऊपर रखे जाते थे। ये आपस में नलियों से जुड़े रहते थे। नलियों के ऊपरी भाग में ट या U आकार की गर्तिका बनी रहती थी जिनसे पिघली धातु डाली जा सके और नली से होती हुई मण्डल में पहुंच सके।

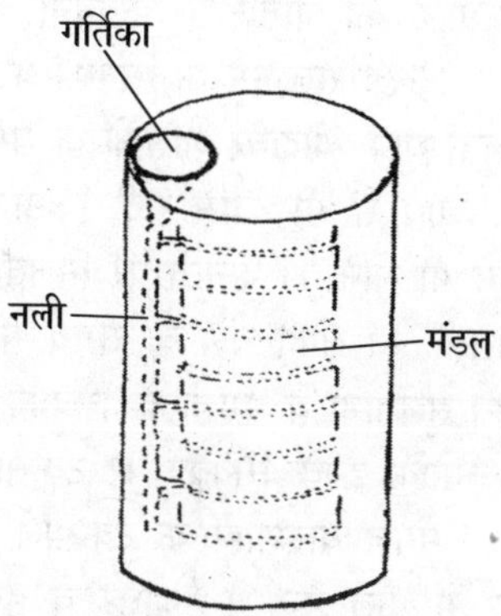

चित्र परि.-3.8 : सुनेत से प्राप्त सांचों का पुनर्निर्माण कृत रूप

डॉ. वी.एस. अग्रवाल के मतानुसार ये गांव प्राचीन सुनेत्रा के नाम से जाना जाता है। इसका जिक्र पाणिनी की अष्टाध्यायी में भी है।

सांची में क्षत्रप, काशी और नालंदा में गुप्त राजाओं के सिक्के ढाले जाते थे। मथुरा व तक्षशिला के सांचे मिलते हैं लेकिन उनके सही होने के मत नहीं मिलते। परन्तु इससे यह स्पष्ट होता है कि उन स्थानों पर सिक्का ढालने का काम अवश्य होता था। एरण में प्राप्त सिक्के के आधार पर यह कहा जाता है कि वहां दोहरे कांसे के ठप्पे से मुद्रा तैयार की जाती थी। हैदराबाद के कोहन्डपुर व कडकल गांव में मुद्रा निर्माण केंद्र थे। कोहन्डपुर में पंचमार्क क्षत्रय तथा सातवाहन सिक्के समय समय पर तैयार होते रहे। कडकल में मिट्टी के सांचे प्रणाली की राख व सांचे भी प्राप्त हुए। इस तरह भारत में कई स्थान रहे जहां सिक्के बनाये जाते थे। प्राचीन नगरों में राजधानियां भी टकसालों का मुख्य केंद्र थीं - जैसे सांची मार्ग, काशी, कौशाम्बी, नालंदा आदि स्थान व्यापार के प्रमुख नगर भी थे।

कुषाण साम्राज्य के टकसाल घरों की ज्यादा जानकारी नहीं मिलती। उत्तरप्रदेश के एटा जिले से सिक्के ढालने का सांचा मिला जो पक्की मिट्टी यानी लाल रंग का है। यहां मिले सिक्कों में कुषाण राजा - हुविष्क की आकृति है जो हाथी पर सवार हाथ में शूल व अंकुश लिए हुए है।

भारत में सिक्के ढालने की शैली टकसालों से मिलती है, लेकिन प्राचीन

टकसालों की जानकारी उत्खननों के द्वारा ही प्राप्त होती है।

दिल्ली सुल्तानों के सिक्कों पर टकसाल घर के नाम से उनकी सीमा का पता चलता था। ज्यादातर शासकों के समय में दिल्ली में टकसाल घर था। लेकिन बलबन ने पंजाब में भी व्यास नदी किनारे टकसाल घर खोला। दक्षिण में 'देवगिरि' का नाम भी सोने की दीनारों पर मिलता है जिससे उनके राज्य के विस्तार की जानकारी मिलती है। लोदी वंश के समय में जौनपुर के टकसाल घर में सिक्के तैयार होते रहे। सुलतानों व मुगलों के सिक्कों से भारत के टकसाल घरों की जानकारी मिलती है क्योंकि इनके सिक्कों पर टकसालों के नाम अंकित हुए हैं।

मुगल बादशाहों के टकसाल देश भर में फैले हुए थे। बाबर व हुमायूं ने अपने शासनकाल में टकसाल घरों की संख्या बढ़ाई। आगरा व लाहौर, चित्तौड़, फतेहपुर सीकरी, अहमदपुर प्रमुख टकसाल घर थे। टकसालों का विस्तार बंगाल व बिहार तक किया गया। औरंगजेब ने दक्षिण में बीजापुर, अहमदनगर में भी टकसाल खुलवाये। इन टकसालों में दिल्ली (शाहजहांनाबाद) प्रमुख केंद्र माना जाता था, शाहजहां ने यहां एक नगर बसाया जो सिक्कों पर अंकित किया गया।

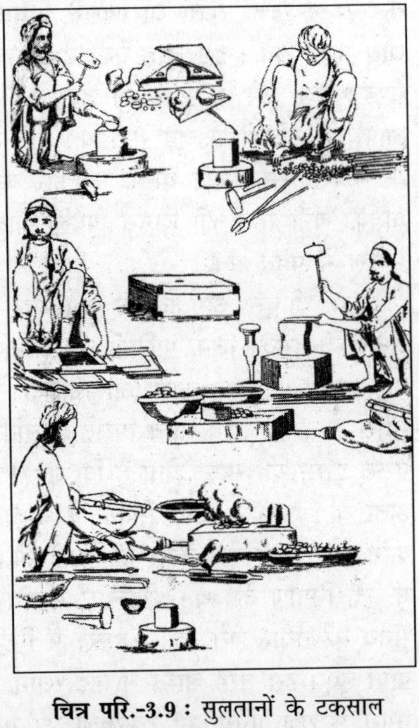

चित्र परि.-3.9 : सुलतानों के टकसाल घरों में मुद्रा निर्माण विधि

इन टकसालों की सुरक्षा के लिए कर्मचारी नियुक्त किये गये। इनमें उच्च अधिकारी को दारोगा कहा जाता है और उसके अधीन अन्य कर्मचारी थे। छोटे कर्मचारी को सराफ़ कहा जाता था जो सिक्कों की शुद्धता की जांच करता था। इस समय सिक्कों में मिलावट न रहे इसके लिए विशेष जांच की जाती थी। ठक्कुर फेरू की 'द्रव्य परीक्षा' और 'अबुल फ़जल आलमी' की 'आइने अकबरी' में सल्तनत व मुगलकाल के सिक्कों को शुद्ध करके व उनके सही होने की प्रामाणिकता की जानकारी मिलती है। अशुद्ध धातु को शुद्ध करने के बाद उसकी जांच होती थी और धातु तौलकर टकसाल में दी जाती और विधिपूर्वक सिक्के तैयार

किये जाते थे। मुगल टकसालों में धातु को गलाकर छड़ या चादर के रूप में बनाया जाता था जिसको तौल के अनुसार बराबर टुकड़ों में काटा जाता था। इन टुकड़ों को निहाई पर पीटकर एक सिक्के के व्यास के बराबर बनाया जाता था। निहाई से पीटने के बाद वे गरम किये जाते और ठप्पे से उन पर निशान व चिन्ह लगाया जाता। सिक्कों के दोनों तरफ अंकन के लिए दोहरे ठप्पे की विधि अपनाते थे जिसमें एक ठप्पा धातु के नीचे स्थिर रहता था और उसके ऊपर दूसरे आकार का ठप्पा रखते थे। इन पर चोट मारने से दोनों तरफ लेख व चिहून उतर आता था। अन्य तरह से ऊपर के और अंकित ठप्पे से वार करने पर भी दोनों तरफ अंकन हो जाता था। इस तरह के सिक्कों के अग्र व पृष्ठ भाग दोनों पर अंकन मिलता था।

चित्र परि.-3.10 : मुगल काल में मुद्रा निर्माण विधि

अबुल फजल ने भी धातु के गलाने, सिक्कों के रूप में ढालने व उनकी तौल का हिसाब रखने वाले व्यक्तियों के बारे में जानकारी दी है।

मुगल वंश के पतन तक अंग्रेजों ने सूरत व बम्बई में टकसाल घरों की स्थापना कर ली थी। बम्बई में सिक्के ठप्पों से तैयार होते थे। बाद में ज्यादातर मुगल टकसाल घरों पर अंग्रेजों का अधिकार हो गया। भारत में अंग्रेजों का अधिकार होने के बाद तक 18वीं सदी में भी हजारों मुगल शैली के सिक्के भारत में प्रचलित थे।

1790 ई. में इंग्लैंड से कलकत्ते में सिक्के तैयार करने की एक मशीन मंगवाई गई। पिघली धातु से लम्बी छड़ों को तैयार किया गया। इन छड़ों को एक सी मोटाई वाली चादरों में परिवर्तित करने के लिए ऊर्जा (हवा, पानी) से चलने वाले (Rollers) में डाला गया और एक तेज मशीन से इन चादरों में से छोटे गोल टुकड़े काटे गये जो एक सी मोटाई व आकार में थे। इनका भार एक सा था। इन टुकड़ों

के किनारे पर यंत्रों से नक्काशी की गई। इन टुकड़ों को ठप्पा लगाने वाली मशीन के बीच में रखा गया। मशीनी युग में मिल मशीनों से तैयार होने वाले सिक्कों को Milled सिक्कों के नाम से जाना जाता था।

16वीं सदी से 18वीं सदी तक मुगल शैली के सिक्के भारत के लगभग सभी हिस्सों में प्रचलित थे। इनको ढालने की शैली भी लगभग एक सी थी। राजपूत सियासतों, निजाम और ईस्ट इण्डिया कंपनी के शुरुआत के सिक्के इसी तरह के थे। धीरे-धीरे मुगल प्रांत कम्पनी के हाथों में आ गये, उनकी लगभग सभी टकसालों में नीतियां बदलने लगीं, और अंग्रेजों के हाथ सिक्के तैयार करने का कार्य आ गया।

इसी तरह की तकनीक लगभग सभी मुगल टकसालों में अपनाई जाती थी। बम्बई की टकसाल के एक दस्तावेज के अनुसार धातु की चादर को छोटे ingots के रूप में काटा जाता था। इनकी ingots में धातु को काट-छांट के एक सही आकार व भार में लाया जाता था फिर हथौड़े की सहायता से उसे इस रूप में लाया जाता था जिस पर ठप्पा लग सके। ठप्पा लगाने के लिए दो व्यक्ति रहते थे, एक बैठकर अपने अंगूठे व मध्य अंगुली से ऊपर वाले ठप्पे के ऊपर इस धातु पत्र को रखता है, और इसके ऊपर दूसरा ठप्पा अंगूठे व मध्य अनामिका से पकड़ता है। दूसरा व्यक्ति इस पर वार करता है जिससे धातु पत्र के दोनों हिस्सों पर अंकन हो जाता है। बम्बई से मिले सिक्कों पर टंकन पूर्ण नहीं मिलता, शायद धातु पत्र का आकार छोटे होने के कारण से ऐसा हो।

इंदौर की टकसाल में इसी तरह सिक्के तैयार होते थे। वहां चांदी को आग में सीसा व सिनगमे के साथ शुद्ध किया जाता था। इस द्रव्य को एक लौह Crucible में पिघलाया जाता और छड़ों को छोटे-छोटे सिक्कों के रूप में ढाला जाता। इन धातु पत्रों पर दो स्टील के बने ठप्पों से अंकन किया जाता।

चित्र परि.-3.11 : जर्मन टकसाल घर का चित्र

यूरोपीय ताकतों के भारत पहुंचने पर सिक्का ढालने की तकनीकियों में काफी सुधार हो चुका था। यूरोप के कई हिस्सों में भी उस समय तक ठप्पा मारने व टंकन विधि द्वारा ही सिक्के बनाये जाते थे। उनकी कई

पुस्तकों व चित्रों में सिक्कों को तैयार करने की शैली का चित्र व विवरण मिलता है। उनके अनुसार कोई सिक्का तभी सही समझा जाए जब उसका किनारा सही हो और किनारा सही होना उसकी गोलाई पर निर्भर करता है। सही गोलाई के लिए एकस्तर चौड़ाई व मोटाई होनी चाहिये और शायद इसी सोच ने एक बदलाव दिया। कई आविष्कारों के बाद एक यंत्र का आविष्कार हुआ - मिल यंत्र, जिसके फलस्वरूप Milled coins का उद्भव हुआ।

चित्र परि.-3.12 : मशीन द्वारा धातु पत्रों का निर्माण

18वीं सदी तक अंग्रेजों व अन्य यूरोपीय ताकतों ने भारतीय टकसालों में अपनी जगह बना ली थी। साथ ही नई टकसाल तकनीकियों पर भी ध्यान देना शुरू कर दिया था।

1671 में ईस्ट इंडिया कम्पनी ने बम्बई की टकसाल में तांबे व टीन धातुओं के ठप्पे से बने सिक्के चलाये। 1760 ई. में कलकत्ते की ईस्ट इंडिया कम्पनी की टकसाल में सिक्के बनने लगे। बाद में इस टकसाल में इंग्लैंड से नया सिक्का तैयार करने का यंत्र आया, जिससे रुपयों में विदेशीपन आ गया। सिक्कों में नयापन लाने के लिए देश की अन्य टकसालों में नये यंत्र लाये गये। हालांकि सिक्का ढलाई के उपकरणों में नयापन देखा गया लेकिन सिक्का बनाने की विधि लगभग वही थी।

19वीं सदी तक मशीन युग में भाव-शक्ति और बाद में विद्युत से सिक्के बनाने की क्षमता में तेजी देखी गई। इस सदी में धातु के चयन में थोड़ा बदलाव आया। सोने व चांदी के सिक्कों की जगह तांबों के सिक्कों ने ले ली थी। इसके बाद निकल धातु के सिक्कों का युग आया। इस धातु की क्षरणरोधी क्षमता अच्छी थी और चमक भी थी। भारत में निकल के

चित्र परि.-3.13 : आधुनिक मशीन द्वारा धातु पत्रों का निर्माण

सिक्के 1903 के आस-पास बनने लगे। धीरे-धीरे तांबे के सिक्कों की जगह निकल के सिक्के बनने लगे। इसके बाद एल्युमिनियम के साथ कुछ मैग्नीशियम मिलाकर मुद्रा निर्माण में इस्तेमाल किया जाने लगा।

चित्र परि.-3.14 : आधुनिक भारत मुद्रणालय

आधुनिक युग में छोटी बड़ी कुल्हियाओं के बजाय घूमकर, पलटने व उलटने वाली भट्टियों का इस्तेमाल होने लगा। धातुओं के अनुसार उनको पिघलाने के लिए तापमान निश्चित किया जाता है। इन नई भट्टियों की वजह से पिघली धातु सीधे सांचों में डाली जा सकती है। इन भट्टियों को बिजली से चलाया जाने लगा और सिक्कों को सही रूप में ढाला जाने लगा। आज भारत में चार भारतीय सरकारी टकसालें हैं जहां आधुनिक व बेहतर तरीके से मुद्रा निर्माण किया जाता है।

परिशिष्ट-4

माप-तौल

भारतीय इतिहास को समझने के लिए पुरातत्व की जानकारी अवश्य होनी चाहिए। इसके अलावा प्राचीन साहित्य एक मुख्य साधन माना जाता है जिससे हमें भारतीय मुद्राशास्त्र के बारे में अधिक जानकारी मिलती है। प्राचीन धरोहरों से हमें उस समय में प्रचलित मुद्राओं के रूप, आकार, भार व तौल की जानकारी प्राप्त होती है। जहां तक तौल का सम्बन्ध है देश की आर्थिक परिस्थिति के साथ सिक्कों की तौल घटती-बढ़ती रही है।

प्राचीन भारत में लोग गाय को विनिमय का साधन मानते थे। वैदिक काल में ऐसे उल्लेख मिले हैं जिनमें एक सोने के टुकड़े (पिण्ड) का वर्णन आता है जो 'निष्क' नाम से प्रसिद्ध हुआ। इसका अर्थ 'सोने का हार' बतलाया जाता है। सभी लोग इससे सहमत नहीं हैं क्योंकि शायद इसकी कल्पना आधुनिक समय के हार से नहीं की जा सकती बल्कि इसमें एक छेद कर इसे आभूषण की तरह इस्तेमाल किया जाता है। इसे सिक्के की तरह भी इस्तेमाल किया जाता था। संहिता में शतमान व कृष्णाल नामक सिक्कों का नाम पाया गया है। ये एक तौल के धातु खंड थे जो उस समय सिक्कों के रूप में प्रचलित थे। वेदों में भी दान में 'निष्क' का उल्लेख आता है। जातक ग्रन्थों में निष्क, शतमान, कृष्णाल, सुवर्ण कार्षापण और पण के नाम मिलते हैं। ये सिक्के थे या तौल इनका निश्चित रूप से प्रमाण नहीं मिलता लेकिन ये सिक्के के लिए ही प्रयुक्त होते थे।

पाणिनि ने भी सिक्कों का उल्लेख किया है। इनमें कार्षापण, रामामानव, निष्क के नाम सूत्रों में आते हैं। सिक्के का सही रूप उसके आहत यानी मुहर लगने पर ही समझा जाता था और मुहर से ही रूप्य बनता है। वर्तमान रुपया 'रूप्य' से बना है।

चाणक्य के समय में अर्थशास्त्र में सुवर्ण, धरण, शतमान, पाद, मासक व काकिनी आदि सिक्कों का वर्णन है। सोने के सिक्के को सुवर्ण कहा जाता था, यही उसकी तौल सौ (शत) रती के बराबर हो तो शतमान समझा जाता था। प्राचीन समय में तांबे के सिक्के को कार्षापण कहते थे क्योंकि उसकी तौल कर्ष (बीज का नाम) के बराबर थी। चांदी के सिक्कों के लिए धरण प्रयुक्त हुए। चाणक्य

ने 'पण' नाम के एक सिक्के का उल्लेख किया है जो प्राचीन कार्षापण के बराबर था। उसके सोलहवें भाग को मासक कहते थे। मासक की एक चौथाई को काकिनी का नाम दिया गया था। धीरे-धीरे तौल में मण का इस्तेमाल होने लगा जोकि मापक की सबसे छोटी इकाई थी। मण एक रत्ती के समान है। रत्ती एक पौधे के लाल व काले रंग के बीज हैं जिसको रत्ती व रत्तिका, इसके लाल बीजों की वजह से कहा जाता है और कृषनाल इसके काले धब्बे की वजह से। एक रत्ती लगभग 1. 68 ग्राम ग्रेन के बराबर होती है। पर कई बीजों से असमानता की वजह से ये 1.83 ग्राम व 1.75 ग्रेन भी है। प्राचीन पंचमार्क सिक्कों का तौल 100 रत्ती होता था। ऐसे सिक्के पंचमार्क शतनाम के नाम से जाने जाते थे। पंचमार्क सिक्के का लगभग एक निश्चित तौल होता था जोकि 32 रत्ती होता था। यदि उससे अधिक होता तो इसको काट करके तौल ठीक किया जाता। तक्षशिला के ढेर में सबसे प्राचीन पंचमार्क सिक्के मिले हैं जो लगभग 100 रत्ती के थे। इनका तौल एक दूसरे के बराबर नहीं होता था क्योंकि चलन के अनुसार घिसने से उनकी तौल कम हो जाती थी। 1 रत्ती को लगभग 18 ग्रेन के बराबर माना जाता है। अलग-अलग काल में विभिन्न रत्तियों के सिक्के पाये गये। कई पंचमार्क सिक्कों का तौल 41-57 ग्रेन तक भी मिला। मौर्यकाल के शासन तक आते-आते तौल बढ़ता गया।

1 स्वर्ण कार्षापण = 80 रत्ती = 146 ग्रेन

1 चांदी = 32 रत्ती = 56 ग्रेन

1 तांबे = 80 रत्ती = 146 ग्रेन

कौटिल्य में 32 रत्ती के सिक्कों का उल्लेख है। चांदी और तांबे के सिक्कों में 2:5 का अनुपात था, उसी के अनुसार 32 रत्ती के चांदी के सिक्के और 80 रत्ती के तांबे के सिक्के तैयार किये गये। जनपद व गणराज्यों ने कम वजन के सिक्के चलाये; उन्होंने 80 रत्ती को छोड़ दिया। चांदी व तांबे का अनुपात 1:6 के बराबर हो गया और तांबे के सिक्कों का भार बड़ा दिया।

सातवाहन के समय चांदी के सिक्के थोड़े से ही मिले। ज्यादातर पोटीन व सीसे के बने थे। पोटीन से तैयार सिक्कों का तौल 50 से 150 ग्रेन के लगभग था। सीसे के सिक्के सबसे भारी, पोटीन के मध्यम व चांदी के सबसे हल्के।

कुषाणों के समय चांदी के सिक्कों का चलन था। उनकी तौल 32 ग्रेन के बराबर थी। परन्तु उन्हें कार्षापण के नाम से जाना जाता था। उनमें तौल 27 से 36 ग्रेन तक भी मिलती थी।

गुप्तकालीन सोने के सिक्कों में तौल व धातु में भिन्नता पायी जाती है। ये सिक्के रोम के तौल के बराबर थे। ये लगभग 132 ग्रेन तक बढ़ा दिये गये।

चंद्रगुप्त प्रथम	119 ग्रेन
समुद्रगुप्त	118 ग्रेन
चन्द्रगुप्त द्वितीय	126-132 ग्रेन
कुमारगुप्त	124-129 ग्रेन
स्कन्दगुप्त	130-144 ग्रेन
प्रकाशादित्य	145 ग्रेन
नरसिंह	146 ग्रेन

मध्यकालीन भारतीय सिक्के गुप्त शासकों द्वारा बनाये गये तौल व माप से प्रभावित थे। गुप्तों के शासनकाल के बाद अन्य वंशों ने अधिकतर चांदी के सिक्के तैयार करवाये।

मुगल शासकों के भारत आगमन से सिक्कों की तौल व धातु में फर्क मिला। उस समय सिक्कों को 'दीनार' का नाम दिया गया था। दो सोने के सिक्के दो सौ ग्रेन के बने थे। कानूनी तौर पर सुल्तान ने पीतल, तांबे, सोने व चांदी के सिक्कों को चलाया और गिलट धातु के सिक्कों को प्रचलित कर दिया। मुगलकालीन सिक्कों पर देवनागरी के लेख देखने को मिलते हैं। उस समय कुछ सिक्के दिल्ली वाला के नाम से प्रसिद्ध थे, जो लगभग 60 ग्रेन के थे। धीरे-धीरे इल्तुतमिश के शासनकाल में चांदी के 170 ग्रेन की बराबर तौल में चांदी के सिक्के बनवाये। चांदी के सिक्कों के लिए 'टंक' नाम प्रचलित था। मुगलवंश के समय चांदी के सिक्के 'रुपया' और तांबे के सिक्के 'दाम' के नाम से प्रसिद्ध हुए। शेरशाह ने 180 ग्रेन के लगभग तौल में चांदी का 'रुपया' और 325.5 ग्रेन तौल में तांबें का 'दाम' तैयार कराया। चांदी का रुपया ही व्यापार में आदान-प्रदान में प्रयोग होता था। सोने की 'मुहर' का उपयोग सिर्फ सर्राफ़ा बाज़ार में चलता था। भारत में अंग्रेजी सिक्कों के तौल में ज्यादातर बदलाव नहीं मिला। वे लगभग 180 ग्रेन के बराबर थे जिसमें लगभग 175 ग्रेन शुद्ध चांदी थी।

ब्रिटिश कम्पनी ने 1836 में एक्ट के अनुसार एक ही भार, माप व अच्छे बनावट के सिक्के पूरे भारत में जारी किए जिसमें रुपये में कम्पनी के राजा का नाम, तस्वीर, ईस्ट इंडिया कम्पनी का नाम होता था। इनमें विलियम चतुर्थ, रानी विक्टोरिया, जार्ज VI के सिक्के जारी किए गए। ये सिक्के शुद्ध चांदी व इसके अलावा मिश्रित धातु (50 प्रतिशत चांदी, 40 प्रतिशत तांबा, 5 प्रतिशत निकल व अन्य 5 प्रतिशत जिंक) के बने थे। जार्ज VI ने शुद्ध निकल का सिक्का चलाया लेकिन इसका भार 180 ग्रेन ही था। आज भी समय-समय पर सिक्कों के भार व माप में अंतर देखने को मिलता है।

परिशिष्ट-5

मुद्राओं की हिफ़ाज़त

भारतीय इतिहास में मुद्राओं का अपना एक महत्वपूर्ण स्थान है। प्राचीन इतिहास व संस्कृति को समझने के लिए मुद्राओं की जानकारी अवश्य होनी चाहिए। ये मुद्राएं मूक होते हुए भी हमें इतिहास की गाथाएं सुनाती हैं। इतिहासकार जो वर्णन या अपने विचार प्रस्तुत करते हैं वे उसके प्रत्यक्षदर्शी तो नहीं होते लेकिन अवशेषों के अध्ययन से अनुमान लगाकर एक अवधारणा व्यक्त करते हैं। प्राचीन इतिहास व मानव संस्कृति को समझने के लिए ये सिक्के अपना महत्वपूर्ण योगदान देते हैं। इन मुद्राओं से प्राचीन समय की जीवनशैली, धर्म, भाषा, व्यापार, रीति-रिवाज और राजनीति की जानकारी मिलती है।

देश की ये प्राचीन धरोहर आज बाजारों में दिखाई दे सकती है। पुराने सिक्कों का एक बड़ा कारोबार देश के कई हिस्सों में फैला हुआ है। दिल्ली इन शहरों का केंद्र है। पुरानी दिल्ली के कई इलाकों में प्राचीन सिक्कों का ढेर बाजारों में बिकते हुए देखा जा सकता है। इन सिक्कों को बेचने वाले या तो खुद इनके शौकीन रहे हैं, या उनके परिवारों में इसे कमाई का एक जरिया बनाया गया है। इन ढेरों में स्वतन्त्र भारत से पहले के भी सिक्के मिलते हैं। केवल भारत के ही नहीं अन्य देशों के प्राचीन सिक्के भी इनमें सम्मिलित रहते हैं।

देश की धरोहर समझे जाने वाले ये सिक्के कितने मूल्यवान हैं, इसकी जानकारी खरीदार को अवश्य ही रहती है। हालांकि पुराने सिक्के अब इतनी अधिक मात्रा में नहीं मिलते। ज्यादातर सिक्कों को गलाकर इनके बर्तन बनाये गये या इनको दूसरा रूप दे दिया गया। इनका दुरुपयोग इंक पेन की निब, कई मशीनों के वॉशर या आभूषणों के रूप में किया गया। कई दुर्लभ सिक्कों को ऊंचे दामों में बेच दिया जाता है। सिक्कों का संग्रह करने वाले बताते हैं कि ये सिक्के उन्होंने बाजारों से खरीदे हैं।

विद्वानों व इतिहासकारों ने सिक्कों की उपयोगिता को समझते हुए इनके संरक्षण को महत्व दिया। सिक्कों के अध्ययन व शोध को इतिहास का ही एक अभिन्न अंग माना गया जिसे मुद्रातत्व (**न्यूमिस्मेटिक**) के नाम से जाना जाता है।

अब मुद्रातत्व में एक वैज्ञानिक दृष्टिकोण भी जोड़ा जाने लगा है।

लगभग अठारहवीं शताब्दी के आरम्भ में देश में प्राचीन सिक्कों के संग्रह की तरफ ध्यान आकर्षित हुआ। इनमें राजकीय अधिकारियों व अंग्रेजी सैनिकों का विशेष महत्व रहा। उन्होंने सिक्कों के संग्रह में रुचि ली। प्रारम्भ में ये उनके लिए जानकारी व कौतूहल की वस्तु मात्र थे परन्तु बाद में ये शौक का रूप धारण करते गये। धीरे-धीरे कई लोगों ने इन सिक्कों के बारे में स्वयं लिखने का प्रयास किया, अन्य लोगों ने जेम्स प्रिंसेप जैसे विद्वानों को जानकारी प्रस्तुत की और इन पर लेख छपने लगे। ये लेख बंगाल की रायल एसियाटिक सोसाइटी की पत्रिका में भी छपे। बाद में ये संग्रहित होकर पुस्तक के रूप में प्रकाशित हुए।

अंग्रेज अधिकारी जब अपने देश लौटे तो उन्होंने भारतीय मुद्राओं के संग्रह को ब्रिटिश संग्रहालय को भेंट कर दिया। अन्य संग्रहकर्ताओं ने अपना संग्रह बंगाल रायल एसियटिक सोसाइटी को दे दिया और बाद में ये संग्रह कलकत्ता के 'इण्डियन म्यूजियम' को सौंपा गया। इस तरह विभिन्न संग्रहालयों में संग्रहित भारतीय सिक्कों की जानकारी मिली और इससे मुद्रातत्व को एक नई दिशा मिली। मुद्रातत्व ने एक विशेष स्तम्भ स्थापित किया जब 1910 ई. में भारतीय मुद्रातत्व परिषद् की स्थापना हुई। इससे संग्रहकर्ताओं व मुद्रातत्वविदों को प्रोत्साहन मिला। उन्हें अपने सिक्कों के सम्बन्ध में जानकारी प्राप्त करने का मौका मिला। भारतीय संग्रहकर्ताओं की भी रुचि बढ़ने लगी। उन्होंने इस विषय में अपना रुझान दिखाया और मुद्रा-लेखन के महत्व को भी अपनाया। लेकिन इन लोगों का मुख्य रूप से रुझान अरबी फारसी लिपि में अंकित मध्यकालीन सिक्कों की ओर केन्द्रित रहा। प्राचीन भारतीय सिक्कों की ओर कम ही ध्यान दिया।

लेकिन 1918 ई. में कलकत्ता विश्वविद्यालय ने अपने स्नातकोत्तर कक्षा की पढ़ाई के विषय में 'भारतीय इतिहास व संस्कृति' को मान्यता दी और 'पुरातत्त्व' को उसके पाठ्यक्रम में स्थान मिला। इस बात पर भी जोर दिया गया कि प्राचीन इतिहास को जानने के लिए उस समय के सिक्कों से परिचित अवश्य होना चाहिए। इसलिए मुद्रातत्व को 'पुरातत्व' के अंग विषय के रूप में पाठ्यक्रम में स्थान दिया गया। धीरे-धीरे अन्य विश्वविद्यालयों में भी इस विषय को स्थान मिला। लगभग 1936 ई. के बाद भारतीय मुद्रातत्व परिषद ने स्वतंत्र रूप से अपनी शोध पत्रिका निकालना आरंभ किया। इस दिशा में इसकी बागडोर डॉ. अनन्त सदाशिव अल्तेकर ने अपने हाथों में ली। उन्होंने अन्य प्राध्यापकों व शिष्यों में इस विषय के प्रति रुचि जागृत की।

धीरे-धीरे मुद्रातत्व में कई संस्थानों ने भी रुचि दिखाई। बाद में मुद्रातत्व पर

एक शोध संस्थान बनाने पर भी जोर दिया जाने लगा। हालांकि संग्रहालयों में काफी हद तक सिक्कों के संग्रह पर ध्यान दिया जाता था लेकिन उनके अध्ययन पर भी विचार व ध्यान देना जरूरी था।

भारतीय सिक्कों के विद्वान डॉ. परमेश्वरी लाल गुप्त व श्री के.के. महेश्वरी फाउंडेशन के सहयोग से 'भारतीय मुद्रा (नाणे) शास्त्र शोध संस्थान इंडियन इन्स्टीट्यूट ऑफ रिसर्च इन न्यूमिस्मेटिक्स' की स्थापना नासिक में की गई। यह 'नासिक संस्थान' के नाम से भी जाना जाता है। इससे मुद्रातत्व की दिशा में नई

चित्र परि.-5.1 : 'भारतीय मुद्रा (नाणे) शास्त्र शोध संस्थान इंडियन इन्स्टीट्यूट ऑफ रिसर्च इन न्यूमिस्मेटिक्स, नासिक

राहें जुड़ती गई। इस संस्थान में कई पाठ्यक्रम भी हैं जिनसे इतिहास के छात्रों को पुरातत्व विज्ञान व सिक्कों के संग्रह व संरक्षण की जानकारी मिलती है। सिक्कों की सही जानकारी प्राप्त होने पर अलग-अलग संग्रहालयों में रखे सिक्कों पर अंकित अंकन को पढ़कर व समझकर उनका वर्गीकरण किया जा सकता है ताकि इतिहास की क्रमबद्ध जानकारी हासिल हो सके।

'न्यूमिस्मेटिक्स डाइजेस्ट' नामक शोध पत्रिका (जोकि पहले न्यूमिस्मेटिक्स सोसाइटी ऑफ बाम्बे से निकलती थी) भी सन् 1983 से नासिक इंस्टीट्यूट से प्रकाशित की जाने लगी। इस संस्थान में अपना एक संग्रहालय है जिसमें प्राचीन काल से लेकर आधुनिक काल तक के सिक्के व उनके सांचे, टंकन, चित्र व

चित्र परि.-5.2 : शोध कार्य करता विद्यार्थी

लेखन का संग्रह है। यहां सिक्के तैयार करने की विधि को भी दर्शाया गया है। इससे आम जनता को अपने देश की मुद्रा व उसकी निर्माण-विधि की जानकारी मिलती है। इस संस्थान का पुस्तकालय भी अपने अंदर इतिहास की जानकारी समेटे हुए है। इस पुस्तकालय में मुद्राशास्त्र, इतिहास, epigraphy व अन्य विषयों पर भी पुस्तकें हैं। इसमें एक Photo Documentation Centre व Photo Archives तथा एक Metallurgical Laboratory भी है जिससे मुद्राशास्त्र में रुचि रखने वाले छात्र, प्राध्यापक व अन्य लोग यहां के संग्रहालय में संग्रहित मुद्रा की जानकारी हासिल कर सकें।

भारत में यह संस्थान इस तरह का काम करके देश के इतिहास को गौरव प्रदान कर रहा है, इससे मुद्राओं की हिफाजत की ओर प्रेरित होकर उसमें नया दृष्टिकोण शामिल हो रहा है। हमारे देश में इस क्षेत्र में ऐसे कई संग्रहालय व शोध संस्थान हैं।

इनमें से एक है इंदौर का 'द अकादमी ऑफ इंडियन न्यूमिस्मेटिक्स एण्ड सिजिलोग्राफी' जहां पर सिक्कों का अच्छा संग्रह है। यहां पर कई तरह की प्रदर्शनियां व सेमिनार आयोजित किए जाते हैं।

इसी तरह हमारे देश में कई न्यूमिस्मेटिक्स सोसाइटियों ने जन्म लिया। जैसे,

द हैदराबाद न्यूमिस्मेटिक्स सोसाइटी
The Hyderabad Numismatics Society

द तमिलनाडु न्यूमिस्मेटिक्स सोसाइटी
The Tamilnadu Numismatics Society

साउथ इंडियन न्यूमिस्मेटिक्स सोसाइटी आफ मद्रास
South Indian Numismatics Society of Madras

ये संस्थान कई तरह की शोध-पत्रिकाएं प्रकाशित करके, मुद्रा-संरक्षण को प्रोत्साहित करने में सहयोग करते रहे हैं।

कलकत्ता की Academy of Indian Coins – History – भारतीय मुद्रा व इतिहास अकादमी ने भी सिक्कों की हिफाजत में अपना योगदान दिया। इस संस्थान ने अपना नारा भी इस आधार पर दिया कि Preserve Coins and Preserve History यानि सिक्कों के संरक्षण से इतिहास को संरक्षित किया जा सकता है। कई लोगों ने इन संस्थानों से प्रेरित होकर अपने निजी संग्रह को भी देश की धरोहर में शामिल कर दिया है। शायद इस ओर अग्रसर होकर हम देश की बहुमूल्य धरोहर को बचा सकें। स्वर्गीय श्री तिरुमलाई देसिकाचारी के अमूल्य 3,178 सिक्के

उनकी पुत्रवधू ने राष्ट्रीय संग्रहालय को भेंट कर दिए। इनमें कई पंचमार्क सिक्कों से लेकर उन्नीसवीं सदी के ईस्ट इंडिया के सिक्के भी थे। दूसरी ओर हमारे देश में कई लोग ऐसे भी हैं जोकि इन सिक्कों को गलाकर अपनी सम्पत्ति को बनाने में लगे हैं। नरेला (दिल्ली बॉर्डर पर स्थित एक स्थान) के ही एक किसान के पास से मुगलकाल के चांदी के सिक्के प्राप्त हुए। उस किसान के पास कई मकान व दुकान थे। शायद वह देश की इस धरोहर का सही मूल्य आंक न सका और इस दिशा में उसने इतिहास का पन्ना दबा दिया।

भारत के पास प्राचीन व मध्ययुगीन सिक्कों का अमूल्य खजाना है। ये इतिहास का एक साधन भी है, जिससे अन्य बातों के साथ-साथ राजवंशों की परम्परा का और महत्वपूर्ण तिथियों का पता चलता है।

हमें देश की इस बहुमूल्य विरासत की हिफाजत व संरक्षण में योगदान देना चाहिए।

परिशिष्ट-6

शब्दावली

हिंदी-अंग्रेजी

अग्रभाग, पुरोभाग : Obverse

अडर : Spokes of (wheel)

अभिलेख, लेख : Inscription

अयस्क : Ore

आहत मुद्रा, पंचमार्क सिक्का : Punch-marked coin

आलेख, मुद्रालेख, लेख : Legend

उज्जयिनी चिह्न : Ujjain symbol

उप-टंकित : Counter-struck

उप-भेद : Sub-variety

उप-लांछन : Counter-mark

उभार शैली : Repouse

कालक्रम : Chronology

शिरोपट्ट (रत्नजड़ित), अर्धमुकुट : Diadem

अंग्रेजी-हिंदी

Alloy : मिश्र धातु

Bi-lingual : द्विभाषिक

Bi-scriptal : द्विलिपिक

Bullion : बुलियन, सोना-चांदी

Bullion	:	बुलियन, सोना-चांदी–दंड या सिल्ली के रूप में
Bullion market	:	सराफा
Cast coin	:	ढलित सिक्का
Coin	:	मुद्रा, सिक्का
Diadem	:	रत्नजड़ित शिरोपट्ट
Die	:	ठप्पा, टंक, बिंबटंक, लांछनमुद्रा
Die-struck	:	टंकित
Legend	:	टंकित

परिशिष्ट-7

चित्र-सूची

चित्र 2.3 : वसन के बदले वासन

चित्र 2.4 : कौड़ी मुद्रा

चित्र 2.5 : संसार के विभिन्न प्रदेशों की कुछ अनूठी मुद्राएं

चित्र 2.6 : प्राचीन चीन की छुरा-नुमा, फावड़ा-नुमा व चौकोर छेद वाली गोलाकार मुद्राएं

चित्र 2.7 : गाय को आधा नहीं कर सकते!

चित्र 2.8 : मोहेंजो-दड़ो से प्राप्त रजत-खंड पर असीरियाई कीलाक्षर संकेत

चित्र 2.9 : तक्षशिला से मुड़ी शलाका वाली पंचमार्क रजत-मुद्रा (ईसा-पूर्व छठी सदी)

चित्र 2.10 : आरंभिक मुद्राएं : लीडिया व यूनानी नगर-राज्य

(अ) लीडिया (लघु-एशिया) की रजत मुद्रा (ईसा-पूर्व छठी सदी) पर सिंह व बैल के सिरों की आकृतियां

(आ) कोरिंथ (यूनान) के चांदी के सिक्के पर देवी अथेना की छवि (480 ई.पू.)

अध्याय-3 : भारत के सबसे पुराने पंचमार्क सिक्के

चित्र 3.1 : जेतवन में पंचमार्क सिक्के बिछाते हुए अनाथपिंडक के आदमी, भरहुत, शुंगकाल, लगभग 125 ई.पू.

चित्र 3.2 : जेतवन में सिक्के ले जा रहे हैं बैलगाड़ी में

चित्र 3.3 : ईसा पूर्व पांचवीं-चौथी सदी के विभिन्न आकार-प्रकार के स्थानिक पंचमार्क सिक्के, और नीचे बाईं ओर सिकंदर महान का टेट्राट्रख्म (चित व पट)

चित्र 3.4 : आरंभिक स्थानिक पंचमार्क सिक्कों पर बने विभिन्न चिह्न

अध्याय-4 : मौर्यकाल के पंचमार्क सिक्के

चित्र 4.1 : मौर्यों के पहले के मगध के शासकों की आहत मुद्राओं के पुरोभाग पर अंकित विभिन्न प्रकार के पांच-पांच लांछन।

चित्र 4.2 : मगध साम्राज्य की चांदी की आहत मुद्रा। इस पुरोभाग पर सूर्य, षडरचक्र, वृषभ आदि के लाछनों को पहचाना जा सकता है।

चित्र 4.3 : मौर्यकालीन आहत सिक्कों के पुरोभाग पर ये पांच-पांच लांछन, प्रो. कोसंबी के मतानुसार, क्रमशः चंद्रगुप्त, बिंदुसार और अशोक के शासनकाल के हैं।

चित्र 4.4 : मौर्य काल में सिक्के शासन की ओर से ही जारी किए जाते थे। रूपदर्शक द्वारा उनकी जांच किए जाने पर उनके पृष्ठभाग पर एक नन्हा चिह्न दाग दिया जाता था। इस तरह सिक्के के पृष्ठभाग पर रूपदर्शक के चिह्नों की संख्या बढ़ती जाती थी। मौर्यकालीन आहत्त सिक्कों के पृष्ठभाग पर अधिक से अधिक 14 नन्हे चिह्न पहचाने गए हैं। ऐसे ज्यादा चिह्नों का मतलब है सिक्के का ज्यादा समय तक प्रचलित रहना और उसकी धातु का ज्यादा क्षय होना।

चित्र 4.5 : रोहतक से प्राप्त मिट्टी का बना अष्ठ त्रिज्जीय नलियों वाला सांचा

चित्र 4.6 : प्रोफेसर दामोदर धर्मानंद कोसंबी

चित्र 4.7 : चाणक्य

चित्र 4.8 : डॉ. बीरबल साहनी

अध्याय-5 : हिंद-यवन शासकों के सिक्के

चित्र 5.1 : भारत और यूनानियों का व्यापारिक संबंध

चित्र 5.2 : सिकंदर का चांदी का तेत्राद्रख्म : पुरोभाग पर सिकंदर का मुंड और पृष्ठभाग पर यूनानी में अलेक्सांद्र का नाम

चित्र (नक्शा) 5.3 : हिंद-यवन शासकों का साम्राज्य

चित्र 5.4 : यूक्रेतिद की रजत-मुद्रा

चित्र 5.5 : हर्मेयूस (40-20 ई. पू.) की रजत-मुद्रा

चित्र 5.6 : मिनांदर की रजत मुद्रा

अध्याय-6 : शक-पह्लव शासकों के सिक्के

चित्र 6.1 : धन-संपदा की देव श्री (सिरि) या गजलक्ष्मी, जिसका प्रतिमांकन भारहुत, सांची आदि के बौद्ध स्मारकों (ईसा पूर्व दूसरी सदी) पर देखने को मिलता है। श्री का अंकन, न केवल शक अयिलिश के सिक्के पर, अपितु मथुरा के शक-क्षहरात वंशज हंगाम, हगान, रजुबुल तथा शोडास के सिक्कों पर भी हुआ है। इसे उस समय के उज्जैन, मथुरा और अयोध्या के स्थानीय शासकों के सिक्कों पर भी देखा जा सकता है।

चित्र 6.2 : 1. मोअ का चांदी का सिक्का। पुरोभाग : अश्वारोही और यूनानी लेख। पृष्ठभाग : दंडधारी देवता और खरोष्ठी-प्राकृत लेख।

2. अय का चांदी का सिक्का। पुरोभाग : अश्वारोही राजा और

यूनानी लेख। पृष्ठभाग : यूनानी देवता और खरोष्ठी-प्रकृत लेख।

3. अयिलिश का चांदी का सिक्का। पुरोभाग : अश्वारोही और यूनानी लेख। पृष्ठभाग : श्री (गजलक्ष्मी) और खरोष्ठी-प्राकृत लेख।

4. गुदुफर का सिक्का। पुरोभाग : अश्वारोही राजा और यूनानी लेख। पृष्ठभाग : यूनानी देवता और खरोष्ठी-प्राकृत लेख।

अध्याय-7 : कुषाणों के सिक्के

चित्र (नक्शा) 7.1 : गणराज्य और जनपद

चित्र 7.2 : वृष्णि गण की मुद्रा। पुरोभाग : स्तंभ पर अर्धगज व अर्धसिंह और ब्राह्मी लेख। पृष्ठभाग : चक्र और खरोष्ठी लेख।

चित्र 7.3 : यौधेय ताम्रमुद्रा के पृष्ठभाग पर हिरण और कलश।

चित्र 7.4 : यौधेय ताम्रमुद्रा। पुरोभाग : भालाधारी कार्तिकेय और ब्राह्मी लेख। पृष्ठभाग : देवी।

चित्र 7.5 : कुणिंद गण की अमोघमूति-रजतमुद्रा।

चित्र 7.6 : मालव ताम्रमुद्रा के पृष्ठभाग पर 'उज्जयिनी चिह्न'।

चित्र 7.7 : वत्स (कौशांबी) ताम्रमुद्रा। पुरोभाग पर दुबला बैल और उसके सामने ध्वज। पृष्ठभाग पर चक्र, स्वस्तिक, मेरु, उज्जयिनी आदि के चिह्न।

चित्र 7.8 : अंयोध्या (कोसल) की ताम्रमुद्रा के पुरोभाग पर वृषभ और ब्राह्मी में 'सतमित्रस' शब्द।

चित्र 7.9 : उज्जयिनी की ताम्रमुद्रा के पुरोभाग पर सूर्य, उज्जयिनी-चिह्न, चक्र और मेरु के चिह्नों के बीच अंकुशधारी पुरुष।

अध्याय-8 : पश्चिमी क्षत्रपों के सिक्के

चित्र (नक्शा) 8.1 : कुषाण साम्राज्य

चित्र 8.2 : कुजुल कदफिस–हरमय ताम्रमुद्रा

चित्र 8.3 : विम कदफिस की दो-दीनार स्वर्णमुद्रा

चित्र 8.4 : विम कदफिस की स्वर्णमुद्रा

चित्र 8.5 : कनिष्क की स्वर्णमुद्रा (प्राप्तिस्थान : पांडु राजार ढीबी, वर्धमान जिला, पं. बंगाल)। तौल : 7.99 ग्राम।

चित्र 8.7 : (बाएं) कनिष्क के सिक्के पर बुद्ध (बोद्दो, Boddo)

चित्र 8.8 : (बीच में) कनिष्क के सिक्के पर वायु (वोदो, Oado) देवता

अध्याय-9 : गणराज्यों और जनपदों के सिक्के

अध्याय-10 : भारत में रोमन सिक्के

पुरोभाग : वृषभ और यूनानी लेख। पृष्ठभाग : चैत्य, तारा और ब्राह्मी लेख़– राज्ञो महाक्षत्रपस रुद्रसिंहस।

चित्र 10.6 : रुद्रसेन-तृतीय (348-78 ई.) की रजत-मुद्रा।

अध्याय-11 : सातवाहनों के सिक्के

चित्र 11.1 : गौतमीपुत्र सातकर्णि की रजत-मुद्रा। पुरोभाग : लेख व चैत्य। पृष्ठभाग : नहपान की छबि पर उज्जयिनी चिह्न।

नक्शा 11.2 : सातवाहन और पश्चिमी क्षत्रपों के लेखों व सिक्कों के प्राप्तिस्थान (वा.वि. मिराशि के आधार पर)

चित्र 11.3 : वासिष्ठीपुत्र पुळुमावि की पोटीन-मुद्रा के पुरोभाग पर ब्राह्मी लेख और राजा की छबि। पृष्ठभाग पर लेख के अलावा चैत्य और उज्जयिनी-चिह्न।

चित्र 11.4 : सिरि सातकर्णि की ताम्रमुद्रा। पुरोभाग : लेख व हाथी। पृष्ठभाग 'उज्जयिनी चिह्न'।

चित्र 11.5 : यज्ञश्री सातकर्णि की रजत-मुद्रा के पुरोभाग पर उसकी छबि और पृष्ठभाग पर ब्राह्मी-द्रविड़ लेख।

चित्र 11.6 व 7 : सातवाहन सिक्कों पर नावों की आकृति

चित्र 11.8 : पुळुमावि की ताम्र-मुद्रा। पुरोभाग पर हाथी और लेख। पृष्ठभाग पर उज्जयिनी-चिह्न

चित्र 11.9 : वासिष्ठीपुत्र सातकर्णि की रजत-मुद्रा के पुरोभाग पर उसकी छबि और पृष्ठभाग पर ब्राह्मी-द्रविड़ लेख।

अध्याय-12 : गुप्त सम्राटों के सिक्के

चित्र (नक्शा) 12.1 : गुप्तकालीन भारत की स्वर्ण-मुद्राओं की निधियां

चित्र 12.2 : चंद्रगुप्त-प्रथम (326-330 ई.) की 'राजा-रानी प्रकार' स्वर्ण-मुद्रा

चित्र 12.3 : चंद्रगुप्त-प्रथम की स्वर्ण-मुद्रा। पुरोभाग : खड़े राजा-रानी, रानी के पीछे 'श्रीकुमारदेवी' और राजा के बाएं हाथ के नीचे 'चंद्रगुप्त' शब्द। पृष्ठभाग : सिंहासनासीन देवी और 'लिच्छवयः' लेख।

चित्र 12.4 : गुप्त शासकों के सिक्कों पर ब्राह्मी में अंकित कुछ मुद्रालेख (क्रमशः पंक्तिनुसार)

चित्र 12.5 : समुद्रगुप्त की 'दंडधारी प्रकार' स्वर्ण मुद्रा। पुरोभाग : आहुति देते राजा के बाएं हाथ के नीचे 'समुद्र' शब्द और 'तत विजयो जितरिपुर...' लेख। पृष्ठभाग : मंचासीन देवी और 'पराक्रम' लेख।

अध्याय-13 : हेफतालों के सिक्के

अध्याय-14 : मध्यकालीन उत्तर भारतीय मुद्राएं

अध्याय-15 : दक्षिण भारत के सिक्के

चित्र 15.4 : वेंगी के पूर्वी चालुक्य-नरेश राजराज (1012-1062) की स्वर्णमुद्रा। पुरोभाग : सात आहत चिह्न। केंद्र में वराह का आहत चिह्न, जिसके ऊपर छत्र तथा अंकुश है और दोनों ओर दीपाधार हैं। किनारे पर छह आहत चिह्नों में तेलुगु-कन्नड़ मुद्रालेख हैं– श्री रा ज राज स (म्वत्)। शासन-संत् की संख्या 33 है। पृष्ठभाग रिक्त है।

चित्र 15.5 : कल्याण चालुक्य-नरेश जयसिंह जगदेकमल्ल (1018-1042) की स्वर्णुद्रा।
पुरोभाग : नौ आहत चिह्न। केंद्रीय आहत चिह्न स्तंभयुक्त मंदिर का है। स्तंभों के बीच में दो पंक्तियों में कन्नड़ मुद्रालेख है– श्री ज ग दे क म ल। किनारे के साथ जो आठ आहत चिह्न हैं वे कन्नड़ में श्री और राजा के नाम के अक्षर हैं। पृष्ठभाग रिक्त है।

चित्र 15.6 : यादव-नरेश सिंहण (1200-1247) की पद्मटंक स्वर्णमुद्रा। पुरोभाग : केंद्र में आठ पंखड़ियों के कमल का टंकित चिह्न; किनारे पर शंख और नागरी में मुद्रालेख– श्री सिंह (णदेव)। सभी यादव पद्मटंकों का पृष्ठभाग रिक्त।

चित्र 15.7 : यादव नरेश महादेव (1261-1270) की पद्मटंक स्वर्णमुद्रा। पुरोभाग : केंद्र में कम-ल-दल, किनारे पर शंख और मुद्रालेख-महादेव।

चित्र 15.8 : हगल के एक कदंब शासक की स्वर्णमुद्रा।
पुरोभाग : बैठे हुए हनुमान, उनके दोनों ओर चौरी तथा शंख और नीचे कन्नड़ मुद्रालेख-नकर (नरकेश्वर देवता)। पृष्ठभाग : नक्काशीदार मर-गोल।

अध्याय-16 : पांड्य, चोळ और चेर शासकों के सिक्के

चित्र (नक्शा) 16.1 : पांड्य, चोळ और चेर राज्यों के राज्य व निधियां

चित्र 16.2 : उत्तम चोड़ (973-985) की रजतमुद्रा। पुरोभाग : बैठा हुआ व्याघ्र, पीछे धनुष, सामने मत्स्य-युग्म और ऊपर छत्र। पृष्ठभाग : नागरी में मुद्रालेख– उत्तम चोलः।

चित्र 16.3 : राजेंद्र चोड़-प्रथम (985-1016) की स्वर्णमुद्रा।
पुरोभाग : खड़ा व्यक्ति (श्रीलंका मानव)।
पृष्ठभाग : बैठा व्यक्ति और ग्रंथलिपि में लेख– श्री राजेंद्र।

अध्याय-17 : इस्लामी शासकों के सिक्कों की विशेषताएं

अध्याय-18 : दिल्ली सल्तनत के सिक्के

अध्याय-19 : सल्तनत कालीन प्रांतीय राज्यों के सिक्के

पुरोभाग पर खलीफा का और पृष्ठभाग पर तुगरा अक्षरों में सुलतान का नाम।

चित्र 19.4 : मालवा के सुलतान गियास शाह खिलजी (1468-1500) की वर्गाकार स्वर्ण-मुद्रा।

चित्र 19.5 : बहमनी शासक फीरोज शाह (1397-1422) की रजत-मुद्रा। टकसाल : अहसानाबाद (गुलबर्गा)।

चित्र 19.6 : आदिल शाही (बीजापुर) शासक की चांदी की 'लारी' मुद्रा (17वीं सदी)। अहसानाबाद (गुलबर्गा)।

अध्याय-20 : मुगल शासकों के सिक्के

चित्र (नक्शा) 20.1 : मुगल शासकों के राज्य और टकसाल

चित्र 20.2 : अकबर की मुहर : टकसाल हाजीपुर

चित्र 20.3 : अकबर की सोने की मेहराबी मुहर : 12 ग्राम। टकसाल आगरा।

चित्र 20.4 : अकबर की मुहर : 167 ग्रेन। टकसाल जौनपुर।

चित्र 20.5 : अकबर की मुहर : 32.33 ग्राम। पुरोभाग : कलमा और खलीफाओं के नाम। पृष्ठभाग : बादशाह का नाम, टकसाल आगरा।

चित्र 20.6 : अकबर का चांदी का चौथाई रुपया : 44 ग्रेन। टकसाल लाहौर।

चित्र 20.7 : मुगलकाल में सिक्कों का निर्माण-कार्य 'आई-न-ए-अकबरी' से

चित्र 20.8 : जहांगीर के सिक्के पर अकबर का पोर्त्रेत।

चित्र 20.9 : जहांगीर (1605-27) की राशिचक्र मुहर। पुरोभाग : 'सनः 14 जुलूस' लेख के ऊपर मेष। पृष्ठभाग : टकसाल आगरा, हिजरी संवत् 1028 और जहांगीर का नाम।

चित्र 20.10 : जहांगीर की वृषभ राशिचिह्न मुहर। टकसाल आगरा।

चित्र 20.11 : जहांगीर का राशिचिह्न (सिंह) रुपया।

चित्र 20.12 : जहांगीर की मुहर पर उसका व्यक्तिचित्र।

चित्र 20.13 : शाहजहां (1627-58) की मुहर। टकसाल : अकबराबाद।

चित्र 20.14 : नस्तालीक लिपि

चित्र 20.15 : शाहजहानाबाद का पुराना चित्र

अध्याय-21 : मुगलकालीन प्रादेशिक राज्यों के सिक्के

चित्र (नक्शा) 21.1 : मुगलकालीन प्रदेशिक राज्य

चित्र 21.2 : कोच शासक नरनारायण का चांदी का रुपया (16वीं सदी)। पुरोभाग : असमिया में 'श्री श्री शिवचरण कमल मधुकरस्य'।

अध्याय-22 : यूरोप की व्यापारी कंपनियों के सिक्के

अध्याय-23 : भारत में अंग्रेजी राज के सिक्के

लेख–बहादुर कंपनी अंगरेज अशर्फी।

चित्र 23.5 : मद्रास टकसाल का तीन स्वामी स्वर्ण पगोद। पुरोभाग : स्वामी वेंकटेश्वर और उनकी दो पत्नियां। पृष्ठभाग : खाली।

चित्र 23.6 : तांबे का सिक्का। पुरोभाग : अंग्रेजी और फारसी में 'फोर्टी कैश' लेख। पृष्ठभाग : 'फोर्टी कैश' के सूचक तमिल और तेलुगू लेख।

चित्र 23.7 : कंपनी की व्याघ्र तथा ताड़वृक्ष वाली स्वर्ण मुहर (1835)

चित्र 23.8 : विलियम चतुर्थ का रुपया–1834 ई.

अध्याय-24 : स्वतंत्र भारत के सिक्के

चित्र 24.1 : आना सिक्के

चित्र 24.2 : 5, 10, 20, 25 पैसे के सिक्के

चित्र 24.3 : रुपयों में इमारतें (चार मीनार)

चित्र 24.4 : जंतर-मंतर

चित्र 24.5 : स्वतंत्रता की रजत जयंती

चित्र 24.6 : सेल्यूलर जेल

चित्र 24.7 : हैदराबाद मिंट में बनाया गया 10 रुपये का नया सिक्का

अध्याय-25 : पुराने सिक्के : देश के इतिहास की अनमोल धरोहर

चित्र 25.1 : पुराने सिक्के

चित्र 25.2 : राजघाट से प्राप्त गुप्तकाल की 'श्रीअविमुक्तेश्वर' नामवाली मृण्मुद्रा

अध्याय-26 : लक्ष्मी-पूजन और सिक्के

चित्र 26.1 : चंद्रगुप्त-द्वितीय की स्वर्णमुद्रा पुरोभाग : खड़े राजा और धनु के बीच 'चंद्र' नाम और दाईं ओर लेख–'देवश्री महाराजाधिराज श्री चंद्रगुप्तः' पृष्ठभाग : पद्मासीन लक्ष्मी और दाई ओर लेख–'श्री विक्रम'।

चित्र 26.2 : अकबर द्वारा बनवाया गया सिक्का जिस पर 'रामसीया' शब्द अंकित है।

चित्र 26.3 : जहांगीर की राशिचक्र मुहर पुरोभाग : लेख 'सन् : 14 जुलूस' के ऊपर मेष व सूर्य। पृष्ठ भागः टकसाल आगरा, हिजरी संवत् 1028 और जहांगीर का नाम।

चित्र 26.4 : जूलियस सीज़र

परिशिष्ट-1 : सिक्कों की लिपियां और भाषा

परिशिष्ट-2 : धातुएं और उनकी प्राप्ति

परिशिष्ट-3 : मुद्रा-निर्माण विधि

परिशिष्ट-5 : मुद्राओं की हिफ़ाजत

परिशिष्ट-8

सहायक ग्रंथ-सूची

संस्कृत

ऋग्वेद : सिद्धेश्वरशास्त्री चित्राव का मराठी अनुवाद

अष्टाध्यायी : पाणिनि

कौटिलीय अर्थशास्त्र : कंगले के अंग्रेजी अनुवाद के साथ

हिंदी

अळतेकर, अनंत सदाशिव : **गुप्तकालीन मुद्राएं**, बिहार राष्ट्रभाषा परिषद, पटना, 1954 ई.

उपाध्याय, वासुदेव : **भारतीय सिक्के**, भारती भंडार, प्रयाग, 1948 ई.

उपाध्याय, वासुदेव : **गुप्त साम्राज्य का इतिहास** (प्रथम खंड), इलाहाबाद, 1939 ई.

गुप्त, परमेश्वरीलाल : **वे दिन वे लोग**, अनुराग प्रकाशन, वाराणसी, 1993 ई.

गुप्त, परमेश्वरीलाल : **भारत के पूर्व-कालिक सिक्के**, विश्वविद्यालय प्रकाशन, वाराणसी, 1996 ई.

गुप्त, परमेश्वरीलाल : **प्राचीन भारतीय मुद्राएं**, विश्वविद्यालय प्रकाशन, वाराणसी, 1988 ई.

गुप्त, परमेश्वरीलाल : **प्राचीन भारत के प्रमुख अभिलेख** (खंड 1), विश्वविद्यालय प्रकाशन, वाराणसी, 1996 ई.

ठक्कुर फेरू : **द्रव्यपरीक्षा और धातूत्पत्ति** (संपादक : भंवरलाल नाहाटा), प्राकृत जैनशास्त्र अहिंसा शोध संस्थान, वैशाली, 1976 ई.

नारायण, अ. कि. : **ग्रीक-भारतीय** अथवा **यवन** (अनुवादिका : उषा नारायण), वाराणसी, 1996 ई.

बंद्योपाध्याय, राखालदास : **गुप्त युग** (अंग्रेजी से अनुवाद : आनंद कृष्ण), काशी हिंदू विश्वविद्यालय, वाराणसी, 1970 ई.

मुळे, गुणाकर : **अक्षर बोलते हैं** (दूसरा संस्करण), यात्री प्रकाशन, दिल्ली, 2005 ई.

मुळे, गुणाकर : **अक्षर-कथा** (द्वितीय संशोधित संस्करण, प्रकाशन विभाग, सूचना और प्रसारण मंत्रालय, भारत सरकार, नई दिल्ली-110 003, 2003 ई.

मुळे, गुणाकर : **भारत : इतिहास और संस्कृति**, ओरियंट लॉन्गमैन, नई दिल्ली, 1973 ई.

मोतीचंद्र : **सार्थवाह** (प्राचीन भारत की पथ-पद्धति), बिहार राष्ट्रभाषा परिषद, पटना, 1966 ई.

श्वेन त्साङ और प्येन ची : **महा थाङ राजवंश काल में पश्चिम की तीर्थ-यात्रा का वृत्तांत**, विदेशी भाषा प्रकाशन गृह, पेइचिङ, 1991 ई.

सरकार, दिनेशचंद्र : **भारतीय पुरालिपि विद्या** (अनुवादक : कृष्णदत्त वाजपेयी), विद्यानिधि, दिल्ली, 1996 ई.

सांकृत्यायन, राहुल : **मध्य एशिया का इतिहास** (दो खंड), बिहार राष्ट्रभाषा परिषद्, पटना, 1956-57 ई.

मराठी

केतकर, श्रीधर व्येंकटेश : **प्राचीन महाराष्ट्र (सातवाहन पर्व)**, साहित्य अकादेमी, व्हीनस प्रकाशन, पुणे, 1963 ई.

खरे, गणेश हरी : **मंडळातील नाणी**, भारत इतिहास संशोधन मंडळ, पुणे, 1933 ई.

गोखले, : **पुराभिलेखविद्या**, कॉन्टिनेंटल प्रकाशन, पुणे 30, 1975 ई.

ढवळीकर, मधुकर केशव : **प्राचीन भारतीय नाणकशास्त्र**, कॉन्टिनेंटल प्रकाशन, पुणे, 1975 ई..

बेलसेकर, दिलीप प्रभाकर : **मराठी रियासतीची ऐतिहासिक नाणी**, IIRNS, अंजनेरी, नासिक, 1998 ई.

मिराशी, वा. वि. : **सातवाहन आणि पश्चिमी क्षत्रप यांचा इतिहास आणि कोरीव लेख**, महाराष्ट्र राज्य साहित्य संस्कृती मंडळ, मुंबई, 1979 ई.

मोरवंचीकर, रा. श्री. : **पैठण दर्शन**, पुरातत्व व वस्तुसंग्रहालये विभाग, महाराष्ट्र शासन, मुंबई, 1985 ई.

अंग्रेजी

Edited Papers : **Central Asia in The Kushan Period**, 2 vols., Moscow, 1974.

Agrawala, V. S. : **India as Known to Panini**, University of Lucknow, 1953-

Banerjee, N. R. : **Treasure of the National Museum,** Publication Division, New Delhi,1991.

Carter, Martha L. : **A Treasury of Indian Coins,** Marg Publications, Bombay, 1994.

Cary, M. & Warmington, E.H. : **The Ancient Explorers**, Pelican Books, 1919.

Chattopadhyaya, Brajadulal : **Coins and Currency Systems in South India** (c.225-1300), Munshiram Manoharlal, New Delhi, 1976.

Das Gupta, C. C. : **The Development of Kharoshthi Script**, Firma K.L. Mukhopadhyay, Calcutta, 1956.

Durga Prasad : **Classification and Significance of the Symbols on the Silver Punch-Marked Coins of Ancient India**, Numismatic Supplement No. XLV., 1935.

Evans, Eva Knox : **COINS**, Golden Press, New York, 1965.

Gupta, Parmeshwari Lal : **COINS**, National Book Trust, New Delhi, 1969.

Kosambi, D. D. : **Indian Numismatics**, Orient Longman, New Delhi, 1981.

Majumdar, R.C. & : **The Vakataka-Gupta Age**, Lahore, 1946.

Altekar, A.S
Mirashi, Vasudev Vishnu : **Studies in Indology (Ancient Indian Coins)**, Nagpur University, 1962.

Mukherjee, B. N. : **Nana On Lion** (A study in Kushana numismatic art), The Asiatic Society, Calcutta, 1969.

Mukherjee, B. N. : **The Techniques of Minting Coins in Ancient and Medieval India**, Indian History Congress, Delhi, 1997.

Mukherjee, B. N. : **The Disintegration of The Kushana Empire**, BHU, Varanasi, 1976.

Nagaswamy, R. : **Tamil Coins, A Study**, Tamilnadu State Department of Archaeology, Madras, 1981.

Narasimha Murty, A.V. : **The Coins of Karnataka**, Mysore, 1975.

Rath, Biswajeet : **Deities on Indian Coins**, IIRNS, Anjaneri, Nasik, 1999.

Sarcar, D. C. : **Early Indian Numismatic and Epigraphical Studies**, Indian Museum, Calcatta, 1977.

Satyanarayan, K. : **A Study of the History and Culture of the Andhras** (2 Vols.), People's Publishing House, New Delhi, 1975 & 1982.

Satya Prasad & Rawat, N.S,: **Chemical Study of Some Indian Archaeological Antiquities**, Asia, Bombay, 1965.

Singh, Jai Prakash : **History and Coinage of Skandagupa Kramaditya**, BHU, Varanasi, 1976.

Singh, Jai Prakash & Nisar Ahmad (Eds.) : **Seminar Papers on the Tribal Coins of Ancient India**, BHU, Varanasi, 1977.

Sivaramamurti, C. : **Numismatic Parallels of Kalidasa**, Kanaka Publications, New Delhi, 1983.

Sivaramamurti, C. : **Some Aspects of Indian Culture,** Publication Division, New Delhi,1969.

Smith, Vincent A. : **The Early History of India** (Forth edition, revised). Oxford, 1967.

Srivastava, A. K. : **Indo-Greek Coins in the State Museum**, Lucknow, 1969.

Srivastava, A. K. : **Catalogue of Saka-Pahlava Coins**, State Museum, Lucknow, 1972.

Thani Nayagam, X.S. (Ed.) : **Tamil Culture** (Readings : The Classical Period), Asia, Bombay, 1970.

Vanaja, R. : Indian Coinage, National Museum, New Delhi, 1983.

Verma, T. P. : **A Catalogue of The Greek and Indo Greek Coins in the Department, Dept of Ancient Indian History, Culture and Archaeology, BHU**, 1983.

(Edited) : **Maharashtra State Gazetteers : History,** Part 1--Ancient Period, Bombay, 1967.

(Edited) : **Kushan Studies in U.S.S.R**, Indian Studies, Calcutta.

कोश, विश्वकोश

माथुर, विजयेन्द्र कुमार : **ऐतिहासिक स्थानावली**, राजस्थान हिंदी ग्रंथ अकादमी, जयपुर, 1990 ई.

भट्टाचार्य, सच्चिदानंद : **भारतीय इतिहास कोश**, हिंदी समिति, लखनऊ, 1976 ई.

मराठे, रामचंद्र विनायक : **पुरातत्त्व कोश** (इंग्रजी-मराठी), मुंबई, 1983 ई.

Macdonell & Keith : **Vedic Index of Names and Subjects**, 2vols., Motilal Banarasidass, Delhi, 1982.

परिशिष्ट-9

अनुक्रमणिका

●●●